개혁교회의
A Vision of Reformed Church
꿈

개혁교회의 꿈

발행	2021년 9월 10일
지은이	정성구
발행인	윤상문
디자인	박진경, 이보람
발행처	킹덤북스
등록	제2009-29호(2009년 10월 19일)
주소	경기도 용인시 기흥구 동백동 622-2
문의	전화 031-275-0196 팩스 031-275-0296

ISBN 979-11-5886-224-4 03230

Copyright ⓒ 2021 정성구
이 책은 저작권법에 따라 보호받는 저작물이므로 무단전재와 복제를 금지하며,
이 책의 내용의 전부 또는 일부를 이용하려면 반드시 저작권자와 킹덤북스의
서면 동의를 받아야 합니다.

※ 잘못된 책은 구입한 곳에서 교환하여 드립니다.
※ 책 가격은 표지 뒷면에 있습니다.

킹덤북스 Kingdom Books 킹덤북스(Kingdom Books)는 문서사역을 통해 하나님의 나라를 확장하고, 한국 교회와 세계 교회를 섬기고자 설립된 출판사입니다.

개혁교회의 꿈

A Vision of Reformed Church

정성구 지음

킹덤북스
Kingdom Books

General Assembly of Presbyterian Church of Korea.
National Prayer Meeting for Pastors and Elders (1977~2019)

A Vision of Reformed Church

Dr. Sung Kuh Chung

2021.
Kingdom Books

머리말

대한예수교장로회 총회(합동)는 명실공히 한국 장로 교회의 장자 교단으로서 세계 최대의 장로 교회가 되었다. 그뿐 아니라 우리 교회는 오대양 육대주에 선교사들을 가장 많이 보낸 축복받은 교회이기도 하다. 이는 하나님의 크신 은혜와 축복으로 감사할 일이다. 대한예수교장로회 총회가 조직된 지 정확히 한 세기가 지나고 십 년이 되었다. 그동안 우리 교단은 한국 교회에서 자유주의 신학과 신앙을 반대하고, 개혁주의 신학과 보수주의 신앙을 지키는 중심 교회로서 역할을 감당해 왔다.

그중에서도 대한예수교장로회(합동)의 특별한 것은 1960년 교단이 에큐메니칼 WCC를 반대하고 빈손 들고 나왔었다. 그 후 교단의 정통성과 정체성을 지키고 영적 대각성을 위해서, 1963년부터 매년 5월에 한 번씩 '전국 목사·장로 기도회'를 개최하여, 주의 종들이 하나님 앞에 죄를 회개하고, 바른 진리대로 살아보려고 발버둥 치던 기도 운동이 어느덧 반세기가 넘었다. 이 운동 때문에 우리 교회는 크게 부흥했고, 오늘날 교세가 크게 발전하여 한국 장로 교회의 장자 교단이 된 것도 사실이다.

이런 가운데 필자는 참으로 부족하고 미련한 종이지만, 이 '전국 목·장 기도회'의 주 강사로 약 40여 년 동안 일을 했었다. 이는 두 말할 필요 없이 하나님의 놀라운 은혜요 축복이었다. 이제 필자도 지난 40여 년 동안의 총신의 교수로 또는 총신대 총장, 대학원장, 목회대학원장, 대신대 총장, 대학원장, 칼빈대 석좌 교수 등 모든 공직에서 물러나 지금은 한적한 시기가 되었기에, 지난날의 '전국 목사·장로 기도회' 때의 강연 원고를 거두어 한 권의 책으로 묶게 되었다. 필자는 지난 40여 년 동안 특별 강연의 메시지를 쏟아낼 때마다, 우리 교회를 개혁하여 참된 칼빈주의 신학과 신앙으로 되돌아가자고 외쳤다.

그러므로 '전국 목·장 기도회'의 메시지는 그냥 설교가 아니고, 강연의 형태이지만, 성경적이고, 역사적이고, 교리적이었다. 그래서 마지막에는 영적 각성과 통회 자복을 이끌어내는 메시지를 설파했다.

나의 강연 때마다 우리 교회의 반성으로 지적된 것은 다음과 같다.

우리는 과거에만 집착하면서 더 큰 미래의 밑그림을 못 그린 것도 있었고, 우리 교회는 보수주의 신앙을 지킨다고 하면서, 제대로 된 개혁주의 신앙으로부터 멀어진 것도 많았음을 지적했다. 또한 우리 교회와 목회자들은 아전인수(我田引水)격이고, 율법주의적 고집으로 영성이 메말랐던 것도 솔직히 고백하고, 또한 보수 신앙을 말하면서도 교회 성장의 신드롬에 빠져 성경이 가르치는 진리에 둔감했던 사실도 늘 지적했다. 결국 칼빈과 그 후 개혁자들이 던진 메시지대로 철저하게 성경으로 돌아가야 함에도, 불필요한 유행을 따르지는 않았는지 반성을 촉구했다.

또한 보수 신앙을 지킨다고 우물 안의 개구리식이 되어서는 안 되고, 글로벌 마인들을 가지고 세계 선교의 교두보를 구축하자고도 했다. 또한 교단의 생리로 봐서 하나님의 말씀이나 개혁 교리를 지키려는 노력보다는 교단의 정치가 항상 위에 있었던 문제도 지적하였다. 이런 과제들이 바로 우리가 해결해야 할 문제들이라고 솔직히 털어놓았다.

이 책에서 필자는 전국 교회의 목회자들과 장로님들을 향해서 다소 과격하다 하리만큼 문제 제기를 했고, 우리 교회 안에 미처 깨닫지 못했던 약점들을 스스럼없이 비판하면서도, 철저히 칼빈주의적 대안을 제시하려고 했다. 결국 필자는 우리 교회가 말씀과 성령으로 하나 되고 새로워져서 바른 신학과 신앙을 지키는 개혁주의 교회로 돌아가자는 애타는 마음을 증거 한 것뿐이다. 40여 년 동안 '전국 목사·장로 기도회'의 강연이다 보니, 시대적으로 한참 지나간 이야기도 있다. 하지만 상황이 바뀌었다고 해도, 그 중심에 개혁주의 신학과 신앙을 지켜야 하고, 우리 교회의 정체성을 지켜야 한다는 호소에는 변함이 없다.

그래서 내용을 가감 없이 당시 그대로 실어놓았다.

그러므로 이 책은 우리 교단의 역사의 한 페이지가 되는 동시에, 부족한 종이 본 교단의 목사님들과 장로님들을 향한 타는 듯한 불같은 외침이 고스란히 녹아 있다고 본다. 그런데 대개 '전국 목사·장로 기도회'에 참석하는 목사님들과 장로님들은 교단 전체의 10%도 채 안 되었으니, 그동안 참석하지 못했거나 새로 임직 받은 모든 목사님들과 장로님들이 이 책을 읽음으로써 그동안 증거 되었던 내용을 회상하고, 역사적 개혁주의 신학과 신앙을 확고히 붙들고, 장로 교회의 목회자들과 장로들로서 소명과 사명을 자각할 뿐 아니라, 밝아 오는 새 시대에 바른 개혁주의 교회 건설을 위해 우리에게 맡겨준 사명을 잘 감당했으면 한다.

44년 동안의 자료를 취합하다보니 녹음으로 남아 있는 것도 있지만, 원고를 찾을 수 없는 것도 한편 있었다. 순서 배열은 시대별로 열거하지 않고, 지금의 시대가 요청하는 관심 주제별로 엮었다. 이 책은 최초의 원고대로 구어체를 그대로 썼다. 이 책을 내도록 허락하시고 격려사를 써주신 현 총회장 배광식 목사님, 또 추천사를 써주신 황승기, 장차남, 소강석 증경 총회장님들과 전 한기총 회장이자 증경 총회장이신 길자연 목사님과 증경 장로 부총회장 류재양, 권영식 장로님께도 감사를 드린다. 지난 40여 년 동안 '전국 목사·장로 기도회'에서 외쳤던 이 메시지가 교단의 목사, 장로는 말할 것도 없고, 평신도들의 필독 책이 되어, 교단의 정체성을 세워가는데 크게 사용되기를 바란다. 그리고 이 책을 읽는 모든 교역자들과 평신도들에게도 주님의 은혜와 평강이 넘치시기를 소원한다.

　마지막으로 이 책을 역작으로 만들어 주신 킹덤북스(Kingdom Books) 대표 윤상문 목사님께 감사한다. 그리고 한국칼빈주의 연구원의 행정 실장인 김재철 목사님의 수고를 기억한다.

2021. 9. 13.
전 총신대, 대신대 총장
정성구 박사

격려사

개혁교회의 꿈을 이루자

총회장 배광식 목사(Ph. D)

정성구 박사는 반세기가 가깝도록 신학교 교단에서 신학자로, 교회를 개척하고 교회를 섬긴 목회자로, 다작의 저술가로 살았다. 그는 개혁 신학의 토대를 놓은 신학자 요한 칼빈 연구에 일생을 바친 한국 칼빈주의 연구원장으로, 그리고 교단 총회와 학교뿐만 아니라 다양한 영역에서 복음을 선포한 설교자로 명성을 이어오신 분이다. 이제 합동 교단의 영적 지도자들인 목사님들과 장로님들이 함께 모여 배우고, 교제하고, 기도하는 '목사·장로 기도회'에서 40여 년 동안 설교와 강의한 내용들을 모아 한 권의 책으로 출판하여 한국 교회 앞에 내놓게 되었다. 정성구 박사님의 기도와 연구의 노력이 담긴 '전국 목사·장로 기도회' 강연집 출판을 환영하며, 진심으로 축하한다.

정성구 박사님께서는 1977년부터 2019년까지 40여 년 동안, '전국 목사·장로 기도회'에서 강연자로 초청을 받은 것은 정 박사님의 탁월한 설교 기법 때문이 아니라, 진리를 토대로 한 신학적 정체성과 교단과 교회 지도자들이 세상에서 나아가야 할 방향을 제시해 주었기 때문이다. 정 박사님은 총신의 박형룡, 박윤선, 명신홍 박사의 신학의 전통과 화란 개혁주의 신학의 영향을 받아 신학의 토대를 세우셨다. 특히 그는 아브라함 카이퍼를 비롯한 화란 개혁 신학자들이 가르친 칼빈주의 사상에 영향을 받아 일평생 칼빈 연구에 몰입하시면서, 교단의 신학적 정체성과 역사적 뿌리와 핵심 사상과 목회 현장의 적용성을 파악하여 지도자들에게 영적 눈을 뜨게 하는 메시지를 전달했다.

정 박사님의 메시지는 오직 교단의 지도자들이 개혁 신학의 정체성에서 벗어나지 않기를 바라며, 시대의 신학적 흐름과 교단 정치의 소용돌이 속에서도 한국 교회의 지도자들이 목회자의 바른 소명을 의식하며 목회 현장에서 가르치고, 선교하고, 성숙한 교회로 세워가도록 새로운 방향을 제시했다. 정 박사님은 '전국 목사·장로 기도회'에 참석하신 교단 지도자들에게 영적인 소명 의식을 다시 일깨우고, 예수 그리스도의 죽음, 부활, 승천이 메시지의 중심이 되며, 교회의 신앙 교육으로 성도를 흔들림 없는 성숙한 그리스도인으로 세우고, 세계 선교에 앞장서는 교단이 되기를 열망했다. 그래서 정 박사님의 메시지는 모든 목사·장로들의 가슴을 뜨겁게 만들었고 도전을 받게 했으며, 목회 현장에서 새로운 틀을 형성하고 방향을 바꾸도록 하는 감동이 있었다.

시·공간의 제약상 오랫동안 이러한 메시지를 '목·장기도회'에서 다시 들을 수 없었지만, 금번에 그의 주옥같은 강연들을 모아 책으로 출판함으로써 그 당시의 메시지를 다시 들을 수 있는 기회가 주어져 감사하게 생각한다. 오늘과 같이 세속주의와 인본주의의 도전을 받는 현실에서, 교단의 신학자요, 설교자요, 선배 목회자로서 교단과 교회를 아끼고 사랑하는 일편단심의 마음으로 이 책을 내놓게 된 것은 크게 환영할 일이다. 오늘날 많은 설교자의 설교에서 개혁 신학 설교의 모델적 틀(frame)이 없다. 많은 분이 이 책을 읽고 일평생 칼빈의 신학과 사상을 가르친 정성구 박사님이 설교를 통해 성경 해석과 적용의 틀이 형성되기를 기대한다. 우리 교단이 지향하는 신학의 정체성은 개혁 신학이다. 개혁 신학의 정수를 담은 본서는 한국 교회를 진리의 터 위에 바르게 세우고 목회하는 일에 큰 위로와 영적 에너지를 줄 것이라 기대한다.

교단의 목회자와 장로와 신학생과 평신도들이 이 책을 필독하기를 바라며, 코로나와 변이바이러스의 확산으로 거의 2년 동안 일상과 종교 활동이 제약받고, 대면 예배가 멈추어진 한국 교회의 서글픈 현실과 마주하는 이 시기에, "전국 목사·장로 기도회"에서 외친 정성구 박사의 강연이 다시 영감을 불러일으키고, 영적으로 잠들어 있는 지도자들을 깨우는 메시지가 되기를 소망한다. 정성구 박사님이 강연집 출간을 다시 한번 축하드리며, 많은 영적 지도자들의 가슴에 머물러 목회와 설교에 활력을 얻을 수 있는 기회가 되기를 희망한다.

2021년 9월 13일

추천사

전 한기총 회장, 대한예수교장로회 제83회 총회장, 전 총신대 총장 길자연 목사

클라이스 라이드는 1960년대의 미국 교회를 두고 "미국 교회는 강단이 텅비어 있다"고 진단했습니다. 그런가하면 레오 오스테럼 박사는, "한국 교회가 가까운 미래에 직면하게 될 최대의 이슈는 세속화의 문제가 될 것이다"라고 했습니다. 여기서 오늘날 세계 교회가 안고 있는 문제점을 발견하게 됩니다.

과연 오늘날 우리 시대의 교회가 안고 있는 문제점은 말씀의 빈곤이 곧 교회의 세속화를 초래하게 된다는 것입니다. 이런 관점에서 설교 연구는 무엇보다 중요한 보화를 캐내는 사역입니다. 설교는 바로 하나님의 말씀을 대중들에게 선포하여 말씀의 빈곤으로부터 일어서게 하는 영적 행위입니다. 그래서 포 싸이드는 "기독 교회는 설교에 준해서 존립할 수 있고 무너질 수도 있다"고 했습니다.

정성구 박사님은 한국 교회 광야의 소리였습니다. 그는 이 세상 부귀공명을 뒤로 한 채 오직 말씀에 묻혀 말씀 연구로 살아오신 우리 시대의 표상이십니다. 일찍이 하나님의 부르심을 받고 신학자의 길을 걸어오신 정 박사님은 오로지 말씀 연구에만 진력해 오신 말씀의 구도자이십니다. 그는 개혁주의 설교의 틀을 한국 교회에 심고 물 주어 오시면서 그 속에서 삶의 긍지를 느껴 오신 우리 시대의 스승이십니다.

정 박사님의 설교에는 토레이 박사의 경우처럼 영혼에 대한 뜨거운 사랑과 영혼을 움직이는 능력이 깃들여져 있습니다. 그의 생애는 한국 교회 후진들의 참된 설교 사역과 성도들의 설교를 통한 은혜로운 삶을 위하여 쉬지 않고 부르짖어 오신 구도의 생애였습니다.

특히 금번 출간된 설교와 강연 모음집인 『개혁교회의 꿈』은, 본 교단 목사, 장로들을 대상으로 지난 40여 년간 외쳐 오신 목사님의 주옥 같은 설교 모음집입니다. 우리는 이를 통하여 말씀 전파의 생애로 일관되게 살아오신 정 박사님의 올곧은 삶 속에서 우리 시대의 영적 스승의 모습을 보면서 하나님의 은혜에 감사드리게 됩니다.

정 박사님의 이런 생애 속에서 오직 성경만을(Scriptura Sola) 성경의 전부를(Scriptura tota) 바르게(Scriptura pura) 증거 해온 지난날의 개혁주의 신학자들의 발자취를 느끼게 해주신 하나님의 은혜를 다시 한번 감사드리면서 추천의 말씀을 올립니다.

2021년 8월 9일

추천사

대한예수교장로회 제90회 총회장 황승기 목사

정성구 박사는 지금부터 58년 전 총신대 신대원에서 동문수학했던 나의 친구입니다. 나는 60년간 정 박사를 가까이서 지켜보았습니다. 정 박사는 하나님께로부터 참으로 많은 달란트를 받은 분입니다. 그는 신학뿐 아니라, 인문학, 시, 음악, 미술 분야까지 광범위하게 지식과 재능을 독점한 듯합니다. 그는 영계(靈界)와 세상을 바라보는 시계(視界)가 넓고 깊습니다. 또한 정 박사는 목사, 교수, 대학의 총장, 한국 칼빈주의 연구원장, 설교가, 부흥사, 저술가 등, 다방면으로 한국 교회와 세계 교계에 선한 영향을 끼치고 있습니다. 그래서 나는 스스로 '정 박사는 5 달란트를 받은 하나님의 종이요, 나는 1.5 달란트를 받은 종'이라 생각하고 있습니다.

요즘 교회의 지도자 다수가 눈앞에서 벌어지는 불법, 불의와 사회악을 보면서도 짐짓 못 본 척 외면하고, 마치 "벙어리 개" 모양으로(사 56:10) 침묵할 때, 정 박사는 진정한 하나님의 종으로 불의와 악행 하는 자들을 가차 없이 질타하고, 영적으로 잠들어 있는 기독 신자들을 일깨우려는 그의 외침은, 마치 선지자 아모스의 경고를 듣는 듯합니다.

정 박사는 '사명 완수를 위해 예루살렘으로 올라가던 사도 바울과 같이' 일사각오의 정신으로(행 20:24) "목사가 왜 욕을 해?" "목사가 왜 정치를 해?" 등의 칼럼을 써서 매스컴을 통해 만방(萬邦)에 선포하므로 독자(讀者)와 청자(聽者)들을 깨우는 등, 파수꾼의 사명을 다하고 있습니다(겔 3:17-19). 이러한 일들은 '하나님의 종으로 불타는 사명감의 발로(發露)요, 성령에 매인 자의 증거라(행 20:22)' 생각합니다.

정성구 박사는 진정 '작은 거인(巨人)'입니다. 정 박사는 기왕(旣往)에 목회자들과 신학도들, 그리고 성도들의 필독서(必讀書), 80여 권을 저술 출판한 바 있고, 그 중에는 여러 외국어로 번역되어 외국 교계에 영향을 끼친 바도 있거니와 금번에 40여 년간 우리 대한예수교장로회의 총회적인 행사에서 전국 교회의 지도자들을 상대로 불을 토하듯 외쳤던 주옥같은 설교와 강연들을 한데 묶어, 『개혁교회의 꿈』이란 한 권의 책으로 펴내게 된 일은 우리가 함께 크게 기뻐할 일입니다. 저자의 진리 수호에 대한 사명감과 인간의 영혼 구원에 대한 뜨거운 열정이 이 책 속에 배어 있기에, 분명히 이 책이 독자의 영혼을 흔들어 깨우고, 생활에 변화를 가져올 것입니다.

나는 이 책이 '한 시민으로서 또는 신앙인으로서의 생활에 풍부한 자양분이 되리라' 확신하기에 동역자들과 신학도들, 그리고 진리를 사모하는 성도들과 기독교를 바로 알기 원하는 모든 분들께 일독(一讀)을 권하며 기쁜 마음으로 추천합니다.

2021년 8월 27일

추천사

대한예수교장로회 제91회 총회장 장차남 목사

총신대에서 평생 교수와 총장(당시 학장)으로 다년간 봉사했고, 대신대에서 총장으로 봉직했던 정성구 박사께서 40년(1977-2019) 동안 '전국 목사·장로 기도회'에서 행했던 강론들을 한 권의 책자로 묶어 출간되어 기쁘게 생각합니다.

여기 '전국 목사·장로 기도회'는 본 교단이 통합 측의 분립 이탈 후 총회의 정통성은 확보했으나, 재정적으로 열악하여 모든 것을 적수공권에서 시작해야 하고 전국 교회가 반쪽으로 나누어져 어수선한 마당에 교단의 상처를 치유하고 교회의 활력을 회복 결집함에 무엇보다도 영적 운동이 제일 시급했기 때문에 시작되었습니다. 그리하여 총회의 중심축인 전국의 목사 장로들이 모여서 마음을 다하여 기도하되 교단의 고명한 강사들을 청하여 신앙적 사상적 진로와 목표를 제시하므로 말씀과 기도를 병행하게 하였습니다.

통합 측과의 분열 후 초창기인 1964년 2월 22일-25일, 서울 충현교회에서 모인 집회를 효시로, 해마다 거르지 않고 60여 년 가까이 이어오는 '전국 목사·장로 기도회'는 이제 우리 교단의 대표적 간판 집회로서 총회의 영적 구심력 역할을 수행해 왔습니다. 말씀과 기도를 통해 역사하시는 성령의 불이 교단을 결집시키고, 교단의 진로를 지키며 이끌므로 교단이 오늘의 자리에까지 이르게 하신 줄 확신합니다.

그동안 수많은 저명 강사들이 다양한 강론들을 통해 격동하는 교회와 사회의 세파를 헤쳐 나갈 신앙적 신학적 방향성을 제시하며 풍성한 은혜를 끼치는 중 정성구 목사님께서 그중에 중요한 몫을 담당해 줬습니다. 그동안 '전국 목사·장로 기도회'에서 선포했던 그의 메시지들을 한데 모아 강연집으로 꾸미게 되었으니 정말 감사하고 축하 할 일입니다. 독자들은 여기 소개되는 메시지들을 통해 지난 시대의 역사 중 일부라도 반추할 수 있게 되고, 개혁 신앙의 틀과 기준을 다지며 앞날을 예단하고 조망할 수 있다는 점에서 널리 추천의 말씀을 드립니다.

2021년 8월 10일

추천사

현 한교총 회장, 대한예수교장로회 제105회 총회장 소강석 목사

존경하는 정성구 박사님께서 『개혁교회의 꿈』이라는 강연집을 출간하신 것을 진심으로 축하드립니다. 정성구 박사님께서는 1977년부터 2019년까지 약 40년 동안 우리 교단 '전국 목사·장로 기도회' 주 강사로 섬기시면서 주옥같은 강의를 해 주셨습니다. 그 옥고를 모아서 '개혁교회의 꿈'이란 강연집을 출간하게 되신 것은 우리 교단의 신학적 정체성을 세우는 역사적 기록이요, 서사적 의미가 있습니다.

우리의 삶은 하나하나가 과정이고 역사입니다. 그런데 역사는 반드시 기억이 되고 기록이 되어야 합니다. 그래서 성경에서도 역대의 연대를 기억하라고 했습니다(신 32:7). 이처럼 역사를 기억하고 기록하는 것이 얼마나 중요한지 모릅니다. 역사가 토인비는 "한 민족이나 공동체를 없애려면 역사부터 지워버리라"고 했습니다. 예수님도 십자가에 죽으시기 전에 성찬식을 행하시면서 "나를 기념하라"고 하셨습니다(고전 11:24-25).

우리 교단의 선진들은 순수한 개혁주의 신학 하나 지키려고 허허벌판으로 나와서 총신대를 비롯해서 총회 회관을 세우고 세계 최대 장로 교단으로 부흥하는 눈물겨운 교단사를 기록하였습니다. 이제 교단의 적통성과 법통성은 우리에게 있지만 황무지 같은 곳에서 그들은 땀과 눈물을 흘리며 교단을 다시 세웠습니다.

어느 단체이든 설립자의 초심, 정신과 가치가 정말 중요합니다. 교단의 경우는 순수한 신학의 초심과 정체성을 지켜야만 흔들리지 않고 든든하게 세워갈 수 있습니다. 우리 교단이 앞으로도 성장하고 발전하기 위해서는 신학이 정치를 이끌어가야지, 정치가 신학을 이끌어가면 안 됩니다. 신학보다 정치가 앞서는 순간 교단 안에는 회오리바람이 불고 맙니다.

결국 신학이 교회를 지키고 교단을 지키는 것입니다. 그런 의미에서 정성구 박사님의 저서 '개혁교회의 꿈'을 통해서 우리 교단의 개혁주의 신학과 신앙의 정체성이 더욱 든든히 세워지기를 바랍니다. 개혁주의 신학을 기억하고 축적하며 미래의 자산으로 삼을 때, 우리 교단은 머나먼 역사의 여정에서 도태되지 않을 것이며 또 다른 눈부신 미래를 설계할 수 있을 것입니다. 교단 소속의 모든 목사님과 장로님들이 반드시 필독하시기를 바라며 기쁜 마음으로 추천드립니다.

2021. 9. 13

추천사

대한예수교장로회 제80회 장로 부총회장 권영식 장로

『제3의 물결』로 세계적 스타가 된 미래학자 엘빈 토플러(Alvin Toffler)가 그로부터 10년 후 1991년 『권력 이동』이란 역작을 출간하였다. 인간 사회를 지배하는 권력은 어떻게 이동해 왔는가?

◦ 고대에는 권력이 완력에 있었다. 헤라클레스나 삼손 같은 유형이다. 힘센 자가 제일이다 하던 시대였다.

◦ 중세 봉건 국가 시대의 권력은 재력(땅)에 있었다.
봉건 영주가 농민에게 땅을 나누어 주고 농사를 짓게 한 소작농(농노) 제도로 이를 장원 경제라 한다. 이때 봉건 영주는 농노들의 생사여탈권을 쥐고 있었다.

◦ 근대는 산업 혁명 후 권력은 지력(지식력)에 있었다. 증기 기관과

전기의 발명 등은 지식의 힘이었다.

◦ 현대는 대중 사회라 한다. 대량 생산, 대량 소비, 대량 판매, 대중 매체(Mass Communixation)가 주도하는 대중 사회의 권력은 정보력이 바로 권력이다. 2차 세계 대전의 승리는 미국을 위시한 연합국의 정보력의 승리요 특히 우리가 기억하는 인구 600만의 이스라엘이 인구 1억이 넘는 아랍 국가들의 연합군을 6일 만에 제압한 '6일 전쟁'은 완전히 정보력의 승리였다.

권력의 힘이 완력-재력-지력-정보력에 달려 있다고 하는데 그 다음 단계는 무엇일까?

매력이란 말이 떠오른다. 그 사람 참 멋있다. 우리 동네 동장님 참 멋있다. 우리 교회 목사님 참 멋있는 분이시다. 나는 오래전에 정성구 목사님을 만났다. '전국 목사·장로 기도회'에 단골로 나오시는 강사 목사님이시다. 그는 세계적인 신학 대학인 총신대학교에서 39세에 학장(총장)을 하신 분이다. 약관이 되기도 전에 신학 대학의 최고 지도자가 되셨고 그 후 대신대학교 총장을 역임하셨다. 우리 장로 교회가 가장 존경하는 신학자 존 칼빈의 신학은 정성구 박사를 능가하실 분이 없다. 유럽에서 공부하실 때 모은 칼빈과 개혁교회의 역사와 한국 장로교 역사 자료를 아낌없이 '총회 역사박물관'에 기증하신 그 용기와 아량은 참으로 놀라운 일이다.

이분의 매력은 어디에 있을까?

정성구 박사님은 만날 때마다 항상 웃는 모습이 참 멋있다. 수년 전국가조찬기도회 때 정성구 박사님을 뵈었는데 "아이구 권 장로님 그간 잘 있었소." 얼마나 친근하고 정감이 넘치는 말씀인지 모른다. 또 코로나19 바이러스가 창궐하여 대구 기독교계가 "비대면 예배로 결정되었다"는 보도가 나오자 우리 모두가 깜짝 놀랐는데, 그날 전화주신 정성구 총장님이 "아니 권 장로님 대구에 살면서 대기총이 주일 성수를 저버리는 결정을 어떻게 보고만 있었느냐"는 추상같은 호통은 아직도 내 귀에 남아 있다. 내가 만난 사람 중에 제일 멋있는 매력이 넘치는 목사님께서 이번에 책을 출간한다고 하니 매우 기쁘고 감사하고 감격적이다.

이 책은 40여 년간 '전국 목·장 기도회'의 강연으로서, 우리 대한예수교장로회 총회 산하 모든 목사님, 장로님, 그리고 성도님의 영의 양식이 되고, 삶의 지침서가 되기를 간절히 바라면서, 정성구 총장님의 건강과 집필 활동이 계속 되기를 하나님께 기도드린다.

2021년 8월 20일

추천사

대한예수교장로회 제89회 부총회장 류재양 장로

칼빈주의 신학자 정성구 박사

정성구 박사님은 하나님의 특별 섭리로 일찍 목회자로 소명을 받았다. 그는 하나님의 의도하는 본연의 뜻 '내 양을 먹이라, 내 양을 치라'는 준엄한 명령 말씀, 그 사명 받들어 준행하기 위하여 '예루살렘 가말리엘 문하생 전도자 바울'처럼 높은 학문과 덕망을 쌓은 목회자의 길을 가기 위하여 총신대학교 신학대학원을 졸업했다. 그리고 선진 학문 연구를 위해 화란 암스텔담 Vrije Universiteit(Drs, Theol.), 미국 Geneva 대학교(D. Litt.), 미국 Whitefield Theological Seminary(Ph. D), 헝가리 Debrecen Reformed University(D. D) 등 해외에서 유학하고, 신학을 전공한 칼빈주의 학자이다.

그는 경기도 양주군 주내면 산북리 샘내교회 개척 전도사로 사역하다가, 1968년 11월에 경기노회에서 목사 안수를 받고, 군목으로도 활동했다. 1976년 유학에서 돌아와 1977년 총신대학교 교수, 신학대학원 교수, 교목실장, 실천처장을 역임하고, 1980년에는 총신대학교 총장(학장), 대학원장을 지냈다. 그리고 1985년 한국칼빈주의연구원(I.C.S.K)과 칼빈박물관을 설립하여 원장으로 지금까지 '칼빈주의 운동'을 계속하고 있다.

2002년 9월에는 대신대학교 총장으로 부임하면서, 민족복음화와 세계 선교에 이바지하는 목회자, 선교사, 신학자를 양성하면서, 칼빈주의와 실천신학을 후학들에게 전수하는 귀중한 사명에 심혈을 쏟아왔다. 그는 저서와 메시지를 통해 한국 교회가 자유주의 인본주의에 물들지 아니하고, 교회가 정통 개혁주의 신학의 진리 수호를 할 수 있도록 일생을 전념하여 오신 분이다.

또한 그는 돌트 총회에서 결정된 칼빈주의 5대 교리인 인간의 전적 부패, 불가항력적 은혜, 궁극적 구원과 견인의 교리를 토대로 외쳤던 이 시대의 메신저였다. 금번 출판되는 예장 합동 총회 '전국 목사·장로 기도회' 강연집 『개혁교회의 꿈』은 그가 40년간 전국 목·장 기도회 주강사로, 시대를 예지하고 미래를 관조하며, 그 시대마다 진리의 말씀을 외친 것을 그대로 정리한 저서이다.

나는 이 책이 목회자, 장로는 말할 것도 없고, 신학생들과 성도들의 잠든 영혼을 깨우는 필독서가 될 것을 확신한다. 무엇보다 이 책이 코로나19로 무기력과 침체에 빠졌던 목회자와 장로들, 성도들에게 다시 한 번 활력을 불어넣어주는 지침서가 될 것이다. 또한 이 책은 한국 교회의 미래를 열어가는 비전과 꿈을 담고 있는 강론서이기에, 값비싼 진주를 발견하는 교본이 될 것이라 생각한다.

아모스 선지자가 말하기를 "여호와께서 이스라엘 족속에게 이와 같이 말씀하시기를 너희는 나를 찾으라. 그리하면 살리라 벧엘을 찾지 말며 길갈로 들어가지 말며 브엘세바로도 나아가지 말라. 길갈은 반드시 사로잡히겠고 벧엘은 비참하게 될 것임이라 하셨나니 너희는 여호와를 찾으라. 그리하면 살리라 그렇지 않으면 그가 불같이 요셉의 집에 임하여 멸하시리니 벧엘에서 그 불들을 끌 자가 없으리라(암 4:5-6)는 외침처럼, 정성구 목사님의 주옥같은 메시지가, 공허하고 혼돈된 이 시대 목회자들과 성도들에게 개혁주의 신앙을 지키고, 새로운 변화를 추구하는 선교의 대전환기로 삼기를 간절히 소망한다.

본서 『개혁교회의 꿈』은 본 교단의 모든 교역자들과 장로들에게 이 시대의 영적 양식이 되는데 전혀 손색이 없다고 확신하기에 이 책을 기쁨으로 추천한다.

2021년 8월 20일

목차

머리말		5
격려사	총회장 (배광식 목사)	10
추천사	증경 총회장 (김자연 목사)	13
	증경 총회장 (황승기 목사)	15
	증경 총회장 (장차남 목사)	18
	증경 총회장 (소강석 목사)	20
	증경 부총회장 (권영식 장로)	22
	증경 부총회장 (류재양 장로)	25

01	전국 목사, 장로 기도회 40년을 회고함	29
02	하나님께 더 가까이	55
03	개혁교회의 지도자들의 꿈	75
04	급변하는 세상과 개혁교회의 대응	101
05	세상이 하나님을 이길 수 없다	113
06	영적 전쟁에서 승리하려면 어떻게 해야 하는가?	149
07	교회와 세상과 하나님의 나라	191
08	세계화와 한국 교회의 미래	223
09	시대를 책임지는 교회	247
10	교회의 구조 조정	277
11	한국 장로 교회의 자화상과 미래	295
12	한국 교회의 영적 지도력 회복	333
13	돌트 총회와 오늘의 한국 교회	347
14	의(義)의 설교자 노아	367
15	새 시대와 개혁주의 교회의 진로	381
16	포용주의를 포용할 것인가?	399
17	개혁주의 신학에 생명 불어넣기	417

전국 목사, 장로 기도회
40년을 회고함

01

01

전국 목사, 장로 기도회 40년을 회고함

목사로서 나의 생애 가운데 잊을 수 없는 사역이 있다면, 지난 약 40여 년 동안 대한예수교장로회 총회 '전국 목사·장로 기도회' 주 강사로 활동한 것이다. 교단에는 기라성 같은 대설교자가 많고 학자들이 많은데, 어찌하여 나처럼 부족하고 연약한 종에게 이토록 분에 넘치는 큰 은혜와 축복을 주셨는지 알 수 없다. 1961년 장로교 교단이 에큐메니칼 운동으로 인해 통합 측이 갈라져 나간 후유증으로 우리는 세칭 합동 측이 되었다. 우리 교단은 모든 기관들과 교회당을 통합 측에 다 빼앗기고, 오직 순수한 복음을 지키고 교회의 부흥만으로 살아남을 수 있다는 공감대 속에, 1963년에 '전국 목사·장로 기도회'가 태동되었다. 전국에 흩어진 목사와 장로들이 한 곳에 모여 나라와 민족, 그리고 우리 교회의 부흥을 위해 시작한 특별 기도회였다. 처음에는 아주 순수했으나, 보통 3박 4일의 일정을 잡고 집회는 계속되지만 집회 순서를 짜는 것은 상당히 정치적이었다.

월요일 저녁 개회 예배 설교는 어김없이 총회장의 몫이었고, 화요일 저녁은 교단의 중진 또는 대형 교회 목사가 인도했다. 3일 저녁은 부총회장이 맡거나 대형 교회에서 집회 장소를 빌리기에 본 교회 목사를 대접하는 의미에서 세우는 것이 관례였다. 새벽 예배는 주로 교단의 정치에 관여하는 지도자들의 몫이었다. 그러나 화요일 오전 오후는 주로 교단 최고의 학자나 학장 또는 총장이 맡았고, 경우에 따라서는 특별 강사를 초청하기도 했다. 수요일 낮에도 대개는 교수들의 몫이었다. 초창기에 활동한 지도자는 박형룡, 박윤선, 차남진 박사들이 많이 활동했고 목회자로서는 김창인, 최훈 목사 등이었다.

그런데 사실 목사가 목사·장로들만 모이는 곳에서 설교하거나 강연을 한다는 것은 보통 어려운 일이 아니었다. 우선 준비도 문제이거니와 목사들과 장로들의 공감대를 이끌어내고 확실한 지적 만족과 뜨거운 영적 감화를 한꺼번에 주기란 참으로 어려운 일이었다. 그래서 대개 강사들은 한두 번의 강연으로 끝을 맺는다. 지속적으로 교단의 정체성과 신학적으로 철저한 칼빈주의적 입장에서 가르치며, 교회의 부흥과 성장을 외쳐 통회의 기도를 이끌어낸다는 것은 보통 일이 아니었다. 더구나 '전국 목사·장로 기도회'에 참석하는 이들은 기도를 위한 순수한 열정으로 온 사람도 있었지만, 세월이 점점 흘러가면서 정치적 선전장이나 또는 차기 총회장 선거를 위한 전초 전 쯤으로 변질되기도 했다. 그래서 목·장 기도회 중에도 총회를 이끌어가는 지도자들은 기도회 자체 보다는 다른 정치적인 것에 항상 관심을 가졌다.

내가 '전국 목사·장로 기도회'에 참석해 본 것은, 1965년 퇴계로에 위치한 충현교회의 집회였다. 당시 나는 박윤선 박사의 조교로 있었고, 박 박사님의 특별 강연이 있었기에 참석했었다. 아직도 생생하게 기억하는 것은, 이사야 35장 강해 설교 내용으로 큰 은혜를 받았다.

그로부터 12년이 흘러 필자는 '전국 목사·장로 기도회' 주 강사가 되었다. 1977년 5월 4일 제 14회 '전국 목사·장로 기도회'가 부산 초량교회에서 열렸다. 이때는 내가 1976년 화란 유학에서 돌아와 정식으로 총신대학교의 조교수 겸 교목실장으로 임명받은 지 꼭 두 달 만이었다. 그때 내 나이 37세였다. 물론 목사 안수 받은 날로 계산하면 목사 된 지 10년이 되었지만, 아직 전국의 기라성 같은 교회의 대지도자들인 목사님들과 장로님들에게 100분 동안의 특별 강연을 하는 것은 엄청난 부담이었다. 그때까지 나는 당회장을 해 본 일도 없거니와 기껏 시골 개척 교회를 3년 맡은 것과 군목으로서 장병들을 위한 설교를 3년 정도 했고, 그런 후 화란 유학을 하고 막 총신대 조교수 겸 교목실장이 나의 이력의 전부였다. 나는 화란 유학에서 귀국 후에 여기저기서 몇 차례 심령부흥회를 인도해 본 경험은 있었지만, 교단의 지도자들 앞에서, 그것도 약 한 시간 반 동안 설교를 겸해서 특별 강연을 의뢰받은 것은 내 생애에 엄청난 사건이었다. 옛말에 '무식하면 용감하다'는 말이 있듯이, 교단의 생리도 잘 모르고 5년 동안 한국을 떠나서 화란 유학에서 돌아온 지 얼마 되지 않았기에 책임을 맡은 이상 최선을 다해볼 생각이었다.

그때 나는 유학 생활에서 연구하면서 깨닫고, 확신한 칼빈주의적 세계관과 교회관을 확실하게 증거하고 싶었다. 그래서 시편 73:28의 말씀 "하나님께 가까이 함이 내게 복이라"라는 성경 구절을 택했고, 제목도 '하나님께 더 가까이'라고 했다. 이 성경 구절은 일찍이 아브라함 카이퍼 박사(Dr. Abraham Kuyper)가 깨달았던 진리이고, 내 개인적으로 화란 유학 중에 큰 은혜를 받은 구절이었다. 나는 이 성경을 깊이 묵상하면서 하나님에게서 멀어져간 오늘의 한국 교회와 지도자들을 책망하고 하나님께 가까이 가야 민족도 교회도 살아난다는 것을 정리했다. 하나님 사상, 또는 하나님의 주권만을 높이는 것이 칼빈주의 사상이라는 것도 힘주어 강조했다. 하나님께 가까이 가는 구체적인 방안도 제시하면서 세속주의, 인본주의 사상에서 탈피하여 역사적 칼빈주의 신학과 신앙으로 돌아가야 우리 교단이 살아난다는 요지의 메시지를 원고로 기록했다.

드디어 1977년 5월 4일 화요일 10시, 나는 초량교회의 강단에 올랐다. 초량교회는 일찍이 주기철 목사님이 섬기던 교회이며, 또한 한상동 목사님이 섬겼고, 당시에는 최동진 목사님이 섬기고 있었다. 내게는 역사적이며 감동적인 강단이었다. 내 순서가 되어서 강단에 서니 초량교회를 가득 채운 전국의 목사님, 장로님들이 눈에 들어왔다. 교단의 지도자들, 원로들, 증경 총회장단들이 앞자리를 차지하고 있었다. 대형 집회, 더구나 전국 교회의 지도자들 목사와 장로들이 앉아 있는지라 앞이 캄캄했다. 이런 집회가 처음이고, 전국의 기라성 같은 목사와 장로들 앞에 서는 것도 처음이었다. 모두들 반신반의하는 눈빛으로 처음 보는 새파란 젊은 목사, 키도 왜소하고 들어본 적도 없는 무명의 청년 목사가 대합동 측 지도자들 앞에서 무슨 말씀을 할까 하면서 시선이 집중되었다. 하지만 나는 겁낼 것도 없었고 밀릴 것도 없었다. 화란 개혁주의 신학에서 터득한 칼빈주의 사상이 가슴에 불타는 이상 두려울 것도, 주눅들 것도 없었다. 잘 준비된 원고대로 뜨겁게 외치던 나는 삽시간에 천여 명의 지도자들을 사로잡았다. 비록 키는 왜소하지만 발음이 정확한데다, 천부적으로 타고난 우렁찬 음성도 큰 무기가 되었다. 거기다 시대와 상황을 읽는 예민함도 있었고 첫 열심이라 영적 감화력도 대단했던 것 같다. 약 6, 70분 동안에 폭포수처럼 쏟아지는 말씀이 청중들을 완전히 묶어버렸다. 메시지 후에는 성령의 강한 역사가 일어났고, 통성 기도가 터지고, 여기저기서 비명과 흐느낌이 있었다. 전에 없었던 특별하고 놀라운 부흥회가 되었고, 전국의 목사, 장로들, 총회 임원들 모두 하나가 되어 엄청난 감격과 감동을 주는 시간이었다.

이 한 편의 특별 강연으로 말미암아, 나는 대한예수교장로회 합동 측 모든 목사와 장로들에게 강한 인상을 남겼다. 집회를 마친 후에 맨 먼저 최훈 목사가 앞으로 나와 악수를 청하면서 "정 목사님! 은혜를 많이 받았습니다. 이토록 영적 능력으로 강열할 줄 몰랐습니다."라고 했다. 이렇게 시작된 최훈 목사님과의 만남은 참으로 오랫동안 계속되었다. 그래서 1982년에 최훈 목사님이 세운 천마산 기도원의 첫 번째 부흥회 강사가 되기도 했고, 그 후에도 주 안에서 아름다운 교제를 나누었다. 당시 총회 총무인 정봉조 목사님을 비롯해서 박명수 목사님 등 여러 분이 말하기를 "오늘 메시지를 글로 낼 수 없느냐?"고 말씀하기도 했다.

이 특별 강연으로 말미암아 교단의 새바람을 일으키는 젊은 교수로 떠오르기 시작했고, 그 후에 전국 각 곳에 연합 집회, 부흥회 등에 초대되면서 눈코 뜰 사이 없이 분주했다. 그로부터 단 한 주간도 쉬는 일이 없을 만큼 집회 스케줄이 빽빽이 잡혀져 있었다. 하기는 그때만 해도 박형룡, 박윤선, 명신홍, 차남진, 정규오, 최동진, 목사의 시대는 지나가고, 교단에 마땅히 이렇다 할 메신저가 없었던 터에 개혁 신학의 본산에서 막 유학하고 돌아온 젊은 목사인 내게 대해서 교단에서는 엄청난 기대와 희망을 가졌던 것이다. 특히 부산 초량교회 최동진 목사는 나를 볼 때마다 다른 사람에게 소개하면서 우리 교단의 보배라고 말했다. 부끄럽고 황송한 말씀이지만 그 말이 싫지는 않았다. 그것이 원인이 되어 최동진 목사님은 은퇴하기 전에 나를 조용히 불러서 초량교회의 후임으로 청빙할 터이니 오라고 권면했다. 최동진 목사님은 말하기를 "정 목사님! 초량교회는 주기철 목사님이 섬기던 교회가 아닙니까? 또 한상동 목사님이 섬기던 교회입니다. 그리고 내가 30년 동안 목회했습니다. 정 목사님이 오시면 나와 우리 당회원과 성도들은 환영합니다."라고 했다.

그러나 나는 그때까지도 신학 교육에 대한 집념과 소명 때문에 최 목사님의 뜻을 받아들일 수가 없었다. 하여간 이렇게 시작한 특강과 설교 때문에 '전국 목사·장로 기도회'의 주 강사로 계속 초대되었다. 이듬해에는 전국 교역자 수양회의 주 강사로 초청되기도 했다. 나는 초량교회의 담임 목사 청빙은 거절했지만, 그 대신 초량교회에 부흥회를 한번 인도해 달라고 요청하기에 한 주간 집회를 인도하였다. 그러니 1977년 5월 초량교회의 '전국 목사·장로 기도회' 강연은 말하자면 나의 한국 교회에 데뷔 무대라고 해도 좋을 것이다. 그런데 그보다 두 달 전인 1977년 3월 15일부터 한 주간 총신대학과 신대원 학생 연합부흥회를 인도한 적이 있다. 대개 학교 부흥회는 교단에서 목회에 성공한 목사나 부흥사가 인도했었다. 그러나 그때 교수로는 내가 처음이요, 마지막으로 대학생들과 신학생들을 위한 부흥회를 인도했다. 이 사건도 참으로 전례 없던 일이었다. 특히 시편 51편 강해 설교를 했는데 대학생과 신학생들에게 통회의 역사가 나타났다. 아마 그 소문이 총회 임원들에게 전달되어 36세의 젊은 교수가 제14회 '전국 목사·장로 기도회' 주 강사로 선정된 듯싶다.

1979년 5월 3일 승동교회에서 제16회 '전국 목사·장로 기도회'가 열렸다. 나는 여전히 화요일 10시 황금 시간을 배정받았다. 내가 그 시간을 황금 시간이라고 한 이유는 화요일 오전에 참석 인원이 가장 많고 가장 정돈된 시간이기 때문이다. 수요일 오전에는 이미 수요 예배 설교 때문에 1/3 이상이 줄어들기 시작한다. 그 시간 "의의 설교자로서의 노아"라는 제목으로 특별 강연을 했다. 나는 우리 시대의 부흥은 목사의 설교에 기인한다고 보았다. 즉 우리는 초대 교회처럼 '기도하는 것과 말씀 전하는 것을 전무'하는 자들이 되어야 하며, 노아의 설교를 하나의 틀로 제시했다. 노아는 120년 동안 목회했지만 기껏 자기 식구 8명밖에 구원하지 못했다. 이는 개척 교회의 수준이고 성장이 미미하기 그지없었다.

그러나 노아의 삶을 실패로 보아서는 안 된다는 것이다. 그것은 베드로후서에서 노아를 '의의 설교자'로 기록한 것을 예로 들었다. 즉 노아는 당시의 사람들과 타협하지 않고 의가 없던 시대에 하나님의 의(義)를 소리높이 증거 했다. 노아는 비록 수많은 사람들을 모으지는 못했으나 그의 설교는 정당했다. 그러므로 노아를 성공한 설교자로 제시한 것은, '교회 성장은 숫자가 아니라 하나님의 진리를 얼마나 진실하게 증거 하는가에 달려 있다'는 것이다. 당시 이 메시지는 큰 충격이었다.

오늘 우리 교회는 지나치게 인본주의적이요, 세속주의적이어서 수단과 방법을 가리지 않고 있다. 얼마나 개혁주의 신학과 신앙의 전통에서 한참 멀리 떨어져서 목회하고 있는지도 모른다. 그런 목회 형태를 신랄하게 비판하고, 비록 부흥이 더딜지라도 먼저 하나님의 영광과 주권을 높이고 교회의 순결을 지켜야 한다는 내용이었다. 그날 역시 뜨거운 영적 반응이 일어났다. 인간의 수단과 방법으로 교회를 섬기려던 생각들을 버리고 목사들은 목사대로 장로들은 장로대로 통회하는 운동이 일어났다. 나의 메시지는 언제나 진리의 본질을 말하였고, 인간적 수단과 방법은 오히려 하나님의 영광을 가릴 수밖에 없다는 것이 개혁 신학의 내용이므로 모든 이들에게 공감을 불러일으키기에 충분했다.

1980년 5월 8일 충현교회에서 제17회 '전국 목사·장로 기도회'가 열렸다. 지난해에 이어서 주 강사로 다시 초청되었다. 강의 제목은 "새 시대와 개혁교회의 진로"였다. 이 시기는 국가적으로 심히 어려운 시기였다. 이른바 박정희 대통령 서거 이후 신군부가 정권을 장악하여 처처에서 데모와 군중 집회들이 일어나고 있었다. 나는 이러한 시대적 어려움 속에 칼빈주의 신학과 신앙을 가진 교회로서 어떻게 걸어가야 할 것인지를 힘 있게 외쳤다. 나의 메시지는 크게 3부분으로 나뉘었다. 첫째, 새 시대의 도전과 격랑, 둘째, 오늘의 세계와 교회의 문제성, 셋째, 개혁주의 교회는 어디로 가야하나?라는 것이었다. 나는 먼저 우리 시대의 낙관주의 세계관을 비판하고, 내 스승이신 벌까일 박사(J. Verkuyl)의 말을 인용했다. 즉 "우리는 지금 제2의 계몽주의를 경험하고 있다"라는 말이었다. 오늘날은 18세기의 계몽주의가 다시 부활되어 인간의 자율주의(自律主義, Autonomy)를 우상화하는데 문제 제기를 했다. 그리고 당시에 유행한 에큐메니칼 신학의 문제점, 해방신학의 문제점을 지적하는 한편 오늘의 한국 교회가 미국의 도날드 맥가브란(Donald McGavran)의 영향을 받아, 목적이 좋으면 수단은 무슨 수를 써도 좋다는 이른바 '거룩한 실용주의'를 낱낱이 비판했다. 내 강연의 핵심은 잠자고 있는 칼빈주의 교회들이 다시 일어나 인본주의와 세속주의 세력을 단호히 분쇄하고, 하나님의 음성(Vox Dei)을 들을 줄 알아야 된다는 메시지였다. 충현교회에서의 메시지도 목사들과 장로들의 마음을 열고 하나님께 매달리도록 했다. 생각하면 첫째도, 둘째도 하나님의 은혜요, 축복이었다. 이 기도회가 있은 지 불과 3개월 만에 나는 39세의 나이로 최연소 학장(총장)이 되었다. 물론 이 작품을 만든 것은 이영수 목사를 비롯해서 우성기 장로 등의 정치적 노력도 있었다. 하지만 몇 해 동안 '전국 목사·장로회'에서 생명 걸고 외쳤던 내 설교와 강의가 교단을 움직이는 원동력이 되었다. 일개 무명의 목사가 하루아침에 대교단인 총신대학의 수장이 된 것이다. 나로서는 흡사 다윗이 사울의 갑옷을 입은 것처럼 어색하고 맞지 않은 느낌이었다. 그러나 시대적 소명으로 알고 내 혼신의 힘을 기울였다.

정치적으로 반대편에 있던 사람들의 이런저런 비판도 있었지만, 지난 3년 동안 이미 '전국 목사·장로 기도회'에서 나의 메시지를 들은 전국 교회의 지도자들은 9월 총회에 기꺼이 인준을 해 주었다. 사람이 자리를 만들기도 하지만, 자리가 또한 사람을 만든다는 말처럼, 1980년 8·15에 학장(총장)으로 취임하자 우선 초교파 모임인 부활절 연합회 단골 설교자가 되었다. 그래서 나는 지난 40년간 초교파적 부활절 예배에 설교자가 되었다. 접경 지역에서부터 제주도까지, 서울의 거의 모든 지역, 대전, 대구, 부산, 춘천, 원주, 광주, 안동, 예천, 김천, 수원, 기흥, 평택, 일산, 안산 등지에서 원 없이 예수 그리스도의 부활을 뜨겁게 외쳤다. 이때문에 나는 본 교단뿐 아니라, 초교파적 메신저로 40년간 일하게 되었다.

1981년 5월 4일 인천 제2교회에서 제18회 '전국 목사·장로 기도회'가 열렸다. 또 다시 주 강사가 되었다. 인천은 이 땅에 복음이 들어온 길목-제물포-이다. 그것을 회상하면서 내 강연은 시작되었다. 제목은 "돌트 총회와 칼빈주의"다. 사실 우리 교단의 목사들이나 장로들 가운데 돌트 총회와 돌트 신경을 제대로 아는 사람이 거의 없었다. 실상 1618년에서 1619년 사이에 있었던 화란의 돌트레흐트(Dordrecht)에서 열렸던 이 국제 회의는, 개혁교회 또는 장로 교회의 신학적 기초를 만든 중요한 총회이며, 여기서 그 유명한 "칼빈주의 5대 교리"(The Five Points of Calvinism)가 만들어진 것이었다.

칼빈과 그 후학들이 알마니안주의자들의 도전에 철저히 맞서 일구어낸 개혁주의 교리를 다듬어서 변증한 것이었다. 1981년 당시에 내가 그 주제를 선정한 것은 교단의 교리적 정체성을 확실하게 하고 싶었을 뿐 아니라, 칼빈주의적 교회로서 정체성을 지켜야 한다는 사명감 때문이었다. 특별히 강조한 것은 돌트 총회는 설교 문제를 다루었다는 것이다. 즉 우리 교회의 목회자들은 겉으로는 개혁주의자인 척하지만, 실제 설교에서는 알미니안적인 요소가 있음을 개탄했다. 그날의 메시지도 역시 힘이 있었다. 작년과는 달리 총신대학의 학장으로서의 메시지였기에 더욱 힘이 실렸다. 즉, 박형룡, 박윤선, 김희보, 정성구 등 이러한 계보를 이어가는 학장직은 신학의 권위를 드러내기에 적절했고, 교단의 정체성을 이어가자는 메시지에 모든 목사와 장로들이 하나님께 울부짖으며 통회했다. 우리 교회가 겉으로는 개혁주의 신학과 신앙을 표방하고 있었지만, 실제로는 알미니안주의적이고, 인본주의적이고, 세속적인 설교가 판을 치고 있었다. 그러나 이 메시지가 있은 후 40년이 지났지만, 여전히 우리 교회는 돌트 총회와 돌트 신경에 대해서 무심한 교회가 되어가고 있다는 것이 안쓰럽다.

1983년 4월 6일 인천 제2교회에서 제20회 '전국 목사·장로 기도회'가 열렸다. 나는 또 다시 주 강사가 되었다. 이번에는 "처음 사랑을 찾자"라는 주제였다. 선교 100년을 1년 앞두고, 더구나 복음이 처음 들어왔던 제물포 앞바다에서 새로운 시대를 열어갈 교단의 앞날을 염려하고 회개하며 다시 한번 옷깃을 여밀 필요가 있었다. 그러기 위해서 요한계시록에서 오른손에 일곱 별을 잡으시고, 일곱 촛대 사이에 운행하시는 예수 그리스도께서 하신 말씀 '처음 사랑을 다시 회복해야 한다'는 진리는, 바로 우리 교단과 목사와 장로들에게 주시는 메시지로 받아들이라고 소리쳤다.

사실 우리는 진리를 지키고 교리를 보수하는 데는 크게 공헌을 했다고 자부하지만, 상대적으로 처음 사랑을 잊어버린 것이 우리 교회의 문제였다. 처음 사랑을 회복하지 않고는 이 시대에 우리 교단의 사명을 감당할 수 없음을 힘 있게 증거 했다. 나는 우리 교단의 강점이 곧 약점임을 부각시켰다. 에큐메니칼 운동을 반대하고, 교리와 진리를 지키는 것은 귀한 일이나, 그것 때문에 교만하고 다른 교회를 멸시했던 우리를 돌아보자고 외쳤다. 역시 성령 하나님이 함께 해 주셔서 모든 목사와 장로들이 큰 은혜를 받았다. 그때의 메시지로 말미암아 총회장 이삼성 목사는 나에게 "한국의 칼빈 정성구 박사"라는 휘호를 써주었다.

1984년은 장로 교회의 선교 100주년을 기념하는 뜻깊은 해였다. 당시 총회장 최훈 목사는 선교 100주년을 맞아 장로 교회의 장자 교단으로서, 합동 측 교회의 위상을 찾을 것을 천명했다. 5월 10일 동도교회에서 제21회 '전국 목사·장로 기도회'가 개최되었다. 어느 때보다 뜨거운 열기가 가득 찼다. 다시 주 강사로 초빙되었다. 이번에는 "한국 교회 100년과 그 전망"이라는 제목의 특별 강연이었다. 이때부터 나는 완전 원고를 인쇄하여, 소책자로 만들어 참석한 모든 목사, 장로들에게 나누어 주었다. 어차피 완전 원고를 준비한 이상 그것을 인쇄해서 각각 나누어 가짐으로써 후일 역사적 기록을 확실히 하고 기념이 되도록 하기 위함이었다.

나는 우선 지난날에 하나님께서 한국 교회에 주신 은혜를 감사하며 회고했다. 특히 한국 장로 교회 대표 목사인 길선주, 김익두, 주기철,

손양원 등 위대한 한국 장로 교회의 신앙의 모델이었던 그들의 신학과 신앙, 그리고 설교의 내용을 더듬었다. 그분들은 곧 우리의 신앙의 뿌리이며 맥이었다. 이런 기초 위에 한국 교회의 또 다른 100년을 바라보며 힘차게 걸어가야 할 것을 제시했다. 당시 나의 메시지들은 실로 전율을 느끼는 감격과 감동의 시간들이었다. 당시 최훈 총회장과의 아름다운 교제로 인해서, 천마산 기도원에 세 차례에 걸쳐서 부흥성회를 인도하기도 했다. 그로 말미암아 한국 교회의 위대한 선각자들의 설교를 엮은 『한국 교회 설교사』가 나왔고, 이 책은 영어, 일본어, 중국어, 대만어, 러시아, 루마니아, 헝가리, 체코, 포르투갈, 벵골어 등 10여 개국으로 번역되었다. 한국의 신학교는 D.L 무디나 스펄전의 위대함은 가르쳐도 우리의 위대한 지도자들의 사상과 삶, 그리고 메시는 잘 가르치지 않고 있다. 하지만 나는 우리의 앞선 지도자들에게 배우는 것이 우리의 정체성을 회복하는 길이라는 것을 힘 있게 증거했다.

1985년 5월 8일 대구 서문교회에서 제22회 '전국 목사·장로 기도회'가 열렸다. 그때 수요일 밤 메시지를 맡았다. 전국에서 온 목사, 장로들과 수요일 밤 서문교회 성도들로 입추의 여지가 없이 교회당이 가득 찼다. 내 설교의 제목은 "너희는 그의 말을 들으라"였다. 인간의 즉흥적인 계획과 결단보다, 우리 목회자와 장로들은 하나님의 말씀을 먼저 들을 줄 아는 귀가 열려야 된다고 외쳤다. 오늘의 교회의 목회자들은 민중의 음성(Vox Populi)보다, 하나님의 음성(Vox Dei)을 듣는 것을 선행해야 될 것을 주장했다. 그래서 교회 안에 들어오는 인본주의와 세속주의를 막아내고 거룩한 교회, 진리를 바로 지키는 교회가 되어야 할 것을 힘 있게 외쳤다. 그리고 이 메시지는 1986년 세계칼빈학회가 헝가리 Debrecen에서 열렸을 때, 설교해서 전 세계 칼빈 학자들에게 큰 감명을 주기도 했다.

1985년 9월 제70회 총회는 그동안 교단을 전횡하던 이영수 목사의 체제가 무너지고 새로운 개혁 세력이 등장했다. 나도 학장직에서 물러나고 평교수로 되돌아갔다. 그 결과 매년 '전국 목사·장로 기도회'의 주 강사로 나를 부르던 시대는 지나갔다. 그렇게 세월이 여러 해 흘러갔다. 당연히 이때는 나의 침묵의 시대였다. 나의 뜨거운 가슴을 불태울 장소가 없어졌다. 그러나 시대가 변하고 나는 총신대 신학대학원장으로, 또 목회대학원장으로 다시 힘 있게 일하게 되자, '전국 목사·장로 기도회'의 주 강사는 다시 내게로 돌아왔다. 하나님의 은혜로 교권이 바뀌었지만, 여전히 총신을 이끌고, 목회자 재교육 프로그램의 수장이 되었다.

1992년 5월 19일 충현교회에서 제29회 '전국 목사·장로 기도회'가 개최되었다. 새로운 충현교회 예배당은 12년 전 퇴계로 5가에 있던 구예배당과는 하늘과 땅 같은 차이였다. 그날 3,000여 명의 목사, 장로들이 모였다. 나는 이전보다 더 큰 열정으로 3,000여 명의 지도자들에게 "한국 장로 교회의 지회상과 미래"라는 주제로 강연을 했다. 새로 지은 충현교회의 분위기 하며, 완벽한 음향 시스템, 완벽한 조명 시설, 그리고 새 시대를 기다리는 영적 갈구가 합쳐진 가운데 나는 100분 동안 사력을 다해서 뜨겁게 증거 했다. 전에 없던 뜨거운 기도와 성령의 폭발적인 역사가 나타났다. 그것은 하나님께서 하신 일이었다.

나는 전과 같이 소책자 3,000부를 만들어 친절하게 손수 배부했다. 어떤 목사와 장로들은 자기네 교회 당회원들에게 돌린다며 책을 몇 십 부씩 가져가기도 했다. 물론 책 제작비는 모두 내 자신이 감당했다. 그 이유는 이것은 역사적 문건이기에 확실한 기록으로 남기기 위함이었다. 강연집은 전부 내가 자비로 부담한 것이고, 총회에서는 단 한 번도 지원한바가 없었다. 그래도 그것이 나의 사명인줄 알고 기꺼이 했다. 충현교회에 모인 목사, 장로 3,000명에게 사력을 다해서 뜨겁게 복음의 내용과 개혁교회의 앞길에 방향을 제시했다. 강연 후에는 반드시 통성 기도를 하게 했고, 그때 성령의 강한 역사가 나타났던 것을 생각하면 그저 감사할 뿐이었다. 칼빈 신학의 핵심은 '말씀'과 '성령'이 더불어 역사해야 된다는 것을 확신시켜주는 장면이었다.

1994년 5월 10일 제31회 '전국 목사·장로 기도회'가 다시 충현교회에서 열렸다. 약 5,000명의 목사, 장로들이 모였다. 나는 화요일 10시 황금대 시간을 받았다. 충현교회 대예배당을 가득 메운 청중들은 이미 내가 준비한 '책임을 지는 교회', 즉 Responsible Church에 대한 자료를 갖고 있었다. 우리 보수 교단이 많은 장점을 갖고 있지만 약점 또한 많은 것을 지적했다. 우리는 예수 믿고 구원 얻어 천국 가는 것만 중요하게 여기지 말고, '이웃에 대한 책임', '사회에 대한 책임', 그리고 '국가와 민족에 대한 책임', '역사에 대한 책임', 그리고 '가난한 자들과 병든 자들에 대한 책임'과 '세계 선교에 대한 책임'을 감당해야 할 것을, 충현교회 대예배당이 쩌렁쩌렁 울리도록 외쳤다. 반응은 뜨거웠다. 어떤 목사와 장로들은 매년 5월에 '전국 목사·장로 기도회'에 오는 것은 정성구 박사의 특강 하나 들으려고 온다고 하는 사람도 많았다.

나로서는 고마운 일이었다. 1977년부터 시작된 나의 목·장 기도회의 메시지는 내가 가진 작은 녹음기로 스스로 녹음했다. 이제는 세상이 좋아져서 충현교회에서 행한 모든 내 강연 내용을 녹음하여 소장하고 있다. 이 녹음이 모아져서 "정성구 박사 특별 강연 CD"로 여러 차례 나왔다.

1995년 5월 9일 충현교회에서 제32회 '전국 목사·장로 기도회'가 열렸다. 또 다시 주 강사가 되었다. 엄청난 사람들이 몰려왔다. 나는 언제나 전국의 목사와 장로들이 이 시대의 교회 지도자들로서 무엇인가 새 것을 얻어서 돌아가려고 하는 것을 잘 알고 있었다. 그래서 나는 언제나 고민했고 새로운 자료를 찾으려고 동분서주했다. 이번에는 "세계화와 한국 교회의 미래"라는 주제를 택했다. 그 당시 사회의 이슈는 세계화, 곧 Globalization에 대한 관심이었다. 언제나 나는 대중들이 관심이 무엇인지에 대해서 민감하게 대처하고, 거기에 따른 칼빈주의적 입장을 명쾌하게 제시함으로 교단 지도자들에게 길을 보여주려고 했다.

세계화란 복음의 성격 그 자체임을 강조했다. 창세기 12장에 하나님이 아브라함을 부르실 때에도 본토 친척 아비 집을 떠나 내가 네게 지시한 땅으로 가라고 했으니, 우리는 처음부터 순례자, 세계를 향한 걸음을 시작한 것이다. 그리고 예수님께서는 마태복음 끝에 "너희는 가서 모든 사람으로 제자를 삼고 아버지와 아들과 성령의 이름으로 세례를 베풀고 내가 네게 부탁한 모든 것을 가르쳐 지키게 하라 보라 세상 끝날까지 내가 너희와 항상 함께 하리라"고 했다. 한국 교회는 우리만 잘 먹고 잘 사는 것이 중요하다고 생각하는 것에 머물지 말아야 한다. 이웃과 세계와 더불어 나누며, 같이 짐을 지는 교회가 되어야 세계 선교도 이룰 수 있다는 내용이었다. 수천 명의 목사 장로들의 합심 기도 역시 감격스럽고 뜨거운 시간이었다. 나 자신도 마음이 아주 후련한 시간이었다.

1996년 5월 7일 충현교회에서 열린 제33회 '전국 목사·장로 기도회'가 열렸다. 나는 전과 다름없이 주 강사로 다시 불리움을 받았다. 이번에는 보다 신학적인 문제로 "교회와 세상과 하나님의 나라"라는 주제였다. 내 강연은 모두가 신학적인 내용이지만, 신학의 내용을 모든 목사와 장로들이 알아들을 수 있는 말로 전해야 하고, 그 말은 오늘의 메시지가 되도록 하고, 그것은 우리의 구체적인 삶에 적용되어 우리 심령 속에 감화와 감동을 주어야 한다고 생각한다. 그런데 이런 것은 누구나 쉽게 할 수 있는 것이 아닐 것이다.

그러나 하나님께서 은혜를 주셔서인지 나는 어려운 진리를 가장 잘 알아들을 수 있는 대중들의 언어로, 대중들의 가슴에 전달할 수 있는 비밀을 어느 정도 알고 있었다. 대개의 경우 신학자들 중에는 신학은 훌륭한데 대중과는 무관해서 소통이 잘 안 되는 사람도 많고, 상당히 대중적이지만 신학적 기반과 논리가 없는 지도자가 많은 것이 현실이다. 나는 그런 면에서 보면 큰 은혜와 축복을 받았다. 화란의 아브라함 카이퍼 박사는 위대한 칼빈주의 신학자이지만, 그의 강연과 설교는 대중들이 알아들을 수 있는 메시지였다. 나는 그것을 벤치마킹했다. 신학교의 교수가 대중적인 집회에서 청중의 회개와 통회를 이끌어낼 수 있게 된 것은 하나님의 은혜라고 생각한다. 그것을 26년간 측근에 모셨던 나의 스승 박윤선 박사의 사상과 열정을 고스란히 받았기 때문이었다. 어떻든 나는 교회와 세상과 하나님의 나라의 상관관계를 자세히 설명하고 교회와 하나님 나라와의 관계는 헬만 리델보스(Herman Ridderbos)의 해석에 따라서 동심원의 관계로 설명했다.

또 교회는 세상의 소금과 빛으로 다가서야 하는데, 오늘날 우리 교회는 세상에 대해서 높은 담을 쌓고, 이원론적 세계관(二元論的 世界觀, Dualistic World View)으로 일관하니, 세상을 향해서 아무것도 할 수 없는 기관이 된 것을 개탄했다. 그리고 교회가 세상의 문화까지 변화시키는 역할을 감당해야 한다고 힘 있게 강조했다. 또한 교회만 중요한 것이 아니라 더 큰 하나님의 나라 확장을 위한 책임과 사명을 감당해야 할 것을 소리 높여 증거 했다. 역시 이 메시지도 목사, 장로들에게는 신선한 충격으로 받아들여졌다.

1997년 5월 7일 충현교회에서 제34회 '전국 목사·장로 기도회'가 열렸다. 시대적으로 어려운 시기였으므로 어김없이 6,000여 명의 전국의 목사, 장로들이 모였다. 이번에는 "영적 전쟁에서 살아남을 것인가"라는 다소 도전적인 메시지였다. 이른바 세속주의와 인본주의 세계관에서 출발한 뉴 에이지(New Age Movement)에 대해서 낱낱이 비판하고, 특별히 우리 시대에 개혁주의 교회의 가장 큰 걸림돌은 로마 가톨릭, 특히 제수잇의 문제를 지적했다. 사실 성경적인 입장에서 볼 때 가톨릭은 이단 중에서도 이단이다. 그럼에도 불구하고 저들의 세력이 엄청난 것을 무기로 전 세계의 종교 통합을 시도하며 이른바 종교 다원주의의 원흉이 되었음을 지적했다. 로마 교황청의 문제와 그들의 비밀을 낱낱이 폭로했다. 이 시간 나는 개혁주의 교회가 나아갈 길을 제시했다. 그 날 거기 참석한 회중들은 상당히 새로운 충격을 받은 듯 했다. 이전에 듣지 못했던 새로운 역사적 사건과 사실에 대해서 엄청난 도전을 받은 것이다. 물론 나는 30여 페이지의 책을 만들었고 역사적 기록으로 남겼다. 순서를 마친 후에 은혜를 받았다고 하면서 어떤 장로는 "그런 메시지를 전해서 혹시 가톨릭으로부터 테러를 당하지 않겠느냐?"라며 걱정하기까지 했었다. 그런데 5년 동안 내가 연속적으로 주 강사가 됨으로 인해 여기저기서 불평이 많았다. 왜 한 사람만 계속 띄우는가? 또는 우리 교단에는 정성구밖에는 사람이 없는가?라는 불평이 몇 해 전부터 종종 불거져 나왔다. 그럴 때마다 '그러면 정성구 목사만큼 확실하고 정확히 준비해서 뜨겁게 증거 하는 사람이 있으면 해 보라'고 총회 총무가 말했다고 한다.

그로부터 두 해를 지난 후 1999년 12월 6일 교단과 총신이 동시에 어려움을 당하고 있을 때, 전국의 '목사·장로들의 정책 세미나'가 대전 중앙교회에서 열렸다. 숫자는 적었지만 우리 교단의 핵심 목사들과 장로들이 모두 모였다. 나의 제목은 "새 천년을 향한 교회의 비전"이었다. 전에 하던 대로 완전한 원고를 작성하고 30여 페이지의 책을 출판해서 그 날 참석한 목사, 장로들에게 나누어 주었다. 한 세기를 마감하고 새로운 천년을 맞이하는 교단의 어제와 오늘, 내일이 무엇이어야 하는가에 대한 진솔한 자기반성과 미래지향적인 제안이었다. 완벽한 원고 준비와 뜨거운 메시지는 사람들의 마음을 움직였다.

그 당시에는 총신대학교의 여러 가지 환란 시험으로 나 자신이 큰 어려움에 처해 있을 때였다. 그것과는 무관하게 내 소신을 확실히 선포했다. 그러나 그로부터 나는 학교의 교수들과의 불화로 심히 어려움을 당했고, 그것은 곧 교단의 정치적 싸움으로 비화되었다. 그리고 학교 100년사 편찬위원장으로 거의 마무리하고 몸도 마음도 쉴 겸해서 미국에서 안식년을 보내는 중에, 교수들의 모함으로 교수직에서 물러나는 불상사가 일어나고, 개인적으로 인생의 가장 고통스런 나날을 보냈다. 그러던 중 2002년 9월 대신대학교 총장으로 부임했다. 그리고 다시 총신대학교의 명예 교수로 임명되고 명예 회복이 되었다.

그 후 나는 2004년 5월 12일 부산 수영로교회에서 열린 제41회 '전국 목사·장로 기도회'의 주 강사로 다시 초청되었다. 제목은 "급변하는 세상과 개혁교회의 부흥"이었다. 부산 앞바다를 바라보면서 수영로교회의 그 크고 웅장한 본당에서 역시 4,000여 명의 전국 목사, 장로들 앞에서 나는 이전과 다름없이 낭낭하고 힘 있는 음성으로 설교했다. 급변하는 세상, 그리고 변화하고 있는 교회를 분석하고, 개혁교회가 정상적이면서도 복음적으로 부흥할 수 있다고 증거 했다. 이때 나의 메시지는 "21세기의 변화하는 세상"을 제시했고, 이에 대한 성경적 대안을 제시했다. 즉 이 시대는 패역한 세대요(마 17:17), 피리를 불어도 춤추지 않는 시대요(마 11:16-17), 인본주의와 유물주의, 그리고 배금주의가 난무하는 시대요, 삶의 스타일을 변화시킨 디지털 시대라고 했다. 급변하는 시대에 한국 교회의 대안은 교회 성장이 멈추고, 고령화 사회가 되었다는 것이다. 이런 가운데 한국 교회는 '하박국 3장 모델', '사도행전 6장 모델', '시편 67편 모델'을 제시했다. 항상 내 메시지는 문제 제기와 분석, 대안 제시, 그리고 영적 변화와 확신이었다.

2008년에 대신대학교의 총장과 대학원장을 끝으로 나는 교수직에서 은퇴하였다. 그 후 다시 칼빈대학교의 총장 예우를 받는 석좌 교수로 부름을 받고 일하고 있었다. 이때 총회는 다시 '전국 목사·장로 기도회' 특강 강사로 나를 불렀다.

처음 내가 '전국 목사·장로 기도회' 초청받을 때인 1977년부터 따지면, 2010년 제47회 '전국 목사·장로 기도회'는 33년째였다. 이번에는 광주 송정 중앙교회당에서 하게 되었다. 그동안 개혁 측 교회와 본 교단이 하나가 되었음으로 자연스럽게 호남 쪽에 대형 교회로 장소가 선정이 되었다. 약 6년 동안의 공백이 있었지만 전과 같이 자료 수집을 하면서 전국 목회자와 장로들에게 무슨 말씀을 전할까 고심했다. 그런데 몇 해 전 제주도 연합 집회 때의 메시지가 생각나서 그것을 새롭게 정리하기로 했다. 지금 우리 교회는 장로 교회의 정체성이 귀중했기에 "교회의 정체성 회복과 미래 대안을 중심으로-개혁교회 지도자들의 꿈"이란 주제의 메시지였다. 강연에 앞서 지난 33년 동안 가장 많이 부름 받고, 교단의 지도자들에게 방향을 제시하고, 영감을 불어 넣게 된 데 대하여 감사를 드렸다. 성경 인물들의 꿈에서, 교회사의 위대한 주의 종들의 꿈, 그리고 우리 교회의 교회의 지도자들이 가져야 할 꿈을 힘 있게 증거 했다. 이번에도 예외 없이 큰 통회가 있었다.

2019년 5월 14일, 광주겨자씨 교회에서 제56회 '전국 목사·장로 기도회'가 열렸다. 나는 이미 은퇴한지 여러 해 되었고, 오직 한국 칼빈주의연구원과 박물관 일과 책 저술에 올인하는 중이었다. 내가 56회 전국 목·장 기도회에 초대된 것은, 그 교회의 당회장인 나학수 목사의 지지로 이루어졌다. 몇 해 전 로마 가톨릭 교황이 한국을 방문하기 전, 일산의 킨텍스에서 3,000여 명이 모여, 교황의 방한을 반대하는 집회를 열었다. 그 당시 나학수 목사님은 성도들 천 여 명을 20대의 버스로 광주에서 일산까지 참석했다. 대단한 사건이었다. 나는 그때 교황은 역사적으로 적그리스도임을 부각시키고, 로마 가톨릭은 기독교가 아니라, 마리아교라 사실을 고함치며 외쳤다. 나의 메시지에 큰 감동을 받은 나학수 목사님은 나를 겨자씨교회 부흥 강사로 곧바로 초청했다. 그래서 그 교회에서 한 주간 부흥회를 인도하고, 나 목사님과 가까이 지냈다.

때마침 2019년 5월에 총회가 광주 겨자씨교회로 장소를 섭외하자, 나 목사님은 총회에 조건을 제시했다. "반드시 정성구 박사를 강사로 나서게 하면 교회당을 빌려 주겠다"고 했다고 한다. 왜냐하면 교단 안에 WEA를 지지하는 젊은 층들이 점차 늘어나자, 이를 견제하려면 정성구 박사가 유일한 대안이라는 것이었다.

나는 그때 "포용주의를 포용할 것인가"라는 제목으로 수요일 첫 시간을 활용했다. WCC나 WEA에는 역시 로마 가톨릭의 공작이 있고, 종교 다원주의로 나가고 있는데, WEA는 복음적 신앙을 갖는 것은 맞지만, 일종의 '포용주의'임을 소리 높게 증거 했다. 물론 나는 이미 팜플렛을 만들어 갔다. 하지만 수요일 오전은 대부분의 목사들이 빠져나가고, 심지어 총회 임원도 몇 사람 남지 않았다. 전국 목·장 기도회는 교단 정치의 장의 되었고, 더구나 시간 배정도 결국 정치였다. 그럼에도 나는 사력을 다해서 교단의 정체성을 지키기 위해 외쳤다. 생각해 보면 1977년부터 시작된 나의 목·장 기도회 강연은 꼭 42년 동안 이어졌다. 하나님께 감사할 따름이다.

뒤돌아보면 지난 40여 년 동안 하나님의 은혜와 축복으로 나는 교단의 지도자들에게 개혁주의 신학과 신앙, 그리고 삶을 큰 소리로 외치며 발을 굴리면서 마음껏 증거 했다. 어떤 의미에서 나의 목회는 '전국 목사·장로 기도회'였다. 비록 1년에 단 한 번 정도 모이는 집회지만, 이때를 위해서 나는 늘 준비되어 있었다. 어떤 목사님들은 말하기를 '어떻게 그렇게 수십 년 동안 메시지가 마르지 않고 늘 새로운 것을 토해낼 수 있는가'라고 묻는다. 그러나 내게는 나만이 아는 비밀과 노하우가 있었다. 우선 총회로부터 집회 의뢰를 받으면, 그때부터 나는 깊은 고뇌에 빠진다. 왜냐하면 지난해와 똑같은 주제를 쓸 수도 없거니와, 시대와 세월 따라 사람들의 관심도 달라지기 때문이다. 그래서 먼저 사람들의 의식과 관심을 알기 위해서 여러 친구 목사, 제자들, 장로들, 신학생들, 심지어 사찰 집사, 청년들에게서까지 골고루 의견을 청취한다.

도대체 오늘의 교회의 문제가 무엇이며, 목회자의 문제는 무엇인가를 진지하게 물어본다. 그들의 진솔하고 솔직한 대답을 듣게 되면 공통점을 요약해서 가장 큰 공통점을 주제로 삼는다. 그리고 자료 수집에 들어가 최근 3년 이내에 게재된 그 주제에 대한 기사를 모두 찾아내고 그런 연후에 그와 관련된 책을 읽기 시작한다. 어느 정도 기본 골격이 세워지면 일단 원고를 대중적인 입맛에 맞도록 구어체로 쓴다. 그런 후 컴퓨터에 입력한 뒤에 도우미의 도움을 구해 약 30회에서 40회 이상으로 원고를 다듬는다. 그리고 추고를 계속한다. 왜냐하면 오해될 소지의 단어나 문장은 생략하고 뜻이 불분명한 것은 청중들이 이해할 수 있을만한 문장으로 수정, 보완해야 하기 때문이다. 그런 후에는 적어도 며칠 동안 기도원에 들어가든지 아니면 집에서라도 영적으로 뜨겁게 달구는 기도의 시간을 갖는다. 그런 후 강단에 선다. 별것 아닌 것 같지만 이것이 나의 비결이었다. 하나님께서 나를 목사로 부르시고 또한 교수로 불러서 일생 일하는 동안 '전국 목사·장로 기도회'에서 특별 강연한 사역은 개인적으로 큰 은혜와 축복이며 나의 신학과 신앙의 발전에 커다란 힘을 제공했다. 이 모든 것이 하나님의 거저 주시는 은혜요 축복이었다. 삼위 하나님께 모든 영광, 존귀, 찬양과 경배를 올려 드린다.

A Vision of Reformed Church

하나님께 더 가까이

02

1. 칼빈주의는 포괄적 사상 체계
2. 우리는 어떻게 하나님께 가까이 갈 수 있는가
1) 하나님께 가까이는 '하나님을 향한 신앙'이다.
2) 하나님께 가까이는 '하나님과의 연합'이다.
3) 하나님께 가까이는 '하나님을 사랑'하는 것이다.
4) 하나님께 가까이는 '하나님 앞에서 자신의 죄악을 깨닫는' 것이다.

02

하나님께 더 가까이

-칼빈주의와 교회의 부흥-

*1977년 5월 4일 부산 초량교회당, 제14회 '전국 목사·장로 기도회'

존경하는 총회장님! 총신대 학장님! 그리고 선배 동역자 목사님들! 그리고 전국 지 교회에서 충성스럽게 섬기시는 장로님 여러분! 제14회 '전국 목사·장로 기도회'에 즈음하여 불초 교제(教弟)가 "하나님께 더 가까이"라는 제목으로 칼빈주의와 교회의 부흥에 대하여 한 시간 순서를 맡을 수 있게 된 것을 퍽 영광스럽게 생각합니다.

하나님께서는 그 시대 시대마다 특별한 섭리로 그의 교회를 통하여 영광을 받으십니다. 그러기에 교회는 그 시대적인 사명과 소명(召命)을 감당해야 할 것입니다. 오늘 우리는 전국 각처에 흩어져 있던 지 교회 목사님들과 장로님들이 함께 모여 오늘의 문제를 하나님 앞에 솔직히 내어놓고 합심하여 기도하며, 우리 교회의 부흥과 시대적인 사명을 어떻게 감당할 것인가를 의논하기 위하여 이 자리에 모였습니다.

저는 오늘 읽은 시편 73:28에 나타난 "하나님께 가까함이 내게 복이라"하신 하나님의 말씀을 매우 주의 깊게 생각하려고 합니다. 저는 화란 자유 대학교 유학 시절에 이 말씀을 생각하면서 깊은 충격과 은혜를 받았습니다. 이 말씀에는 두 가지 요소가 있습니다. 첫째는 "하나님"이고, 둘째는 "가까이"라는 말입니다. 하나는 종교의 본질적인 문제이고, 다른 하나는 그 하나님을 향한 우리의 태도를 의미합니다. 인류가 하나님을 가까이 하면 살지만, 반대로 하나님을 멀리하면 저주가 됩니다. 너무도 단순한 진리이지만 인간의 역사는 하나님께로부터 늘 멀어지는 역사를 걸어 왔습니다. 하나님은 인간에게 가까이 가까이 찾아 오시지만, 인간은 하나님께 멀어져 가려고 발버둥칩니다.

일찍이 미국의 작가 노만 메일러(Norman Meiler)의 작품 가운데 『나자와 사자(裸者와 死者)』라는 소설이 있습니다. 그는 거기서 우리가 사는 세대를 가르쳐서 "잃어버린 세대"(lost generation)라고 한 것은 퍽 흥미 있는 말입니다. 1, 2차 세계 대전이 끝나자 사람들은 모든 것을 잃어버렸습니다. 어떤 사람들은 어버이를 잃어버리고, 어떤 사람은 자녀를, 어떤 사람은 집과 재산을, 어떤 사람은 사랑하는 연인을 잃어버렸습니다. 그리고 어떤 사람은 눈을, 어떤 사람은 팔을, 어떤 사람은 다리를 잃어 버렸습니다. 결국 자기 자신마저 잃어버린 세대라고 규정합니다. 그러나 사실에 있어서 오늘 우리 시대는 '하나님을 잃어버린 시대'입니다.

세상은 그동안 많이 변하고 있었습니다. 특히 서양에서는 기독교 우위(corpus christianum)의 시대는 이미 사라지고, 이방 종교들이 서서히 부흥하는가 하면 세속주의와 혼합주의(混合酒義, Syncretism)가 팽배하고, 산업 사회의 대두로 세계는 지금 급변하고 있습니다. 인간의 의식 구조도 세계관도 인생관도 급격히 변하고 있습니다. 그런데 아무리 상황이 변하고 인간과 그 가치관이 변해도, 또는 인간이 하나님을 잃어버리거나 하나님을 버린다고 할지라도, 인간은 하나님 없이는 구원받을 수 없다는 것은 명백한 사실입니다. 인간은 하나님 없이는 오늘의 이 어두움에서 탈출할 수 있는 길은 없는 것입니다.

인간은 하나님을 떠났으나, 하나님은 인간을 떠나지 않았습니다. 그렇기 때문에 인간이 하나님께 가까이 나아간다면 문제는 해결됩니다. 그래서 "하나님께 가까이"가는 것은 인류의 사활(死活)이 걸려 있는 중대한 문제입니다. 그것은 교회도 마찬가지입니다. 만약 교회가 겉모양으로 숫자에 집착하고 교회당 모양을 아름답게 채색한다 할지라도 하나님께 가까이 가지 않으면 참된 부흥일 수 없을 것입니다.

이토록 교회가 세속화 일로로 걷고 있는 이때, 우리는 근본적인 질문을 아니 할 도리가 없는 것입니다. 저는 오늘 강연에서 참된 칼빈주의 사상을 말씀드리고, 또 무엇을 어떻게 하는 것이 교회의 참된 부흥인가를 말씀 드리고 싶습니다. 그리고 오늘의 세계 교회에 대한 비평과 아울러 칼빈주의적 교회의 부흥은 어떠해야 할 것과 동시에, 장로교회의 장자 교회로서의 우리 교단의 각오와 비전(Vision)을 제시코자 하는 것입니다. 먼저 말씀드릴 것은 지금 이 시간의 내용은 설교가 아니라 하나의 강연임을 밝혀 둡니다.

1. 칼빈주의에 대해서 몇 가지 생각해 보겠습니다.

칼빈주의는 하나의 포괄적인 사상 체계(思想體系)이며, 그 사상의 핵심은 바로 '하나님 중심' 사상이라는 것은 잘 아실 것입니다. 그러나 솔직히 말씀드리면 칼빈주의란 말은 너무도 어렵게 이해되어진다는 것입니다. 칼빈주의는 사람에 따라서 퍽 잘못 이해되고 있다는 사실입니다. 많은 사람들은 칼빈주의를 어떤 신학의 한 분야로서 이해하는 사람들이 있습니다. 가령 예를 들면 칼빈주의라고 할 때는 "예정론"이라고 생각하는 사람도 있고, 어떤 이는 돌트(Dort) 총회에서 결정한 칼빈주의 5대 교리를 연상하는 사람들이 많습니다. 그래서 신학의 여러 분야 중에 특히 교의신학(敎義神學)의 일부분인 것처럼 생각합니다. 그것도 그럴 것이 칼빈주의가 한 번도 포괄적인 삶의 체계(The Life System)로 생각하지 않고, 다만 교리적인 것으로만 이해되어졌기 때문입니다. 우리는 논리적으로 칼빈주의가 신학의 일부분이 아닌, 칼빈주의 안에 신학도 포함한다는 것을 말씀드리고 싶습니다. 그러므로 칼빈주의를 명사적(名詞的)으로만 보지 않고, 형용사적(形容詞的)으로 생각해야 한다는 것입니다. 그래서 신학적 칼빈주의가 아니고, 칼빈주의적 신학이라고 해야 논리적입니다.

신학도 학문이란 관점에서 보면 하나의 학문입니다. 참으로 신앙이 없는 사람도 신학을 할 수도 있는 것입니다. 그렇게 볼 때 신학이라고 모두가 생명력 있는 바른 신학일 수는 없는 것입니다. 요즘은 신학도 너무나 종류가 많습니다. 흔히 신학을 분류하는 대로 조직신학(組織神學), 주경신학(註經神學), 역사 신학(歷史神學), 실천신학(實踐神學) 등 그 외에도 얼마든지 세분화 될 수 있습니다. 신학자의 이름과 학파를 따라서 바르트의 신학, 틸리히의 신학, 부르너의 신학 등 헤아릴 수 없이 많습니다. 요사이는 상황과 주제를 따라서 신학의 명칭이 많이 생겨났습니다. 예를 들면 소망의 신학, 해방 신학, 흑인 신학, 황인 신학, 여성 해방의 신학 등등 정황의 신학(Contextual Theology)이 그 대종을 이루고 있습니다. 위에서 말씀드린 대로 그러한 모든 신학 운동이 인간의 영혼을 구원하거나, 오늘의 구체적인 문제 해결의 대답을 주는 것은 아니라는 사실입니다.

저보고 독단론(獨斷論)이라고 비평할 사람이 많겠지만, 칼빈주의적 신학이 아니면 하나님을 바로 알 수 없습니다. 왜 그렇습니까? 칼빈주의는 하나님의 말씀인 성경에 가장 충실하려고 하기 때문입니다. 그런 의미에서 칼빈주의는 신학적 사색이라기보다 '성경적 사상 체계'입니다. 다시 말하면 칼빈주의는 세계와 우주를 창조하신 창조주 하나님을 전제로 하고 나오는 우주적인 성경적 사상 체계입니다. 세상에는 많은 사상 체계가 있습니다. 가령 유물주의(唯物主義) 사상 체계나 공산주의(共産主義) 사상 체계는 물질이 그 사상의 출발이며, 과정이며, 결론입니다.

그러나 칼빈주의 사상 체계는 '하나님 중심 사상'입니다. 롬 11:36에 있는 대로 "이는 만물이 주에게서 나오고 주로 말미암고 주에게로 돌아감이라 그에게 영광이 세세에 있을지어다 아멘"이라고 했습니다.

세상의 모든 만물이 결국 하나님에게서 출발하고, 하나님이 원인이 되고, 하나님 앞에 설 수밖에 없다는 성경의 사상 체계입니다. 그러기 때문에 모든 피조물은 하나님께만 영광과 감사와 존귀를 돌려야 한다는 것입니다. 이러한 하나님 중심 사상은 인본주의(人本主義) 사상, 유물주의 사상과는 첫걸음부터 다른 사상 구조입니다.

그러므로 우리는 성경이 우리에게 가르친 대로 사색해야 하나님을 바로 깨닫고, 성경의 진리를 또한 바로 깨닫게 되는 것입니다. 하나님 중심한 사상 체계를 가질 때만이 역사와 인생을 바로 볼 수가 있습니다. 인간은 죄로 어두워졌기 때문에 하나님 앞에 서기 전에는 자신을 알 수도 없고, 자기의 죄악을 깨달을 수도 없습니다. 하나님 중심 사상의 체계를 가져야 진리를 바로 깨닫습니다. 그러므로 인본주의나 합리주의나 유물주의 사상 체계에서 나온 신학이나 철학이나 예술이나 문화는 하나님 중심의 사상 체계인 칼빈주의 신학과 칼빈주의 철학과 칼빈주의적 예술이나 문화와는 그 본질에 있어서 하늘과 땅 같은 차이가 있는 것입니다.

칼빈주의는 사람을 냉랭하게 만드는 것이 아니다. 도리어 "하나님"으로 말미암아 인생을 바로 알고, 세계를 바로 알므로, 우리의 가슴이 뜨겁게 하는 것입니다. 그뿐 아니라 우리의 삶 전체가 하나님을 향하여 살도록 하는 것입니다. 말하자면 칼빈주의는 바로 성경적인 사상 체계인 만큼 흔히 생각하기 쉬운 칼빈 자신의 창작물이나 기타 개혁자들의 유산(遺産)이 아니라, 칼빈주의는 성경적인 계시관이요, 성경적인 인생관이요, 성경적 우주관이며, 성경적인 철학이라고 할 수 있습니다. 우리는 칼빈주의를 신앙하는 것이 아니고, 칼빈주의에서 깨달은 성경의 참된 진리를 믿고 성경에서 가르치는 창조주 하나님과 구속(救贖)의 그리스도만이 참된 구주(救主)임을 믿고 따르는 것입니다. 동시에 우리의 전 생애를 통해서 하나님을 섬기며 죄를 정복해 나가는 구체적인 걸음이 칼빈주의 사상입니다. 그러므로 누구의 말처럼 칼빈주의란 매우 편협하고, 고집스럽고, 독단적인 속이 좁은 사람들의 입장이라는 비평은 잘못된 것입니다. 오히려 칼빈주의자들의 가슴은 밖으로 크게 열려져 있습니다. 그 이유는 그는 천지 만물을 만드신 하나님을 믿게 때문이며, 땅 위에 어디에서든 하나님의 주권(主權)이 미치지 아니한 곳이 없음을 알기 때문입니다. 즉 칼빈주의는 신학뿐 아니고, 도덕적 영역, 진리, 과학, 예술, 사회, 문화 모든 영역까지 하나님께서 주권을 갖고 있다는 영역 주권(領域主權, Souvereigniteit in Eigen Kring)을 주장하게 되는 것입니다.

일찍이 아브라함 카이퍼(A. Kuyper)가 말한 대로 이 세상에는 하나님의 주권이 미치지 않는 곳이 한 곳도 없기에 나는 거기서 무관하다고 변명할 수 없는 것입니다. 이 세상은 일해야 할 장소이며, 정복해야 할 장소인 것입니다. 많은 기독인들 중에는 참된 칼빈주의 신앙이 그저 옛날의 습관을 보수(保守)하는 것으로 이해하는 사람도 있고, 어떤 사람은 허무주의(虛無主義)나 신비주의(神秘主義)와 같은 것쯤으로 생각하는 사람들이 있었습니다. 우리가 예수 그리스도 안에 있는 한 우리가 만유의 주 하나님을 나의 하나님으로 모시고 있는 한 아무 것도 헛될 수가 없습니다. 도리어 뜨거운 용기와 확신을 가지고 죄를 정복하고, 도리어 이 땅에서 우리가 해야 할 일감이 무엇인가를 찾아가는 적극적 삶의 자세를 갖게 되는 것입니다.

따라서 칼빈주의자는 언제나 "하나님의 면전"(Coram Deo)에서 살기를 원합니다. 하나님 중심의 사상은 결국 "하나님 앞에" 사는 생활의 걸음걸이가 있게 합니다. 시 10:4에 보면 "악인은 그의 교만한 얼굴로 말하기를 여호와께서 이를 감찰하지 아니하신다 하며 그의 모든 사상에 하나님이 없다 하나이다"라고 했습니다. 그러므로 인간의 문제는 하나님을 그의 구체적인 삶에서 만나지 못하는 것이 문제입니다. 그의 사상과 모든 삶에서 하나님 앞에서 살지 못하면 그것은 곧 교만의 삶이며, 아무 의미 없는 삶이 된다는 것입니다.

요한 칼빈은 이 깊은 진리를 깨닫고, 그의 신학의 틀을 "하나님 앞에서"라고 그의 저서 『기독교강요』(Institute)에 피력했습니다. 실로 우리가 하나님 앞에서 설 때만이 자기의 죄와 자기의 모습을 바로 알게 되는 것입니다. 오늘날 우리 교회도 하나님 앞에 설 때 참으로 교회다운 자기 모습이 드러나는 것입니다. 그렇게 모든 사람이 하나님 앞에 설 때만이 바른 양심을 갖게 되고, 겸손하게 되며, 바른 사회와 바른 문화를 갖게 되는 것입니다. 그러므로 하나님 없는 문화나 사회는 결국 부패한 문화와 부패한 사회가 될 수밖에 없으며, 하나님을 하나님으로 바로 알지 못하는 종교 운동도 결국 부패할 수밖에 없는 것입니다. 하나님은 영광과 경배를 받아야 할 분이며, 인간은 그에게 영광과 존귀를 돌려야 하는 것이 성경이 가르치는 질서입니다. 그런데 롬 1:25에 보면 "이는 그들이 하나님의 진리를 거짓 것으로 바꾸어 피조물을 조물주보다 더 경배하고 섬김이라 주는 곧 영원히 찬송할 이시로다 아멘"이라고 했습니다.

 인간의 근본적인 타락은, 하나님 대신에 피조물을, 하나님 대신에 물질을, 하나님 대신에 과학을, 하나님 대신에 인간 이성을 대치시킨 데서부터 온 것입니다. 이것은 한 개인의 문제가 아니라 오늘날의 사회와 국가의 모든 문제가 하나님을 배제한데서부터 오는 것입니다. 결국 칼빈주의 사상은 본래의 창조 질서대로 하나님을 하나님으로 바로 섬기도록 하는 것입니다. 그래서 A. 카이퍼는 "나는 칼빈주의에서 평안을 얻었다"고 했습니다. 칼빈주의 사상만이 오늘의 우리 시대를 구하고 땅에 떨어진 하나님의 주권을 다시 세울 것입니다.

 또한 칼빈주의의 특징 중의 하나는 모든 영역에 하나님의 주권을 인정하기 때문에 이원론적(二元論的)인 사상을 거부하는 것입니다. 우리는 때로는 하나님의 섭리와 주권을 너무나 좁게 생각해서 제한해 버릴 때가 많습니다. 우리는 어디를 가도 하나님의 얼굴을 피할 길이 없습니다. 요나는 하나님의 얼굴을 피하여 니느웨로 가지 않고 다시스로 가려고 했지만, 그는 끝내 하나님의 얼굴을 피할 길이 없었습니다. 그는 하나님은 어느 공동체(共同體)나 어느 지역에만 계시는 줄 알았습니다. 그러나 성경이 우리에게 계시하신 진리는 하나님의 우주적 통치를 가르쳐 줍니다. 골 2:10에는 "그는 모든 통치자와 권세의 머리시라"고 했습니다. 우리가 어떤 곳에서 무엇을 하든지 그 장소의 참된 주인은 하나님이시오 그리스도란 말입니다. 우리가 교회 안에서 진실한 성도이면 우리가 일하는 작업 현장에서 하나님 앞에서 살아야 그는 진정한 크리스천일 것입니다. 사실 많은 보수주의 신앙을 가졌다는 사람 중에는 성수 주일(聖守主日)과 십일조의 부담금을 내는 것이 신앙생활의 전부인 것처럼 생각하는 사람이 많이 있습니다.

그러나 실제로 신앙생활은 우리의 삶 전체(The totality of life)에 해당하는 것입니다. 그러므로 시편 기자는 시 139:7-8에 "내가 주의 영을 떠나 어디로 가며 주의 앞에서 어디로 피하리이까 내가 하늘에 올라갈지라도 거기 계시며 스올에 내 자리를 펼지라도 거기 계시니이다"고 했습니다. 칼빈주의자는 바로 그것을 깨달았습니다. 언제 어디서든지 불꽃 같은 여호와의 눈길 앞에서 진실되이 살아가며, 그리스도의 구속을 찬송하는 구체적인 삶까지를 포함한다는 것을 알고 있습니다.

하지만 오늘 우리 한국 교회의 형편을 살펴보면, 아직도 이원론적인 사상에서 헤어나지 못하고 있습니다. 동양 사상 특히 한국 사상에 뿌리 깊이 박힌 이원론적 사상은 심각한 것입니다. 이것이 오늘날 탈종교, 종교 다원주의적, 세속주의 시대에 우리 교회가 뛰어 넘어야 할 과제라고 생각합니다. 일찍이 칼빈주의 철학자인 화란의 뎅그링크(J.D. Dengerink) 박사는 "오늘날 많은 복음적 프로테스탄트들이 그들이 가진 성경적 진리에도 불구하고 하나님의 나라에 있어서 포괄적인 것과 삶의 전체 분야에 관련을 맺는 성경적인 복음과 세계의 주와 구속주로서의 예수 그리스도와, 그리고 세상에 대한 그의 통치권을 그냥 지나쳐 버렸다"고 개탄했습니다. 결국 하나님의 통치와 그의 사역을 바로 보지 못하기 때문에, 신앙이 좋다는 말과 도피주의를 같은 맥락에서 이해하려고 했던 것입니다. 이제 우리 교회의 과제는 이러한 이교적(異敎的) 이원론적인 사상을 버리고, 교회나 세상이나 어디든지 우리에게 간섭하시는 하나님의 주권을 바로 믿어야 할 것입니다.

그 다음으로 칼빈주의 사상의 특징 중의 하나는 '성경관'입니다. 칼빈주의는 물론 다른 말로는 성경주의라고 할 만합니다. 사실상 모든 신학을 가르는 분기점은 성경을 어떻게 보느냐에 달려 있습니다. 그래서 새로운 신학 운동이 일어날 때는 언제나 성경관에서 문제를 제기하는 것입니다. 따라서 바른 신학과 신앙을 지키려고 할 때도 언제나 우리는 바른 성경관을 붙들어야 모든 것을 지킬 수가 있는 것입니다.

칼빈은 "참된 신앙은 성경이 가라는 곳까지 가고, 성경이 멈추라는 곳에서 멈추는 것이다"라고 했습니다. 하나님께서 공중에서 기적적인 소리로 말씀하지 아니하시고, 기록된 말씀을 주신 것은 우리에게 얼마나 큰 축복인지 모릅니다. 이 기록된 말씀을 읽고 깨달음으로 기쁨을 누리고 그 말씀을 통해서 신앙과 생활의 표준으로 삼게 하신 것입니다. 결국 신앙은 기록된 하나님의 말씀이 표준이고 꿈이나 경험이 표준이 될 수 없는 것입니다. 그래서 칼빈은 이것을 한 마디로 "오직 성경으로(Sola Scriptura)라고 한 것입니다.

로마 가톨릭은 교회의 전통적인 권위를 앞세우지만, 칼빈주의는 '성경의 권위'를 그보다 힘 있게 강조하는 것입니다. 아무리 힘 있는 전통, 아무리 명백한 경험이라고 해도 성경의 권위 앞에는 엎드려야 합니다. 가톨릭은 생각하기를 성경을 교회의 예속물에 불과하다고 했지만, 칼빈주의는 '성경 없이는 교회도 없다'고 확신합니다. 왜냐하면 하나님의 말씀 위에 세워지지 않는 교회는 참된 교회가 아니기 때문입니다. 그러므로 칼빈은 "하나님의 계시인 성경의 교리는 교회가 존재하기도 전에 있었음이 틀림없다"고 하고 말씀의 권위가 교회의 권위보다 먼저인 것을 말한바 있습니다. 성경은 누가 성경으로 인정한다고 성경이 되는 것이 아니라, 성경은 바로 하나님의 자증적 계시(自證的 啓示)이기 때문에 성경인 것입니다. 칼빈주의는 성경 없이는 하나님을 깨달을 수도 없다는 것을 가르쳐 줍니다. 성경 없이 바른 신앙에 이르려는 사람은 칼빈이 주장한대로 일종의 '광신에 사로잡힌 자'가 될 수밖에 없습니다.

그러나 칼빈주의는 성경에 대한 확실한 어떤 원칙과 교리를 붙드는 것으로만 만족하지 않습니다. 가령 시 119:79-104까지는 성도가 꿀보다 더 단 하나님의 말씀을 얼마나, 그리고 어떻게 사랑해야 할 것을 가르쳐 주고 있고, 105절부터는 그 하나님의 말씀을 나의 구체적인 삶 속에서 어떻게 실현해 나가야 하는지를 보여 주고 있습니다. 즉 전반부는 성도의 하나님의 말씀에 대한 태도이고, 후반부는 하나님의 말씀을 가진 자의 책임과 소명(召命)을 강조합니다. 즉 전자가 하나님의 말씀에 대한 환희와 구속(救贖)의 즐거움이라면, 후자는 하나님의 말씀을 가지고 구체적인 삶의 현장에서 어떻게 살아야 하는 지를 보여 줍니다. 105절에 "주의 말씀은 내 발에 등이요 내 길에 빛이니이다"라고 했습니다. 이 말씀이야말로 우리 삶의 구체적인 현장에서 어두운 길을 밝혀주며 우리를 인도하신다는 확신에 찬 말씀입니다.

칼빈주의자는 말씀을 갖고 믿는 것으로 족하지 아니하고 구체적인 삶 속에서 말씀을 따라서 사는 것까지를 포함하는 것입니다. 사실 이러한 깊은 진리를 깨닫는 것도 한 세기밖에 되지 않습니다. 아무튼 우리는 위에서 칼빈주의적인 삶의 방법에 대해서 생각해 보았습니다. 그렇다면 우리는 어떻게 하나님께 가까이 갈 수 있습니까? 어떻게 하나님 중심의 생활을 할 수 있습니까? 어떻게 말씀을 따라서 살 수 있습니까? 이미 대답이 다 나온 셈입니다만 몇 가지로 더 생각고자 합니다.

2. 어떻게 우리 개인과 한국 교회가 하나님께 가까이 갈 수 있습니까?

존경하는 교회의 지도자 여러분!

앞서 말씀드린바와 같이 "하나님께 가까이"가는 것은, 인류의 마지막 소망입니다. 그것은 개인도 그러하고 교회도 마찬가지입니다. 하나님께 가까이 가는 성도, 하나님께 가까이 가는 교회가 되어야 하나님이 함께 하는 교회가 되는 것입니다. 그러므로 시 73:28에 "하나님께 가까이 함이 내게 복이라 내가 주 여호와를 나의 피난처로 삼아 주의 모든 행적을 전파하리이다"고 한 말씀과 또한 약 4:8-10에 "하나님을 가까이 하라 그리하면 너희를 가까이하시리라 죄인들아 손을 깨끗이 하라 두 마음을 품은 자들아 마음을 성결하게 하라 슬퍼하며 애통하며 울지어다 너희 웃음을 애통으로 너희 즐거움을 근심으로 바꿀지어다 주 앞에서 낮추라 그리하면 주께서 너희를 높이시리라"고 했습니다. 위의 두 성경 구절은 오늘을 살아가는 우리들과 현대 교회에게 주는 메시지입니다.

그러면 이제 "하나님께 가까이"라는 뜻이 무엇인지 생각해보겠습니다.

첫째로, "하나님께 가까이 한다"는 말은 구약적 표현으로 '신앙'을 의미합니다.

결국 인간은 하나님께 대한 신앙을 잃어버릴 때 하나님께 멀어져 가는 것이며, 또 다른 말로는 하나님께 멀어질 때, 참 신앙을 잃어버린다는 말입니다. 또 아담이 범죄할 때 하나님의 얼굴을 피하려고 하나님께 멀어졌던 것처럼, 현대의 문제도 결국은 죄악의 문제입니다. 모든 잘못된 신학과 신앙 운동은 인간의 죄악의 문제를 진실하게 다루지 않는 낙관주의(樂觀主義) 사상에서 나온 것입니다. 그러므로 인간의 죄 문제를 해결하기 전에는 신앙을 회복할 수 없고, 신앙을 회복하기 전에는 하나님께 가까이 갈 수 없고, 하나님께 가까이 하기 전에는 역사와 인생의 모든 문제를 해결할 수 없습니다.

일찍이 파스칼은 "하나님을 깨닫기는 어렵지 않으나, 그 품에 안기는 것은 어렵다"고 했습니다. 즉 하나님을 구체적으로 개인의 하나님으로 신앙하고 따라가는 삶이 쉽지 않다는 것을 말합니다. 물론 하나님께 가까이 가는 것도 하나님께서 은혜를 주셔야 가까이 갈 수 있는 줄로 믿습니다. 중요한 것은 하나님을 향한 뜨거운 신앙이 있는지를 지금의 한국 교회가 물어보아야 할 것입니다.

히 11:6에는 "믿음이 없이는 하나님을 기쁘시게 하지 못하나니 하나님께 나아가는 자는 반드시 그가 계신 것과 또한 그가 자기를 찾는 자들에게 상 주시는 이심을 믿어야 할지니라"고 했습니다. 믿음이 있어야 하나님을 만날 수 있고, 믿음이 있어야 하나님께 가까이 갈 수 있다는 단순한 진리입니다. 결국 칼빈주의 신앙이란 것이 무엇입니까? 하나님 중심 생활은 언제나 하나님께 가까이 가는 생활입니다. 그에게 가까이 갈 때만이 성도가 성도다워지고, 교회가 참 교회 될 줄로 믿습니다.

둘째로, "하나님께 가까이"라는 말을 카일과 델리취(Keil & Delitch)는 '하나님과 연합(聯合)'이란 뜻으로 해석했습니다.

사실 성도와 하나님과 이상적인 관계는 연합니다. 요 15장의 포도나무 비유에서 예수님과 연합할 때 모든 것이 이루어진다고 했습니다. 오늘의 위기는 분열(分裂)과 분리(分離)입니다. 결국 하나님으로부터의 분리가 교회의 분열과 모든 인간관계의 분열을 낳게 된 것입니다. 일찍이 니콜라스 벨자엡(Nicholas Berdjaeve)은 현대의 위기가 "인간 자신의 내부적 붕괴"라고 지적한 바 있습니다. 그러나 현대인의 위기는 아버지의 품을 떠난 탕자와 같이 됨으로써 오는 위기라 할 수 있습니다. 그래서 코넬리우스 반틸(Cornelius Van Til) 박사는 "현대 인간은 탕자와 같다"고 그의 저서에서 거듭거듭 말하고 있습니다.

눅 15장에서는 아버지로부터 상속한 재산을 먼 나라로 가서 탕진하고 방탕한 생활을 하면서 후에는 돼지 치는 일을 하다가 쥐엄 열매로 배를 채우는 탕자의 모습을 볼 수 있습니다. 반틸은 말하기를 "탕자는 하나님을 떠나 거기서 자율적 이성(自律的 理性, autonomous reason)의 팥 껍질을 먹으며 하나님의 진리를 거짓 것으로 바꾸어 속아서 살았다는 것입니다. 탕자는 아버지로부터 자유를 쟁취(爭取)하려고 아버지를 떠났으나, 아버지와 분리됨으로 참된 자유를 잃어버렸던 것입니다. 아버지의 품과 분리됨으로 참된 자유를 잃어버렸던 것입니다. 아버지의 품을 떠나 자기 홀로 있으려 했으나, 그는 결국 기껏 합리주의(合理主義)의 팥 껍질을 먹는 정도였습니다.

인간이 하나님을 떠나면 결국 동물화(動物化)될 수밖에 없습니다. 인간 스스로의 해방을 소리 높이 외쳤으나, 그는 결국 아무것에도 해방 받을 수 없었습니다. 흔히 오늘의 시대를 가리켜 '무종교(無宗教)의 시대'라고 합니다. 이 시대는 미국의 젊은 비평가 콜린스(Collins)의 말대로, "이 시대는 패배의 시대에 머물고 말 것인가!"를 생각해봅니다. 오늘의 세계 문제와 교회 문제, 그리고 개인의 절망의 문제를 해결할 수 있는 길은 없는 것입니까? 대답은 간단합니다. 지금 가는 길에서 되돌아서서 하나님께 가까이 가는 길만이 문제 해결입니다. 탕자는 하나님께로 돌아가는 길을 택했기에 새로운 삶을 얻었습니다. 어거스틴(Augustine)의 "내 영혼이 하나님의 품에 안기기 전에는 참 평안이 없나이다"라고 한 고백은, 오늘 이 시대에 우리가 고백해야 할 말입니다.

셋째로, "하나님께 가까이"한다는 뜻은 '하나님을 사랑'하는 뜻입니다.

아브라함 카이퍼(A. Kuyper)는 "하나님께 가까이"(Nabij God to Zijn)라고 설교집에서 "하나님께 가까이 가는 방법은 하나님을 사랑하는 것이다"라고 했습니다. 카이퍼가 살던 시대는 오늘 우리가 안고 있는 것보다 더 큰 열병을 앓던 시대입니다. 그 시대는 사상적으로 혼돈했습니다. 벤담의 공리주의, 독일의 낭만주의, 니체의 허무주의, 키엘케고르의 실존주의, 다윈의 진화론, 칼 맑스의 공산주의, 세속적 자율주의 등등 실로 헤아릴 수 없는 사상의 홍수에 모두 다 방향키를 잃고, 방황하고 있었을 때였습니다. 교회는 이들 사상에 아부하여 강단은 세속적인 사상으로 채워지고, 신학은 계몽주의 곧 과학적 합리주의에 추파를 던지고 아부했습니다. 이른바 자유주의 신학(自由主義 神學)이 되었습니다. 이때 아브라함 카이퍼는 외치기를 "개인도 교회도 하나님께 가까이 가며 하나님을 사랑할 때 부흥은 온다."고 말했습니다. 요일 4:19절의 말씀처럼 "우리가 사랑함은 그가 먼저 우리를 사랑하셨음이라"했기 때문입니다.

오늘의 문제는 결국 따지고 보면, 하나님은 인간을 사랑했으나, 인간은 하나님을 배반하고 떠났기 때문에 생기는 것입니다. 인간의 비정(非情)과 배신이 인간을 파멸로 몰아간 것입니다. 물론 오늘날은 사람과 사람끼리의 사랑과 신뢰 회복도 중요한 것은 사실입니다. 그러나 하나님을 사랑함 없이는 인간에 대한 사랑도 값싼 휴머니즘(Humanism)에 불과한 것입니다. 누군가는 "사랑은 사랑하기까지 사랑이 아니다"라고 했습니다. 믿음은 믿기까지 믿음이 아닐 것입니다. 하나님을 사랑해야 그 믿음도 바른 믿음이고, 하나님을 가까이 하는 교회가 참 교회가 될 것입니다. 인간의 이름을 높이 드러내는 운동, 혁명과 투쟁을 통해서 사회 정의와 사랑을 실현하겠다는 신학 운동들, 인간의 단합을 과시하는 오늘의 바벨탑 운동들은 다 함께 하나님께 멀어져 가는 운동이며, 하나님의 사랑을 배신하는 운동입니다. 하나님을 사랑하는 사람, 하나님의 구속의 사랑을 아는 사람은 냉냉한 가슴에 불이 붙게 될 것입니다.

넷째로, "하나님께 가까이" 가는 것은 '하나님 앞에 자신을 보면서 자신의 죄악을 깨닫게 될 때' 가능합니다.

피조물인 인간이 하나님을 하나님으로 바로 섬기며 높일 때 인간은 자신의 연약성과 죄를 보게 되는 것입니다. 성경은 "죄인들아 손을 깨끗이 하라"고 말하고 있습니다. 깨끗한 손은 '순결'을 의미합니다. 무엇보다 하나님 앞에 밝은 양심으로 서야 합니다. 결국 개인이든지, 교회든지, 공동체(共同體)든지, 국가든지간에 하나님은 깨끗한 것을 쓰시는 것이 사실입니다. 교회가 이 민족 앞에 증거자로서 빛과 소금의 직분자로 서려고 하면, 교회부터 하나님 앞에 깨끗해야 합니다. 하나님은 지금도 먼저 하나님 앞에서 깨끗케 되기를 원하십니다. 신부에게는 순결이 요구되듯이 신부로서의 교회도 순결이 요구됩니다. "두 마음을 품은 자들아 마음을 성결케 하라"고 성경은 말씀하고 있습니다. 그리고 상한 마음을 가지고 "애통하며 울찌어다"라고 했습니다. 울음이 있는 한 소망이 있습니다.

한국 교회가 하늘의 축복만을 바라보고, 자기에게 매질을 하지 못한다면 실로 안타까운 일입니다. 먼저 우리는 자신을 위해서 울고, 이웃과 민족의 아픔을 위해서 함께 울 수 있는 교회가 될 때 우리 교회는 "하나님께 더 가까이"가게 될 것입니다.

전국에서 모이신 존경하는 목사님들과 장로님 여러분!

오늘 우리는 모두 하나님께 가까이 가야 합니다. 오늘의 지성(知性)들은 방황하고 있습니다. 길이 없어서 방황하는 것이 아니라 길이 너무 많아서 방황하고 있습니다. 그러나 하나님께 가까이 가는 길만이 개인도 교회도 사는 길인 줄 믿습니다. 하나님께 더 가까이!

이 말은 오늘의 교회 개혁의 중요한 방향 제시가 될 것입니다.

하나님 중심, 그리스도 중심, 성경 중심의 신학과 신앙은 진부한 옛 교리가 아닙니다. 오늘 우리에게 주시는 놀라운 도전입니다. 대단히 감사합니다.

개혁교회의 지도자들의 꿈

03

1. 구약 성경에 나타난 주의 종들의 꿈과 비전

2. 신약 성경에서 예수와 바울의 꿈

3. 교회사에 있어서 꿈의 사람들

1) 어거스틴

2) 요한 칼빈

3) 아브라함 카이퍼

4. 우리 교회 지도자들의 꿈

03

개혁교회의 지도자들의 꿈

-교회의 정체성 회복과 미래의 대안을 중심으로-
* 2010년 5월 12일, 광주 송정중앙교회당, 제47회 '전국 목사·장로 기도회'

존경하는 총회장님과 교단의 원로 지도자 여러분! 그리고 전국 각처에서 오신 목사님들과 장로님 여러분!

이곳 빛고을 광주에서 제47회 '전국 목사·장로 기도회'를 개최하면서, 부족한 종을 다시 강사로 불러 주셔서 감사합니다. 저는 1977년 초량교회에서 제14회 '전국 목사·장로 기도회' 강사로 초청된 이후로, 지난 33년 동안 가장 많은 강의를 해왔습니다. 그동안 저는 이 집회에서 수도 없이, 우리 교회가 역사적 개혁주의 신학과 신앙 위에 굳게 설 것을 힘 있게 외친바 있습니다. 말씀의 내용들은 다양했지만 대개는 이 세대에 우리 선조들이 지켜온 신앙의 발자취를 따라서, 삶의 모든 영역에 하나님의 영광과 주권을 선포하는 구체적인 프로그램을 제시한바 있습니다.

그런데 오늘의 상황은 그전보다 훨씬 더 세속주의가 빠르게 교회 안에 들어와서 어느 것이 성경적이며, 어떤 것이 우리 개혁교회의 신앙에 맞는 것인지 구별하기도 어렵게 되었습니다. 세상은 너무나 발빠르게 변하고, 우리는 지식과 정보의 바다에 빠져 있습니다. 세상도 변하고 우리도 변하고 있습니다. 문제는 변해도 바르게 변해야 된다는 것입니다. 혼란스러운 것은 오늘의 우리들은 교회 성장을 이유로 비성경적이고, 잘못된 것을 알면서도 그것을 수용하고 있습니다. 그 결과 이것이 관행이 되고, 전통이 되고 교리화 되고 있습니다.

더구나 WCC 곧 세계교회협의회가 2013년에 항도 부산에서 개최될 예정이며, 한국 사회는 어느덧 '종교 다원주의 사상'이 팽배해 감으로써, 우리가 믿는 역사적이고 전통적인 신앙이 도리어 소외되거나 거부당하고 있습니다. 뿐만 아니라 최근 한국 사회 안에는 반기독교 사상 운동이 모든 메스컴이나 인터넷을 통해서 도배질을 하고 있습니다. 그래서 우리 교단처럼 전통적인 교회들과 지도자들의 경향은 교회 성장을 최우선의 철학으로 삼은 나머지, 역사적 개혁주의 교리나 진리에 대해서는 일단 유보하고, 실용주의 사상이 아주 그럴듯한 명분으로 대접받고 있습니다.

그래서 그토록 보수 신학과 신앙을 지켜나던 우리 교회마저도 다른 교회들과 별반 다른 것이 없고, 그 특색마저도 없어졌습니다. 그래서 저는 오늘 이 강연에서 그렇다면 하나님의 말씀인 성경과 2천 년 기독교 역사에 투영된 위대한 주님의 종들이 꿈꾸어 왔던 비전은 무엇인가를 말씀드리려고 합니다. 그런 후에 21세기에 한국과 세계 교회를 위한 우리들의 비전과 꿈은 무엇인지를 확실히 말씀드림으로써, 우리 교회의 정체성을 다시 확립하고, 2012년 대한예수교장로회 설립 100주년을 앞두고 우리가 걸어가야 할 대안과 전망을 제시하고자 합니다.

1. 구약 성경에 나타난 주의 종들의 꿈과 비전

새로운 시대는 꿈꾸는 자가 역사를 바꿀 수가 있습니다. 꿈이 있는 민족이어야 희망이 있고, 꿈이 있는 자여야 일감이 있고, 꿈이 있는 자여야 소명이 있고, 꿈이 있는 자여야 가슴에 불이 탑니다. 꿈은 젊은이들만의 전유물이 아니고, 장년도 노년도 꿈을 꿀 수 있습니다. 우리 교회, 우리 교단도 원대한 꿈이 있어야 합니다. 그런데 꿈에는 아주 황당한 꿈이 있는가 하면, 헛된 꿈도 있고, 자기 야심을 채우려는 꿈도 있습니다. 그러므로 우리는 성경에 나타난 주의 종들의 '거룩한 꿈'을 가져야 합니다.

우리는 모일 때마다 '보수주의', '정통주의'만 외쳤고, 교인들의 숫자와 교회당 크기에 대한 관심만 가졌지, 아직까지 하나님 나라와 진리 파수에 대한 구체적이고, 뚜렷한 비전과 꿈이 없었습니다. 적어도 한 세대 앞을 내다보는 꿈이 없었습니다. 세계에서 장로 교회 중에 가장 강력한 교세를 자랑하고 있는 우리 교회는, 이제 새롭고 신선한 아이디어를 집결하고, 거대한 추진력을 부착해서, 하나님의 나라 건설과 세계 선교, 그리고 민족 구원과 국제 사회에 이바지 할 수 있는 꿈을 가진 교회가 되어야 할 줄 믿습니다. 운동선수는 세계 챔피언이 꿈이고, 정치가는 정권 창출이 꿈입니다. 그렇다면 우리 교회의 지도자들은 어떤 꿈과 비전을 가지고 있어야 합니까? 그것을 위해서 우리는 언제나 성경의 메시지를 듣는 것이 중요합니다. 하나님의 계시와 뜻은 이스라엘의 역사 속에 구체화 되었을 뿐 아니라, 주의 종들의 입과 삶을 통해서 우리에게 잘 증거 되고 있습니다. 그러므로 우리는 성경에서 그 꿈의 내용을 살펴보는 것이 아주 중요합니다.

성경에 나타난 주의 종들의 꿈은, 오늘날 우리 개인이 꿈꾸는 것처럼 출세나 야심과 야망과 소원 성취의 꿈은 아니었습니다. 그들은 하나같이 하나님의 영광과 하나님의 나라 건설을 위한 거룩한 꿈이었습니다. 비록 이 시간에 성경의 위대한 영감과 꿈을 가진 분들을 모두 열거할 수는 없지만, '거룩한 꿈'을 꾸었던 분들을 소개하고자 합니다.

첫째, 아브라함의 꿈입니다.

아브라함은 75세에 하나님의 부르심을 받았습니다. 하나님은 그 늙은이에게 '메시야 왕국 건설의 꿈'을 심어주었습니다. 결국 아브라함은 하나님이 그에게 심어준 위대한 메시야 왕국 건설의 꿈 때문에 본토 친척 아버지 집을 떠났습니다. 아브라함은 하나님의 웅장한 비전과 약속을 믿었습니다. 그래서 하나님은 아브라함을 복의 근원이 되게 했고, 무자 했던 그가 이삭을 얻어 장차 오실 중보자 예수 그리스도를 오게 했습니다. 아브라함의 꿈은 하나님의 계시에 기초했습니다. 하나님의 말씀 곧 하나님의 계시에 기초한 것이어야 참된 비전이 될 수 있습니다.

아브라함은 그냥 나이만 먹은 늙은이가 아니었습니다. 하나님의 계시를 받았을 때, 그는 광대한 비전을 가졌습니다. 하나님이 아브라함에게 심어준 비전은 하나님의 구속사의 계획이었습니다. 그래서 마태는 "아브라함과 다윗의 자손 예수 그리스도의 계보라"고 쓰고 있습니다.

둘째, 요셉의 꿈입니다.

우리가 아는 대로 요셉은 꿈쟁이로 소문났습니다. 그러나 그 꿈 때문에 그는 파란 만장의 인생을 살았습니다. 무엇보다 그 꿈 때문에 그는 열 형제들에게 미움을 사서, 애굽에 팔려 보디발의 집에 노예로서 가정 총무가 되고, 순결을 지키려다가 모함을 받아 감옥살이를 했습니다. 그러나 하나님이 그를 높여 주시니 결국 국무총리까지 오르게 되었습니다.

그런데 우리는 젊은 날의 요셉의 꿈만 볼 것이 아니라, 그가 장년이 되어 총리직에 앉았을 때, 그가 가진 꿈과 비전을 보아야 합니다. 이것이 더욱 중요합니다. 요셉은 창 45:8에서 "나를 이리로 보낸 이는 당신들이 아니요 하나님이시라"고 했습니다. 이 뜻은 역사의 배후에 하나님이 살아계시고, 하나님의 주권이 움직인다는 내용입니다. 요셉의 꿈과 비전은 결국 하나님의 주권에 두었습니다. 아무리 억울하게 고통을 당해도 역사의 열쇠를 쥐고 계시는 분이 하나님이시므로, 궁극적으로 승리할 수 있다는 확신의 비전이었습니다. 요셉의 꿈은 보릿단이 아니라, '하나님의 나라'와 '그의 주권'이었습니다. 즉 요셉은 애굽의 총리로서 그가 가진 꿈은 하나님이 인생과 역사의 중심이 되는 그런 나라였습니다.

셋째, 모세의 꿈입니다.

모세는 바로의 후계자였으나, 더 큰 하나님의 나라를 위해 왕위도, 부귀영화도, 정치적 기득권도 모두 내어 버렸습니다. 모세는 도리어 하나님의 백성과 함께 고난 받기를 잠시 죄악의 낙을 누리는 것보다 더 좋아하고, 그리스도를 위해 받는 능욕을 애굽의 모든 금은 보화보다 더 큰 재물로 여겼습니다. 왜냐하면 모세는 장차 오실 예수 그리스도의 나라를 바라보았기 때문입니다.

만약 모세가 그냥 자기 안주에 빠져, 정권의 현실과 타협했었다면, 그는 바로의 뒤를 이어 애굽의 통치자가 되어 살다가 역사에 매몰되었을 것입니다. 그는 40세에 사고치고 피 말리는 수련과 인고의 세월을 거쳐 80세에 하나님의 부름을 받고, 120세까지 소명을 따라서 택한 백성의 출애굽 곧 구원 운동에 몸 바쳤습니다. 그래서 이스라엘 민족을 해방시키고, 영원한 메시야 왕국 건설의 초석이 되는 것이 그의 꿈이었습니다. 하나님의 일하시는 방법은 지도자 한 사람에게 꿈과 비전을 심어 주시고 역사를 바꾸었습니다.

넷째, 선지자 이사야의 꿈입니다.

이사야의 꿈은 인생이 새롭게 되고 만물이 새롭게 되려면 '메시야가

와야 한다는 꿈'입니다. "그가 찔림은 우리의 허물 때문이요 그가 상함은 우리의 죄악 때문이라"(사 53:5)고 하면서, '메시야의 고대'가 그의 꿈이었습니다. 그래서 메시야가 오면 "광야와 메마른 땅이 기뻐하며 사막이 백합화 같이 피어 즐거워하며 무성하게 피어 기쁜 노래로 즐거워하며 레바논의 영광과 갈멜과 사론의 아름다움을 얻을 것이라 그것들이 여호와의 영광 곧 우리 하나님의 아름다움을 보리라"(사 35:1-2)고 했습니다. 즉 이 땅에 인간과 사회에 진정한 변화는 예수 그리스도로 말미암는다는 것이 그의 꿈이었습니다. 이사야는 황무지에 장미꽃을 피우는 것이었습니다. 그 꿈을 이루기 위해서 고난의 종 메시야가 세상에 오셔야 한다는 것입니다. 이사야는 600년 후에 오실 메시야를 미리 바라보는 예민한 영안과 꿈을 가지고 있었습니다.

다섯째, 다윗의 꿈입니다.

다윗은 이스라엘 제2대 왕이었습니다. 그의 꿈은 "해 돋는 데에서부터 해 지는 데에까지 여호와의 이름이 찬양을 받으시리로다"(시 113:3)는 것이 그의 꿈이었습니다. 나라가 혼란스럽고 자신의 왕위도 위태로운 지경에서도 그 꿈은 변치 않고, 하나님만이 문제 해결이요, 하나님만이 다윗의 목자가 되는 확신의 꿈입니다. 하나님만이 만유와 만사의 주가 되시고, 그만이 우리의 구주이며 영광과 존귀와 찬양을 받으셔야 한다는 것입니다. 다윗은 그 자신의 왕권 수호보다 '하나님이 온 세상, 온 우주의 주가 되기를 꿈'꾸었습니다. 다윗의 세계관은 바로 '하나님 중심의 세계관'입니다. 이교도들이 모두 인본주의 세계관으로 매몰되는 동안에도, 다윗은 하나님만이 창조주요, 구속주요,

심판주가 되신다는 확신이 있었습니다.

여섯째, 선지자 아모스의 꿈입니다.

참된 나라는 돈과 재물이 풍요해지는 나라이기보다, 각계 각 분야에 "정의가 강물처럼 흐르는"(암 5:24)것이 아모스의 꿈이었습니다. 그래야 나라 구실도 사람 구실도 할 수 있기 때문입니다. 정의가 없는 사회에 정의를 외치는 것은, 도리어 욕먹고, 손해 보고, 소외되는 것입니다. 그래도 아모스는 하나님은 공의로운 하나님이시므로 이 땅에 정의가 강물처럼 흘러야 된다고 선포했습니다.

일곱째, 선지자 하박국의 꿈입니다.

선지자 하박국의 꿈은 "물이 바다를 덮음 같이 여호와의 영광을 인정하는 것이 세상에 가득하리라"(합 2:14)는 것이었습니다. 하박국 시대는 그 어느 때보다 타락하고, 부패하고, 부정한 시대였습니다. 그는 젊은 혈기로 문제를 제기했고, 불평도 했으나, 하나님의 계시를 받고 결국은 하나님께서 세상을 심판하실 날이 올 것이고, '하나님의 영광이 온 세상에 펼쳐질 날이 올 것이다'라는 것이 그의 꿈이었습니다. 왜냐하면 하나님은 여전히 살아계시고, 역사를 주관하심을 확신하였기 때문입니다.

2. 신약 성경에 나타난 예수님과 바울의 꿈과 비전

여덟째, 예수님의 꿈입니다.

예수님은 "인자가 온 것은 섬김을 받으려 함이 아니라 도리어 섬기려 하고 자기 목숨을 많은 사람의 대속물로 주려 함이니라"(마 20:28)고 말씀하셨습니다.

예수님은 하나님의 아들이시지만 우리 구주로서, 자기 자신을 십자가에 내어 주고 죽기까지 했습니다. 그래서 예수님은 자신이 하나님이시지만 인간을 섬기는 것이 그의 꿈이었고, 그것을 통해서 죄인들을 구원하고 하나님께 영광을 돌리려고 했습니다. 예수님은 만왕의 왕이시고, 만주의 주가 되십니다. 그러나 그는 십자가를 지시고 유월절 어린 양이 되심으로써 하나님께 영광을 돌렸습니다. 또한 예수님은 그의 생애 마지막에 제자들에게 '선교의 대명(大命)'을 주셨습니다. 그것은 주님의 유언이며, 꿈이었습니다.

"그러므로 너희는 가서 모든 민족을 제자로 삼아 아버지와 아들과 성령의 이름으로 세례를 베풀고 내가 너희에게 분부한 모든 것을 가르쳐 지키게 하라 볼지어다 내가 세상 끝날까지 너희와 항상 함께 있으리라"(마 28:19-20)고 했습니다.

아홉째, 사도 바울의 꿈입니다.

바울은 자기의 모든 기득권을 분토처럼 버렸습니다. 그 대신 그의 꿈은 "십자가의 도가 멸망하는 자들에게는 미련한 것이요 구원을 받는 우리에게는 하나님의 능력"(고전 1:18)이 된다고 확신하고 복음을 증거했습니다. 또 하나 바울의 꿈은 "이는 만물이 주에게서 나오고 주로 말미암고 주에게로 돌아감이라 그에게 영광이 세세에 있을지어다 아멘"(롬 11:36)이라고 했습니다. 이렇게 그는 '하나님의 영광'이 그의 삶의 유일한 목표요 꿈이었습니다. 하나님만이 만유와 만사의 근원이 되시고, 결과가 되심으로 그 하나님께만 영광과 존귀를 돌리는 것이 그의 비전이었습니다.

사랑하는 여러분!
저는 지금까지 신·구약 성경의 역사를 관통하면서 거룩한 꿈을 꾼 분들을 간략하게 소개했습니다. 그러면 이제는 교회 역사에 나타난 진실한 몇몇 일꾼들의 비전을 살펴보겠습니다.

3. 교회사에 등장한 꿈의 사람들

첫째, 성 어거스틴(St. Augustine)의 꿈입니다.

어거스틴은 히 13:14의 말씀을 생각하면서 하나님의 도성(Civitate Dei; the City of God)이 그의 꿈이었습니다. 어거스틴은 여기는 영구한 도성이 없고, 장차 하나님께서 주권적으로 다스리는 그런 도시, 그런 나라를 꿈꾸었습니다. 이런 성시화 운동은 단순히 인간의 노력으로 되는 것이 아니라, 하나님의 은혜와 축복으로만 가능하다는 것이 그의 비전입니다. 이교도들이 한때 승리하는 듯해도, 궁극적으로 하나님께서는 택자들을 이기게 하시고, 인간은 거저주시는 '하나님의 은총'으로만 구원에 이른다는 확신입니다.

둘째, 종교 개혁자 요한 칼빈(John Calvin)의 꿈입니다.

칼빈의 꿈은 한 마디로 "오직 하나님께 영광"(Soli Deo Gloria)입니다. 그래서 이 세상은 하나님의 영광을 드러내기 위한 극장의 무대라고 했습니다. 그는 오직 하나님의 위대한 주권과 성경만이 우리의 신학과 신앙과 삶의 표준임을 확신했습니다.

칼빈은 이 거대한 꿈 때문에 걸어 다니는 병원이라고 하리만큼 연약한 육체를 갖고도 불후의 명작『기독교강요』를 비롯해서 성경 주석, 설교, 눈문집, 편지 등 헤아릴 수 없는 위대한 작품들을 써서 오늘의 개혁교회의 초석을 놓았습니다. 그는 오직 하나님의 영광 때문에, 말로 다할 수 없는 박해와 도전에 시달렸으나, 초인적 능력을 발휘하여 종교 개혁을 이루었습니다. 또한 그는 제네바시를 거룩한 도시로 바꾸어 놓았습니다. '하나님께 영광!' 그것은 모든 것을 녹여내는 용광로이며 거대한 에너지를 분출케 했습니다.

셋째, 아브라함 카이퍼(A. Kuyper)의 꿈입니다.

그는 화란의 칼빈주의 신학자요, 하원 의원, 종신 상원 의원, 정당의 당수, 수상, 목사, 교육자, 사회 개혁자, 그리고 50년 동안 일간지와 주간지의 주필이었고, 223권의 책을 낸 저술가였습니다. 그의 꿈은 온

전한 개혁주의 교회를 세우고, 오직 그리스도의 '왕국을 위하여'(Pro Rege)와 '삶의 모든 영역에 하나님의 영광과 주권'을 인정하는 나라를 세우는 것이 그의 꿈이었습니다. 그래서 1880년에 하나님의 영역 주권(Sovereiniteit van Eigen Kring)을 주장하며, 지칠 줄 모르는 열정으로 하나님의 영광을 위해서 일했습니다.

그는 "그리스도의 왕권은 이 세상에 미치지 아니하는 곳이 단 한 치의 땅도 없다"는 활화산 같은 꿈이 있었기에 교회와 국가와 세상을 바꾸어 놓았습니다. 그리고 삶의 모든 영역에 성경적 세계관을 수립했습니다. 그래서 정치, 경제, 사회, 문화, 예술, 교육 등 삶의 전반에 걸쳐 하나님 중심, 성경 중심의 세계관으로 눈 뜨게 했습니다.

4. 우리 교회 지도자들의 꿈

그렇다면 오늘 여기 모이신 우리 교회 지도자들의 꿈은 어떠해야 합니까? 우리 교단은 1912년 총회가 만들어진지 한 세기 동안 숱한 분열과 환란과 우여곡절과 진통 가운데서도 빈손 들고 나와서 장로교회의 장자 교단으로 명분을 지키고, 숫적으로 이만큼 크게 부흥 성장한 것은 하나님의 특별한 은혜요 축복이었습니다. 그러나 오늘날 우리에게 주어진 현실과 미래는 그리 녹록하지 않습니다. 우리에게 다가오는 거대한 '세속주의의 물결'과 '반기독교적 사회 분위기', 그리고 종교 다원주의적이고 '인본주의적 신학 운동'의 도전은 만만치 않습니다. 더구나 2013년 세계교회협의회의 한국 개최로 말미암아 자칫 보수 교단으로서 우리의 위치를 위협받게 될지도 모르는 상황입니다.

이런 절박한 시기에 개혁교회 목사와 장로로서 교회를 지키고, 진리 수호를 위한 책임을 다해야 할 것입니다. 저는 위에서 성경 역사와 기독교 역사에 나타난 주의 종들의 비전과 꿈을 살펴보았습니다. 그렇다면 오늘 우리 지도자들의 꿈과 비전은 어떠해야 하는가를 몇 가지로 살펴보고자 합니다.

첫째, 교회의 정체성 회복

2013년 세계교회협의회가 한국에서 열립니다. 그런데 우리 교회는 이 행사가 한국에서 열리는 것에 대해 여러 가지 우려를 표명했습니다. 그래서 보수적인 교회들이 함께 모여 한 목소리로 에큐메니칼 운동을 비판했습니다. 그 이유는 에큐메니칼 신학의 핵심은 자유주의적이며, 종교 다원주의적인 발상이기 때문입니다. 우리 교단은 지난 제44회 총회에서 WCC 에큐메니칼 운동을 영구히 탈퇴한 바 있습니다. 때문에 우리는 이 행사에 참여하지 않아야 합니다. 그러나 우리의 코 앞에서 에큐메니칼 신학을 논하고, 성경적 진리보다 종교 다원주의 유엔 총회를 개최하는데 대해서 우려를 금할 수 없습니다. 그런데 문제는 우리가 다른 교회나 다른 사람의 생각을 비판하고 정죄하는 것만이 중요한 것은 아니라는 것입니다.

과연 오늘의 우리 교회는 역사적 개혁주의 신학자들이나, 그들이 살아온 신앙을 바르게 계승하고 있는가 하는 점입니다. 뿐만 아니라 이 땅에 장로 교회 총회가 생겨난지 100여 년 동안 면면히 흘러온 개혁주의 신앙을 원형대로 잘 보존하고 있는가도 살펴봐야 할 것입니다. 지금 우리 안에 들어온 세속주의와, 우리 교회 안에 들어온 인본주의, 우리의 삶 속에서 들어온 종교 다원주의는 어찌하면 좋겠습니까?

실제로 우리가 믿는 성경, 우리가 믿는 복음, 우리가 믿는 진리는 공중에서 그냥 떨어진 것이 아니라, 수많은 순교자의 피를 지불하고 우리에게 전수된 역사적 사건 위에 있는 것입니다. 멀리는 2세기의 폴리갑(Polycarp)과 저스틴(Justine)의 순교를 비롯해서 종교 개혁 이전의 개혁자들 중에, 요한 위클립(John Wycliff)은 성경을 영어로 번역했던 죄명으로 죽은 후에 처참하게 부관참시 되었고, 윌리암 틴테일(William Tyndale)은 성경을 영어로 번역했다는 죄명으로 벨기에서 교수형을 받고 순교했습니다.

또한 체코의 프라하 대학의 총장이었던 얀 후스(Jan Hus)는 설교 시간에 '의인은 믿음으로만 산다'와 '우리의 신앙과 생활의 유일한 법칙은 하나님의 말씀뿐이다'라는 메시지를 전했다고 해서 1415년 화형에 처해 순교했습니다. 그는 운명하기 직전에 찬송을 부르면서 옆에 있는 지스카 장군에게 "생명이 다하는 순간까지 진리를 지키라"는 유언을 남겼습니다. 순교의 현장에 있었던 지스카 장군은 그 말에 감명을 받고, 후스당을 조직해서 로마 가톨릭과 일평생 투쟁했습니다. 후스의 순교가 없었다면 루터도 없고, 칼빈도 없었을 것입니다. 사실 칼빈도 요즘 식으로 말하면 국가 보안법에 걸려 기어 다니고, 숨어 살면서 불후의 명작 『기독교강요』를 썼습니다. 당시는 가톨릭에 반대하는 것은 국가의 안위를 위태롭게 한다고 생각하고 사형을 시키던 때였습니다.

칼빈에게서 배운 귀도 더 브레스(Guido de Bres)는 1560년에 현재 화란 교회 신앙고백서가 된 '벨직 신앙고백서'를 작성했다는 죄로 1564년에 벨기에서 47세의 나이로 교수형을 받고 순교했습니다. 귀도 더 브레스는 순교하기 직전에 사랑하는 아내 캐서린에게 이런 편지를 썼습니다. "하나님은 고아의 아버지이시고 과부의 남편이라고 했으니, 내가 떠나더라도 하나님을 의지하고 살아라."고 했습니다. 독일의 칼빈주의자들인 20대의 올레비아누스(Olevianus)와 우르시누스(Ursinus)가 만든 하이델베르크 교리문답이 화란어로 번역되었을 때, 그 번역자는 교수형으로 순교 당했습니다.

1618년 칼빈주의 5대 교리를 작성했던 돌트 총회는 국왕의 출국 금지령으로 프랑스 대표만이 참석을 못했습니다. 프랑스 가톨릭에 의해서 이른바 성 바돌로매 축제일(1572)에 칼빈을 추종하던 위그노파 성도들의 엄청난 숫자가 순교를 당했습니다. 그날 하룻밤에 위그노파 지도자이며, 해군 제독인 꼴리니 장로의 배를 갈라 창문에 걸쳐놓고, 그날 노틀담 사원에서 목을 자르고 배를 갈라 죽인 성도만 4,500명에 달했습니다. 그 후에 프랑스에는 수십만 명이 순교하고 추방당했습니다.

요한 낙스의 스승인 위쉬하르트는 개혁주의 신앙을 가졌다는 이유로 교수형을 당했습니다. 제수잇을 앞세워 닥치는 대로 개혁교회 성도들을 죽이고, 특히 헝가리의 가톨릭은 개혁교회 성도들에게 성호를 긋지 않는다고 철십자가로 머리를 쪼아 죽였습니다. 그 외에도 영국의 청교들과 스코틀랜드의 언약도들의 순교는 일일이 여기서 다 거명

할 수 없습니다. 125년 전에 한국에 들어온 기독교가 지금 여기까지 오는 과정에서 사실 순교자들의 피 위에 얼룩진 역사임을 우리는 알고 있습니다. 주기철, 손양원 목사, 박관준 장로가 순교로 진리를 지켜낸 우리 교회는 이제 빛이 바래져 가고 있습니다.

그런데 오늘날의 교회는 우리의 정체성 곧 진리를 사수하고 진리를 가르치는 것을 포기하다시피 하고 있습니다. 예수 그리스도의 고난과 십자가와 부활과 재림이 없어지고, 청교도들과 개혁주의 신앙을 지켜온 진리 체계는 관심도 별로 없고, 오직 번영 신학을 기초로 오직 교회 성장을 지상 원리로 삼은 나머지, 복음 대신에 심리학, 행복학, 성공학이 교회 안에 깊이 들어와 있습니다. 얼마 전 30만부가 팔린 작가 한 분이 제게 찾아왔습니다. 자기가 쓴 성공학에 대한 책이 왜 목사님들의 설교에 왜 그렇게 많이 인용되고 있는지 알 수 없다고 털어 놓았습니다. 우리 교회는 진리를 위한 전투적인 삶과 야성을 잊어버리고, 솜사탕처럼 부드럽고, 너무나 순하게 다듬어진 평화, 안식, 사랑, 위로, 평강만을 노래하고 있습니다.

물론 오늘날은 감성의 시대입니다. 그래서 목사들은 성도들의 감성을 자극하는 것이 교회 성장의 지름길이라고 합니다. 그러나 감성과 영성은 다릅니다. 감성은 인간에게 나온 것이라면 '영성은 말씀과 성령의 사역에 민감하게 반응하는 것'을 의미합니다. 교회 안에는 흥겨운 통기타와 드럼에 맞춘 이른바 축제의 분위기를 만들어가고 있습니다. 복음도 모르고 진리도 모르는 성도들에게 왜 인위적인 축제를 만들어 가는 것입니까? 도대체 우리 교회의 색깔은 무엇이고, 우리 개혁

교회와 다른 교단들과의 차이는 무엇입니까? 세속주의와 인본주의가 우리에게 강하게 도전해 오고 있는 이때 우리는 우리 자신의 정체성을 확립하고, 여호와의 영광과 주권을 높이 세우고, 성경의 진리 위에 굳게 서야 할 것입니다. 우리 교회가 대한예수교장로회 장자 교회로서, 보수주의 교회의 리더로서, 역사적 개혁주의 신앙을 파수하는 보루로서 굳게 서야 할 것입니다.

둘째, 개혁주의 신학과 신앙의 센터

스위스 제네바에는 지금 에큐메니칼 운동의 본부가 있습니다. 칼빈이 종교 개혁을 일으켰던 스위스가 칼빈의 신학과 신앙을 따르는 것이 아니라, 자유주의 신학을 따르고 있으니 통탄할 일입니다. 청교도들이 그토록 진실하게 살았던 영국, 요한 낙스가 종교 개혁을 했고, 언약도들이 수없이 피 흘렸던 스코틀랜드도 소수의 복음주의자들 외에는 거의 자유주의 신학으로 넘어갔습니다. 칼빈의 조국 프랑스는 칼빈을 추방하고, 그를 따르던 위그노파 성도들을 무참히 살해하더니, 그들은 아직도 로마 가톨릭 국가로 남아 있습니다. 프랑스에도 프로테스탄트 교회가 있기는 하나 1%가 채 못되고 그 나마도 거의 자유주의자들입니다. 최초의 칼빈주의 국가였고 아브라함 카이퍼를 나게 했던 화란도 철저한 전통적 개혁주의 신앙을 가진 신학자와 성도들이 많이 있지만, 옛 명성을 잃어가고 있습니다.

미국은 청교도들이 세운 나라입니다. 그러나 오늘날 미국 안에는 복음적인 기독교와 개혁주의적인 교회도 적지 않지만, 대개는 종교 다원주의와 인본주의 신학 체계로 넘어갔습니다. 그래서 세계 교회는 크게 자유주의 신학 노선을 따르거나, 오순절주의 영향을 받은 신비주의로 크게 양분되어 있고, 순수한 성경적 신앙을 가진 자들이 점점 줄어들어가고 있습니다.

과거 북대서양을 축으로 하는 기독교는 서서히 힘을 잃어가고 있습니다. 대신 아시아, 아프리카, 라틴 아메리카가 부흥하는 교회로 뜨고 있습니다. 이러한 때에 한국 교회는 그 중심에 서야 합니다. 그렇다면 우리 대한예수교장로회, 우리 교단의 지도자들의 꿈은 무엇이어야 합니까?

우리는 우리 자신의 야망의 꿈을 접고 더 큰 '하나님의 나라 건설', 세계 교회를 위한 비전은 제시해야 합니다. 우리 교회가 만에 하나 개교회주의를 지향하지 않고, 세계 교회의 견인차 역할을 하기로 단단히 마음먹고 힘을 합칠 수만 있다면, 우리 교회 안에 개혁주의 신학과 신앙의 센터를 만들 수 있을 줄 믿습니다. 역사가 바뀌어 제네바가 에큐메니칼 운동의 본부가 되었다면, 이제 한국은 개혁주의 신학과 신앙의 본부가 되어야 할 것입니다. 우리 교회가 개혁주의 신학과 신앙의 센터가 된다면 오대양 육대주의 진실한 그리스도인들이 우리에게 배우러 올 것입니다. 그런 면에서 본다면 보수주의도, 개혁주의도 경쟁력이 될 수 있습니다.

그동안 저는 개인적으로 한국 칼빈주의연구원과 칼빈 박물관을 세운지 30년이 되었습니다. 지금까지 전 세계 300여 명의 학자들이 방문하고, 제3세계의 많은 학자들이 연구하러 왔습니다. 한국에 세계 유일한 칼빈 박물관이 있습니다. 한국의 100여 개 장로 교단의 지도자들은 모두 다녀갔습니다. 그런데 정작 가장 개혁주의 신앙을 부르짖는 우리 교단의 지도자들이나 장로님들은 별로 오지 않았습니다. 한 사람의 노력과 꿈으로도 역사를 일구어 갔다면, 교단이 단합하면 세계적인 개혁주의 센터가 될 수 있습니다.

'역사는 꿈꾸는 사람이 이루어 갈 수 있습니다!'

셋째, 국제화의 꿈

지금 한국의 모든 대학교의 화두는 글로벌 스텐다드(Global Standard)입니다. 그 뜻은 우리끼리 아무리 잘한다고 한들 소용이 없고, 국제적 인정과 국제적 표준에 맞아야 한다는 것입니다. 물론 그것은 우리의 정체성을 포기하자는 것이 아니라, 확고하게 정체성을 유지하면서도 국제적으로 인정받을 뿐 아니라 국제적 기준에도 적절해야 한다는 뜻입니다.

우리 교단은 보수주의 신앙 노선을 걷고 있습니다. 그렇다고 해서 우리가 폐쇄주의나 고립주의가 되어서는 결코 안 됩니다. 세상은 하루가 다르게 발 빠르게 변화하고 있습니다. 피터 드러커는 "앞으로 20년 동안 이 지구상에서 가장 빠르게, 그리고 철저하게 변할 나라가 있다면, 그 나라는 한국이다"라고 했습니다. 우리에게는 싫든 좋든 안팎으로 변화를 요구받고 세계에 노출되어 있습니다. 그렇다면 도대체 우리 교단은 어느 단체와 같은 것입니까? 전 세계에는 우리와 가까이

할 수 없는 자유주의 신앙을 가진 교회도 많지만, 우리와 신앙과 신학이 같은 작은 교단도 적지 않습니다. 사실 미국과 유럽에도 우리보다 더 개혁주의 신앙을 갖고 더 보수적이고, 더 복음적인 교회도 참으로 많습니다. 우리만 보수고 우리만 정통이라고 고집하는 것은 우물 안에 개구리식 생각입니다. 그들과 상호 교류하고 서로의 신앙을 배워야 합니다. 그러기 위해서는 지금 전 세계에서 일하고 있는 선교사들을 활용할 수 있고, 총신 출신의 전 세계 디아스포라 교회 목사들과 그들이 속한 교회들을 묶을 수도 있을 것입니다.

그래서 우리 교회는 동서남북으로, 종과 횡으로 지경을 넓히고, 세계 교회를 이끌고 갈 당찬 각오를 가져야 할 것입니다. 그러기 위해서는 가슴이 뜨겁고 확실한 개혁주의 신앙을 갖고 있으면서도, 영어에 유창한 국제적 감각을 가진 일꾼을 끊임없이 양육해야 합니다. 그리고 장기적인 안목을 가지고 세계 선교를 통합적으로 이끌어 가야 합니다. 그러기 위해서는 총회 세계 선교회(GMS)가 이 일에 중추 역할을 할 수도 있을 것입니다.

우리 교회는 국제화를 두려워할 필요가 없습니다. 세계는 어차피 국제와 되어 가고 있고, 글로벌 스텐다르에 맞아야 살아남을 수 있습니다. 저는 이미 30년 전에 미국의 개혁주의 신학 대학과 연결하고, 총신 교수들을 연수 교육을 시키고, 제3세계 학생들을 불러 모아 교육시킨바가 있습니다. 그러나 우리가 잠시 멈칫 멈칫하는 사이, 그 후 이미 그런 학교들은 한국의 다른 학교들과 긴밀한 유대 관계를 갖고 있습니다. 왜냐하면 그것은 우리 교회의 폐쇄성과 고립적 태도이기 때문입니다. 비행기가 있어도 파일럿을 양산하지 않으면 그 비행기는 고철이 되고 맙니다. 더 늦기 전에 우리는 개혁주의 교회로서 세계화의 견인차가 되기 위해서 앞장서야 할 것입니다. 하드웨어 구축보다 소프트웨어가 중요합니다. 한 세대 앞서 세계 교회를 위해서 일꾼을 발굴하고 육성해야 합니다.

넷째, 칼빈주의적 교육의 꿈

지금 한국의 신학자는 아시아 전체의 신학자 수보다 많다고 합니다. 아마 한국의 신학교는 미국 다음으로 많을 것입니다. 그런데 한국 교회는 신학교를 너무 값싸게 세우고 있다는 것입니다. 한국에서는 신학교를 누구나 세워도 규제가 없습니다. 종교의 자유라는 명분으로 신학교가 세워지고, 교단이 끝도 한도 없이 새로이 만들어지고 있습니다. 신학교만 세워서 목사만 양성했기 때문에 교회 숫자는 많아졌으나, 그 대신 세상의 변화는 이끌어 내지 못했습니다. 신학 교육은 일찍이 칼빈 목사의 기도대로 '경건과 학문'이 있는 일꾼을 키워야 합니다. 신학 교육은 말씀과 성령이 충만한 리더십을 가진 일꾼이 필요합니다.

또한 이에 못지않게 철저히 칼빈주의 세계관으로 무장된 평신도 배출이 더욱 중요합니다. 평신도를 깨우자는 슬로건은 매우 중요합니다. 평신도를 깨워서 교회 성장과 전도에 견인차가 되게 하자고 했던 화란의 선교 신학자 헨드릭 크렘머(Hendrik Kraemer)의 이론은 한국에서도 크게 성공적이었습니다. 그러나 평신도를 깨운 후에 단순히 교회 봉사의 일꾼으로서 쓰임 받은 것으로는 부족합니다. 옛날 선지자와 사도들이 꿈꾸어 왔고, 칼빈과 카이퍼가 꿈꾸었던 하나님의 영광을 위한 구체적인 교육이 필요합니다. 예를 들면 16세기 칼빈의 경우를 보면 이렇습니다. 그는 1559년 제네바 아카데미 곧 제네바 대학을 세웠습니다. 칼빈은 스트라스부르에서 교육 학자 존 스튬을 만난 후, 19년을 준비해서 제네바 대학을 세웠습니다. 그러나 그는 개교하던 날 10살 아래인 데오도르 베자(Theodore Beza)에게 총장의 자리를 주고, 자신은 그날 교칙 낭독과 기도 순서를 한 후에 목양의 현장으로 돌아갔습니다. 칼빈은 제네바 대학을 세워서 개혁주의 목회자만을 키운 것이 아닙니다. 그는 유럽 각국에서 온 인문 과학, 사회 과학 분야의 평신도들을 철저한 개혁주의 사상과 성경 진리로 무장시켜 자기 나라로 파송했습니다. 졸업생들은 자기 조국으로 돌아가 목회자를 도와서 삶의 모든 영역에 선교적 사명을 잘 감당했습니다.

또 19세기 아브라함 카이퍼는 어떻했습니까?

카이퍼는 19세기에 현대주의와 자유주의가 창궐할 때, 그리스도의 왕권을 확립하고, '삶의 전 영역에 하나님의 주권'을 제창하고, 1880년에 화란 자유 대학을 세웠습니다. 그는 신학만 교육해서 목사만을 키운 것이 아니라, 인문학, 철학, 법학, 의학 등을 세웠는데, 그 교육을 통해서 정치, 경제, 사회, 문화, 교육, 예술 등의 삶의 모든 영역에 걸출한 칼빈주의적 평신도 지도자들을 길러내어 하나님의 주권을 세웠습니다. 그래서 카이퍼는 지난 1세기 동안 위대한 개혁주의 신앙을 굳게 세웠습니다. 개인의 변화도 중요하지만, '시스템(System)의 변화'도 반드시 뒤따라야 합니다.

우리 교회는 지금 바른 신학의 정립이 무엇보다 급합니다. 그러나 동시에 인문 과학, 사회 과학, 자연 과학, 문화, 예술 분야에서 칼빈주의 세계관을 가진 지도자들을 많이 키워야 합니다. 한 세대 후에 칼빈주의 세계관을 가진 대통령과 정치인들이 나와야겠고, 칼빈주의 세계관을 가진 법관들이 나와야 합니다. 칼빈주의 세계관을 가진 의사, 물리 학자, 경제 학자, 예술가들을 양육해야 합니다. 그러나 우리의 현실은 안타깝게도 신학교는 많으나 평신도를 삶의 모든 영역에 파송해서 하나님의 왕권을 수립하려는 시도는 한 번도 없었습니다. 왜냐하면 칼빈주의적 세계관이 없었기 때문입니다.

카이퍼는 1872년 스텐다드(De Standard)란 신문을 발행해서 근 반 세기 동안 주필로 일했습니다. 그것은 하나님의 말씀이 우리 모든 영역에 표준이란 말입니다. 교회의 표준이 하나님의 말씀이고, 신학의 표준도 하나님의 말씀이고, 정치도, 학문도, 교육도, 예술도 하나님의 말씀이 표준이란 뜻입니다. 은혜 받으면 모든 사람이 신학교에 가서 목사가 되라고 하는 것은 곤란합니다. 물론 수준 높고 강도 높은 신학 교육이 필요하지만, 모든 학문도 칼빈주의 세계관을 가지고 접근하는 교육이 있어야 합니다. 우리는 지금까지 삶 전체에 하나님의 왕권을 수립하는 칼빈주의적 교육 철학을 세운 일도 없고, 그런 대학을 세우려는 꿈도 없었습니다.

맺는 말

존경하는 교단의 지도자 여러분! 그리고 전국에서 오신 목사님들과 장로님 여러분!

저는 장시간에 걸쳐서 개혁교회 지도자들의 꿈이 무엇이 있어야 하는지를 말씀 드렸습니다.

우리는 2012년, 대한예수교장로회 총회 설립 100주년을 앞에 두고 있습니다. 오늘 우리 합동 측 교회가 생겨나도록 원인 제공을 했던 WCC 세계 대회가 몇 년 앞으로 다가오고 있습니다. 이런 때에 도리어 우리는 우리 자신의 자화상을 바로 보고, 우리는 누구이며, 어디로 가고 있는지? 우리의 신학은 바로 가고 있는지? 우리 교회는 역사적 개혁주의 신앙과 삶에 맞는지를 뒤돌아보고 재조명해야겠습니다.

우리는 앞서 신·구약에 나타난 예수 그리스도와 선지자들이 그토록 갈망했던 꿈과 비전이 무엇이었으며 교회사에 칼빈과 청교도들과 카이퍼가 꿈꾸었던 것이 무엇이었는지 탐구해 보고 그것을 오늘에 되살려야 합니다. 개혁은 하나님의 말씀대로 새롭게 되는 것입니다. 개혁 교회는 과거에 안주하거나 박재가 되어서는 안 되고 하나님의 말씀을 표준으로 해서 끊임없이 날마다 자신을 채찍질하고 개혁되어 가는 교회여야 합니다. 그래야 우리 교회는 역동적인 교회, 살아있는 교회, 세상을 변화시키는 교회가 될 줄로 믿습니다.

이 땅에 복음을 받은 지 126년! 대한예수교장로회 총회가 만들어진 지 98년! 금년은 손양원 목사님 순교 60주년을 맞는 해이고, 우리가 합동 측이란 닉네임을 얻게 된 것도 반세기가 되었습니다. 하나님은 우리에게 은혜 위에 은혜, 복에 복을 넘치도록 주셨습니다. 그러나 마치 우리가 잘한 것처럼 북치고, 장구치고, 꽹과리치고, 시도 때도 없이 축제에 취해 있을 때가 아닙니다. 2,000년 기독교 역사에 수 없이 많은 진실한 종들이 생명을 바쳐 지켜왔던 이 진리, 이 복음, 이 성경, 개혁 교리를 오늘에 다시 부흥시켜야 할 줄 믿습니다. 지금 우리는 본질을 잃고 성공 신화에 희희낙락(喜喜樂樂) 하거나 자랑할 때가 아닙니다. 그리고 우리의 깃발을 세울 때가 아닙니다. 지금은 자다가 깰 때이며, 앞서간 종들의 순교로 지켜온 진리를 바로 지키지 못한 것에 대해서 통곡하며 울어야 합니다. 그리고 우리도 꿈과 비전을 가집시다. 교회의 정체성을 회복하고, 우리에게 주신 축복을 허비하지 말고, 세계에 개혁주의 신앙의 센터가 되는 꿈, 개혁 신앙의 국제화의 꿈, 칼빈주의적 세계관으로 평신도 양육을 위한 거대한 꿈을 가집시다. 감사합니다.

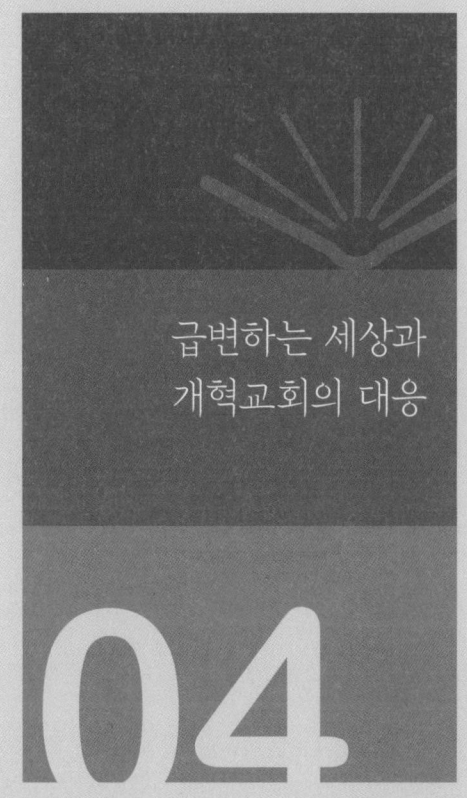

급변하는 세상과 개혁교회의 대응

04

1. 21세기의 급변하는 세상과 성경의 메시지
2. 급변하는 시대의 한국 교회의 과제
3. 21세기의 상황과 교회 성장의 성경적 모델

04

급변하는 세상과 개혁교회의 대응

* 2004년 제41회 '전국 목사·장로 기도회' 강의안(2004.5.12 오전 강의)

장소: 부산 수영로 교회당

지금 우리는 한 치 앞을 내다 볼 수 없는 혼돈과 무질서, 그리고 가치관의 혼란 속에서 시대의 탁류에 떠밀려 가는 형국입니다. 그동안 교회 부흥과 성장, 그리고 일 중심의 교회를 지향하다 보니, 우리 교회는 서서히 자기 정체성을 잃어가고 있습니다. 뚜렷한 방향이나 목표 없이 현상 유지에 급급하고 있는 것이 오늘의 현실입니다. 그래서 이러한 절박한 시기에 강단을 맡은 목사님들과 주님의 몸 된 교회를 수종드는 장로님들이 함께 오늘의 교회의 역할과 사명을 붙들고 고민하면서 개혁교회의 정체성을 회복하여 21세기 우리 교회의 진로를 모색하려고 합니다. 그것은 곧 우리 시대의 교회 개혁일 것입니다.

1. 21세기의 급변하는 세상과 성경의 메시지

오늘 우리 시대의 변화는 말 그대로 빛의 속도로 변화하고 있습니다. 그러나 우리 교회의 대응은 매우 느리고 둔감해서 시대에 저만치 뒤떨어져 있는 것이 사실입니다. 세상 모두가 디지털화 되어가고 컴퓨터를 통해서 모든 서류와 모든 예약과 자금 결제가 이루어지고 있기 때문에 이를 따라잡지 못하는 세대들은 시대의 낙오자가 되어가고 있습니다. 최근에는 고속철이 개통되어 전국이 두 시간 거리로 좁혀져 편리하게 되자 새마을호나 무궁화호가 서서히 퇴조하고 있듯이 오늘날은 그 속도를 따라잡느냐 못하느냐에 따라서 명암이 엇갈리고 있습니다. 세상의 변화는 단순히 속도 때문만은 아닙니다. 세상은 철저히 세속화 하고 부패하여 수습 방안을 찾기가 어렵습니다. 그럼에도 불구하고 우리의 확신은 세상이 엄청난 속도로 날마다 변하고 있지만 변치 않는 진리 곧 하나님의 말씀의 잣대로 세상과 우주와 인생을 보아야 한다는 것입니다. 아무리 엄청난 문화 충격이 우리에게 몰아쳐도 영원한 진리가 있다는 그 자체가 우리의 소망이며 확신입니다. 해 아래 새 것이 없다는 말씀처럼 성경의 말씀은 그 당시 사람들에게만 주어진 것이 아니라 오늘을 살아가는 우리 모두, 아니 이 시대 모든 사람들에게 주시는 진리로 받아야 합니다.

1) 패역한 시대

마 17:17에 "예수께서 대답하여 이르시되 믿음이 없고 패역한 세대여…"라고 했습니다. 또 행 2:40에서 베드로는 설교하면서 "너희가 이

패역한 세대에서 구원을 받으라"고 했습니다. 위의 두 메시지는 예수님과 초대 교회 당시뿐만 아니라, 오늘 우리 시대의 특징을 참으로 절묘하게 표현한 말씀입니다. 우리 시대는 확실히 패역한 시대입니다. 이 뜻은 오늘의 시대는 불신앙적이고, 부도덕하고, 사악하고, 뒤틀려진 패륜아적 시대라는 말입니다. 말하자면 이 시대는 위도 아래도 없고 어른도 스승도 없는 완전히 제멋대로의 삶을 사는 시대라 할 수 있습니다. OECD 국가 중에 이혼율이 미국 다음으로 많은 나라, 결혼한 사람들의 절반 가량이 이혼하는 나라, 대형 교회가 가장 많은 지역에서 성적 타락이 가장 많은 나라에 우리는 살고 있습니다. 패역한 시대라는 말 외에는 달리 표현할 말이 없습니다.

2) 피리를 불어도 춤추지 않는 시대

마 11:16-17과 눅 7:32에 보면 "이 세대를 무엇으로 비유할까 비유하건대 아이들이 장터에 앉아 제 동무를 불러 이르되 우리가 너희를 향하여 피리를 불어도 너희가 춤추지 않고 우리가 슬피 울어도 너희가 가슴을 치지 아니하였도다"라고 했습니다. 예수님의 이와 같은 시대 진단은 바로 당시의 시대를 정확하게 지적하고 있다고 볼 수 있습니다. 즉 세례 요한 같은 선지자의 메시지에 귀 기울이지 않는 사람들의 얼음장 같은 차디찬 가슴을 책망하고 있습니다. 뿐만 아니라 진리에 대해서는 발바닥처럼 굳어져 무심한 현대 인간과 아주 비슷합니다. 우리 시대는 전도의 문이 막혀 있고 사람들은 순수한 복음, 순수한 진리의 선포에는 귀를 막고 있으며 귀와 눈을 즐겁게 하는 곳에만 관심을 가지고 있습니다.

3) 인본주의와 유물주의, 그리고 배금주의가 난무한 시대

사도 바울은 그의 말년에 사랑하는 믿음의 아들 디모데에게 말세에 일어날 일에 대해서 경고했습니다. 바울은 성령의 감동으로 장차 되어 질 일을 훤히 꿰뚫고 있었습니다. 그것은 너무나 정확해서 오늘 우리 시대를 카메라로 정확히 클로즈업 한 것과 같습니다. 즉 딤후 3:1-4에 "너희가 이것을 알라 말세에 고통하는 때가 이르러 사람들은 자기를 사랑하며 돈을 사랑하며 자랑하며 교만하며 비방하며 부모를 거역하며 감사하지 아니하며 거룩하지 아니하며 무정하며 원통을 풀지 아니하며 모함하며 절제하지 못하며 사나우며 선한 것을 좋아하지 아니하며 배신하며 팔며 조급하며 자만하며 쾌락을 사랑하기를 하나님 사랑하는 것보다 더하며 경건의 모양은 있으나 경건의 능력은 부인하니 이 같은 자들에게서 네가 돌아서라"고 했습니다. 오늘 우리 시대는 말 그대로 인본주의, 유물주의, 배금주의, 쾌락주의가 하늘에 닿아 바른 신학, 바른 신앙을 지키기가 너무도 힘든 상황에까지 이르렀습니다.

4) 삶의 스타일을 변화시킨 디지털(Digital) 시대

마 24장에서는 마지막 때에 일어날 징조와 시대적인 변화에 대해 예수님께서 아주 정확히 설명하고 있습니다. 예수님의 말씀은 하나도 틀림없이 역사적으로 성취되어 가고 있습니다. 그 중에서도 우리의 시선을 끄는 말씀은 27절에 "번개가 동편에서 나서 서편까지 번쩍임 같이 인자의 임함도 그러하리라"는 말씀입니다. 오늘날의 변화의 속도는 너무나 빨라 빛의 속도와 같습니다. 과거에는 상상도 못하던 일들이 벌어지고 있습니다. 현대적인 용어를 빌린다면 아날로그 시대에서 디지털 시대로 바뀌어 버렸습니다. 아날로그 시대 사람들과 디지털 시대의 사람으로 구별되면서 그 둘 사이에는 세계관도 인생관도 우주관도 신앙관도 엄청난 차이가 생겼습니다. 그 속도가 너무도 빨라서 번개가 동편에 나서 서편에 번쩍임 같다는 예수님의 표현은 적절합니다. 사실 지금 우리가 가지고 있는 지식은 18개월 후면 무용지물이 되는 시대에 살고 있습니다. 정보의 바다, 정보의 빠른 물결 속에서 우리 교회와 성도들은 어떻게 대응할 것인지가 우리의 과제가 아닐 수 없습니다.

2. 급변하는 시대의 한국 교회의 과제

빛보다 더 빠른 변화의 시대에 처한 한국 교회의 과제는 무엇이겠습니까? 그 과제는 바로 한국 교회가 당면한 문제일 것입니다. 다음과 같이 몇 가지 문제로 열거해 보겠습니다.

1) 교회의 부흥과 성장이 멈춤

벌써 10여 년 동안 교회의 부흥과 성장이 이루어지지 않고 있습니다. 그 이유는 교회가 세상을 향한 모범이 되지 못하고, 빛의 역할도 소금의 역할도 하지 못하고 있기 때문입니다. 그러나 상대적으로 가톨릭이나 불교는 대사회 문제에 적극 대처하면서 리더십을 발휘하고 있습니다. 그럼에도 한국 교회는 끊임없는 분열과 분쟁, 그리고 도덕적인 비난과 세속주의와 맘모니즘과 결탁함으로써 전도의 문이 막혔습니다. 지금 한국 교회는 300명 이상 모이는 교회가 실제로 7%에 불과하고 나머지 93%는 300명 이하의 성도들이 있으며 그 중에도 80%는 200명 이하의 작은 교회입니다. 대형 교회는 불과 열 손가락에 꼽을 수 있을 정도이고 교회에서 빈익빈 부익부 현상이 가장 두드러지게 나타나고 있는 형편입니다. 지금 교회는 젊은이들에게 꿈과 비전을 주지 못하고 있고 농촌 교회는 죽어가고 있는 실정입니다.

2) 한국 교회의 위기와 고령화 사회

우리 한국은 최근에 가장 빠르게 고령화 사회로 변하고 있습니다. 고령화 시대가 되면서 노동 인구의 급격한 감소가 커다란 사회적 문제가 되고 있습니다. 이는 젊은이들이 점점 줄어들고 있다는 뜻입니다. 대학 입학생을 모집하는데 대학의 사활이 걸려 있는 이유는 대학 정원보다 학생이 엄청나게 적기 때문입니다. 지금 유치원의 경우에도 입학 아동이 점점 줄어들어 추가모집을 해도 정원에 미달되는 현실입니다. 앞으로 이렇게 출산율이 저하된다면 100년 후의 한국 인구는 1,600만 명이 되는데 이는 현재 인구의 3분의 1 수준입니다. 이런 사회적 현상을 살펴보면 오늘의 한국 교회는 위기에 처해 있다고 할 수 있습니다. 앞으로 100년 후에는 문을 닫는 교회가 속출할 것이며 교회의 공동화 현상이 일어나고, 신학 교육과 교회 재정 문제에 감당할 수 없는 일이 일어날 것임을 예시하는 것입니다.

3) 세속화와 한국 교회

한국 사회는 지금 세속화의 극에 달했습니다. 그 세속화라는 말은 인간의 욕구와 욕망 충족을 미덕으로 삼고 있으며 원리나 원칙도 없습니다. 더구나 윤리도 도덕의 기준도 없이 감정이 이끄는 대로 가는 자유주의적 세계관을 갖고 있습니다. 그런데 오늘의 교회들이 부흥이라는 미명 아래 세속주의의 현상을 그대로 답습하는 데 문제의 심각함이 있습니다. 예를 들면 예배의 세속화, 설교의 세속화, 교육의 세속화, 교회 정치의 세속화, 교회 행정의 세속화 등 교회 전반에 걸친 세속화가 교회의 부흥과 성장을 가로막고 진리 운동에 역행하고 있음을 깨달아야만 합니다.

3. 21세기의 상황과 교회 부흥의 성경적 모델

앞서 제기한 대로 성경의 진리가 참되기 때문에 1세기나 21세기나 그 대응 원리와 대답은 다르지 않습니다. 시대적 변화에 놀랄 필요도 없고 당황할 필요도 없이 복음의 진리를 굳게 잡음으로써 어려운 시대에 바르게 대응해야 할 것입니다.

1) 하박국 3장의 부흥 모델 – 하나님 중심의 부흥

하박국은 그 시대의 아픔을 절감하고 하나님께 불평과 원망의 기도를 했던 사람입니다. 그러나 성루에 올라 하나님과의 담판 기도에서 "의인은 그의 믿음으로 말미암아 살리라(합 2:4)"는 말씀에 커다란 충격과 은혜를 받고, 그의 생애는 완전히 변했습니다. 하박국은 하나님께 부흥을 갈구했습니다. 그러면서 그는 부흥의 방법으로 하나님의 말씀에 놀랄 때에 진정한 부흥이 온다는 것을 선포했습니다. 하박국은 하나님의 말씀을 듣고 깨달았습니다. 그래서 의심과 좌절과 불평의 사람이 "오직 여호와는 그 성전에 계시니 온 땅은 그 앞에서 잠잠할지니라(합 2:20)"고 외쳤습니다. 그러면서 그는 주께 대한 소문을 듣고 놀랐다고 했습니다. 참된 부흥은 하나님의 말씀에 놀랐을 때 이루어진다는 이 위대한 진리는 오늘날도 다르지 않습니다.

하박국은 그 부흥이 하나님의 주권 가운데, 하나님의 능력으로 되어진다는 것을 말씀했습니다. 그리고는 그 부흥의 내용은 '주의 일'이어야 한다고 했습니다. 인간적인 성공이나 물질적 부요나 외부적 성장이 아니라 주님의 일, 곧 말씀 운동의 부흥, 성령 운동의 부흥, 선교 운동의 부흥, 하나님께 영광을 돌리는 부흥을 의미합니다. 부흥의 의미를 잃어버리고 외형적인 숫자 중심의 부흥에 매달리는 오늘의 교회에 새로운 방향을 제시하고 있습니다. 또 '이 수년 내'에 부흥케 해달라고 한 기도는 그 본 뜻이 적절한 때를 의미함으로 부흥도 하나님의 주권 아래 있음을 선포합니다. 부흥의 최종 목적은 '찬송이 세계에 가득'하도록 하는 선교적 확장으로 이어져야 한다는 것입니다.

2) 사도행전 6장 모델 – 기도와 말씀이 중심이 되는 교회

행 6장 모델에서 참된 교회의 부흥과 교회의 정체성을 지켜 나감에 있어서 필수적인 것은 '기도하는 것과 말씀전하는 것을 전무'(행 6:4)하는 교회입니다. 예루살렘 초대 교회도 언제나 은혜롭고 충만한 교회가 아니었습니다. 교회의 갈등 구조는 이질적인 구성과 한 치의 양보도 없는 대결 구도로 분열 직전까지 갔을 때, 사도들은 모여서 '우리가 하나님의 말씀을 제쳐 놓고 접대를 일삼는 것이 마땅하지 아니하니…'(행 6:2)라고 함으로써 교회가 살아남는 유일한 방법은, 어떠한 경우라도 '하나님의 말씀을 바로 선포하는 것'이 최우선임을 선언한 셈입니다. 뿐만 아니라 사도행전을 기록한 누가는 당시 상황을 아주 적절하게 개요하기를 '하나님의 말씀이 점점 왕성하여 예루살렘에 있는 제자의 수가 더 심히 많아지고…'(행 6:7)라고 했습니다.

하나님의 말씀이 널리, 그리고 옳게 증거 될 때 교회가 내적으로 외적으로 부흥된다는 이 메시지는 21세기에도 여전히 살아있는 말씀이고 참된 부흥의 원리인 줄 믿습니다.

3) 시편 67편 모델 – 선교하는 교회의 모델

시편 67편은 구약의 대표적 선교 시편입니다. 선교는 신약에서 처음 시작된 것이 아니고 벌써 구약 성경 전체의 흐름 속에 있습니다. 그런데 시편 67편은 그 구약의 선교 사상을 핵심적으로 요약하고 있습니다. 이 성경은 매 구절마다 위대한 선교 사역의 의미와 방법을 너무나 명쾌하게 증거하고 있습니다. 선교는 하나님의 긍휼에 기초한 것이며 '주의 도'를 땅 위에 '주의 구원'을 만방에 알리는 것이 선교라고 했습니다. 선교의 참 의미는 분명히 말씀하고 있습니다. '하나님이여, 민족들로 주를 찬송케 하시며 모든 민족으로 주를 찬송하게 하소서'(

시 67:5).

결국 교회의 존재 의미 곧 선교의 의미는, 이 지구상에 있는 모든 민족들이 주의 영광을 찬양하도록 하는 것입니다. 또한 '하나님이 우리에게 복을 주시리니 땅의 모든 끝이 하나님을 경외하리로다'(시 67:7)라고 했습니다.

교회는 땅 끝까지 이르러 복음을 증거 해야 하는데 선교하는 자는 복을 받고, 복 받은 자는 반드시 땅의 끝을 향해 선교적 사명을 감당해야 한다는 것입니다. 오늘날처럼 국지적이고 자신들의 깃발만을 세우려는 우리들에게 주시는 경종의 메시지입니다.

결론

우리는 위에서 성경적인 시각에서 오늘의 사회와 교회를 분석했습니다. 문제의 심각성도 다루었습니다. 그러나 결국 문제 해결의 열쇠도 성경에 있음을 발견했습니다. 급변하는 사회, 급변하는 교회 속에서 고민하는 목사님들과 장로님들께서 성경적 교회 성장과 부흥 모델로 새로운 역사를 개척할 수 있기를 기도합니다.

A Vision of Reformed Church

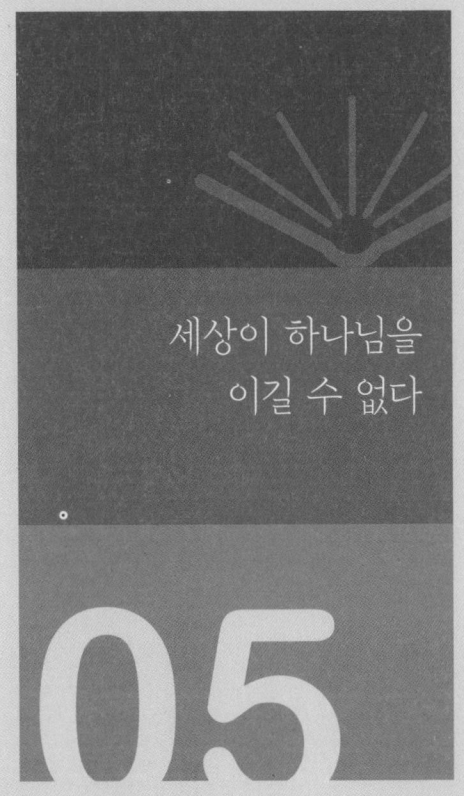

세상이 하나님을
이길 수 없다

05

1. 오늘의 한국과 세계, 그리고 한국 교회
2. 우리 시대의 망령, 포스트모더니즘의 도전
3. 포스트모더니즘에 대한 칼빈주의적 대안

05

세상이 하나님을 이길 수 없다

–포스트모더니즘의 도전에 대한 칼빈주의적 대안을 중심(中心)으로–
*1998년 5월 11일 충현교회당에서 제35회 '전국 목사·장로 기도회'

존경하는 선후배 목사님들, 그리고 주님의 몸 된 교회를 받들어 섬기는 장로님들에게 성삼위 하나님의 은혜와 평강이 넘치시기를 기원합니다.

한 치 앞을 내다 볼 수 없는 것이 인생이란 말이 실감납니다. 작년 '전국 목사·장로 기도회'로 모였을 때는 꿈에도 생각지 못했던 일이 금년에 발생했습니다. 그러므로 금번 제35회 '전국 목사·장로 기도회'는 말 그대로 나라의 장래와 민족의 문제, 그리고 한국 교회의 앞날을 위해서 뜨겁게 하나님께 매달려 기도해야 할 때인 줄 믿습니다. 하나님께서는 오히려 어려운 때일수록 하나님의 종들의 기도를 들으시고 문제를 해결해 주시는 하나님이신 줄 믿습니다. 시편 기자의 고백대로

"고난 당하기 전에는 내가 그릇 행하였더니 이제는 주의 말씀을 지키나이다"(시 119:67). 그리고 "고난 당한 것이 내게 유익이라 이로 말미암아 내가 주의 율례들을 배우게 되었느니라"(시 119:71)라고 하는 고백이 우리의 기도 제목이 되기를 소원합니다.

20세기가 막 끝나가고 있는 이때에, 세상은 실로 엄청난 지각 변동을 일으키며 변하고 있습니다. 그 변화는 가히 폭발적이며, 예측할 수 없는 것이 특징입니다. 마치 오늘날 전 세계적으로 일어나고 있는 기상 이변인 엘리뇨 현상과 같이, 어느 날 갑자기 들이닥친 폭우와 홍수로 말미암아 도시가 파괴되고, 어느 날 갑자기 푸른 초원이 사막으로 변하는 것처럼 오늘의 세계는 가공할 변화와 위기를 몰고 왔습니다. 물론 오늘날의 경제적 어려움과 대량 실업 사태는 우리만의 문제가 아니고 전 세계적인 문제입니다. 특히 우리는 지금 전혀 예측 못했던 IMF 한파로 말미암아 개인도 가정도 기업도 국가도 극심한 고통과 좌절감에 사로 잡혀 있습니다. 하루에도 수많은 기업이 도산되고 정리해고로 직장을 잃은 고개 숙인 어버이들이 지하철역이나, 서울역 대합실에 노숙하고 있는 사실은 오늘의 현실을 극명하게 잘 보여주고 있습니다. 뿐만 아니라 하루에도 실직자 중에 30명 이상이 스스로 목숨을 끊는 것은 오늘의 사태가 단순히 말로나 글로 표현할 정도가 넘어섰음을 의미합니다.

한편 한국 교회는 전혀 예측할 수 없던 국가의 경제적 사회적 위기에 직면하여 이렇다 할 대안도 없이, 다만 성도들을 위로하고 기도할 수밖에 없는 상황입니다. 최근에 교회의 집회 수는 다소 증가했지만,

그러나 실제로 교회의 헌금이 20% 이상 줄어들고 그동안 다투어서 파송했던 선교사들을 뒷바라지 하는데 엄청난 차질을 가져오게 되었습니다. 한편 선교사들은 최소한의 생활마저 위협받고 있을 뿐 아니라, 그렇다고 귀국할 수도 없고 초조하게 상황이 변화 되기만을 기다리는 형편입니다. 뿐만 아니라 교회의 모든 계획들은 처음부터 다시 수정하지 않을 수 없을 정도입니다. 그래서 오늘의 화두는 모두가 IMF, 구조 조정, 대량 해고, 거품 제거라는 말밖에 없습니다. IMF 사태 이후의 사회의 여러 가지 상황들은 우리의 의식 구조나 세계관 마저도 바꾸어 놓을만한 커다란 사건이 아닐 수 없습니다. 지금 우리는 일찍이 한 번도 경험해보지 못했던 길을 가고 있기 때문에 미래에 대한 불안이 더해가고 있습니다. 그 불안은 개인, 기업, 사회, 국가 전체의 불안으로 이어지고 있습니다. 특히 교회가 눈여겨봐야 할 것은 오늘의 가정이 엉망진창으로 헝클어지고 있다는 사실입니다. 어느 날 갑자기 가정이 공중분해 되는 처참한 일들이 우리 주변에, 아니 교회 안에서 일어나고 있습니다.

그뿐 아니라 지금 한국 교회는 경제적, 사회적, 정치적 변화의 소용돌이보다 더 큰 거짓된 사상이 들어와서 우리들의 신앙을 파괴하는 운동이 깊숙이 들어오고 있습니다. 그것은 곧 우리 시대의 망령인 이른바 포스트모더니즘(Postmodernism) 즉, 탈현대주의 사상입니다. 이 포스트모더니즘의 사상은 지금 정치, 정치, 경제, 사회, 문화, 예술, 교육, 신학, 신앙, 삶의 모든 영역에서 활동하면서 성경적 기독교를 전멸시키려는 파괴의 영입니다. 그러므로 우리는 오늘의 현상과 세계를 정확하게 진단하고 우리 시대의 망령인 포스트모더니즘의 실체를 분명히 알아야 합니다. 그런 후 우리 시대의 포스트모더니즘의 실체와 악영향을 파헤치고, 오늘의 현실을 분석하면서 칼빈주의 신앙을 파수하는 대한예수교장로회, 우리 교단이 걸어가야 할 방향과 오늘의 대안을 제시하고자 하는 바입니다. 결국 이번 기도회에서 두 가지 문제를 기도의 제목으로 삼고자 합니다. 하나는 IMF 체제하에서 개인과 나라와 교회가 현재 겪고 있는 심한 고통과 좌절을 어떻게 뛰어 넘을 것인가 하는 것입니다. 또 다른 하나는 우리 교회 안에 가만히 들어온 새로운 사상인 포스트모더니즘의 세력을 어떻게 이기고, 개혁 신학과 신앙을 바로 세워서 승리할 것인가 하는 것입니다.

1. 오늘의 한국, 오늘의 세계, 그리고 오늘의 교회

존경하는 교회의 지도자 여러분!
우리는 먼저 오늘의 한국과 세계, 그리고 오늘의 교회가 어떠한지를 생각해 보겠습니다. 오늘 우리가 처한 상황을 바로 알아야 문제 해결도 보일 것입니다. 지금 세계에는 세기말적인 현상이 일어나고 있습니다. 성경이 말씀하고 있는 대로 처처에 기근이 있고, 난리와 난리의 소문이 그치지를 않습니다. 정보 통신의 발달로 세계는 이제 하나의 방으로 들어와 버린 셈입니다. 정보화 사회는 국경이 없어지고 세계를 하나의 공동체로 만들어 버렸습니다.

이제 한국은 홀로 살수도 없고 홀로 설수도 없습니다. 세계는 말 그대로 지구촌입니다. 그러므로 우리는 귀와 눈과 입을 막고 유아독존격으로 살 수 없습니다. 이제 세계 어느 나라도 정치적으로, 경제적으로, 문화적으로 자기만을 위해서 살아 갈 수 없습니다. 세계는 글로벌 시대에 살기 때문에 상호 의존하면서 상호 보완적으로 살아야 합니다. 그 실증이 IMF 체제하의 한국입니다. 지금 한국은 적어도 경제적으로는 독립국이 아닙니다. 왜냐하면 세계의 도움 없이 우리는 오늘의 위기를 버틸 수도 없을 뿐 아니라, 실제로 경제 신탁 통치를 받고 있기 때문입니다. 이로 말미암아 우리들의 의식 구조마저도 변하고 있습니다. 그것은 바로 6·25 전쟁 이후 최대의 위기를 맞은 IMF 사태입니다.

최근의 한 신문의 사설대로 지금 한국은 국가 비상 사태가 발생한 것입니다. 사실 정부는 앞으로 실업자 수가 150만 명으로 늘어갈 것이라 추산하고 있지만, 월간지 '빛과 소금'에는 하루에도 1만 명의 실업자가 쏟아지고 있음으로 실제로는 앞으로 실업자가 600만 명이 넘을 것으로 예산하고 있습니다. 이로 말미암아 심각한 가정 문제와 사회 문제가 대두될 것이고, 사회 전반에 걸쳐서 새로운 패러다임이 등장할 것입니다. 과거까지는 이른바 성장과 개발이란 이름으로 정당화되었던 관행들이 이제 와서는 정리해고의 첫 번째 대상이 되었습니다. 그러나 요즘 듣기 좋은 말로 경제 회복이니, 구조 조정이니, 정치적 결단이니 하지만 세계는 우리를 손금 들여다보듯이 훤히 알고 있습니다. 그래서 이제 세상은 밝아져서 절대로 속지도 않을 뿐 아니라 거짓말을 할 수도 없습니다. 실제로 우리나라는 워낙 단단한 껍질로 덮여 있는 기득권층 또는 가진 자들의 저항 때문에, 우리 사회 구조 조정은 말처럼 그렇게 쉬운 것은 아닙니다. 우리는 요즘 오나가나 김영삼 전 대통령의 실정을 비판하는 것으로 화두에 올립니다. 그러나 김영삼 전 대통령이 임기를 거의 마치면서 말한 것을 기억합니다.

그가 '변화와 개혁'을 말했을 때, 모두가 대찬성이었습니다. 그러나 그것은 다른 사람이 개혁되고 변화되는 것은 원했지 아무도 자기는 개혁하려 하지 않았다고 탄식했습니다. 변화와 개혁을 주저하거나 거부한 모든 사람들 가운데 우리도 예외일 수는 없습니다. 우리 교회는 물론 보수주의 교회입니다. 진리와 말씀을 보수하는 것은 좋으나, 변화와 개혁을 싫어하는 보수라면 문제가 많습니다. 게다가 지금의 정부도 앞으로 잘하기를 기대는 하지만 그들의 정치적, 정권적인 함수관계로 인해 앞으로 몇 년 안으로 외채는 갚게 되어 경제적으로 회복될지는 몰라도 근본적인 사회의 구조가 변하게 될 것인지는 의심이 갑니다. 모두들 사회의 구조적 모순을 외치지만 자신은 전혀 변화할 의도가 없다는 것이 바로 오늘의 현실입니다.

한국은 그동안 정상적인 방법으로는 어찌할 수 없는 구조 악으로 가득했습니다. 겉으로는 세계화나 경제 대국 등을 노래하면서도 '지존파'나 '막가파' 같은 희대의 엽기 살인을 일삼는 살인마가 등장했고, 신문에 나는 대로만 보아도 성 범죄, 포르노, 동성애, 어린이 유괴 등 입에 담기도 민망한 사회적 범죄들이 만연되고 있습니다. 한국인들의 사회적 향락은 세계 사람들이 경악할 정도입니다. 국민들의 사치와 향락은 극에 달했고, 젊은이들은 젊음을 발산하는 대가로 하룻밤에 수백만 원대의 돈을 물 쓰듯 쓰고 있습니다. 미국의 알레스카에서는 사슴뿔, 곰쓸개, 해구신 등은 쓸모가 없어 쓰레기로 처리하고 있는데, 한국 사람들은 그 쓰레기를 거금을 주고 구입하는 것을 보고, 그들은 큰돈을 모으면서도 어리둥절했습니다. 그래서 한 통계에 의하면 녹용과 해구신은 전 세계 소비량의 80%를 한국이 책임지고 있다고 합니다.

어디 그뿐입니까? 코뿔소의 뿔을 정력제로 사용하는 바람에 코뿔소 멸종을 한국이 주도했다는 비난의 소리를 들어야 했습니다. 하기는 전 세계의 코뿔소의 뿔 64%가 우리나라 한약방을 통해서 판매되는 정도이고 보면 도무지 변명할 수 없습니다. 그뿐 아니라 하루에 4천여명의 어린 생명을 죽음으로 내모는 낙태는 범죄조차 인정하지 않는 만성적 죄의 불감증의 대표적인 예입니다. IMF가 오기 전에 한국인들의 해외에서 사치와 방탕과 음란은 가히 기록적이었습니다. 뿐만 아니라 가난한 동남아시아에서 온 젊은 근로자들을 학대하고 착취했던 우리들은 앞서간 백인들의 교만 그것과 다름없습니다. 인도, 파키스탄, 방글라데시, 필리핀, 중국에서도 노동자들을 서럽게 하고, 노예화하고 착취했던 우리들의 일그러진 자화상을 이번 기회에 똑똑히 볼 수 있어야 할 것입니다.

오늘날 이토록 국제적 신임도가 떨어지고 불신을 받게 된 것은 우리의 자업자득이라고 할 수 있습니다. 오늘의 사태는 단순히 정치의 실패나 외환 위기가 아니라, 보다 근본적인 민족적 타락에 있었고, 그것은 따지고 보면 교회가 교회 구실을 못하고 빛과 소금 노릇을 못한 데서 기인한 것입니다. 우리 교회는 철저히 이기주의적이었고, 이웃의 고통과 아픔을 외면해 왔습니다.

이런 때에 한국 교회는 무엇을 했습니까? 사실 교회의 일차적 사명은 허물과 죄로 죽었던 소망 없는 인생을 구원하는데 있습니다. 그리고 교회의 사명은 복음으로 세상을 변화시키는 것입니다. 그러나 오늘날은 완전히 주객이 전도되었습니다. 세상이 도리어 교회를 변화시키고 있습니다. 세상이 말하는 유물주의 사상이 교회 안에 깊숙이 들어와 버렸습니다. 부끄러운 이야기지만 교회는 세상에서 한 수 배우는 방법으로 세상의 사고방식, 세상의 관행, 세상의 관심을 그대로 받게 된 것입니다. 최근 시사매거진 2580 사건은 진실 여부를 떠나서 세상이 교회를 어떻게 보는가의 단적인 예라고 할 수 있습니다. 이것은 한국 교회 전체에 대한 도전이 아닐 수 없습니다. 그렇다고 해서 세상을 정죄할 것이 아니라, 지금까지 세상의 방법으로 살아 왔던 우리 자신이 가슴을 치고 회개할 일입니다. 부끄러움을 알면 그래도 소망이 있습니다. 그러나 부끄러운 줄 모르면 한국 교회는 소망이 없습니다.

1910년대의 한국 교회는 1%도 못되는 교인의 수를 가지고도 민족의 장래와 방향을 선도하고 이끌어 왔습니다. 그러나 지금은 25%의 기독교인이 있다지만 세상을 변화시키기는커녕 도리어 변화를 당하는 꼴이 되었습니다. 사실 3,4년 전부터 우리 교회의 여론은 '부흥이 안 되고 있다', '개척 교회가 안 되고 있다', '목표가 상실되었다', '신학생들이 졸업 후 갈 곳이 없다'라고 교회의 영적 어두움에 대해서 말해 왔습니다. 그 후 경제적인 위기가 온 것입니다. 결국 영적 위기가 온 다음에 경제 위기가 왔다는 것을 알아야 합니다. 그렇다면 국가적, 사회적, 경제적 위기도 결국은 우리 교회의 영적인 잠에서 기인한 것이라고 할 수 있습니다. 최근의 한 조사에 의하면 오늘의 IMF 위기는

68.97%가 영적 원인에서 찾아야 한다고 대답했습니다. 그 중에 오늘의 위기는 35.10%가 영적 각성을 촉구하는 하나님의 채찍으로 보았고, 20.12%는 우리의 도덕적, 윤리적 타락의 결과로 보았습니다. 그리고 13.77%는 부흥을 주시려는 하나님의 계획으로 이해했습니다. 그래도 하나님께서는 한국 교회를 사랑하는 것은 사실입니다. 최근에 한국 외국어대학교의 경제학 교수 원종근 박사는 이런 말을 했습니다.

"만에 하나 IMF 사태가 김영삼 정권의 중간에 있거나, 김대중 정권의 중간에 왔었다면 더욱 큰 일 날 뻔 했다는 것입니다. 그러나 김영상 정권의 말기에 IMF 사태가 일어남으로 새 정부가 발빠르게 대처하게 된 것만 해도 감사하다"고 했습니다.

또 하나는 대개 국가의 파탄이 오면 내란으로 치닫기 쉬운데, 하나님께서 우리 민족에게 전쟁을 주시지 않고, 경제를 통해서 우리 민족과 교회를 깨우치게 하신 것을 감사한다고 했습니다. 결국 오늘의 사태를 하나님의 섭리적 차원에서 볼 줄 아는 눈이 열려야 할 것입니다. 또 어떤 분은 말하기를 IMF 사태가 20세기 말에 한국에서 발생한 것을 감사한다고 했습니다. 20세기를 마감하면서 한국 교회가 철저히 회개하고, 자기를 뒤돌아 볼 수 있는 기회를 가진 것만 해도 감사하다는 것입니다. 즉 21세기를 맞이할 수 있는 준비를 시키시는 하나님의 섭리로 본 것입니다.

그런데 우리 대한예수교장로회 총회는 오늘의 절박한 상황에서 분명한 대답을 내어놓아야 함에도 불구하고, 개신교가 다 그러하듯이 통일된 목소리를 내지 못할 뿐 아니라, 로마 가톨릭과 불교에 모든 것을 다 빼앗기고 말았습니다. 신문도, 방송도 아예 우리 교회를 열외로 취급할 뿐 아니라 우리를 상대하지 않습니다. 오늘의 문제 해결을 위해서 교회가 할 수 있는 일이 전혀 없다는 것입니다. 우리는 그동안 개교회의 부흥과 성장만을 위해서 힘 있게 달려 왔으나, 뒤돌아보니 우리는 세상을 정죄할 수 있는 힘도 잃었고, 세상을 변화시켜 하나님 나라 건설을 하는데도 아무 역할도 할 수 없게 되었습니다. 우리는 한국 기독교 가운데 장자 교단으로서 수와 규모에 있어서 가장 큰 교회를 자랑하고 있습니다. 그런데 왜 세상은 우리에게 아무것도 들으려고 하지 않습니까? 그것은 우리가 그동안 이웃과 세상의 아픔에 대해서 무관심했기 때문입니다. 우리 교단은 한국에서 가장 큰 교회를 가졌음에도 불구하고 가지려고만 했지 나누는 일에 무심했습니다. 또 우리는 그렇지 않다고 항변할 수 있으나 적어도 세상은 우리 교회에 대해서 별로 기대를 하지 않고 있는 것이 사실입니다. 교회가 세상을 변화시켜야 할 터인데, 도리어 세상이 교회를 걱정하는 것이 오늘 우리들의 모습입니다.

그렇다고 우리는 마냥 좌절만하고 있을 수는 없습니다. 위기를 겸손히 받아들여 선용한다면 도리어 한 차원 높은 수준으로 올릴 수 있을 것입니다. 사실 이번에 우리의 목·장 기도회의 목적은 나라의 경제보다, 교회가 어떻게 제구실을 다해서 이 땅에 하나님의 나라를 건설하고, 동시에 복음을 땅 끝까지 증거할 것인가에 있습니다. 금년은 정부 수립 50년이 되는 해이고, 50년 만에 비로소 평화적 정권 교체가 이루어졌습니다. 우리는 그동안 앞도, 뒤도 돌아보지 않고, 오직 교회의 외적 성장만을 위해서 달려왔던 것이 사실입니다. 이런 때에 우리는 오늘의 사회와 세계, 그리고 오늘의 교회를 정확히 읽으면서 우리들의 일감이 무엇인지를 찾아야겠습니다. 21세기는 날수로 따져서도 600일이 채 남지 않았습니다. 이와 같이 커다란 변화의 와중에 개혁교회의 정체성을 지키고 민족의 고난과 십자가를 지는 교회가 되어야 할 줄 믿습니다.

2. 우리 시대의 망령, 포스트모더니즘의 도전

존경하는 교단의 지도자 여러분!
세상이 경제 문제로 어려움을 당하고 있는 동안, 세계는 지금 사상적으로 엄청난 변화를 경험하고 있습니다. 그것은 교회와 신앙에서 새로운 물결로 다가오고 있습니다.

1981년 10월 프랑스 일간지 르몽드(Le Monde)는 "포스트모더니즘이란 유령이 지금 유럽에 출몰하고 있다"고 칼럼에 소개될 만큼, 20세기 후반기를 사는 현대인의 마음속에 포스트모더니즘은 깊숙이 자리를 잡게 되었습니다. 지금 세계는 정치, 경제, 문화, 예술, 교육, 과학, 신학과 신앙 등 삶의 모든 분야에 걸쳐 우리 시대의 망령인 포스트모더니즘에 감염되어 가고 있습니다. 1859년 찰스 다윈(Charles Darwin)의 『종의 기원』(Origin of the Species)이 출판된 후, 근대 세계는 이른바 자연과학주의 세계관 아래서 학문을 하고 생활해왔습니다. 근대 세계는 인간 이성의 지고한 능력을 신뢰한 채, 경험 우선적인 지식관, 즉 과학과 기술을 맹신한 기계적이며, 철저히 계산된 세계였습니다. 이러한 자연과학주의 세계관은 학문 분야는 말할 것도 없고, 정치, 경제, 사회, 문화, 종교 등 사회 전 분야에 스며들었습니다. 이런 현대주의 세계관 때문에 자유주의가 득세하여 성경의 진리들을 말살시켰습니다.

복음적 교회들은 항상 시대정신인 현대주의 사상에 도전하는데 순발력이 떨어졌고, 성경의 진리로 저들을 대항하는데 서툴렀습니다. 말하자면 18-20세기 교회들은 이방 종교라고 할 수 있는 모더니즘 곧 현대주의와의 전쟁에서 실패하였습니다. 그러나 오늘날은 우리가 알지 못하는 사이에 무대는 또다시 바뀌었습니다. 어느새 오늘의 세계는 모더니즘의 시대는 퇴조하고 이른바 포스트모더니즘이란 망령의 지배 아래 있게 되었습니다. 특히 한국 교회는 무대가 바뀐 줄도 모르고 새로운 우리 시대의 망령인 포스트모더니즘의 늪에 빠져들고 있고, 오늘의 세계 또한 포스트모더니즘의 지배 아래 놓여 있습니다.

종교 다원주의가 교리와 이론을 가지고 분명하고 논리적으로 성경의 진리를 대적한 반면에, 포스트모더니즘은 수수께끼 같은 난잡한 형태로 교회를 파괴시키고 우리들의 신앙의 내용을 무력화시키고 있습니다. 먼저 포스트모더니즘은 하나의 '시대 풍조'(a mood)라는 옷을 입고 있습니다. 포스트모더니즘은 단지 근대 세계인들이 지녔던 이성 맹신주의를 거부하는 탈이성주의의 시대 풍조일 뿐이지 절대 성경 진리를 대적하는 것이 아니라고 얼버무립니다. 또한 포스트모더니즘은 하나의 방법론으로서 단지 자료와 사상을 분석하는 일개의 방법론에 지나지 않는다고 선전합니다.

포스트모더니즘은 한 마디로 우리 시대의 세계관입니다. 사실 인생의 모든 분야에서 우리의 행동과 사고를 결정하는 것은 '세계관'에 의해서 결정됩니다. 그러므로 포스트모더니즘은 문학, 역사, 정치, 교육, 법학, 사회학, 언어학, 과학, 신학 분야에서 알게 모르게 성경의 진리를 말살하는 강도 높은 새로운 전법입니다. 포스트모더니즘은 교육, 영화, 텔레비전 등 모든 영상 매체를 통하여 우리 모든 일상 형태를 변화시키는데 있어서 선동적인 역할을 하는 일종의 문화 변혁가(a cultural changer)입니다. 그래서 포스트모더니즘은 성경의 진리를 말살시켜서, 우리의 전 삶을 붕괴시키고자 발광하는 우리 시대의 망령이라고 할 수 있습니다. 그에 앞서 포스트모더니즘이 삶의 각 분야에서 어떻게 영향을 끼치고 있는지 몇 가지로 요약하면 다음과 같습니다.

첫째, 앞으로 의사들은 과학적 치료와 아울러서 마술적 치료법(ocult healing techniques)으로 환자를 대하게 될 것입니다. 포스트모던 사회는 대체 의학(alternative medicine)을 점차 선호하고 받아들여지게 될 것입니다. 의학계는 이제 객관적 과학 원리들과 똑같이 미신을 학교에서 가르치고 응용하게 될 것입니다.

둘째, 오늘날은 교육에서도 포스트모더니즘의 경향이 두드러지고 있습니다. 즉 교사가 학생에게 지식을 전달해줄 필요가 없이, 학생들 스스로가 지식을 만들어 낼 수 있도록 운영됩니다. 이것이 요즘 우리가 흔히 말하는 이른바 열린 교육입니다.

셋째, 포스트모더니즘에서는 이제 더 이상 기록된 문자의 권위를 인정하지 않으며 받아들이지 않습니다. 물론 성경의 권위도 인정하지 않게 됩니다. 왜냐하면 포스트모던 문학에서 해석학은 이른바 "해체(deconstruction) 방법론"을 사용하기 때문입니다. 곧 옛 건물을 부셔버리고 해체시켜버린 후 거기다 새로운 건물을 짓는다고 하기 때문입니다.

넷째, 포스트모더니즘에서 역사는 오늘의 삶속에 일어나고 있는 일을 취급한다는 것입니다. 즉 더 이상 과거에 "일어났던 일"을 추적하는 것이라고 생각하지 않습니다. 역사는 이제 우리 사회에서 지금까지 소외되고 배척받아 온 그룹, 예를 들면 동성연애자들에게 가능성을 베풀어주는 장으로 여겨질 것입니다. 역사는 이제 급진적인 정치, 사회적으로 선동을 일으키는 진원지로 바뀌어 집니다. 바로 이런 발상의 전환은 포스트모던 역사 해석 방법이 이를 가능케 합니다.

다섯째, 포스트모던 심리학에서는 실체란 단지 독자들의 마음에만 존재한다는 것입니다. 이런 경향은 책은 말할 것도 없고, T.V쇼나 이웃들의 담화 가운데 쉽게 발견된다는 것입니다. 실체의 내용은 각각 마음먹기에 따라 달라진다는 것입니다.

여섯째, 법원의 판결은 점차 비원직석으로 기울어져 가고 있습니다. 포스트모던 법학자들은 법을 해석함에 있어서, 법문자가 지닌 본래 의도가 무엇인가를 묻기보다는 법조항이 그 당시에 어떤 의미를 가졌는가를 묻고 판단하기 때문입니다.

일곱째, 포스트모던 과학자들은 과학을 서구 제국주의의 앞잡이로 몰아세웠습니다. 월스트릿 저널(Wall Street Journal, July 10, 1995)에 실린 '여성의 시각으로 본 과학사'의 한 부분을 소개하면 이렇습니다. "과학은 포악한 남자가 연약한 여자를 겁탈하듯 그렇게 자연을 황폐시켰다. 힘없는 자연은 포악한 과학의 공격에 무지하게 맞고, 찢기고, 속살을 드러내 보이고, 그리고 마침내는 알몸을 드러내고 말았다."고 썼습니다.

여덟째, 포스트 모던의 영향을 받은 종교가들은 "종교는 오직 당신 자신에만" 있다고 주지시킵니다. 과거 현대주의자들은 종교를 하나의 미신으로 취급하고 반대했습니다. 이와는 달리 포스트모더니스트들은 그 종교가 보편적으로 절대적인 권위를 가진 것이라고 강조하지 않는다면 그 어떤 종교에서도 항상 열린 마음으로 대한다는 것입니다. 즉 종교 다원주의로 가자는 것입니다. 종교는 포스트모던적 혁명을 추진하는데 심장부 역할을 하고 있습니다.

결국 포스트모더니스트들은 기독교의 절대성을 없애고 모든 종교는 똑같다는 선언을 하고 있습니다. 즉 종교는 모두가 상대적이며 다원적이라는 것입니다. 포스트모더니즘의 사상을 받은 오늘의 신학과 교회는 하나같이 모든 진리는 다 동일하다는 것입니다. 모든 것은 상대적이며 다양하다는 것입니다. 즉 상대주의, 종교 다원주의가 포스트모더니즘의 핵심적인 철학입니다. 포스트모더니즘은 위에서 열거한 예에서 보는 것처럼, 그것은 우리 시대의 도전입니다. 그들의 주장을 좀 더 자세히 정리하면 이렇습니다.

포스트모더니즘의 사상에서 진리라는 것은 객관적으로 별도로 있는 것이 아니고, 진리는 인간 스스로 만들어 내는 것이라고 믿고 있습니다. 이전처럼 진리를 깨닫고 수용하는 것을 믿지 않습니다. 포스트모더니스트들은 이성, 합리성, 그리고 과학적 사실의 확실성들을 문화적 산물로서 하나의 현상으로 간주하고 있습니다. 한 마디로 그들이 주장하는 것은 이 세상에 아무 곳에도 절대 진리란 없다는 것입니다.

이성을 신뢰하는 자, 과학이나 서구 교육 제도, 그리고 정치 제도가 이 이성의 합리성을 토대로 형성되었다고 믿고 있는 자들에게 포스트모더니스트들은 유럽 문화의 틀에 젖어 있는 자로서 편견에 사로잡힌 자들이라고 몰아붙입니다. 그들은 발언자의 설득력이 진리이고 권력을 통해서 진리를 만들어 낼 수 있다고 봅니다. 이렇게 되면 무엇이 선이고, 무엇이 악인지 구별이 안 됩니다. 힘의 논리가 정의이며 진리인 것입니다.

그러면 이런 이 시대의 망령인 포스트모더니즘이 구체적으로 우리의 신학과 신앙, 교회 생활에 어떻게 나타나고 있는가를 살펴보겠습니다.

첫째, 1979년도 올해의 비평가 상을 받은 엘렌 파켈스(Elaine Pagels)는 자신의 책 『노스틱 복음』(The Gnostic Gospel)에서 신약 해석 방법으로 영지주의를 새롭게 채택했습니다. 왜냐하면 당시 제도권 교회가 영지주의자들에게 박해를 가했지만, 영지주의자들이야말로 초기 기독교 전통을 실제로 체험했기 때문이란 것입니다. 이런 발상은 완전히 해체 이론을 대입시킨 대표적인 모델입니다.

둘째, 조셉 켐벨(Joseph Cambell)은 장안의 화제였던 책 『하나님의 가면들』(The Masks of God)과 유명한 T.V 시리즈인 '신화의 힘'(The Power of Myth)에서 참된 진리는 상징 언어로 기술된다고 주장하였습니다. 그래서 하나님을 발견하는 것은 바로 나 자신을 발견하는 것이라고 힘주어 강조했습니다. 종교를 신화로 보고 모든 종교는 결국 같으며, 자기 자신이 하나님이 될 수 있다는 것입니다. 이는 오늘의 불교도나 모든 인본주의자들의 사상과 다를 바 없습니다.

셋째, 여성 신학 이른바 페미니스트주의자들은 포스트모던 방법론을 동원하여 기독교와 성경을 해체하여 기존의 방법론 위에다 자신들만을 위한 새로운 방법을 대체시키고 있습니다. 여성 해방 신학이란 것이 모두가 포스트모더니즘의 영향이란 것을 알아야 합니다. 한국의 표준새번역 성경에는 여성 신학이 깊이 파고들어가 있습니다. 형제라는 단어가 사용된 곳에 자매라는 단어를 만들었습니다. 원문에도 없는 말을 지어 넣었습니다. 말하자면 표준새번역 성경에도 포스트모더니즘이 들어 왔다는 말입니다.

넷째, 존 브락트쇼(John Bractshow)는 모던적 방법론 즉, 동양의 신비주의를 도용하여 기도 운동과 성경을 절충할 수 있다고 해서 베스트셀러가 됐습니다. 요즘 서양 신학 중에는 동양의 신비주의를 가미해야 인기가 높습니다. 그것은 바로 그들의 신학의 한계성 때문입니다.

다섯째, 프레드릭 터너(Fredrik Turner)는 포스트모던주의자들이 얼마나 의식과 예식에 몰두해 있는지를 잘 보여줍니다. 그들이 말한 대로 절대 진리가 멸절됨으로 말미암아 그 공백을 형식적 의식으로 대체하여, 열반의 경험(Sacred Rapture)을 누리고 있습니다. 하나님과 절대 진리가 일단 인간에게 제거된 상태에서 남는 것은, 속이 빈 껍데기 의식 종교밖에 없게 됩니다. 터너는 포스트모더니즘의 최종 목적이 '새로운 통합 종교'를 만드는데 있다고 봅니다. 그는 "종교는 '혼합적이어야' 하며, 각 종교가 지닌 최고의 장점들을 한데 묶어야 한다"고 했습니다. 심지어 복음주의 진영에도 터너와 같이 진리와 신학보다 의식 경험을 최우선으로 하는 풍토가 만연되어 가고 있습니다.

몇 년 전만 해도 대체로 기괴한 것들로 여겨지던 점성술, 신비술, 뉴에이지 등에 관한 주제들이 각 T.V 프로그램에 버젓이 등장하고 있습니다. 이런 일들은 이미 미국과 유럽 등도 마찬가지입니다. 예를 들면 영국을 봅시다. 모슬렘은 유럽 각 나라 등 소위 기독교의 선진국에 일찍이 속속 상륙해서 기독교적 전통을 무너뜨렸습니다. 찰스 황태자는 현재 옥스퍼드 이슬람 연구소 후원자입니다. 모슬렘들은 이미 알고 있습니다. 포스트모더니즘 아래서의 거대한 정신적 공백에서 벗어나려면 무엇인가 채워져야 한다는 것을 알고, 그 자리에 모슬렘을 심은 것입니다. 물론 그것은 전략입니다.

세상은 온통 정치, 경제, 사회, 문화, 교육, 예술, 신학과 신앙에 이르기까지 포스트모더니즘의 망령에 떠밀려 가고 있습니다. 이런 사상은 오늘날 한국 사회와 사람의 의식 구조와 세계관 속에 엄청나게 파고 들어가고 있습니다. 절대적 진리는 없고 상대적 진리밖에 없다고 믿는 사상이 신학자들의 책들 가운데 사람들의 마음속에, 그리고 신문에서, T.V에서 널리 확산되고 있습니다. 정부와 언론은 이들의 행동을 종교 화합의 귀한 산물이라고 극찬하고 있습니다.

그러면 도대체 기독교 신앙만이 유일하고 성경의 절대 진리를 믿고 있는, 그리고 하나님의 주권과 섭리를 믿는 우리들은 어떻게 대처해야 합니까?

3. 포스트모더니즘의 도전에 대한 칼빈주의적인 대안

포스트모더니즘은 우리에게 크나큰 도전입니다. 그러나 우리 교회의 문제는 지금 무엇이 일어나고 있는지조차도 모르고 있다는 것입니다. 솔직히 지금 미국과 유럽에 난다 긴다 하는 학자들은 모두가 포스트모더니즘의 경향으로 기울어져 가고 있고, 실제로 교회의 여러 분야에 이미 침투되었습니다. 이렇게 세상은 급박하게 돌아가고 있습니다. 한국 교회는 밖으로는 IMF 한파와 안으로는 교회 성장이 어려워지고, 선교사 파송이 중단되는 어려운 시기를 맞이하고 있습니다. 그래서 악의 세력은 자기 때가 된 줄 알고, 더 발광하고 있다는 것을 알아야 합니다. 포스트모더니즘의 영향이 여기저기서 나타나고 있습니다. 먼저 한 가지 예를 들어봅시다.

최근에 우리의 시선을 끄는 것은, 로마 가톨릭의 추기경과 신부들이 불교의 사찰을 방문해서 축하 순서를 맡는가 하면, 이번에는 불교의 대표적 스님이 명동성당에 초대되어 강연을 했던 일이 T.V와 신문에 특종 기사로 취급되었습니다. 언론은 이 사건을 크게 취급하면서 그동안 종교 간의 막혔던 벽이 허물어지고 반목질시가 없어지며, 진정한 사랑을 실천하는 아주 훈훈한 장면이라고 추켜세웠습니다. 더구나 시기가 시기인 만큼 김대중 정부가 말하는 동서가 화합하고, 남북이 화합하며, 계층 간, 노사 간의 대통합을 강조하는 마당에 아주 모양 좋은 사건으로 부각되었습니다.

하여튼 로마 가톨릭과 불교가 서로 화합하고 국난 극복을 위해서 그 종교의 사명을 자임하는 것을 두고 우리가 이러고저러고 말할 입장은 못 됩니다. 다만 상대적으로 기독교는 협력할 줄도 모르고, 용서도 사랑도 못하는 속이 좁은 사람들로 인식되기도 하고 또 성도들 중에는 그렇게 생각하는 사람도 적지 않습니다. 그러나 로마 가톨릭과 불교가 가깝게 지내는 것은 첫째로 그들의 종교의 본질 때문이고, 다른 하나는 오늘의 포스트모더니즘 사상의 영향 때문입니다.

우선 로마 가톨릭은 성경적 기독교가 아닙니다. 로마 가톨릭은 예전을 통한 은혜의 체험을 강조하면서 전승을 귀히 여깁니다. 즉 태양신 숭배, 마리아 숭배와 성자 숭배 사상 등은 성경에 기초한 것이 아니고, 전승에 기초한 것입니다. 그것은 믿음으로 의롭게 되는 성경의 본질을 강조하기보다는, 사람의 마음먹기에 따라서 이렇게도 저렇게도 될 수 있다는 일종의 자력 종교입니다.

그렇다면 가톨릭은 불교에서 강조하는 인간은 스스로 부처가 될 수 있다는 자력 구원의 원리와 별로 다를 바가 없습니다. 사실 로마 가톨릭과 불교는 각각 그 근원이 다르면서도 여러 가지 공통점이 한두 가지가 아닙니다. 그래서 어떤 사람은 로마 가톨릭은 서양 불교란 말을 하기도 합니다. 로마 가톨릭과 불교는 언제라도 현실 정치에 깊이 개입하면서 교세를 확장하려는 공통점이 있습니다. 로마 가톨릭은 종교이기 전에 말 그대로 화려했던 옛날의 로마를 이 땅에 재현하려는 정치 조직입니다.

불교는 언제든지 호국불교를 전면에 내세우고 정치 역사에 커다란 영향을 끼쳤습니다. 앞서 말한 대로 우리는 로마 가톨릭 지도자들과 불교 지도자들 사이에 이루어진 그 인간적인 따뜻함에는 박수를 보냅니다. 그러나 여기서 한 가지 짚고 넘어가야 할 것은 어째서 로마 가톨릭의 지도자와 불교 지도자들이 서로 방문해서 축하와 강연을 할 수 있는가 하는 점입니다. 솔직히 같은 장로 교단 안에서도 강단 교류를 제한하고 있는 우리의 입장에서 보면 너무나 파격적인 것이 아닐 수 없습니다.

그러나 최근의 일련의 일들은 다 그럴만한 사상적인 배경과 분위기가 있음을 알아야 할 것입니다. 그것은 다름 아니라 앞서 말한 대로 오늘 우리 시대의 사상적 흐름인 이른바 포스트모더니즘(Post Modernism)이 지배하고 있기 때문입니다. 사람들은 이 시대적 이데올로기를 아무 생각 없이 무비판적으로 받아 누리고 있습니다. 특히 에큐메니칼 운동의 핵심적 흐름은 포스트모더니즘의 실천입니다. 이 포스트모더니즘 곧 탈현대주의 사상은 오늘날 이 시대의 이데올로기가 되어 정치, 경제, 사회, 문화, 예술, 종교, 신앙, 신학 등 삶의 전 영역에 미치지 않은 곳이 없습니다. 이 포스트모더니즘의 특징은 종교 다원주의(Pluralism)입니다. 이 사상은 절대적인 진리는 없고, 모든 것이 상대적이며 다양하다는 것을 주장하고 있습니다. 즉, 지금까지 진리라는 모든 것을 해체하여야 한다는 사상입니다.

또한 이 포스트모더니즘의 사상은 열린 사회로서의 특징을 부각시킵니다. 포스트모더니즘은 획일화되고, 닫힌 사회를 벗어나서 서로를 인정하고 자유롭게 하자는 것입니다. 요즘 열린 음악회니, 열린 교육이니, 열린 사회니 하면서 말끝마다 열렸다는 것을 강조하는 것은 모두가 오늘의 포스트모더니즘의 영향에서 나온 것임을 아는 분들은 그리 흔하지 않는 것 같습니다. 종교 간의 대화를 훈훈하다느니, 화해니, 사랑이니 말하기 전에 결국 그들의 사상 체계는 절대적 진리를 인정하지 않고 상대적 진리를 추구하는데서 나온 사상임을 잊지 말아야 할 것입니다. 그러면 포스트모더니즘이 좀 더 구체적으로 오늘의 한국 교회에 어떻게 영향을 끼치는지를 살펴봅시다.

첫째, 앞서 열거한 예는 포스트모더니즘의 영향을 받은 종교 다원주의의 표현입니다. 포스트모더니즘의 사상을 받아들인 신학 사조는 한결 같이 종교 다원주의를 근거로 합니다. 그들의 논리는 2천 년 기독교의 전통적이고 정통적인 개혁주의 신학은 해체해야 한다는 발상입니다. 그래서 그들은 포스트모던의 입장에서 탄생한 여성 신학, 해방 신학과 민중 신학으로 대표되는 토착화 신학 이론을 내세웁니다. 여성 해방 신학은 실제로 포스트모더니즘의 영향으로 된 것입니다.

즉, 해체주의 이론을 받아들여 전통적인 신학을 해체해 버렸습니다.

둘째, 이런 결과로 다음과 같이 우리의 신앙의 패턴이 변하게 되었습니다. 우선 예배에 있어서 지적, 교리적 측면의 명료함에는 관심이 없고, 도리어 감각주의와 감성주의가 등장했습니다. 예수께서 말씀하신 영과 진리로의 예배는 낡은 형식으로 치부하고, 감정을 자극하여 몰아지경에 들어가도록 하고 느낌을 중시하게 하도록 부추기고 있습니다. 오늘날 우리 한국 교회 예배의 형태에 큰 변화의 조짐이 일어나고 있습니다. 즉, 그것은 즐기는 예배가 각광을 받고 있습니다. 즐겁고, 재미있고, 부담 없고, 기분 좋은 모임을 예배로 생각하고 있습니다. 예배의 본질인 하나님의 영광 대신에 부끄러움을 영광으로 삼는 새로운 풍속도가 오늘 우리 교회에 서서히 들어오고 있습니다. 인간의 욕구(need)를 충족시키는 감성적 방법으로서의 예배가 예배 갱신이란 이름까지 사용하면서 발전하고 있습니다.

셋째, 사람들은 이제 교리와 신학에는 무관심하고 교리가 무슨 소용이 있고, 신학이 무슨 소용이 있느냐고 개인의 신앙생활에서 감정적, 경험적인 것만을 중시합니다. 그 결과 성경 또는 교리에 대한 해석의 다양성을 수용하고 결과적으로 탈경전화 즉, 탈성경화를 하려고 합니다. 즉, 성경보다는 자기의 주관적인 느낌이나 결심이 더 중요하다고 생각합니다. 이는 19세기의 슐라이어마허(F. Schleiemacher)의 사상의 재판이라고 할 수 있습니다.

넷째, 이제 사람들은 포스트모더니즘의 영향으로 교회의 원리나 전통, 진리의 내용을 무시하고 임의성, 실용성과 간편성을 도입하고 있습니다. 그래서 주관대로의 신앙관을 내세우는 주관주의가 등장했습니다. 이로 말미암아 탈공동체성과 개인주의와 고립주의가 만연했습니다. 포스트모더니즘은 교회의 생활뿐 아니라, 사회 전반에 걸쳐서도 엄청난 변화를 가져왔습니다. 이런 경험들은 이른바 신세대들을 교회들이 적극적 수용하는 데서도 잘 나타납니다. 1990년대부터 본격화되기 시작한 신세대 논쟁은 한국 교회의 현재와 미래의 실천적인 측면에서 중요한 도전이 아닐 수 없습니다.

신세대의 특징은 PANTS란 말로 줄여서 말하는데 즉, 신세대는 개인적(Personal), 흥미 본위(Amusement)로 살며, 자연스러움(Natural)을 좋아하고, 성별의 구분이 모호하고(Trans-border), 극단적인 자기 사랑(Self-loving)으로 살기를 원합니다. 이런 신세대의 형태는 젊은이들의 복장과 머리, 그리고 그들의 삶에서 찾아볼 수 있습니다. 이것은 신세대의 특징인 동시에 포스트모더니즘의 현상입니다. 요즘 이른바 앞서 간다는 사람들의 목회 스타일, 예배 스타일은 모두가 신세대의 포스트모던에 알맞게 각색되어 가고 있습니다. 포스트모던의 중심 가치인 "무엇이든지 된다"(anything goes)라는 현상이 두드러질 것이며, 문화 혼합주의(Syncretism)를 당연하게 받아들이게 됩니다.

그러면 이런 때에 우리 교회 지도자들의 역할과 책임과 사명이 무엇이겠습니까? 우리는 앞서 말한 대로 지금 두 가지의 심각한 도전을 받고 있습니다. 그 하나는 IMF 사태로 말미암은 경제적 위기이고, 다른 하나는 이른바 포스트모더니즘의 도전으로 말미암아 사회와 문화,

종교 특히 교회와 기독교 신앙 전반에 걸쳐 엄청난 변화의 물결입니다. 이런 때에 우리 교회의 금후의 방향과 목적은 무엇이어야 하며, 어떤 대안을 내어야 할 것입니까?

첫째, 영적으로 깨어 있어야 합니다.

IMF 사태가 온 것은 결국은 시대의 파수꾼이 없었기 때문입니다. 그렇다면 우리의 시대의 망령인 포스트모더니즘이 교회와 우리의 신앙생활에 악영향을 끼치는 것을 막으려면 영적으로 깨어 있는 파수꾼이 필요합니다. 깨어 있는 민족이라야 살 수 있고, 깨어 있는 교회라야 시대를 지키고 사탄의 계교를 막을 수 있습니다. 나라의 파수꾼이 없을 때, 나라는 쇠퇴하게 됩니다. 교회도 영적 파수꾼이 없을 땐, 세상 영의 도전을 이길 수 없습니다. 지금이야말로 모든 교회의 지도자들이 영적으로 깨어 있을 때입니다.

일찍이 금세기 정통 기독교의 최대의 변증가인 프란시스 쉐퍼 박사는 "그리스도인들은 세상의 영에 저항해야 한다"고 했습니다(프란시스 쉐퍼 1권, 22) 세상 영과 한판 대접전을 벌이기 위해서는 교회도, 신학도 깨어 있어야 합니다. 교회가 깨어 있다는 말은 목사와 장로가 깨어 있다는 말입니다. 솔직히 오늘의 우리 교회는 양적으로, 질적으로 크게 부흥한 것은 사실이지만, 시대의 파수꾼으로 민족과 국가를 깨우고 지도하는데 있어서는 무책임했음을 회개해야 할 것입니다. 그동안 우리는 복 받는 비결을 가르쳤지만, 받은 복으로 어떻게 하나님의 영광과 가난한 이웃을 위해 쓸 것인가를 가르치지 못했습니다.

둘째, 우리는 어려운 때일수록 철저히 성경으로 돌아가야 합니다.

그 이유는 포스트모더니즘의 공격은 언제나 성경의 권위를 무력화시키고 있기 때문입니다. 정직하게 말해서 오늘의 한국 교회는 복음의 내용보다, 교회 성장 이데올로기에 사로 잡혀서 매우 인위적이고, 율법주의적인 메시지가 많았음을 고백합니다. 2천 년 기독교 역사를 통해 숱한 사상적 도전과 사탄의 공격이 있었으나 그때마다 참된 교회의 모습은 언제나 성경으로 돌아갔고, 그리할 때 교회가 교회다운 자기 모습을 지켰습니다.

철의 여인 영국의 대처 수상이 IMF 체제하에서 영국 국민에게 호소하기를 "오늘의 위기를 극복할 수 있는 첫 번째 길은 단순한 하나님의 말씀으로 돌아가는 것"이라고 했습니다. 종교 개혁자들의 모토대로 오직 성경(Sola Scriptura)은 잊혀진 옛날 구호가 아니라, 오늘의 도전에서 이길 수 있는 유일한 길입니다. 예루살렘 초대 교회도 위기는 있었고 도전을 받았습니다. 그때 그들이 해결했던 것은 우리가 하나님의 말씀을 제쳐놓고 공궤를 일삼았던 것이 옳았던 가를 반문했습니다. 그들은 기도하는 것과 말씀전하는 일에 전무하리라고 결심했습니다. 이것이 위기를 극복하는 길이었습니다.

셋째, 지도자 교육을 위한 구체적이고 획기적인 계획이 수립되어야 합니다.

우선 신학 교육의 질을 높이고 칼빈이 말한 대로 경건과 학문의 조화를 회복해야 합니다. 한국 교회는 부흥과 성장이 멈추어 있는 것도 사실입니다. 기독교 연감을 살펴보면, 1989년 한국 교회는 9.2% 정도가 성장했습니다. 1990년에는 5.8%, 1991년에는 3.9%, 1992년에는 0.6%가 증가했을 뿐입니다. 그 후에는 정지 상태입니다. 그나마도 거품 통계가 많기에 기독교 인구가 25%나 되는지 확실치 않습니다. 그런데 1988년에 선교사는 550명이었고, 그로부터 10년 후에는 10배로 늘어났습니다. 교회의 성장은 멈추었는데 선교사는 엄청나게 보냈습니다. 선교에 대한 관심이 높아진 것을 긍정적으로 평가할 수 있으나, 다른 한편으론 선교사를 무리하게, 무계획적으로 보내어 엄청난 달러만을 쏟아 붓기도 했습니다. 이는 국내 사역이 한계에 도달했다는 반증이기도 합니다. 또한 신학교도 부흥되고 있습니다. 그런데 신학교 졸업 후에는 갈 곳이 없습니다. 서울에만 놀고 있는 목사가 1천여 명이라고 합니다. 이대로 간다면 적절한 표현은 아니지만 대량 실업 사태가 생길 것입니다. 우리 모두가 이 문제에 대하여 깊이 고뇌해야 할 것입니다.

솔직히 말해서 오늘날 우리들의 신학 교육이란, 신학자를 키우는 것도 아니고, 목회자를 키우는 것도 아닌 엉거주춤한 것이 사실입니다. 경건도 학문도 제대로 이루어지지 않습니다. 그러므로 목회자로서의 자질을 향상시키는 것은 물론이려니와 영역별 전문화된 지도자가 키워내야 합니다. 곧 교부들의 작품과 개혁자들의 작품을 라틴어로 읽어 낼 수 있는 고급 인력도 키우고, 국제 무대에서 일할 수 있는 국제 통도 키워야 됩니다. 그리고 성경 원문은 말할 것도 없고, 성경 사본(Codex)들을 해독할 줄 아는 전문 인력이 필요합니다. 뿐만 아니라 목사 재교육을 제도화해서 시대를 지도할 수 있는 영적 지도력을 강화해야 합니다. 옛날 총신의 교수였던 차남진 박사님은 강의 중에 "목사도 도지사 목사, 군수 목사, 시장 목사가 있다"고 했습니다. 이 말의 뜻은 그릇들이 다르다는 말입니다. 우리 교회도 걸출한 지도급 목사님들을 교단적으로 키울 뿐 아니라, 세계의 10대 도시 뉴욕, L.A, 런던, 파리, 시카고 등에 우리 교단의 걸출한 인물을 보내서 디아스포라 교회를 키워서 세계에 개혁교회의 교두보를 구축해야 할 것입니다.

한편 장로들을 위한 교육을 하되, 직능별로 묶어 교육한다면 효과적일 수 있을 것입니다. 그 이유는 장로님들은 단순히 목사님의 협력자로만 아니라, 하나님 나라 건설의 첨병으로서 직업의 소명을 갖고 일할 수 있도록 만들어야 합니다. 그래서 각계각층에서 평신도 지도자로서 우뚝 선 산맥으로 자리매김하도록 해야 합니다. 그리할 때 과거에 조만식 장로와 같은 걸출한 신앙의 지도자가 탄생되는 것입니다.

우리 보수주의자들의 생리는, 끌어내리고 밟는 데는 잘하지만, 세워주고 격려하고 만들어 주는 것을 잘 못합니다. 외부의 적을 쳐부수기 위해서는 내부적으로 단합하고 단결해야 할 것입니다. 21세기의 목회는 장로의 협력 없이는 불가능합니다. 평신도를 목회의 파트너로 삼고 크게 키워서, 교회는 물론이고 사회와 민족의 지도자로 만들어야 합니다.

넷째, 한국 교회의 개혁주의적인 성장 신학을 세계화하도록 해야 합니다.

솔직히 말해서 한국의 신학은 모두가 수입 신학입니다. 수입 신학은 곧 번역 신학이란 말입니다. 그동안 우리는 그 수입 신학을 성실히 잘 배웠습니다. 그 결과 한국 교회는 세계 앞에 노출되었고 세계의 신학의 실험 대상이 되었습니다. 사실 한국의 신학자들은 아시아 모든 나라들의 신학자를 합한 것보다 많습니다. 세계는 과거 북대서양을 축으로 하는 기독교 즉, 유럽과 미국의 교회가 주도권을 잡고 있었습니다. 그러나 이제는 세상이 변했고, 제3세계의 기독교인 수가 더 많아졌습니다. 그래서 서양 신학자들은 제3세계의 신학자들의 말과 지도자들의 말을 들으려는 새로운 패러다임이 시작되었습니다. 특히 저들은 한국 교회의 발언을 귀담아 들으려고 합니다. 그렇다면 우리가 세계 앞에 내어놓을 수 있는 것은 종교 개혁자 칼빈과 그의 후학들이 일구어 놓은 개혁주의 신학과 신앙을 순교자의 피로 지켜왔다는 것입니다. 즉 철저한 하나님 중심의 신앙, 성경을 배우려는 열정, 삶 전체를 드리려는 봉사가 오늘의 교회를 일구었다는 사실입니다. 오늘날에 와서 그것이 다소 퇴조하기는 했지만, 그래도 개혁자 칼빈과 그의 후학들이 일구어 놓은 개혁주의 신학의 계승과 열매를 세계 앞에 내어놓아야 합니다.

우리가 세계 앞에 내어놓을 수 있는 신학은 민중 신학이 아니라, 길선주와 김익두, 그리고 주기철과 손양원, 박형룡과 박윤선 목사들이 걸어갔던 '하나님 중심', '성경 중심', '교회 중심'의 신학이 교회를 교회되게 하고, 성장케 했다는 신학의 틀입니다. 금번 8월 25일부터 서울에서 열리는 제7차 국제 칼빈학회에서는 이것을 웅변적으로 말할 것입니다. 세계의 칼빈 학자들은 우리 교회의 성장의 배경을 배우고, 눈으로 확인하려고 합니다. 세계는 지금 세속화 되어가고 있습니다. 우리 교회는 다시 깨어나서 지난 100년 동안 지켜 온 순수한 순교자적인 신앙을 계승 발전시키서 세속주의와 인본주의 사상 특히 포스트모더니즘의 사상들을 막아야 할 것입니다.

다섯째, 교회의 지도자들의 도덕성과 윤리성 회복과 이웃 사랑을 회복해야 합니다.

사실 한국 교회가 세상을 향해서 빛과 소금의 노릇을 할 수 없었던 것은 우리 자신들의 윤리성의 문제 때문입니다. 최근에 짝 믿음의 여성도들 가운데는 교회에 나올 수 없는 처지가 되었습니다. 이유는 교회가 지탄의 대상이 되어버렸기 때문입니다. 그래서 세상은 교회를 향해서 멸시에 찬 비판을 쏟아내고 있습니다. 우리는 세상의 질책과 비판을 종교 탄압이라고 맞설 필요는 없습니다. 왜냐하면 우리 자신이 하나님 앞에 부끄럽고 사람 앞에도 부끄럽기 때문입니다.

우리에게 필요한 것은 영적 도덕적 가치들을 고양시킬 뿐 아니라, 지도자들의 도덕성 회복이 가장 시급한 과제입니다. 오늘날 IMF 체제하에서 우리는 더욱 절제하고 자기 분수를 알아야 합니다. 이 땅에서 우리는 나그네이며, 순례자라는 사실을 알고 청지기로서 사명을 감낭해야 할 것입니다. 우리 칼빈주의자들은 언제나 "우리는 이 세상에 살고 있지만, 이 세상에 속한 자는 아니다"라는 확신을 가지고, 세상의 것을 상대화 할 수 있어야 할 것입니다. 그래야 이웃에 대한 눈도 열리고, 교회가 무엇부터 해야 할지 순서가 결정될 것입니다.

다일공동체의 최일도 목사님의 간증에는 이런 것이 있습니다. 연로하시고 병과 가난으로 찌든 홀로 된 목사님 사모님을 모시고, 가톨릭 병원인 '성 누가 병원'에 무료 치료를 의뢰하러 갔다가 거절당한 이야기입니다. 평소에 늘 행려자들이나 어려운 사람들을 데리고 가서 병원에 접수시키곤 했는데, 그날은 접수를 담당하는 수녀가 정색을 하면서 이런 분은 받아 줄 수 없다고 했습니다. 그 수녀는 "도대체 개신교에서는 어떻게 이 지경에 이른 목회자 사모를 이토록 방치했다가 가톨릭 무료 치료소에 데려 오기까지 놓아두었느냐"고 실컷 꾸지람을 듣고 울고 돌아왔다는 것입니다. 이웃 사랑에 대한 무심한 우리에게 일침을 가한 말이며 우리의 얼굴을 뜨겁게 합니다.

우리 교단이 200만 명의 성도라고 합니다. 만약 우리가 마음을 한데 묶어 1인당 1,000원씩을 이 어려운 때에 실업자들을 위한 기금으로 구제 헌금을 한다면 20억이 됩니다. 우리는 경건의 능력은 없더라도 경건의 모양이라도 보여 주어야 할 때입니다. 우리 교단이 하나님의 영광과 주권을 지키는 교회라고 한다면, 이웃의 고통에 참여할 줄도 알아야 합니다. 우리 교회는 돈이 없는 교회가 아닙니다. 관심이 없고, 사랑이 없는 교회입니다. 그동안 모두가 철저한 개인주의 개 교회주의가 되어 교단적으로 하는 것은 잘 되지 않았습니다. 흐르는 물을 그냥 두면 바다로 들어갈 뿐입니다. 그러나 강을 막아 댐을 만들면 엄청난 낙차로 전기를 일으킬 수 있습니다. 우리는 기도할 뿐 아니라 기도대로 구체적으로 실행하는 교회가 되어야 승리하는 교회가 될 줄 믿습니다.

여섯째, 결국 오늘의 IMF 한파의 책임이 교회의 영적 어두움에 있다고 보고, 교회 안팎으로 도전하는 포스트모더니즘을 이기기 위해서 우리 교회 전체가 회개하는 일이 선행되어야 할 것입니다.

성경을 보면 민족적, 국가적 어려움을 당했을 때, 또는 영적 전쟁을 시작하려고 할 때는 언제나 하나님 앞에 회개하는 것이 먼저 선행되었던 역사적 사실을 확인할 수 있습니다. 대선지서나 소선지서의 기본적인 골격은 이것입니다. 즉, 택한 백성이 하나님을 떠나 위기를 당했을 때, 거짓 사상들이 들어와서 어지럽힐 때, 맨 먼저 지도자들이 굵은 베옷을 입고 잿더미에 앉아서 회개했습니다. 하나님은 그 회개를 보시고, 자비와 인자와 긍휼을 베풀어 주셨습니다. 우리 한국 교회사에서도 6.25 사변으로 나라가 말 그대로 바람 앞에 등잔처럼 위태로울 때, 전국의 목사 장로들이 부산 초량교회에 모여 하나님 앞에 애걸복걸 기도할 때, 하나님께서는 이 나라를 위기에서 극적으로 건져 주셨습니다. 이번 '전국 목사·장로 기도회'에 우리는 범교단적으로 금식의 날과 회개의 날을 선포해야 합니다. 그동안 우리가 하나님 앞에서 명색이 장자 교단이니, 정통 교회니 하면서도 외식하고 진실되게 살지 못했던 죄악을 회개해야 합니다. 가장 개혁주의 신학과 신앙을 보수한다고 자부하면서, 내면적으로는 가장 비개혁주의적이고, 비성경적으로 살았던 우리의 행실을 회개해야 합니다. 하나님의 말씀대로 살지 못하고 하나님의 영광을 가로막았던 우리의 죄를 회개해야 합니다. 우리 자신의 영적 위기가 극복되어야 경제 위기도, 사상적 위기도 극복될 줄 믿습니다.

"물이 바다를 덮음 같이 여호와의 영광을 인정하는 것이 세상에 가득하리라"(합 2:14)는 말씀처럼, 얼른 보기에는 세상의 영이 이기는 것 같고, 세상의 거짓된 사상이 세력을 얻는 것 같고, 세속적인 세력이 승리하는 것 같아도 물이 바다를 덮음 같이 여호와의 영광이 세계에 가득할 줄 믿습니다. 그 이유는 하나님께서 그의 교회와 택한 자를 위해서 일하시기 때문입니다. 세상은 하나님을 이길 수가 없습니다. 세상의 거짓된 사상, 이방 신들, 거짓된 세계관이 한 번도 하나님을 이긴 적이 없습니다. 일시적으로 그들이 이기는 것 같아도 궁극적으로는 하나님이 이기십니다. 중요한 것은 끝까지 하나님 중심의 신앙을 가지는 자는, 하나님께서 이기실 때 반드시 승리할 줄 믿습니다.

존경하는 목사님들과 그리고 장로님 여러분!
우리는 이번에 국가 비상사태인 IMF 체제 아래서 고통당하고 있는 성도들을 생각하면서 무거운 마음으로 이 기도회에 참석했습니다. 지금 우리는 교회와 세상 전면에 퍼져가는 새로운 우리 시대의 풍조인 포스트모더니즘의 도전을 받고 있습니다. 그러나 우리는 역사를 넓게, 멀리, 그리고 길게 봐야 합니다. 그 이유는 하나님께서 역사를 주관하고 계시기 때문입니다. 그가 마지막에 세상 영을 밟으시고 승리하실 것입니다. 이제 우리는 물이 바다를 덮음 같이 여호와의 영광이 세계에 가득할 그 날을 바라보면서 하나님께 매달려 기도합시다.

그리고 우리는 나누며, 사랑하며 진리를 지켜가야 합니다. 주님 다시 오시는 그날까지 우리는 바른 신학, 바른 신앙을 사수하는 정통 개혁주의 교회로서 사명을 감당해야 할 것입니다. 오른 손에 일곱 별을 잡으시고 일곱 금 촛대 사이에 운행하시는 주님께서 우리 교회를 붙들고 계십니다. 그 어떤 경우에도 "아멘 주 예수여 오시옵소서!"라고 힘차게 외칩시다. 물이 바다를 덮음 같이 여호와의 영광이 온 세상을 덮으실 것입니다. 이것이 이 어두운 세상을 살아가는 우리에게 꿈이며 확신입니다. 아멘.

A Vision of Reformed Church

영적 전쟁에서
승리하려면
어떻게 해야 하는가?

06

1. 성경에서 말하는 영적 전쟁
2. 교회의 역사에서 영적 전쟁
3. 오늘의 영적 전쟁은 전면 전쟁
4. 거대한 영적 전쟁에 대한 대안

06

영적 전쟁에서 승리하려면 어떻게 해야 하는가?

한국 교회(韓國敎會)의 자각(自覺)과 使命(사명)을 중심(中心)으로-
*1997년 5월 6일 충현교회당에서 제34회 '전국 목사·장로 기도회'

존경하는 교회의 지도자 여러분!

전국 각처에서 주님의 몸 된 교회를 위해서 눈물과 땀을 쏟아 수고하시는 여러 목사님들, 그리고 목사님들을 도와서 헌신적으로 교회를 받드시는 여러 장로님들에게 성삼위 하나님의 은혜와 위로와 축복이 함께 하시기를 기원합니다.

금년 제34회 '전국 목사·장로 기도회'에도 많은 기도의 제목을 가지고, 이곳 충현교회에서 하나님 앞에 함께 기도하기 위해 모였습니다. 특히 오늘날처럼 나라가 어수선하고, 경제적 파탄으로 방향을 잃고 있는 이때에, 영적 지도자들인 목사님들과 장로님들에게 하나님께서 부탁하신 이 시대의 소명이 무엇인지를 정확하게 깨닫는 것이 선행되어야 할 것입니다.

지금 우리는 21세기를 기다리고 있습니다. 또 다른 한 세기를 맞이하는 인류는 불안, 초조, 그리고 희망과 기대가 교차되면서 어떻게 21세기를 대처할 것인가를 고민하고 있습니다. 이데올로기의 종말을 맞으면서, 세계는 방향 감각을 잃고, 경제지상주의와 돈이면 모든 것이 다 된다는 맘몬니즘이 세계의 정신계를 지배하고 있습니다. 국내적으로 금년에는 대통령 선거가 있는 복잡한 해이고, 난마같이 얽힌 정치적 스캔들은 우리로 하여금, 거의 절망으로 몰아넣고 있습니다. 무엇보다 북한의 식량난으로 말미암은 일련의 사건들은 앞으로 어떤 방식이든 통일이 가까워 오고 있다는 생각을 갖고 있습니다. 특히 최근에 전 북한 주체사상의 대부인 황장엽 씨의 망명 사건은 우리로 하여금 어떤 방식이든 통일이 될 것이라는 확신을 갖게 합니다.

그러나 동서독의 예에서 보듯이 그 통일은 반드시 희망적이고, 낙관적으로 갈 것이 아니라는 사실입니다. 그러므로 우리는 통일을 낭만적으로 생각할 것이 아니라, 민족적 이질감과 반세기 동안 갈라졌던 사상적 문제를 해결하는 데는 엄청난 고통이 있을 것입니다. 한반도의 북쪽에는 굶어 죽는 사람이 속출하는데, 남쪽에서는 자제력을 잃고 사치와 방탕과 음란, 그리고 정치적, 경제적, 도덕적 부패로 말미암아 한반도는 말 그대로 뒤죽박죽이 되어 있는 상태입니다.

뿐만 아니라 다원화된 사회, 급변하는 사회는 이제 컴퓨터 시대에서 사이버 시대로 변하고 있고, 앞으로 모든 것을 복제하는 바이오 시대가 다가옵니다. 이런 때에 우리 교회들은 성장이 중단되고, 몇몇 신도시의 특수한 교회를 제외하고는 대도시 교회들은, 이른바 성도들의 수평 이동으로 말미암아 숫자적 감소가 두드러져, 교역자들은 심한 스트레스와 불안감을 갖고 있는 형편입니다. 그래서 숫자적 감소를 만회하기 위해서 갖가지 새롭고 신기한 방법을 동원하기도 하고, 목회자들은 여기 저기 세미나도 다녀보지만, 신통한 방법이 없다는 것을 알게 되었습니다. 교인 출석률은 10년 전 75%에서 이제는 65%이하로 떨어지고, 개척 교회는 되지 않고, 사탄의 공작은 교회뿐만 아니라 사회 전반에 걸쳐 바쁘게 활약하고 있는 이때, 우리는 무거운 마음으로 금번 기도회에 참석하였습니다. 그래서 저는 이번에 특강 제목을 '영적 전쟁에서 승리하려면 어떻게 해야 하는가?'로 정했습니다.

존경하는 교회의 지도자 여러분!

오늘날 우리는 흔히 경제 전쟁이니, 수출 전쟁, 문화 전쟁이란 말을 듣습니다. 그러나 이상하게도 한국 교회는 '영적 전쟁'에 대해서만은 모두가 불감증에 걸려 있는 듯합니다. 그보다 차라리 오늘의 교회는 영적 전쟁을 포기하지 않았는가 하는 생각마저 갖게 됩니다. 한국 교회가 그동안 하나님께로부터 받은바 은혜와 축복을 즐기면서 축제의 분위기 젖어 있을 때, 사탄의 공격은 교회는 말할 것도 없고, 사회와 문화, 교육, 그리고 가정에까지 깊숙이 파고들어 왔습니다. 전쟁에는 총칼이나 대포를 쏘는 것보다 간첩을 통한 심리전과 같이, 전혀 눈에 보이지 않게 움직이는 것이 더욱 무섭습니다. 오늘 읽은 성경은 "마귀의 간계를 능히 대적하기 위하여 하나님의 전신갑주를 입으라"고 하였고, "우리의 씨름은 혈과 육을 상대하는 것이 아니요, 통치자들과 권세들과 이 어둠의 세상 주관자들과 하늘에 있는 악의 영들을 상대함이라"고 했습니다. 이 말씀의 뜻은 영적 전쟁을 위해서 완전 무장을 해야 하며, 영적 전쟁도 국지전이 아니라, 전면 전쟁이라는 사실을 가르쳐 주고 있습니다.

우리는 지금까지 교회 성장이나 세계 선교에 대한 관심으로 활기차게 일해 왔습니다. 뿐만 아니라 여러 가지 새로운 방법들을 동원하여 열매를 따면서, 세계 교회 앞에 한국 교회의 부흥과 성장을 자랑하고, 자기도취에 빠져 있었습니다. 그런데 역설적이게도 한국 교회는 도리어 그 부흥과 성장 때문에 영적인 깊은 잠을 자게 되었습니다. 우리가 영적인 잠을 자고 있는 동안, 사탄은 엄청난 가라지를 뿌렸습니다. 이제 그 가라지는 자라고 있고, 우리 교회는 한 판 영적 대전쟁을 벌여야 할 처지입니다. 그러나 아무도 앞장서서 영적 전쟁을 지휘하는 자도 없고, 아무도 나팔을 불지 않고 각자 살아남기 위해서 전전긍긍하는 형국입니다. 바로 이러한 시기에 우리는 이번에 제34회 '전국 목사·장로 기도회'에 참석하게 되었습니다.

그러므로 우리는 영적 전쟁에 대한 전의를 불태우고, 다시금 전열을 가다듬고 완전 무장을 해서 다가오는 21세기의 영적 전쟁을 함에 있어서, 칼빈주의 신학과 신앙을 표방하는 대한예수교장로회 총회 산하에 있는 지도자들로서, 우리는 무엇을 자각하며 어떤 사명을 갖고 영적 전쟁에 임해야 할 것인지에 대해서 함께 생각하고자 합니다.

1. 성경에서 말하는 영적 전쟁

사실 성경은 영적 전쟁에서 시작하여, 영적 전쟁으로 마감한다고 해도 과언은 아닙니다. 성경을 하나님의 구속사(救贖史, Redemptive History)로 볼 때, 하나님의 구속 운동을 철저히, 그리고 끝까지 방해하는 사탄의 공작이 있었다는 것입니다. 사탄의 공작은 때로는 직접, 때로는 간접으로, 어떤 때는 정치권을 통해서, 어떤 때는 제도를 통해서, 어떤 때는 거짓 선지자들을 통해서, 어떤 때는 전혀 거부감이 없는 달콤한 메시지를 통해서 하나님의 나라 확장과 구원 운동을 무력화시키기 위해서 결사적이었습니다. 그런데 문제는 영적 전쟁이 하나님과 사탄의 직접적인 대결이기보다는, 언제나 하나님의 택한 백성을 사이에 두고 벌인다는 사실입니다. 바로 여기에서 교회의 긴장이 있고, 성도들의 긴장이 있습니다.

마귀는 우는 사자와 같이 택한 자라도 할 수만 있으면 넘어뜨리려고 공작을 하고 있습니다. 그러나 사탄은 언제나 우는 사자와 같이 또는 흉측한 괴물처럼 우리에게 다가오는 것만은 아닙니다. 사탄은 언제나 광명한 천사로 자신을 가장한다는데 문제가 있습니다. 마귀란 놈은 변장술의 천재입니다. 사실 우리로 하여금 영적 전쟁에 대해서 아무 생각을 못하도록 하고, 무기력하게 만든 것도 따지고 보면 마귀의 전술입니다. 사실 우리가 하나님의 전신갑주를 입고 마귀와 더불어 싸워야겠지만, 그의 변장술 때문에 한국 교회는 즐기는 기독교가 되어 버렸고, 낙관주의적 신앙, 자기중심적인 이기주의 신앙으로 말미암아 완전히 무장이 해제되어 있는 형편입니다.

말하자면 오늘의 우리들은 마귀의 전술에 말려들어 비무장으로 전쟁터에 서 있는 위험한 상태라는 사실을 알아야 합니다. 만약 우리가 하나님께서 주시는 능력으로 전신갑주를 입고 있다면, 능히 영적 전쟁에서 승리할 수 있습니다. 그러나 마귀는 우리보다 지혜로우며 능수능란한 술책으로 교회와 성도들을 무력화시킴으로 그의 왕국을 확대해 가고 있습니다. 마귀와의 영적 전쟁에서 아무 준비 없이 비무장으로 영적 전쟁을 치루려는 사람은 실로 어리석은 자입니다. 특히 우리가 영적 전쟁을 한다면서 스스로 속아서 자기를 내세우거나, 자기 능력을 의지하거나 스스로 의로운 듯이 덤비는 것은 패배를 자인하는 것입니다. 그러나 전적으로 하나님을 의지하고 하나님의 말씀을 의지하는 것만이 영적 전쟁에서 승리하는 길입니다. 왜냐하면 우리 자신의 힘으로는 사탄의 세력을 물리칠 수가 없기 때문입니다. 사탄을 이기신 예수 그리스도의 권능만이 영적 전쟁에서 승리를 보장할 것입니다.

그러면 성경에서 몇 가지 돋보이는 영적 전쟁에 대해서 살펴보겠습니다. 우선 창 3:15에 있는 이른바 원시 복음의 계시에서 "내가 너로 여자와 원수가 되게 하고 네 후손도 여자의 후손과 원수가 되게 하리니 여자의 후손은 네 머리를 상하게 할 것이요 너는 그의 발꿈치를 상하게 할 것이니라"고 했습니다. 이 말은 영적 전쟁이 예수 그리스노의 십자가의 현장에까지 처절하게 대결할 것을 예언하신 것입니다. 이 대결에서 여인의 후손인 예수 그리스도는 발뒤꿈치를 상하는 정도라면 뱀의 후손 곧 마귀는 머리를 상하는 것을 말씀하고 있습니다. 그러나 마귀가 패배는 했지만 완전히 죽어 없어진 것은 아니었습니다. 그

후로도 마귀는 성도들의 마음속에 또는 구체적인 삶의 현장에 끊임없이 공격의 고삐를 늦추지 않고 있습니다.

하나님의 주권이 우리의 삶의 전 영역에 주장하듯이, 사탄의 공작도 우리 마음뿐 아니라, 삶의 전 영역에서 공략하고 있다는 사실입니다. 우리는 하나님을 추상적으로 생각해서는 안 되듯이 사탄의 운동도 추상적으로 생각해서는 안 됩니다. 하나님이 인격적이며 현존하듯이 마귀도 인격적이며 현존한다는 사실을 분명히 알아야 합니다. 이런 인식이 확실할 때 구원은 하나님의 은혜로 되어지지만, 우리는 언제나 사탄의 유혹에 넘어가지 않도록 날마다 믿음으로 하나님 앞에 든든히 서도록 싸워야 하는 애씀이 요구됩니다.

또한 우리는 출애굽기에서 모세와 바로의 대결을 볼 수 있습니다. 여기서는 모세가 믿는 전능하신 하나님과 바로가 믿는 애굽의 신들과의 대결을 볼 수 있습니다. 모세는 하나님의 능력과 권세를 힘입었고, 바로는 사탄의 능력과 권세를 힘입었습니다. 바로의 기만과 술책은 열 가지 재앙을 내릴 때까지 거짓말과 조롱으로 일관했습니다. 그러나 하나님 편에 선 모세는 바로의 도전을 꺾고 출애굽 할 수 있었습니다. 이것은 모세의 승리이기 전에 창조주이시며, 구속주이신 여호와 하나님의 승리였습니다. 이 본문은 모세의 위대성을 예찬하려는 것이 아니고, 하나님만이 전능하시며 모든 사탄의 권세를 무너뜨릴 수 있음을 보여주고 있습니다. 사탄의 공작은 하나님의 택한 백성의 씨를 말리려고 했으나, 하나님은 그의 약속을 따라서 승리하도록 하셨습니다.

그다음 엘리야는 갈멜산에서 바알신을 섬기는 자들과 한 판의 대결을 벌이는 것을 볼 수 있습니다. 이것은 하나님과 거짓 신과의 역사적 대결입니다. 물론 여기서도 엘리야의 하나님이 승리합니다. 이 본문의 사건은 엘리야의 신앙의 위대성을 나타내기보다는, 하나님의 권능이 능히 이방의 거짓 신들을 제압하고 이겼음을 계시하여 줍니다. 사탄의 세력은 엘리야를 넘어뜨려서 결국 엘리야가 믿는 하나님을 욕되게 하려고 공작했습니다. 그러나 엘리야는 하나님의 창조와 구속에 나타난 능력을 믿었습니다. 결국 엘리야는 믿음으로 승리를 얻을 수 있음을 보여줍니다. 여호와냐 바알이냐의 치열한 영적 대치 상태에서 엘리야는 영적 전사로서 악의 세력을 물리치고 하나님께 영광을 돌립니다.

여러분! 오늘날은 갈멜산상의 대결보다 더 치열한 영적 전쟁이 벌어지고 있는데도, 모두가 좋은게 좋다는 식으로, 교회 성장에 지장을 초래한다는 이유로 아무도 영적 전쟁을 치루려는 사람이 없습니다. 우리가 진정으로 하나님의 영광과 주권을 높이기로 결심한다면 오늘의 상황을 직시하고 영적인 전투를 위한 만반의 준비를 갖추어야 할 것입니다.

신약에서 보면 예수님께서 탄생했을 때, 사탄은 헤롯을 통해서 그리스도를 제거하려는 음모를 꾸미고 있었습니다. 사탄의 공작은 권력자를 통해서 메시아의 맥을 끊어 버리려고 하고 있었습니다. 사탄의 세력은 헤롯으로 하여금 두 살 이하의 어린이를 다 죽이도록 함으로써, 하나님의 구속 운동의 핵심인 메시아를 제거하려고 했습니다(마

2:13-18). 그때 하나님의 능력이 초자연적으로 나타나서 아기 예수를 피난시켰습니다. 결정적인 순간에 하나님은 예수를 보호하시며 간섭하시는 사실을 보고, 우리는 하나님의 구속사가 얼마나 정교하게 움직이는가를 볼 수 있습니다.

또한 예수님께서 공생애에 들어가시기 전에 40일 동안 금식하신 후에 사탄은 예수님께 접근해서 메시아권을 박탈하려고 시험을 했습니다. 사탄은 인간의 욕구 충족을 만족시켜 주는 것이 메시아의 해야 할 일이라고 추켜 세우면서 "네가 만일 하나님의 아들이어든 명하여 이 돌들로 떡덩이가 되게 하라"고 했을 때, 예수님은, "사람이 떡으로만 살 것이 아니요 하나님의 입으로부터 나오는 모든 말씀으로 살 것이라"고 응수했습니다. 또한 사탄은 집요하게 예수를 성전 꼭대기 높은 곳에 세우고 "네가 하나님의 아들이어든 뛰어내리라"고 했습니다. 사탄은 유물주의, 인본주의 방법으로 메시아의 길을 차단하려고 했으나 예수님은 말씀으로 승리했습니다(마 4:1-11). 사탄의 공작은 예수님까지도 쓰러뜨리기 위하여 집요하게 공작하고 있는데, 하물며 오늘의 교회 지도자들과 성도들을 얼마나 철저하게 공략하고 있겠습니까? 그러나 우리의 영과 눈과 귀가 어두워져서 그 심각성을 모르는데 문제가 있습니다. 이것이 바로 피리를 불어도 춤을 추지 않는 무신경, 무감각의 모습입니다.

베드로는 예수님께서 십자가에 못 박힐 것을 예언했을 때, "주여 그리 마옵소서"(마 16:22)라고 했습니다. 물론 베드로는 제자로서 당연히 할 말을 했습니다. 그러나 예수님은 베드로에게 "사탄아 내 뒤로 물러 가라 너는 나를 넘어지게 하는 자로다"(마 16:23)라고 했습니다. 이때 베드로의 인격이 사탄이란 말은 아닙니다. 그의 말이 예수님의 십자가의 길을 막아서 그리스도의 구속 성취에 장애가 되기 때문에 그런 발상은 바로 사탄의 공작이란 사실을 명백히 했습니다. 사탄의 공작은 때와 장소를 가리지 아니합니다. 그래서 사도 베드로는 "근신하라 깨어라 너희 대적 마귀가 우는 사자 같이 두루 다니며 삼킬 자를 찾나니 너희는 믿음을 굳건하게 하여 그를 대적하라"(벧전 5:8-9)고 힘주어 말했고, 앞서 말한 대로 바울은 엡 6:13에 "그러므로 하나님의 전신갑주를 취하라 이는 악한 날에 너희가 능히 대적하고 모든 일을 행한 후에 서기 위함이라"고 했습니다. 예수님께서 늘 사탄을 이기신 것은 그가 하나님이시요, 우리의 구주이시므로 영의 눈이 열려 있기 때문입니다. 오늘날도 우리가 우리 개인과 교회의 모든 대적들을 이기는 유일한 길은 바로 우리의 영적인 눈이 열려 있을 때입니다.

여러분들이 잘 아시는 대로 성경의 마지막 책인 요한계시록은, 마지막 때 영적 전쟁이 얼마나 처절하게 일어날 것인지에 대해서 계시하고 있습니다. 특별히 계 12장 이하에는 영적 전쟁의 자세한 기록이 있습니다. 즉, "하늘에 전쟁이 있으니 미가엘과 그의 사자들이 용과 더불어 싸울새 용과 그의 사자들도 싸우나 이기지 못하여 다시 하늘에서 그들이 있을 곳을 얻지 못한지라(12:7-8)…마귀가 자기의 때가 얼마 남지 않은 줄을 알므로 크게 분내어 너희에게 내려갔음이라(12:12)" 등을 살펴보면 사탄이 마지막 때 얼마나 교묘하게 자기의 영역을 확대하기 위하여 발광하는지를 모릅니다. 오늘날의 교회들은 이 땅위에서 잘 먹고 잘 사는 것만 강조하기 때문에, 영적 전쟁의 심각성을 말하는 사람이 점점 없어져 가고 있습니다.

모든 성경이 이처럼 영적 전쟁에 대해서 확실하게 말하고 있음에도 불구하고, 요즘 사람들은 이것을 단순히 마음의 갈등이나 유혹쯤으로 아는 사람들이 거의 대부분입니다. 그러나 마귀는 모든 사람들을 자기편으로 삼아 적대자가 없도록 하는 고등 전술을 쓰고 있다는 사실에 대해서 실감을 하지 못하는 것에 문제의 심각성이 있습니다. 그래서 결국은 하나님의 일과 사탄의 일을 구별하지 못하는 어두움에 처해 있는 것이 오늘의 교회의 모습입니다. 여기서 우리가 생각할 것은 영적 전쟁은 끝나지 않았고, 지금도 우리의 마음속에만 영적 전쟁이 아니라, 사탄은 천의 얼굴로 교회의 순수성을 망가뜨리고, 정치, 사회, 경제, 문화, 교육, 가정 등의 삶의 모든 영역에서 줄기차게 움직이고 있다는 사실을 먼저 자각하는 것이 필요합니다.

2. 교회의 역사에서 영적 전쟁이 어떻게 전개 되었는가?

사도 시대 이후 오늘날까지 2,000년 기독 교회의 역사는 처절한 영적 투쟁의 역사였습니다. 사탄의 공작은 때로는 성경을 왜곡하고, 정통 교리를 망가뜨리고 거대한 정치적 조직을 통해서, 또는 엄청난 세력을 가지고 십자가의 피 묻은 복음을 짓밟으려고 갖은 수단을 다 써 왔습니다. 뿐만 아니라 때로는 교활하고 악랄한 수법으로 하나님 중심, 성경 중심의 신앙을 무력화(無力化)시키고, 교회를 완전히 세속화 하도록 조종해 왔습니다. 그러면서도 영적으로 잠자는 지도자들이 전혀 사탄의 운동을 감지하지 못하도록 서서히 교회를 허물고, 성도들의 신앙을 고사(枯死)시키려고 했습니다. 그러나 말씀과 성령의 은혜로 영적으로 깨어 진리를 지켜 온 소수의 지도자들이 있었기에 오늘의 교회가 유지되어 왔습니다. 영적 전쟁은 한 순간도 멈추지 않았습니다. 영적 전쟁에서의 승패는 바로 교회의 사활이 걸려 있습니다.

역사적으로 살펴보면, 예수 그리스도가 하나님과 동등됨을 부정하는 아리우스(Arius)에 대항한 아다나시우스(Athanasius)의 투쟁이 없었다면, 교회사의 방향은 전혀 다른 방향으로 흘렀을 것입니다. 니케야 회의가 열린 325년 당시에 아다나시우스는 알렉산드리아 교회의 한 젊은 장로였습니다. 이처럼 우리가 현재 믿고 있는 복음은 자연적으로 전수 된 것이 아니고, 눈물과 땀과 피를 바친 영적 투쟁의 역사로 지켜온 것이었습니다.

중세 때의 로마 가톨릭은 성경에서 떠난 의식적인 종교가 되었고, 세속 권력을 함께 쟁취하려는 세력이 되었습니다. 여기에 대항한 마틴 루터(Martin Luther)와 요한 칼빈(John Calvin), 요한 낙스(John Knox) 같은 개혁주의자들의 영적 투쟁은 다시 한번 성경적인 기독교를 세우게 되었습니다. 루터는 "보름스 회의장의 기왓장 전부가 마귀라고 해도 나는 거기에 가리라"고 했는데, 그의 영적 전투 정신은 이것이 영적 전쟁임을 깊이 깨달았을 뿐만 아니라, 그것이 마귀와의 싸움이었음을 고백하고 있습니다.

그리고 로마 가톨릭의 거짓된 교리에 대항하여 27세의 나이로 성경을 기초하여 『기독교강요』(Institute)를 발표하여 개혁주의 신학과 신앙의 기초를 놓은 칼빈(J. Calvin), 단 한 번이라도 설교를 듣지 않게 해 달라던 메리 여왕을 향해서 조금도 두려움 없이 죄를 책망하던 요한 낙스(John. Knox)의 부르짖음은 모두 영적 전투의 기수들이었습니다. 특히 요한 낙스의 무덤에는 '여기 사람을 두려워하지 않았던 한 사람이 누워 있다'고 쓰여 있습니다. 하나님의 말씀을 여왕이든, 귀족이든 간에 상관하지 않고 담대하게 증거 함으로써 영적 전투에서 승리했습니다.

그러나 애써서 다시 회복했던 성경적인 교회와 생명의 복음은 18세기에 들어와서, 사탄의 공작은 합리주의와 계몽주의 사상으로 개혁교회를 교란시키고, 모든 성도들을 세속의 진흙탕으로 몰아넣었습니다. 19세기에 이르기까지 자유주의를 등에 업은 사탄의 세력은 승리하는 듯했습니다. 그러나 한 세기 전에 미국의 조나단 에드워드(Jonathan Edward)를 중심한 영적 대각성 운동, 그리고 화란의 흐룬 봔 프린스터와 아브라함 카이퍼는 영적 투쟁(Antitheses)의 이론으로 거대한 자유주의 세력과 한 판 승부를 벌였습니다. 사탄의 공작과 세력이 아무리 커도 하나님께서는 그 시대 시대마다 영적 투쟁의 전사를 세우시고 하나님의 나라 확장과 그의 교회를 세우시는 것입니다. 사탄은 반드시 이단이나 자유주의 같은 것만을 이용하지는 않습니다. 어떤 때는 가장 복음적인 입장에 선 것처럼 하면서 자기를 가장하고 교회 안에 가만히 들어온다는 사실도 잊어서는 안 됩니다.

우리 한국 교회의 짧은 역사를 살펴본다면, 일본은 한국 교회의 신앙을 말살하려고 '신사 참배' 곧 태양신에게 절하기를 요구하면서, 교역자들과 평신도들에게 박해를 가했습니다. 그때에 모든 교회들은 주일 예배하기 전에 '동방 요배'를 했고, 황국 신민의 맹세를 제창했습니다. 그리고 많은 목사 장로들이 일제가 원하는 대로 신사 참배 지지성명을 내었는가 하면, 총회의 결의로 신사 참배를 가결하기로 했습니다.

이런 사탄의 공작에 맞서지 못하고 대부분의 한국 교회는 실패했습니다. 그러나 주기철, 손양원, 이기선 같은 목사님들과 박관준 장로님과 같이 피를 쏟아 순교한 영적 투쟁의 전사들이 있었기에, 그리고 이미 생명을 걸고 옥중에서 태양신과 투쟁을 벌였던 출옥 성도들이 있었기에, 오늘의 한국 교회의 부흥이 있었다는 것을 결코 잊어서는 안 됩니다. 그러므로 "순교자의 피가 교회 성장의 씨앗이다"라는 말은 우리 한국 교회가 증명할 수 있습니다. 그런데 이처럼 성장한 한국 교회에 대해서 사탄은 이제 전혀 다른 전술을 가지고 공략하고 있음을 알아야 합니다. 그것은 오늘의 교회와 성도들로 하여금 자기만족과 도취에 빠지게 하고, 이 땅위에서 잘 먹고 잘 살고, 이 땅위에서 유토피아를 건설하도록 유혹하고 있습니다.

2000년 기독교 역사 가운데 영적 투쟁에서 사탄의 음모와 간계는 한 순간도 멈추지 않았습니다. 만약 영적 전쟁에 대한 우리 지도자들의 깨우침이 없다면 그보다 더 큰 문제는 없습니다. 선교 신학자인 헨드릭 크레머(Hendrik Kraenmer) 이후에 이른바 평신도를 깨워서 교회 성장의 첨병으로 삼자는 이론이 발전했습니다. 그러나 평신도를 깨우는 것도 중요하지만, 그보다 더욱 중요한 것은 교회의 지도자들인 목사와 장로들이 영적 투쟁 의식을 실제적으로 되찾게 하는 것이 가장 급선무입니다. 우리는 지난 1960년대 새마을 운동이 한창일 때, 우리의 구호는 "잘 살아 보세 잘 살아 보세, 우리도 한 번 잘 살아 보세"라고 했습니다. 여기에 덩달아 교회의 메시지도 "잘 살아 보세 잘 살아보세"라고 했던 것입니다. 그렇게 한국 교회의 강단은 "잘 살아 보세!"만 같이 외쳤지, "바르게 살아 보세! 진리대로 살아 보세! 말씀대로 살아 보세! 양심 따라 살아 보세!"라는 말은 많이 못했습니다. 그러므로 오늘날 정치, 경제, 사회 문화, 교육이 이 지경이 된 것은, 결국 한국 교회가 영적 대결에 실패한 결과임을 알아야 합니다.

사랑하는 교회의 지도자 여러분!

지금 우리는 영적 투쟁에 대한 의식이 없기 때문에, 오늘날 우리는 죄를 대적하는데 피 흘리기까지 하면서 싸우는 사람도 없을 뿐 아니라, 이제는 진리 운동의 투사들이 없어졌습니다. 모두가 교회 성장이라면 독약이라도 먹겠다는 각오로 세상과 타협하는 모습은 안타깝기 그지없습니다. 언제부터인가 우리 교회 안에는 성경 원리보다 경제 원리와 시장 원리에 의해서 교회 성장을 생각하는 풍조가 만연되고 있습니다. 한동안 로버트 슐러(Robert Schuller)의 적극적 사고방식이 한국 교회에 풍미하더니, 이제는 미국 어느 교회의 성장 요인을 모델로 삼아서 21세기 교회 성장의 꿈을 키우는 사람들이 많아졌습니다.

그 책에서의, 이른바 "밀려오는 파도를 잘 타야 한다"는 말은 너무도 매력적입니다. 그 파도를 잘 탄다는 것은 바로 현대인의 요구(need)가 무엇인가를 잘 알아서 상황에 대처한다는 생각입니다. 어떤 면에서 그 이론은 매우 신선하고 21세기를 헤쳐 나가는 하나의 방안으로 제시될 수 있습니다. 또한 이런 교회에 자연히 많은 사람들이 몰리겠지만, 문제는 정말 교회의 본질이 무엇이며, 사명이 무엇이며, 하나님께 영광을 돌리는 것이 무엇인가를 물어야 합니다. 일찍이 미국의 칼빈주의 실천 신학자 R.B 카이퍼(Kuiper) 교수는, '성경의 방법이 아닌 인간의 방법으로 교회를 이끄는 것은, 그리스도의 몸에 상처를 내는 것'이라고 했습니다.

미국 교회의 한 표어는 "I am okay, you are okay, then why did Jesus die for us"라는 글이 있다고 합니다. 옳습니다. 그러나 나도 좋고 너도 좋다면 예수님은 왜 십자가를 지셨겠습니까? 오늘날의 인본주의 사상을 예리하게 비판하는 글이라고 봅니다. 우리는 교인의 숫자가 많고, 적고를 따지기에 앞서 교회가 하나님의 말씀, 곧 진리의 터 위에 있는가를 물어야 합니다. 숫자가 많은 것은 하나님의 은혜와 축복이며 감사할 일입니다. 그러나 숫자가 적어도 진리를 지키고 복음대로 살았다면 그것도 귀합니다. 물론 그동안 수천, 수만 명의 교인들을 성장시키기 위해서 눈물과 땀과 피를 쏟은 교회 지도자들은 주님께로부터 칭찬을 받을 것입니다. 저도 농촌 개척 교회 담임을 했었습니다만, 산촌과 어촌과 농촌에서 2, 30명의 교인들을 붙들고 울며 기도하며 목숨 바쳐 일하는 목사님들, 장로님들도 하나님 앞에는 귀한 줄 믿습니다. 작은 어촌, 농촌 교회들은 일꾼도, 물질도 부족하고 여건도 안 되지만, 오직 진리를 지키며 말씀대로 가르치고 살려고 하는 지도자들도 수백, 수천 명의 교인을 목회하는 목사님들 못지않게 하나님께 영광을 돌리고 있음을 알아야 합니다. 우리는 그 목사님들과 장로님들에게 더 큰 위로와 격려를 보내야 할 것입니다.

3. 오늘의 영적 전쟁은 전면 전쟁입니다.

흔히 전면 전쟁이란, 몇 개의 소총 소대들이 적과 싸우는 국지전과는 다릅니다. 그것은 육군, 해군, 공군 등 전군이 모두가 참여하여 싸우는 전쟁입니다. 왜냐하면 사탄의 공격이 전면 전쟁으로 공격해 오기 때문입니다. 우리는 '평안하다. 평안하다.' 할 때 우리들의 영적 붕괴가 도적 같이 갑자기 들이닥친다는 사실을 자각해야 할 것입니다. 그래서 저는 전면전의 영적 전쟁에는 몇 가지 특이한 것이 있음을 말씀드리려고 합니다.

첫째, 이미 세계적으로 공인된 조직인 로마 가톨릭을 통한 이른바 '에큐메니즘과 화해'라는 이름으로 벌어지는 교회 운동입니다.

둘째, 대중문화 속에 파고드는 뉴 에이지 운동을 통한 사탄의 전면적인 공격입니다.

셋째, 우리 교회 안에 들어오는 인본주의와 세속주의는 가장 그럴듯하게 성도들의 바른 신앙을 허물어 가고 있습니다. 그 내용을 구체적으로 지적하면 다음과 같습니다.

우선 우리는 로마 가톨릭에 대해서 새로운 인식을 해야 합니다. 로마 가톨릭은 그들의 정치적 목표를 위해서 전면에 내세우는 종교 다원주의(Religious pluralism)와 에큐메니즘으로 말미암아 대부분의 세계 교회가 놀아나고 있다는 사실을 알아야 합니다. 지금 많은 유럽의 종합대학의 신학부에는 복음주의 신학부와 로마 가톨릭의 신학부가 사이좋게 공존하고 있습니다. 하나님과 벨리알을 조화시키느라 대학의 심장부는 이미 곪아 있습니다.

한국에서의 로마 가톨릭은 항상 사회 정의 구현에 앞장서고, 나라가 어려울 때마다 정부에 대해서 고언을 아끼지 아니했고, 세상의 가난하고 억울하고 어려운 자들을 위해서 일해 왔기에 가톨릭은 점점 부흥되고 젊은이들에게 매력적인 종교로 부각되고 있는 것이 사실입니다. 그래서 알게 모르게 기독교의 뿌리는 로마 가톨릭이라는 인식을 심어왔고, 우리를 개신교 또는 프로테스탄트라고 스스로 말할 정도로 우리의 근원이 마치 로마 가톨릭인 것처럼 생각하고 있습니다. 그러나 확실히 말해두는 것은, 우리 교회는 성경에 뿌리를 두고 유대교에 뿌리를 둔 것이지, 로마 가톨릭에 뿌리를 둔 것이 아니라는 점입니다. 저는 이 시간에 이 부분에 대해서 로마보다 더 로마적인 벨기에의 루방에서 십 수년 동안 이 문제를 연구한 구영제 선교사의 입장을 간단히 소개하려고 합니다(구영제, 『그리스도의 교회와 대바빌론의 비밀』, 아티오크, 1995).

즉, 우리는 사탄의 최대 보루인 천주교에 대한 무지 때문에, 하루살이 이단들의 어미, 초대형 이단(Super-Cult)인 천주교(약대)는 삼키는 일치 운동에 깊이 빠져 있습니다(14). 로마 가톨릭은 성경에 없는 하나의 유사 종교입니다. 로마 가톨릭은 기독교가 아닙니다. 그럼에도 불구하고 한 몸에 두 혼, 곧 종교와 정치를 공유한 바벨론 조직이라는 사실을 심각하게 깨달은 사람은 그리 많지 않습니다.

오늘날 우리 교회의 모든 지도자들도 로마 가톨릭이 이단 중의 이단이라는데 대해서 아무 감각이 없습니다. 그저 종교 개혁 전에 있었던 기독교의 큰 집 정도로 이해하는가 하면 로마 가톨릭이 윤리적으로 부패했기에 루터나 칼빈 등이 종교 개혁을 해서 오늘에 이르렀다는 식으로 이해면서 공존하는 것이 사실입니다. 그러나 명백한 것은 가톨릭은 이단 중의 이단이며, 로마 가톨릭은 마귀의 최대의 걸작품이란 사실입니다. 로마 가톨릭은 바티칸의 베드로 광장에 바벨론 종교의 상징인 오벨리스크를 세우고, 꼭대기에 세계 통치를 꿈꾸던 시저(가이사)의 재를 담은 청동 지구본을 올려놓았습니다(16). 그리스도의 지상 대리자로 자처하고 지상의 세속 통치권을 주장해 온 로마 제국의 후예들은 그 재위에 십자가를 세우고, 세속 권세를 추구해 왔습니다. 로마 가톨릭의 사제인 플레쳐(Philip Fletcher)는 그가 편집한 기관지에 "만일 교황이 그리스도의 대리자가 아니라면, 그는 적(敵) 그리스도임이 틀림없다"라고 말했습니다.

이그나티우스 사제로 불렸던 스펜서(Hon, G. A. Spencer) 경도 "로마 교회가 그리스도의 교회가 아니면, 그것은 마귀의 걸작품이다"라고 했습니다(16). 한편 우리 교회에 너무나 잘 알려진 로이드 존스(D. M. Lloyd Jones, 1899-1981) 박사는 그의 설교 시리즈 '마귀의 궤계(엡 6:11)' 중에서 다음과 같이 언급했습니다. 즉, "로마 가톨릭교는 마귀의 최대의 걸작품이다…로마 가톨릭 교회가 자랑스럽게 생각하는 것이 있다면, 로마 교회는 결코 변하지 않는 다는 것이다. 어떻게 변할 수 있 겠는가? 만약 로마 교회가 변하고 있다면 스스로 과거의 잘못이 있음 을 인정하는 것이다"라고 했습니다(Romn Catholicism, Evangelical Press, London, 16). 옥스퍼드 대학 출신의 고전어 학자이며, 영국 왕실의 헨 리 8세의 주치의로서 말년에 로마 교회 사제로 서품을 받았던 리나크 러(Thomas Linacre, 1460-1524)는 생전에 처음으로 신약 성경을 읽다가 견디지 못해 책을 던지면서 "이 성경이 사실이 아니든지, 아니면 우리 가 그리스도인이 아니다!"라고 부르짖었습니다. 그는 첫 눈에 로마 교 회의 조직이 신약 성경이 말하고 있는 기독 교회의 개념과는 상반되 는 것임을 발견했습니다(17).

혹자들은 남의 종교를 왜 비판하느냐고 할지도 모르겠습니다. 문제 는 우리의 무지로 말미암아 사탄의 세력이 로마 가톨릭을 통해서 우 리를 혼미케 한다는데 대한 의식이 없다는 점입니다. 즉, 앞서 말한 대 로 가톨릭을 이단으로 보지 않고, 도리어 개신교의 큰 집 정도로 이해 하는 것은 무지입니다. 심지어 우리 교단의 어느 장로님은 로마 교황 이 방문했을 때, 들어보니 우리와 아무 다를 바가 없다고 말한 적이 있 었습니다. 물론 몰라서 한 말이지만 심지어 신학자나 교리에 밝은 목 사님들조차 로마 가톨릭의 이단성을 바로 지적하는 사람이 드물 정도 입니다.

또한 지난 20년 동안 36판이나 거듭한 장기 베스트 셀러『이단들 의 왕국』을 집필한 마틴(W. Martin) 박사도 이단의 정의를 내렸고, 멕 도웰(Josh McDowell)도 이단들의 특성 11가지를 지적하면서도 가톨릭을 이단으로 지목하지 않는 것은 그들의 눈이 가려져 있기 때문입니다(17). 과거 14년 동안 예수회 사제였던 본 휀스브뢰흐(G. P. Von Honsvroch)가 『사회 문명에 미친 교황권 제도』라는 책의 서문에서 말하기를 "교황권 제도는 …인류 역사상 가장 탁월한, 가장 치명적이며, 동시에 가장 성공적인 기만의 조직이다. 교황권의 제도-저 거대한 기만의 조직-교황권 지상주의는 모든 점에서 가장 완벽하게 조직된 제도로써, 오만하고 냉담한, 넓지만 은밀히 짜여 지고, 고도로 마무리 된 조직이다"라고 했습니다(19). 그의 또 다른 저서 『교황권 지상 주의, 그 독과 해독제』라는 책에서 "교황권 지상 주의는 종교의 탈을 쓴 세속 정치 조직으로써 그 자태는 범세계적인 세속 권력을 추구해 오고 있다"라고 했습니다.

또 영국의 사회 철학자이며, 경제학자인 아담 스미스(Adam Smith, 1723-1790)는 그의 명저 『국부론』(Wealth of Nations)에서 "로마 교회는 국가 정부의 권위와 안전에 대적될 뿐 아니라, 인간의 자유와 이성 및 복지에 대적하는, 인류가 산출한 가장 가공할 만한 조직체이다"라고 했습니다. 또 옥스퍼드와 캠브리지 대학의 역사학자 크레이톤(Mandell Creighton, 1843-1901)은 "로마 교회는 전혀 교회가 아니다. 조직에 있어서 하나의 국가이다. 그것도 가장 사악한 형태의 국가-전제 독재국이다."라고 했습니다. 이런 사탄의 종교가 자기와 닮은 기독교를 침투하고 있다는 사실에 대해서 대부분의 기독교인들은 모르고 있습니다.

그들은 기독교의 용어를 구사하면서 대화를 이끌어 갑니다. 오늘날 로마 가톨릭의 사제들은 루터의 칭의론을 강의합니다. 그것에 대해 우리는 "파괴하기 위하여 침투하라(Join to destory)"는 로마 가톨릭의 고등 전술을 알아야 합니다. 오늘날의 로마 가톨릭 사제들은 "거듭난다", "구원 경험", "그리스도와 만남", "성령 세례", "은사 경험", "케리그마" 등을 사용합니다. 그러므로 기독 교회 지도자들은 거의가 속아 넘어갑니다. 사제나 수녀들은 여름성경학교 강습회도 참석하고, 성경 공부에도 참석하며, Y.M.C.A 등의 모임에도 나타나서 찬송을 배우고, 기독 교회의 메시지와 신학 용어도 자유롭게 인용합니다. 그들은 목사들과의 만남에서 "구원은 인간의 노력으로 되어지는 것이 아니라, 하나님의 선물이다"라고 말합니다. 그러면서도 가톨릭 교도들에게는 "반대하기 위해서 인정하라(Agree to disagree, We agree to differ)"라는 가르침에서 우리가 그들의 내막을 모르면 저들도 변하고 있다고 착각합니다.

그래서 많은 신학자들의 대부분의 책에는 "과거의 가톨릭과 현대의 가톨릭은 구별해야 한다. 제2바티칸 공의회 이후에 가톨릭의 신학 사상은 개방적으로 변했다"고 합니다. 그러나 그것은 신학자들의 무지입니다. 제2바티칸 공의회의 교황 요한 23세, 바오로 6세의 선언에서 밝힌 것처럼, 저들의 교리와 기본적 가르침에는 조금도 변함이 없습니다. 교황, 사세가 없어졌습니까? 연옥의 불이 꺼졌습니까? 마리아, 성자, 전통 숭배가 해체되었습니까? 성경에 사탄의 세력은 광명한 천사로 가장하고(고후 11:13-15), "할 수만 있으면 택하신 자들도 미혹하리라(마 24:4-28)"고 우리들에게 경고하고 있습니다.

존경하는 목사님들과 장로님 여러분!

오늘의 저의 강연 내용이 여러분들에게 다소 의외로 생각하실지 모르겠습니다. 그러나 우리는 거대한 영적 전쟁을 해야 하기 때문에 로마 가톨릭의 속 내막과 그들을 통한 파괴 공작이 얼마나 심각한가를 좀 더 설명 드리지 않을 수 없습니다. 1926년 로마 가톨릭은 '예수회' 학자 마르케(John Markae)가 그의 저서 『교회의 승리(The Triumph of the Church)』에서 정리한 88개의 이단들 중에는 오늘날 그 이름을 가지고 있는 24개의 교회들이 있습니다. 즉 재침례교, 루터교, 장로교, 메노나이트, 성공회, 칼빈주의 교회, 위그노, 화란 개혁교회, 감리교, 모라비안 등등이 포함되어 있습니다.

그러나 1960년 로마 교황 요한 23세는 옛날 콘스탄틴의 수법을 그대로 이용하여 제2바티칸 공회를 열고, 총칼의 무기를 쓰지 않고, 화해 책략으로 모든 기독교를 가장 효과적으로 파괴시킨 '예수회' 출신의 교황이란 사실을 알아야 합니다. 이때로부터 우리 프로테스탄트 교회들을 향해서 '떨어져 나간 형제들'이라 하면서, 우리를 로마 교회로 받아들인다고 했습니다. 그런데 저들은 이미 A.D. 313년에 그리스도의 복음에서 떨어져 나갔습니다. 그럼에도 불구하고 WCC 에큐메니칼 지도자들은 로마 가톨릭 종교와 짝사랑에 빠져서 믿음의 선진들이 그렇게도 확실히 들려준 유언들을 무시하고, 루터와 칼빈과 개혁자들이 목숨 걸고 대항한 가톨릭으로 돌아갈 채비를 하고 있다니 정말 기가 막힐 일입니다(구영재, 41).

료욜라가 조직한 예수회(제수잇)는 루터의 개혁에 대항하는 반개혁(Counter-Reformation, 1527-1700) 세력의 선두에 나섭니다. 예수회 조직은 완전한 군대 조직으로서, 이들은 조용한 수도원 생활에 만족치 않고, 십자군의 만행을 그대로 답습, 선교사의 신분을 가지고 국가와 은행 합작으로 로마 가톨릭 식민지 시대를 열게 됩니다. 그들의 역사상 범한 죄상을 보면 치가 떨릴 지경입니다. 즉, 미국의 레아(H. C. Lea, 1825-1909) 교수에 의하면, 도미니칸과 예수회파가 주동되어 1572년 성 바돌로메 축제일에 행한 위그노 대학살은 하루에 그친 사건이 아니라, 계절을 두고 계속된 학살로서, 순교자들의 피가 파리 시가를 보름이나 흘러 내렸다고 할 만큼 처참했으며, 이 소식에 접한 로마 교황청은 로마 시대의 모든 로마 가톨릭교회에 경축의 종을 울리게 하였고, 교황의 흉상과 박해 장면이 그려진 기념 축하 동전 제작을 명했습니다. 죄명은 믿음으로 구원얻는 교리를 믿고, 가톨릭의 거짓된 교리를 믿지 않았다는 것이 이유였습니다(54). 그 외에도 로마 가톨릭이 하나님의 백성들을 처형한 숫자는 엄청나서 통계조차 불가능합니다.

700년 동안 스페인의 종교 재판에 의해 학살된 사람의 수는 6천 8백만 명에 달합니다. 그 외에도 이탈리아, 프랑스, 독일 및 전 유럽, 중남미 등지에서 로마 가톨릭에 의해서 처형된 사람은 숫자 계수가 불가능합니다. 또한 로마 가톨릭 교도들도 재판에 회부해서 처형하고, 그들의 재산은 로마 교황청에 몰수당했습니다. 스페인 군대를 앞세운 로마 가톨릭 선교사들은 마야와 잉카 문명을 초토화시켰습니다. 그들은 마야 문명을 부숴 버린 자리에서 모든 돌을 가지고, 가톨릭 성당을 건축하기도 했습니다. 평화 회담을 미끼로 비무장의 인디언을 산에 불러내어 5천 명을 살육하고, 인디언들의 금패물을 모두 탈취했습니다. 그 금패물들은 지금 스페인과 로마 교황청 등에 소장되어 있으며, 최근에는 유럽을 돌며 전시회까지 가졌습니다. 그럼에도 불구하고 로마 교황청에 의해서 고용된 어용 역사가들은 "어느 날 갑자기 사라진 잉카 문명의 신비"라고 책을 쓰는 것을 보면 실로 실소를 금할 길이 없습니다(57). 일찍이 토마스 칼라일(Thomas Carlyle, 1795-1881)은 예수회를 향하여 "진리의 우물에 독약을 탄자들"이라고 공격하였습니다(66).

오늘날 예수회 선교사들이 세운 이른바 천주교국으로 알려진 중남미 국가들의 난잡하고 무절제한 카니발은 저들의 길거리를 4천만이 넘는 사생아로 채웠습니다. 카니발이란 뜻은 바알의 제사장이란 뜻입니다(58). 사실은 로마 가톨릭은 성경에 기초한 것이 아니고, 희랍, 로마의 이교 사상과 혼합되어진 가톨릭의 르네상스에서 시작된 것이며, 예수회의 반동 종교 개혁(Counter-Reformation)은 인간이 만물의 중심이 된다는 인본주의 사상에 머물게 했습니다. 또한 가톨릭 사상은 결국 오늘의 뉴 에이지 운동이나, 프로테스탄트의 자유주의 사상가나 진리 지식이 부족한 인본주의자들에게는 더 없는 반려자입니다. 모든 것은 하나라는 '새 시대 운동', '새 세계 질서'에 맞장구를 치는 거대한 공룡이 모든 교회와 성도들을 파멸로 몰아가고 있습니다. 모든 종교는 그 근원이 같다는 종교 다원주의가 에큐메니즘의 기본 골격이고, 그것을 통합 조종하는 배후는 로마 가톨릭입니다. 최근 한국에 가톨릭 신부와 신교 목사가 불교 방송에 출연한 것은 매우 상징적입니다.

좀 더 실제적인 말씀을 드리겠습니다. 지금 통일 유럽 건국의 실무 관리들의 자녀 1만 3천 명이 유럽의 아홉 나라에 흩어져 있는 로마 가톨릭의 예수회파가 운영하고 있는 학교에 정규 교육을 받고 있습니다(88). 또 예수회파 소속들은 아비와 마스터(지도자)의 명칭을 다 소유했습니다. 종교 개혁 이후에 프랑스 혁명, 18세기 유럽의 합리주의 철학 운동인 계몽주의 사상을 이끌었던 자들은 대부분이 예수회 교육을 받았던 자들이었고, 이들은 유럽 사회를 지배하고 있습니다(93). 또 100여 권의 책을 저술한 전 예수회 학자 멕케이브(Joseph Mccab-e)는 루터파 교도로 가장하여, 스웨덴의 루터란 대학 교수로 재직하였습니다(93). 우리가 에큐메니칼 WCC를 외면하는 것도 그들이 가톨릭의 예수회의 작전에 놀아나고 있기 때문입니다.

벨로(Nino Lo Bello)라는 사람은 그의 저서 『바티칸의 스파이 조직』에서, "바티칸은 세계에서 가장 효율적이고, 가장 방대한 스파이 조직을 가지고 있다. 이들은 러시아의 K.G.B.를 능가하고 있다. 이 스파이 조직은 이 세상에 있는 모든 사제, 수녀, 수도승을 포함한다."고 폭로했습니다. 링컨 대통령은 그의 일기에서 "이 전쟁은 예수회(제수잇)의 사악한 영향력이 없었더라면 결코 일어나지 않았을 것이다"라고 말했습니다(94). 로마 가톨릭 공작 조직은 예수회가 관여하지 않은 데가 없습니다. 국제통화기금(I.M.F), 마약 조직, 라이온즈 클럽, 로타리 클럽 등에도 깊숙이 관여하고 있습니다(96-97). 또 유엔 본부에는 113국에서 파송되어 온 158명의 예수회 대표들이 피라밋 조직을 구축하고 있습니다. 가톨릭 조직은 1960년 케네디를 당선시키기 위해서, '편협하지 말자'라는 프로파간다를 가지고 프로테스탄트 교회의 담을 무너뜨렸습니다(98).

존경하는 교회의 지도자 여러분!

로마 가톨릭은 떼제 공동체(Taize Community), 트레스 디아스(Tres Dias) 등을 통해서 에큐메니칼 운동에 깊이 관여하고 있습니다. 사실 지금까지 모두들 잘 몰라서 목사님들과 장로님들 가운데 새로운 영성 훈련이라 해서 이 훈련을 받으신 분도 많이 있는 줄로 압니다. 이 트레스 디아스 과정에서 뉴 에이지(새 시대 운동)의 심볼인 무지개, 비둘기, 나비 등이 사용되고 있습니다. 이것들은 예수회 창시자 로욜라의 영성 훈련을 축소한 것으로서 로욜라의 35가지 영성 훈련을 비슷하게 따르고 있습니다. 목적은 종교 통합입니다. 아비와 지도자들의 심볼인 나무 십자가와 원형의 가죽 명찰을 의무적으로 목에 걸게 하고, 포옹하며, 피조물을 찬양하고 있습니다. 우리 개혁교회는 사탄의 예민한 술수에 철저히 기만당하고 있음을 알아야 합니다. 트레스 디아스는 뉴 에이지 운동을 가속화하기 위한 가톨릭의 음모입니다.

로마 교황청과 합스부르크가 주선, 에큐메니칼 지도자들에게 하사하는 이른바 템플턴(Templeton)상, 우리네 교계 신문에는 종교계의 노벨상이라고 떠들지만, 이 상의 목적은 뉴 에이지를 통한 종교 통합에 있음을 왜 모르는지 안타깝습니다. 이 상의 수여를 결정하는 위원회는 힌두교, 불교, 이슬람, 천주교, 유대교 등의 종교 지도자들로 구성되어 있습니다. 저는 오늘 모든 것을 다 말할 수는 없습니다. 다만 잠자는 우리들을 깨우기 위해서 영적 전쟁의 실체가 무엇인가를 말하지 않을 수 없어서 이런 내막들을 감히 말씀드립니다.

그러면 오늘날 문화의 전 영역에 파고드는 뉴 에이지 운동에 대해서 살펴보겠습니다. 만약 영적 전쟁에 대한 의미를 모른 사람은 뉴 에이지 운동이 오늘의 성도들 특히 청년들의 영적인 황폐를 가져오는데 얼마나 큰 독약이라는 사실을 모를 것입니다. 이 운동은 오늘날 종교, 정치, 경제, 사회, 문화, 교육 전반에 걸쳐서 가공할 폭탄처럼 파괴력을 가지고 공격해 오고 있다는 사실입니다. 뉴 에이지 운동은 말 그대로 새 시대 운동입니다. 뉴 에이지 운동이란, 현대 문명을 벗어 던지고 새로운 가치관을 통해서 새 시대를 건설하자는 모든 운동을 가리킵니다.

그런데 복음적인 시각에서 볼 때 뉴 에이지 운동은 '반기독교적 이단 종교 운동'이라는 사실을 알아야 합니다. 또 뉴 에이지 운동은 바로 사탄의 운동이라 사실을 알아야 합니다. 그 이유는 일찍이 창 3장에서 사탄이 말한 '네 가지 거짓말'이 그들의 사상의 주축을 이루고 있습니다. 즉, "너희가 하나님과 같이 되리라, 너희가 정녕 죽지 아니하리라, 너희가 선악을 알리라, 너희 눈이 밝아지리라"는 내용이 뉴 에이지 운동의 핵심입니다(신상언, 뉴 에이지의 얼굴로 우리 곁에 서 있는 사탄, 빛과 소금, 1997년 3월, 40). 그러면 뉴 에이지 운동의 태동 원인과 상황을 설명하고, 그 뉴 에이지 운동이 어떤 세력에 의해서 조종되고 있는지를 살펴보겠습니다.

우선 뉴 에이지 운동이 태동하게 된 사회학적 원인으로는, 모더니즘을 대표하는 반과학주의라고 볼 수 있습니다(Ibid). 좀 더 설명을 하면 인간의 이성을 중심한 과학주의가 가져온 환경 오염이나 핵 문제에 대한 반발로 '자연주의적인 범신론(Pantheism)'이 등장했습니다. 그런데 이 범신론 사상이 힌두교의 범신론과 접목되면서 확산되었습니다. 그리고 이른바 반과학주의는 물질 문명에 노예화되는 모든 인간의 모습에 대한 반발로 일어나서 비틀즈 등의 대중가요와 히피들의 등장에서 그 모습을 찾을 수 있습니다. 반과학주의와 범신론 사상은 자연주의 또는 자연 숭배 사상을 낳게 되었습니다. 이런 사상 운동이 특히 1970년대부터 미국에 확산되면서, 이것은 '세계적 신흥 종교'로서 기독교의 복음을 말살하려는 사탄의 세력인 뉴 에이지 운동으로 등장했습니다.

이러한 범신론 사상이 특히 미국에서 꽃을 피운 이유는 물질적 안락으로 인한 일상적 자유와 심리적 해방 추구라는 두 가지 이상을 추구하던 미국인들이 국가 번영을 성취한 후에 또 다시 정신적, 심리적 해방을 탐구했는데, 그것이 뉴 에이지 정신과 맞아떨어진 것입니다. 또 미국인들의 개척 정신, 모험 정신, 의지를 초월하려는 발상들이 뉴 에이지 정신과 절묘하게 합치된 것입니다. 뿐만 아니라 뉴 에이지 운동은, 미국의 젊은 지성인들의 반항 정신과 때마침 샌프란시스코 등지에 일어난 히피 운동과 맞아떨어진 것입니다(Ibid). 히피는 물질보다 정신 세계를 추구한다면서 마약을 먹어 왔는데, 인도에서 건너 온 요가와 초월 명상 등으로 해결하려고 했습니다. 록 음악도 존 F. 케네디와 마틴 루터 킹의 죽음, 월남전의 패망 등에 분노한 젊은이들의 반항 정신으로 선택되었습니다.

우리나라에도 뉴 에이지 운동이 재빠르게 확산되고 있는 것은, 우리나라는 본래부터 범신론이나 업보 사상, 해탈 사상을 가진 불교가 있고, 모든 진리는 같다는 원불교의 사상, 정령 주의에 기초한 샤머니즘, 음양오행설에 기초한 도교 사상, 정신세계와 기(氣) 사상을 강조하는 단학 등이 총체적으로 어우러지면서 뉴 에이지 운동에 발판을 닦았습니다(41). 말하자면 우리나라 같은 상황에서는 뉴 에이지 운동이 가장 뿌리를 잘 내릴 수 있는 토양을 가졌다고 할 수 있을 것입니다. 그리고 이 사상을 활발하게 전달하는 수단은 각종 대중 매체라는 사실입니다. 그러므로 영화, 텔레비전, 소설, 만화, 잡지, 음악 등 거의 전부가 이 사상을 전파하고 있고, 이런 사탄의 공작에 한국 교회는 속수무책으로 앉아 당하고 있습니다. 예를 들면 오늘날 우리 주변에 건강을 위해서 하는 요가나 기(氣) 체조 등이 모두 뉴 에이지 운동이라는 사실을 모르고 있는데 문제가 있습니다. 우리나라는 종편 T.V를 비롯해서 대부분의 CATV에서 매순간마다 뉴 에이지 운동의 사상을 전파로 쏘아대고 있음을 알아야 합니다.

앞서 말한 대로 뉴 에이지 운동은 단순한 사회 풍조가 아니라, 이단 종교라는 사실을 알아야 합니다. 그들의 주장은 기독교 진리를 뒤집어서 인간의 정신력은 무한하다든지, 인간은 죄가 없다며 상황 윤리를 만들고 모든 진리를 상대적인 것으로 만들어 버렸습니다. 결국 이런 뉴 에이지 운동은 '인본주의의 부활'이며, 하나님 없는 인류 평화와 하나님을 배제한 평등 사회 구현이라고 할 수 있을 것입니다(41). 한국 교회도 알게 모르게 뉴 에이지 운동에 감염되어가는 사람이 많다는 것을 알 수 있습니다.

그리고 한 가지 덧붙일 것은, 이런 뉴 에이지 운동에도 로마 가톨릭이 배후 세력이라는 사실을 잊어서는 안 됩니다. 유럽 공동체의 대부(代父) 노릇을 해 온 로마 교황청은 유럽 통일뿐만 아니라, 세계 통치를 목적으로 하는 새 시대 운동과 새 세계 질서를 추진해 왔으며, 이 둘은 별개가 아니라 한 세력의 조종하에 있음을 알아야 합니다. 질서(Order)로 알려진 이 단어는 세계에서 가장 완전한 피라미드 체제를 유지하고 있는 로마 가톨릭에서 사용하는 명령 용어입니다. 유럽 공동체 본부에서 홍보용으로 발행한 엽서나 우표에는 한 여자가 짐승의 등에 올라앉아 있는 그림이 있습니다. 이 음녀와 짐승은 '뉴 에이지 운동의 심볼'로 연결됩니다. 복음의 내용을 버리고 정치적 세력과 통일을 위해서 범신론적 사상, 인본주의 사상을 조종하는 이들은 분명히 뉴 에이지 운동의 배후 조종자들입니다. 그보다 오늘날 기독교 안에 있는 좌경 신학 운동과 모든 종교는 다 같다는 식의 '종교 다원주의자'들은 한결같이 '뉴 에이지 운동의 추종자들'이라는 것을 알아야 합니다. 이렇게 사탄은 수시로 자신의 모습을 바꾸면서, 능수능란한 변장술로 성경적 신앙을 파괴하는 공작을 하고 있습니다.

존경하는 교회의 지도자 여러분!
사실 우리는 목양의 현장에서 어찌하면 양들에게 푸른 꼴을 잘 먹일까에 날마다 고심하고, 교회 성장을 위해서 모든 것을 다 드려서 헌신해 왔습니다. 그리고 오직 앞만을 바라보고 힘 있게 달려 왔습니다. 그래서 세상이 어떻게 돌아가는지 날마다 터지는 새로운 뉴스에 깔려서 그냥 지나쳐 버렸습니다. 그래서 사탄의 공작이 뉴 에이지 같은 신흥 종교를 통해서 침투하여 일반 성도들은 말할 것도 없고, 특히 젊은 세대들에게 아주 교묘하게 뿌리를 내려 신관과 인간관, 구원관, 세계관을 송두리째 바꾸어 놓고 있는 것이 사실이다.

뉴 에이지 운동은 단순히 사상 운동이나 철학이 아니고, 분명한 '이단 종교'입니다. 이것은 이른바 서양에서 건너 온 일시적 병폐가 아니라, 마지막 때 우리의 신앙을 허물어뜨리고 교회를 초토화시키려는 사탄의 음모입니다. 어째서 뉴 에이지가 종교입니까? 그 이유는 뉴 에이지가 구원으로 가는 길을 제시하기 때문이며, 뉴 에이지를 이단으로 지목할 수 있는 것은, 그것은 기독교와 비슷하다고 말하면서 성도를 유혹하고 있기 때문입니다. 이 운동은 때마침 불어 닥친 거대한 매스 미디어의 발전으로 말미암아 영화, 음악, 스포츠, 심리학, 의학, 교육 분야에 고르게 확산되고 있는 실정입니다. 뉴 에이지는 하나님을 에너지(氣)로 생각하는 신관을 갖고, 인간은 신성을 소유한 자로 생각해서, 잠재 능력 개발을 최우선으로 여기는 인간관, 그리고 영적 각성 즉, 명상(깨달음)으로 도를 닦으면, 구원의 경지로 들어갈 수 있다는 구원관을 가지고 있습니다(신상언. 뉴 에이즈 감별법. 169).

뿐만 아니라, 그들의 세계관은 범신론, 환생론, 일원론, 접신론, 그리고 자신의 재창조론 등을 갖고 있습니다. 가랑비에 옷이 젖듯이, 개구리를 뜨거운 물에 넣으면 바로 튀어나가지만, 미지근한 물에 서서히 열을 가하면 푹 삶겨 버리듯이, 사탄의 공작은 서서히 우리를 영적으로 허물어 버립니다. 오늘 우리는 밥보다 더 가까이 있는 대중 매체를 통해서 순간순간 우리에게 다가오는 기독교 신앙의 적수인 뉴 에이지 운동을 대항하기 위해서, 우리 칼빈주의 신앙 곧 하나님 중심의 신앙을 가진 바른 세계관 건립을 위해서, 전국 교회의 지도자들이 함께 힘을 모으고, 힘을 길러서 이 거대한 공룡 같은 영적인 세력을 발아래 짓밟아야 합니다.

만약 한국 교회가 영적 전쟁에서 패한다면, 세계 아무 곳에서도 이런 영적 전쟁을 치를 나라도 교회도 없습니다. 우리 교회가 영적 전쟁에서 무너지면, 한국 교회가 다 무너집니다. 우리는 외롭고 고독해도 하나님의 영광과 주권을 높이는 개혁주의 신학과 신앙, 그리고 성경적 신앙을 굳게, 힘 있게 지켜야 합니다. 지금은 자다가 마땅히 깰 때이며, 영적 무장을 새로이 하고, 사탄과의 한 판 승부를 벌여야 할 때입니다. 무엇보다 예수 그리스도와 함께 하는 전쟁은 반드시 이길 수가 있습니다.

4. 거대한 영적 전쟁에 대한 대안

영적 전쟁의 대안으로는 몇 가지로 요약될 수 있습니다. 앞서 이미 여러 번 말씀드렸습니다만, 우선 교회가 영적 전쟁을 위해서는 영적 깊은 잠에서 깨어나는 것이 필요합니다. 영적 잠에서 깨어난다는 말은, 신비주의적인 자기 몰아를 의미하지 않습니다. 그것은 성경이 말하는 본래의 뜻을 바로 깨닫는 것이 선행되어야 합니다. 성경만이 우리의 신학과 신앙의 유일한 표준입니다. 성경을 알아야 마귀를 이기고 영적 전쟁에서 승리할 수 있습니다. 영적 전쟁은 선교와 세계복음화의 절대적인 요소입니다.

우리가 그리스도인이 되었다는 것은, 십자가의 군병이 되었다는 의미이며, 그것은 곧 영적 전쟁에서 사탄과 싸우는 처절한 전투장에 투입되었다는 것을 의미합니다. 그런데 영적 전쟁에 대한 오해들 가운데는 사탄은 이미 패배했기 때문에, 더 이상 관심 둘 바가 아니라는 생각입니다. 물론 예수님은 십자가에서 사탄을 물리치신 것은 사실입니다. 그러나 그 졸개들은 아직도 남아서 마지막 최후 순간까지 발악하면서, 택한 자라도 삼키려고 발버둥치고 있습니다. 사탄은 우리들의 약점이 무엇인지 알고 끊임없이 공격하고 있습니다. 그래서 우리로 하여금 영적 전쟁에 무관심하도록 하는 전략도 따지고 보면, 사탄의 고등 전술입니다. 사탄은 우리에게 그냥 받은바 은혜와 축복을 누리며 이 땅에서 행복하게 살면 된다고 속삭입니다. 그런데 많은 사람들이 영적 전쟁 자체를 인정하지도 않을 뿐만 아니라, 무시하고 있는 것이 오늘의 한국 교회의 현실입니다. 그렇기 때문에 지금까지 영적 전쟁에 대한 구체적인 대안이 없었던 것입니다.

그 다음 사탄의 공작은 우리의 마음뿐 아니라, 삶의 전 영역에 침투하고 있기에 우리들의 영적 전쟁도 삶의 전 영역에서 대비해야 합니다. 특히 영적 전쟁을 위해서는 체계적인 교육이 필요합니다. 더구나 어린이와 청년들에게 '기독교적 세계관 건설'이 시급합니다. 오늘 우리 교회들은 유년 수일 학교 교육의 위기에 처해 있습니다. 옛날 같으면 장년 100명이면 주일 학교 학생들은 200명이었습니다. 그러나 오늘의 정황은 장년 100명에 주일 학교 학생들 20명도 안 됩니다. 오늘 한국 교회의 성장과 부흥의 배후에는 1950, 1960년대의 주일 학교 교육의 열매를 따고 있습니다. 그러나 앞으로 2-30년 후의 한국 교회의 모습을 상상하면 눈앞이 캄캄할 지경입니다.

요즘 부모들은 아이들을 우상화하고 있다는데 문제가 있습니다. 아이들의 소원 사항은 무엇이든지 다 들어주고 그들의 요구라면 빚을 내서라도 들어주는 형편입니다. 이런 판국에 어찌 주일 학교 교육이 될 수 있겠습니까? 우리는 주일 학교(Sunday School)를 살리는 방안도 연구해야 하지만, 이제 우리는 이른바 '주간 기독교 학교'를 계획해야 할 것입니다. 우리보다 앞선 개혁교회들은 벌써 주간 기독교 초·중·고·대학을 세워서 삶의 전 영역에서 영적으로 무장하도록 하고 있습니다. 교회 재정이 가능한 교회들은 기독교 초등·중등·고등학교를 세워야 합니다. 미국 학교처럼 한국의 학교도 마약으로 쑥대밭이 될 날이 멀지 않았습니다. 그러므로 미리 대비해야 합니다. 한국 교회도 지금부터 80년 전에 이미 이만집 목사님은 일제의 교육 탄압이 시퍼렇게 살아서 한국 교회 말살 정책을 쓸 때, 그는 '주간 기독교 학교 운동'을 제창했습니다.

그러므로 우리 교회는 Christian Day School 운동을 벌여서 초·중·고·대학에 뉴 에이지 운동의 무신론적, 범신론적 세계관을 이길 수 있는 '성경적 세계관' 곧 '칼빈주의 세계관'을 가르쳐야 합니다. 무신론적 세계관, 인본주의 세계관, 허무주의 세계관에 반해서 하나님 중심의 세계관, 칼빈주의 세계관 건립에 교회가 앞장서야 할 것입니다. 또한 교회는 해외 선교도 중요하지만, 기독교 초·중·고등학교를 많이 세워서 영적 전면 전쟁에 대비해야 할 것입니다. 왜냐하면 교회에서 아무리 잘 가르쳐도 모든 교육 기관에서 가르치는 내용이 뉴 에이지 세계관으로 말미암아 모두 다 허물어지고 있기 때문입니다.

또 하나 생각할 것은, 우리 총회 안에는 영적 전쟁의 정보를 수집하고 계획, 연구하고 통제할 수 있는 기구가 있어야 합니다. 영적 전쟁을 위한 사령부가 필요하고, 전문 요원이 필요합니다. 우리 교회가 이단 사상과 사회, 경제, 정치, 문화, 교육, 예술 등 전 분야에 걸쳐서 어떻게 영적 전쟁에 대비해야 할 것인지를 연구해야 합니다. 우리가 교회에서 신앙생활을 한다고 하지만, 이 세상에는 구조적으로 성도들이 신앙생활을 잘 할 수 있도록 형성되어 있지 않습니다. 이 세상은 구조적으로 한 발자국만 나가도 죄 짓도록 되어 있고, 한 발자국만 나가도 타락하도록 되어 있습니다. 그것이 바로 사탄이 구축해 놓은 교두보입니다. 그러므로 일찍이 프란시스 쉐퍼(Francis Schaeffer)의 말대로 '사상은 사상으로, 논리는 논리대로 대결할 수 있도록' 구조적 변화를 세상 전반에 걸쳐서 이루려고 노력해야 합니다. 물론 우리는 예수만 잘 믿으면 된다고 할 수 있을 것입니다. 그러나 예를 들면 주일날 시험 치는 제도 자체를 그대로 놓아두고는 젊은이들이 바로 믿을 수 없습니다. 그러므로 우리는 악의 세력과 구조적으로 대항해서 이길 수 있는 방법을 강구해야 합니다.

오늘날 우리 청년들은 갈 곳이 없고, 주일 성수를 하면 취직 시험도 못 치는 형편입니다. 그러므로 구조적으로 시스템의 변화를 위해서 총력전을 벌여야 합니다. 아브라함 카이퍼의 주장처럼 시스템의 변화 곧 세계관의 변화가 있어야 합니다. 뿐만 아니라, 21세기의 영적 대전쟁에 대처할 수 있도록 실제적이고, 구체적인 영적 교육 프로그램이 개발되어야 합니다. 그것은 곧 말씀 운동과 기도 운동을 보다 강화해서 세속주의와 인본주의 운동에 맞서 싸워야 합니다.

결론적으로 영적 전쟁은, 우리 목회자들과 장로들이 깨어 있어야 합니다. 그리고 영적 전쟁의 선두에 서 있어야 합니다. 내 교회만 잘 되고 부흥되면 된다는 이기심을 버려야 합니다. 영적 전쟁을 위해서 공동 대처하는 작전이 필요합니다. 같은 신앙을 가진 교회가 함께 협력하면서 영적 훈련을 강도 높게 시켜야 합니다. '훈련 때의 땀 한 방울은 전쟁 때의 피 한 방울과 같다'는 말이 있습니다. 수만 명의 의식이 없고 훈련 없는 군대보다, 잘 조직되고 훈련된 일당백의 군대가 필요합니다. 우리 교회는 영적 훈련을 위한 조직과 기구가 필요합니다. 한두 번 모여서 집회나 하고 은혜 받는 것으로 만족하면 절대 안 됩니다. 날마다 자신을 영적 전사로서 하나님 나라 건설과 그리스도의 몸된 교회를 위해서 기도 훈련, 말씀 훈련, 삶의 훈련을 체계적으로 배우는 영적 훈련이 필요합니다. 우리는 절대로 로마 가톨릭이 조종하는 에큐메니칼 운동에 가담할 수 없습니다. 그러나 교리와 신조가 같은 이름의 대한예수교장로회 간판을 갖고 있는 모든 교회와는 하나가 되어야 합니다.

우리는 그동안 적전분열을 일삼아 왔습니다. 부끄러운 말이지만 현재 우리나라에는 대한예수교장로회 총회장의 명함을 갖고 다니는 목사님들이 무려 135명이나 된다는 통계를 보았습니다. 이것이 바로 영적 전쟁에 무기력한 이유입니다. 우리 장로 교회들이 기구적 연합이 안 된다면 말씀과 성령으로 하나 되는 운동이라도 벌여야 할 것입니다. 개혁주의 신학과 신앙을 가진 교회들이 하나 되지 못하고 끊임없이 분열되는 것은, 부끄러운 일일 뿐 아니라 실상 사탄이 바라는 일일 것입니다. 그러므로 다가오는 21세기에는 우리 교단 전부가 일치단결할 뿐 아니라, 같은 신앙을 가진 교회들과 연대를 같이 하여 사탄의 세력에 대해서 공동으로 대처해야 할 줄 믿습니다.

존경하는 여러 목사님들과 장로님 여러분!
이 시간 저는 다음과 같이 결론을 내리고자 합니다. 밝아 오는 21세기는 희망과 꿈도 있지만 엄청난 소용돌이가 예상됩니다. 다가오는 21세기를 눈앞에 두고 있으나, 과연 미래가 어떻게 될 것인가는 불확실합니다. 지금 이 순간에 전 세계적으로 일어나고 있는 것은 세기말적인 현상이 판을 치고 있습니다. T.V에서 젊은이들이 춤을 추고, 청소년 관람객들이 팔을 쭉 뻗어 검지와 새끼손가락만을 편 주먹을 박자에 맞추고 있습니다. 이것을 자연스러운 모습으로 보고 있는데, 사실 이런 행위는 본래 악마를 숭배한다는 의미로 록 그룹의 공연장에서 쓰이기 시작했습니다. 이런 현상은 출판은 물론이고 T.V와 영화, 대중 음악, C.F. 문화 동호회에 이르기까지 신비와 악마, 외계와 초과학, 전생과 환상, 환생과 귀신이 세기말에 처한 이 땅에 자리 잡아 가고 있습니다. 즉, 신비주의, 악마주의, 초과학주의가 판을 치고 있고, '모든 권위'가 해체되고 변방이 중심이 되는 새로운 가치관과 마인드 컨트롤이나 요가, 명상 훈련과 기(氣) 훈련 같은 것들이 대안으로 대접받는 상황입니다. 이런 세기말적 현상은 20세기 말을 코앞에 두고 있다는 시대적 의미와 아울러 생명 복제는 가능해도, 정작 살아 있는 에이즈 환자를 구원해 내지 못하는 과학의 아이러니에 대한 조소일 수도 있습니다.

뿐만 아니라 반도체와 컴퓨터로 이룩된 '사이버 바벨탑' 세상이 '미세한 바이러스'에 의해 동시에 파괴될 수 있다는 우려, 그리고 초정보 사회의 아이러니를 걱정하는 반동적 회귀 현상일 것입니다. 한편 세상 문화에 대한 대안을 제시하지 못하기 때문에 젊은이들은 점차 교회를 떠나가고 있고, 교회는 영적 전투력을 상실해 가고 있습니다.

이렇게 철저히 변질되고, 이질화된 세계관은 하나님을 떠난 인본주의 사상에서 출발합니다. 인간은 인간에 의해, 인간을 위해, 인간 자신의 영광만을 위해서 된다는 '인본주의 바벨탑'이 구축된 것입니다. 이것은 바로 롬 11:36에 있는 대로 "이는 만물이 주에게서 나오고 주로 말미암고 주에게로 돌아감이라 그에게 영광이 세세에 있을지어다"라고 하신 말씀을 완전히 뒤엎은 인본주의 사상입니다. 인본주의와 종교 다원주의 사상들은 성경을 떠나서 모든 종교의 통합을 꿈꾸며 모든 종교는 결국 같다는 식으로 우리 곁에 다가오고 있습니다.

그 배후에는 거대한 종교와 국가 조직인 로마 가톨릭 사상이 있습니다. 사탄의 세력은 그것들을 동원해서 우리 교회의 신학과 신앙과 삶을 파괴하려고 합니다. 이제 우리 교회는 오늘의 상황을 직시하고, 새로운 역사의 장을 열어야 합니다. 한 가지 확실한 것은 사탄의 공작이 아무리 극성이어도 하나님이 결국 승리한다는 분명한 사실입니다. 왜냐하면 하나님이 역사를 붙들고 계시고, 그의 구속의 역사는 정확히 택자들의 구원과 그의 나라 완성을 위해서 이루어 가실 줄 믿습니다. 다만 우리는 이 시대의 어두움의 세력이 무엇인지를 알아야 합니다. 사탄의 공작이 너무나도 크고 집요하게 공격하기 때문에, 거대한 이 시대의 골리앗과 한 판 승부를 벌이기 위해서 모든 교회의 지도자들은 영적 전쟁의 최전선에 서야 할 것입니다.

하나님은 죽은 하나님이 아니라, 살아 계신 하나님이십니다. 그리스도는 십자가에서 죽었을 뿐 아니라 살아나셨고, 지금은 하나님 우편에 계십니다. 성령께서는 우리 마음에만 역사 하는 것이 아니고, 우리 삶의 전 영역에 역사하십니다. 21세기가 되어도 인간은 여전히 죄인이며, 변치 않는 하나님의 말씀은 언제나 참되며 진실합니다. 그리고 하나님의 주권적 사역은 변치 않습니다. 사탄의 세력은 궁극적으로 파괴되고 하나님의 왕권은 승리합니다. 이제 우리는 시기와 질투와 다툼을 멈추고, 힘을 분산하는 일체의 행동을 중지하고, 하나님의 영광과 주권을 위해서 영적 싸움의 최전선에서 힘 있게 일합시다. 기도하면 마귀가 떨고, 말씀을 들고 외칠 때 사탄의 교두보는 무너집니다. 그러니 조금도 두려워 할 필요는 없습니다. 온 교회와 온 교단이 일치단결하여 여호와의 깃발을 세우고, 사탄을 발아래 짓밟으며 하나님 나라 건설을 위해서 뜨겁게 기도하며 하나님께 매어 달리십시다.

칼빈주의 신앙을 가신 사람은 바로 하나님 중심의 신앙을 가진 사람들입니다. 무엇이 두려워서 머뭇거리고, 무엇이 두려워서 말을 못하는 것입니까? 역사적 개혁주의 신앙만이 우리를 확고히 하고, 영적 전쟁에서 이길 수 있도록 할 것입니다. 앞으로 21세기는 지난 세기보다 사탄의 세력과 공작이 훨씬 더 집요하고 강하게 교회와 그 성도들을 넘어뜨리기 위해서 온갖 전략을 세울 것입니다. 그러니 우리 힘으로는 사탄을 이길 수 없습니다. 그러나 우리의 대장 예수 그리스도 안에 있을 때 승리할 수 있습니다. 왜냐하면 그것은 사탄이 가장 두려워하는 것이기 때문입니다. 온 교회는 영적 전투에서 살아남을 뿐만 아니라, 사탄을 발아래 짓밟기 위해서 총력전을 벌여야 합니다. "파수꾼이여 밤이 어떻게 되었느냐 파수꾼이여 밤이 어떻게 되었느냐 파수꾼이 이르되 아침이 오나니 밤도 오리라"(사 21:11-12)고 했습니다.

모든 목사님들과 장로님들은 이 시대의 파수꾼의 사명을 가지고 영적 전쟁의 최전선에 서야 합니다. 흑암에 처한 우리 민족에게 복음으로 말미암아 찬란한 아침이 밝았습니다. 그러나 21세기에 영적 전쟁에 실패한다면 또 다시 밤이 올 것입니다. 어둔 밤 쉬 되리니 내 직분 지켜서 일할 때 일하면서 놀지 말아야 할 것입니다. 파수꾼은 외롭고 힘들어도 칠흑 같은 어두운 밤을 응시하면서 적의 침투를 막기 위해서 생명을 내어 걸고 지킵니다. 우리는 적어도 이 시대의 파수꾼입니다. 6천 여 교회를 지키고 양 떼를 지키기 위해선 영적 전쟁에서 승리해야 합니다. 바라기는 교회의 지도자로서 목사님들과 장로님들에게 지워진 엄청난 사명을 능히 감당하게 되기를 소원합니다. 아멘.

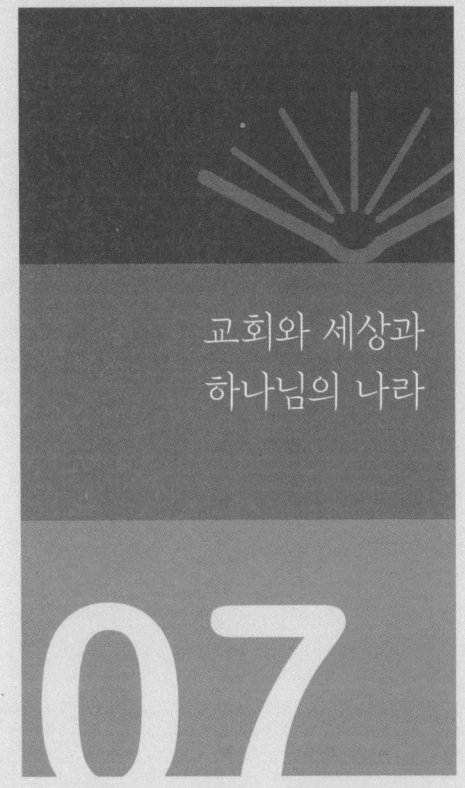

교회와 세상과
하나님의 나라

07

1. 교회와 세상과 하나님 나라의 성경적 의미
2. 크리스천의 세상 이해 문제점
3. 칼빈주의적 세상 이해
4. 대안과 결론

07

교회와 세상과 하나님 나라

*1996년 5월 6일 충현교회당에서 제33회 '전국 목사·장로 기도회'

제33회 '전국 목사·장로 기도회'에 참석하신 여러분들에게 성삼위 하나님의 은혜와 평강이 넘치시기를 기원합니다. 그동안 주님의 교회를 부흥시키고 성장시키기 위하여 맡겨진 목장에서 눈물과 땀을 바친 선배 동역자 목사님들에게 위로와 경의를 표합니다. 뿐만 아니라 목사님들을 도와서 마음과 몸과 물질을 다 드리면서 교회를 섬겨 오신 장로님들에게 더 큰 하나님의 은혜와 축복이 넘치시기를 소원합니다.

저는 금년에도 이 강연의 순서를 맡으면서 여러분들에게 무슨 제목으로, 어떤 내용으로 강의할 것인가를 놓고, 마음속으로 많은 고뇌를 가졌습니다. 그것은 다름 아니라 어떻게 하면 대한예수교장로회 총회 산하에 있는 목사님들과 장로님들에게, 이 시대의 바른 신학과 신앙의 방향을 제시하고, 또한 우리 교회가 하나님께서 기뻐하시고 하나님께 영광을 돌리는 교회로서 시대적 사명을 감당할 것인가를 깊이 생각해 보았습니다. 특별히 우리 교회는 개혁주의 곧 칼빈주의 신학과 신앙을 표방하는 교회인데, 이 어둡고 타락한 시대에 어떻게 하면 '제사장적 교회'가 될 것이며, 어떻게 하면 '선지자적 교회'가 될 것인가에 대해서도 고뇌하게 되었습니다. 그래서 이번에 정한 저의 강연제목은 "교회와 세상과 하나님 나라"라고 정했습니다.

바라기는 교회와 세상과 하나님 나라에 대한 바른 이해를 정립함으로써, 금후의 우리 교회가 개혁되고 변화되어 역사를 바로 이끌어 가고, 세상을 바로 이끌어 가는 장자 교단의 사명을 감당하게 되기를 소원합니다. 이번 제33회 '전국 목사·장로 기도회'로 모인 우리들이 먼저 우리 자신들의 연약과 죄를 회개하면서 함께 기도하고, 함께 부여잡고 교회와 민족의 통일과 나라의 장래를 위해서 함께 부르짖는, 말 그대로 '전국 목사·장로 기도회'가 되기를 소원합니다.

4.11 총선의 결과로 나라의 앞길을 한 치 앞도 내다 볼 수 없고, 우리 교회도 세상을 향해서 아무 말도 못하는 무기력증에 빠져 있는 것이 오늘의 현실입니다. 그럼에도 불구하고 문민정부가 들어서면서 우리 대통령이 이른바, 개혁과 변화, 그리고 역사 바로 세우기 운동은 우리 사회 전반에 걸쳐서 엄청난 지각 변동을 주었던 것은 아무도 부인할 수가 없을 것입니다. 여기에 관련해서 한 가지 생각해 볼 것은 대통령과 문민정부가 개혁과 변화, 그리고 역사 바로 세우기 운동을 하고 있는 동안, 우리 교회는 무엇이 개혁되고, 무엇이 변화되고, 어떻게 역

사를 바로 세웠는가를 한 번 짚어 보아야 하겠습니다. 만약 그런 것이 우리에게 힘든 것이었다면, '신앙 바로 세우기'라도 했어야 옳았습니다. 솔직히 말해서 우리 교회는 보수주의 교회인 것은 틀림이 없으나, 신앙의 내용에 있어서는 여러 가지 개혁할 요소가 있음을 아무도 부인할 수 없습니다. 그중의 하나가 바로 '교회와 세상과 하나님 나라와의 상관관계'에 대해서 매우 모호하거나, 오해된 것이 많기 때문에 금년에는 이 문제를 거론하고자합니다.

바른 신앙은 언제나 바른 신관과 바른 성경관과 바른 교회관에 기초합니다. 그런데 성도들이나 교회 지도자들이 세상을 어떻게 보는가 하는 시각도 신앙생활과 매우 밀접하다는 것을 알아야 합니다. 다시 말씀 드리면 교회가 이 세상 안에 있고, 우리도 이 세상에서 발붙이고 살고 있는데, 교회가 세상에 대해서 무관심한 것도 문제이지만, 교회가 세상과 같아져서는 더욱 문제가 심각합니다. 더구나 세속주의가 아무렇지도 않게 교회 안에 판을 치는 것은 바로 교회의 세속화를 의미합니다. 그러므로 교회는 교회의 본래 사명을 감당하면서도 세상을 변화시켜야 합니다. 그럼에도 철저한 신앙을 가진 사람, 경건한 신앙생활을 하는 분 가운데는 예상외로 세상에 대하여 이원론적(Dualistic) 사고방식으로 세상과 담을 쌓으므로 개인적, 내면적인 신앙은 위대하지만, 전혀 세상을 변화시키거나 빛과 소금노릇을 못하는 경우가 대부분입니다. 뿐만 아니라 교회와 세상, 그리고 교회와 하나님 나라에 대한 분명과 관계가 정립되지 않으므로 상당한 혼란을 가져오고 있습니다. 흔히 우리가 보수 신앙이나 진보적인 신앙을 말할 때, 성경관, 계시관, 교회관을 가지고 나누지만, 대개는 세상을 어떻게 보는 가에 따라서 보수 신앙과 자유주의 신앙이 갈라지는 것도 사실입니다.

저는 오늘 강연을 위한 핵심 줄거리를 만들기 위해 세 분의 칼빈주의 학자들의 의견을 특별히 참고했음을 미리 말씀 드립니다.

첫째는 칼빈주의 대신학자인 스킬더(K. Schilder)의 친구이며 화란 캄펜신학교의 실천신학 교수였던 베인호프(C. Veenhof) 교수의 '예수와 세상의 재창조'(Jesus en Herschepping der Wereld)란 강연과, 전 세계 개혁주의 신행협회 회장이었으며, 화란 우트레이트 대학과 여러 대학에서 칼빈주의 철학 교수였던 얀 뎅그링크(J.D. Dengerink) 박사의 '하나님 나라의 보편성과 실제성'(De Actualiteit en Universaliteit Van Koninkrijk Gods)입니다. 그리고 또 한 분은 우리 개혁주의 교회 신학의 대두인 루이스 벌코프(L. Berkhof) 교수의 '하나님 나라의 사회적 개념'(Social Conception of Kingdom of God)을 주로 참고 했음을 여러분들에게 말씀 드립니다.

1. 교회와 세상과 하나님 나라의 성경적 의미

교회가 무엇이냐에 대해서는 여러 목사님들과 장로님들에게 새삼스럽게 말씀드릴 필요도 없거니와, 성경에서 말씀하신 그 이상으로 이해할 필요가 없습니다. 교회는 그리스도의 몸입니다. 교회의 머리는 그리스도이며, 우리는 그리스도의 몸에 붙어있는 한 지체입니다. 교회는 예수 그리스도의 피로 세우신 것이며, 하나님의 영광과 복음 증거를 위해서 세운 것입니다. 그런데 교회는 세상의 한 가운데 있습니다.

그러므로 교회와 세상, 그리고 성도와 세상과의 관계 또는 성도들이 세상을 어떻게 이해하는가에 따라서 여러 가지 갈림길이 있습니다. 하나님의 피조물로서의 인간이 세상에 대한 태도는 매우 중요한 문제가 아닐 수 없습니다. 그 이유는 이 세상에 대한 우리의 태도는 바로 예수 그리스도에 대한 태도를 반영하기 때문입니다(H. Van Til, 191) 세상을 어떻게 볼 것인가는 우리의 신앙 형태에 아주 중요합니다.

어떤 사람은 세상을 썩어질 장망성으로 보기 때문에 탈현세적 신앙을 갖게 되고, 또 어떤 사람은 마치 이 세상에서 낙원을 이룰 것처럼 생각하는 인본주의적이고 낙관주의적인 생각을 합니다. 그러므로 세상에 대한 이해들은 세계관과 맞물려 있으며, 신앙의 형태를 결정짓는 것입니다. 철저한 보수주의 학자인 제임스 오르(James Orr)는 그의 저서『하나님과 세상에 대한 기독교적인 견해』(The Christian View of God and the World, 3-36)에서, 기독교인이 세상에 대한 올바른 견해가 얼마나 중요한 가를 말한 바 있습니다. 즉 예수 그리스도와 세상과의 관계, 죄인으로서의 인간과 세상, 예수 그리스도로 말미암은 세상의 재창조 등을 확실히 이해하지 못하고서는 우리는 올바른 신앙관을 갖지 못합니다. 뿐만 아니라 세상에서 그리스도의 주권이 어떻게 작용하며, 또한 성도가 세상에 대한 그리스도의 소명을 어떻게 실현해 가야 할 것인가 하는 것은 중요한 문제가 아닐 수 없다는 것입니다. 그러므로 우리는 교회와 세상, 그리스도와 세상과의 관계, 더 나아가서 성도와 재창조된 세계에서의 생활과 그 관계를 깊이 알아야 할 것입니다.

그러면 '세상'이란 말에 대해서 성경적으로 깊이 생각해 볼 필요가 있습니다. 지금 제 강연을 듣고 계시는 여러 목사님들이나 장로님들께서는 우선 세상이란 말에 대해서 한 가지 고정 관념을 가지고 생각하시는 분이 많으실 것입니다. 즉 세상이란, 우선 죄와 악의 대명사로 생각하고 있다는 것입니다. 다시 말하면 세상은 사탄의 영토이고, 교회는 하나님의 영토라는 생각에 아주 고정화 되어 있다는 것입니다.

그래서 세상으로 가는 것은 죽는 것이란 고정 관념이 있습니다. 보다 더 경건하고 철저하게 확실한 신앙생활을 하는 것은 가능한 세상 밖으로 나와야 하고, 세상의 것을 끊어 버리고, 세상과 접촉을 삼가며, 세상의 것은 모두 악하고 추하고 더럽기 때문에, 세상을 멀리하는 것이 참된 신앙생활을 하는데 기본이라고 가르치고 배우고 있습니다. 물론 오늘의 세상은 죄와 악으로 가득한 세상일 뿐 아니라, 성도들이 신앙생활을 제대로 할 수 없는 세상인 것이 사실입니다.

그런데 성경을 깊이 연구해 보면 세상이란 말은 반드시 부정적으로 쓰고 있는 것이 아니라, 여러 가지 뜻이 있음을 발견할 수 있습니다. 우선 우리말로 '세상'이란 단어로 번역된 것은 헬라어 코스모스(Cosmos)와 아이온(Aion)입니다. 코스모스는 공간적이고 장소적인 데 반해서, 아이온은 시간적인 의미를 가집니다. 하여간 우리말 성경에서 세상이란 말의 번역이 약 300여 개의 구절이 있음을 발견했습니다. 그런데 같은 말이라도 그 내용은 서로 다르다는 것을 성경을 주의 깊게 읽는 사람이면 누구나 발견할 수 있습니다. 우선 코스모스를 세상으로 번역된 말을 조사해 보면 앞서 말씀드린 칼빈주의 실천신학자인 씨 베인호프(C. Veenhof) 교수는 여섯 가지 뜻이 있음을 밝혔습니다.

첫째, 이 세상이란 하나님이 창조하신 '피조물 전체'를 가리킬 때 쓰는 말입니다.

예를 들면 요 1:9-10 "참 빛 곧 세상에 와서 각 사람에게 비추는 빛이 있었나니 그가 세상에 계셨으며 세상은 그로 말미암아 지은 바 되었으되 세상이 그를 알지 못하였고…"라는 구절에서 세상은 하나님의 창조하신 피조물 전체를 가리킬 때 쓰는 말입니다. 또 행 17:24에 "우주와 그 가운데 있는 만물(세상)을 지으신 하나님께서는 천지의 주재시니 손으로 지은 전에 계시지 아니하시고" 등은 모두 이 세상은 단순히 하나님의 피조물 전부를 통합적으로 말할 때 쓰는 것입니다.

둘째, 이 세상이란 의미는 '사람의 거주지'라는 의미를 가지고 있습니다.

가령 눅 12:30에 "이 모든 것은 세상 백성들이 구하는 것이라 너희 아버지께서는 이런 것이 너희에게 있어야 할 것을 아시느니라"고 했습니다. 이런 경우 세상이란 의미는 사람이 사는 거주지란 뜻입니다.

셋째, 이 세상이란 '전 인류'를 말할 때 쓰여 집니다.

예를 들면 마 5:14에 "너희는 세상의 빛이라 산 위에 있는 동네가 숨겨지지 못할 것이요"라든지, 마 13:38에 "밭은 세상이요 좋은 씨는 천국의 아들들이요 가라지는 악한 자의 아들들이요"라고 할 때는 모든 보편적인 인간을 말할 때 쓰는 말입니다.

넷째, 이 세상이란 말은 '유대인 외에 모든 사람 곧 이방인'을 가리킬 때 쓰는 말입니다.

롬 11:12에 "그들의 넘어짐이 세상의 풍성함이 되며 그들의 실패가 이방인의 풍성함이 되거든 하물며 그들의 충만함이리요"라고 했습니다. 또 롬 11:15에 "그들을 버리는 것이 세상의 화목이 되거든…" 등은 유대인 외에 이방인을 말할 때 사용되었습니다.

다섯째, 이 세상이란 의미는 '타락한 인간, 죄악의 대명사'로 쓰일 때입니다.

요한1서 5:19에 "또 아는 것은 우리는 하나님께 속하고 온 세상은 악한 자 안에 처한 것이며"라고 했습니다. 특히 요한1서 2:15-17에 보면 "이 세상이나 세상에 있는 것들을 사랑하지 말라 누구든지 세상을 사랑하면 아버지의 사랑이 그 안에 있지 아니하니 이는 세상에 있는 모든 것이 육신의 정욕과 안목의 정욕과 이생의 자랑이니 다 아버지께로부터 온 것이 아니요 세상으로부터 온 것이라"고 했습니다. 여기서는 세상이란 말이 가장 부정적인 의미로 쓰여 지고 있음을 볼 수 있습니다. 이 세상은 타락한 인간들이 우글거리고, 죄악이 득실거려서 성도들로서는 도저히 있을 수도 없고, 상종할 수 없는 악한 세상을 의미합니다.

여섯째, 세상이란 의미는 이 세상은 비록 죄로 말미암아 하나님의 심판을 피할 수 없지만, '예수 그리스도로 말미암아 구원의 대상이 된 세상'을 의미합니다.

예를 들면 우리가 너무도 잘 암송하는 요한복음 3:16에 "하나님이 세상을 이처럼 사랑하사 독생자를 주셨으니 이는 그를 믿는 자마다 멸망하지 않고 영생을 얻게 하려 하심이라"고 했습니다.

그뿐 아니라 예수님의 산상 보훈에서는 "너희는 세상의 소금"(마 5:13), 또는 "너희는 세상의 빛"(마 5:14)이라고 했습니다. 이때의 세상은 썩어질 장망성으로 폐기처분될 세상이 아니고, 구원의 대상이며 전도와 선교의 대상이란 사실을 밝혀줍니다.

사랑하는 목사님과 장로님 여러분!
여러분들께서는 위에서 해설한 여섯 가지 세상에 대한 의미를 들으시고, 이미 제가 무엇을 말씀하려는지 대강 짐작했을 것입니다. 세상에 대한 어느 입장을 취하는 가에 따라서 신앙의 내용이 달라지고, 신학이 달라지고, 교파의 성격이 달라지고, 선교의 내용이 달라지게 된다는 것입니다.

그 다음은 '하나님 나라'에 대해서 몇 마디로 생각하고자 합니다. 일찍이 헬만 리델보스(Herman Ridderbos)의 말처럼, '교회와 하나님의 나라는 같은 중심을 둔 동심원이며, 하나님 나라의 큰 원 속에서 교회가 있다'고 생각했습니다. 성경의 움직임은 하나님의 나라에서 시작해서 하나님의 나라로 진행되며, 하나님의 나라로 완성됩니다. 구약에 하나님 나라의 개념이 무수히 많고, 예수께서 말씀하시기를 "회개하라 천국이 가까웠느니라!"고 했으며, 복음서 기자들이 예수께서는 하나님 나라의 복음을 증거 했다고 기록하고 있습니다. 박윤선 박사의 표현대로 하나님의 나라는 왔고, 오고 있고, 장차 올 것이라고 했습니다. 이는 하나님의 나라의 장래성과 현재성을 동시에 말하는 것입니다. 오늘날 한국 교회가 가지는 하나님 나라에 대한 성도들이 갖는 이해는 타계주의적 관념을 갖거나, 이원론적 생각을 갖고 있습니다.

세상에 대한 관념이 이원론적이듯이 하나님의 나라 개념도 거기서 벗어나지 못했습니다. 교회사 학자인 이만열 교수에 의하면, 1920년대 3.1운동이 실패하자, 현실적으로 식민지 철폐가 어려워지고 이 땅에 독립 국가에 대한 소망이 사라졌을 때, 많은 사람들이 좌절과 실의에 빠졌습니다. 그때에 부흥사들이 성도들에게 타계주의적 하나님 나라의 개념을 갖게 했다는 것입니다. 즉, 독립 국가는 못 이룬다고 할지라도 하나님께서는 일제가 감히 어찌할 수 없는 하늘나라에 우리의 영원한 처소를 만들어 놓는 신앙을 갖게 했다는 것입니다. 그런 신앙이 1930년대의 신사 참배, 1940년대의 일제의 한국 교회의 혹독한 박해, 그리고 1950년대의 한국 전쟁을 통한 서듭된 좌절 속에서 점차 확대되어, 한국 교회는 하나님의 나라에 대해서도 고질적인 이원성을 갖게 되었다는 것입니다(이만열, 『한국 교회와 역사 의식, 기독교는 사회에 무엇을 줄 수 있는가?』 대장간, 81).

그 후 1970년대에 들어오면서 개혁주의적인 신학과 신앙의 이해로 말미암아 하나님의 나라는 영토 개념이 아니고, 하나님의 주권과 하나님의 능력이 통치하는 곳으로 이해하게 되었습니다. 우리는 날마다 주님의 가르친 기도 가운데 "…나라가 임하시오며 뜻이 하늘에서 이루어진 것 같이 땅에서 이루어지이다"(마 6:10)를 암송하면서도 하나님의 나라를 실제적인 것보다 관념적으로 이해하고 있는 실정입니다. 예수님께서는 눅 17:20下-21에 "하나님의 나라는 볼 수 있게 임하는 것이 아니요 또 여기 있다 저기 있다고도 못하리니 하나님의 나라는 너희 안에 있느니라"고 했습니다. 여기서 '너희 안에'란 우리 마음에 있다는 말도 되지만, '너희 가운데' 있다는 뜻입니다. 하나님께서는 육신의 몸을 입으시고 세상에 오셨고, 그때부터 하나님의 뜻이 이루어지기 때문에 예수님은 하나님의 나라가 이미 왔다고 했습니다. 즉 하나님의 주권과 통치가 있는 곳이 바로 하나님의 나라라는 뜻입니다.

저는 위에서 교회와 세상과 하나님 나라의 개념에 대해서 길게 말씀드렸습니다만 왜 이것을 새삼스럽게 논하는 지를 이미 여러분들께서는 어느 정도 짐작하고 계시리라 믿습니다. 그러면 이제부터 본격적으로 여기서 파생되는 문제들을 생각해보고 비판과 대안과 비전을 제시해 보겠습니다.

2. 크리스천의 세상 이해의 문제점들

존경하는 교회의 지도자 여러분!
우리 그리스도인들은 세상에서 어떤 존재들입니까? 지도자들로서 여러분은 세상에 대하여 어떤 입장을 가지고 계십니까? 생각하기 따라서 여러분은 성경 말씀을 따라서 예수 그리스도를 나의 구주로 영접하고 우리에게 맡겨진 사명에 충성을 다하며 하나님께서 우리에게 주신 축복을 누리며, 마음에 평화와 기쁨을 누리기만 하면 된다고 생각할 수 있습니다. 그러나 세상에 대한 잘못된 이해가 우리의 신앙을 크게 훼손할 뿐 아니라, 하나님의 뜻과 하나님의 부르심에 역행할 수 있다는 사실입니다.

첫째, 우리 지도자들이나 성도들이 갖고 있는 '탈현세적인 세상' 이해입니다.

앞에서 저는 성경에서 세상이란 개념은 여섯 가지가 있다고 말씀드렸습니다. 그런데 우리 교회는 대부분 그 다섯 번째 개념인 세상은 바로 죄악의 도성이요, 썩어질 장망성이기 때문에 세상과 나와는 무관하며, 세상에서 도피하여 따로 나와 있어야 할 것을 힘주어 설교하고 하고, 실제로 그런 신앙관을 가지고 살아온 것이 한국 교회의 신앙 형태였습니다. 실제로 세상은 죄악 투성이입니다. 자식이 아비를 죽이고, 남편이 아내를 토막 내어 죽이는가 하면, 아내도 남편을 죽여 보험금을 타먹는 실로 끔찍한 세상인 것은 아무도 부인할 수 없습니다. 도대체 이 세상에 무슨 정의가 있습니까? 참으로 이 세상은 죄악으로 뒤범벅이 되어서 성직자는 고사하고, 일반 성도들도 살 수 없는 사해와 같고, 고해와 같은 세상인 것이 사실입니다. 그러므로 자연스럽게 진실하고 경건하게 살려는 성도는 세상에 대한 담을 쌓고 세상과 격리되어 살 수밖에 없는 것입니다.

사실 세상이란 오늘날만 추하고 더러운 것이 아니고, 아담이 범죄한 이후 인간 세상은 지금이나 그때나 하나님을 배신하고 서로 미워하고 싸우고 질투하고 넘어뜨리는 것이 세상의 모습입니다. 우리나라가 GNP가 만 불이 넘었다고 자랑하지만, 만 불의 시대는 곧 불만의 시대가 된 것입니다. GNP가 올라가도 인간의 행복지수는 그 반대로 떨어져 세상은 더욱 살벌하고 어려운 것이 사실입니다. 세상은 옛날에는 상상할 수도 없는 신종 범죄가 판을 치고, 성적 도덕적 타락과 윤리의 타락은 감히 강단에서 입에 담을 수 없을 정도입니다. 마치 고린도 교회와 같이 세상의 타락한 삶의 방법이 교회까지 깊이 침투되어서 이제는 그것이 보편화될 정도입니다.

앞서 저는 이만열 교수가 지적한 대로 왜 우리 교회에 하나님 나라의 개념이 타계적인 관념을 갖고 이원론적인 사고방식을 갖게 되었는가를 소개했습니다. 교회가 세상을 어떻게 보는 가와 하나님 나라를 어떻게 보는 것과 서로 상관이 있음을 알아야 합니다. 즉, 이원론적 사고방식을 갖게 되면 이 세상은 마귀가 욱실거리는 세상이기 때문에, 우리는 오직 장차 올 하나님의 나라만을 소망하면서 살아야 한다는 것이 대부분 우리 보수주의 교회의 신앙의 패턴으로 굳어졌습니다. 퍽 흥미있는 것은 한국 교회는 신약 성경이 완역되기 전에 벌써 존 번연(John Bunyun)의 『천로역정』(Pilgrims Progress)이 한국 최초로 삽화 그림을 넣어서 목판본으로 인쇄되어 널리 읽혀지고 있었다는 사실입니다.

잘 아시는 대로 천로역정은 기독도가 세상을 '장망성'으로만 보고,

천성을 향하여 가는 내용입니다. 이것은 존 번연 당시의 영국 교회 성도들의 세상 이해입니다. 그런데 천로역정의 내용은 많은 부흥사경회에서 낮 공부 교재로, 예화로, 또는 주일 학교 교육에서 가르쳐 왔기 때문에 한국 교회 보수주의 교회의 성도들에게 깊이 못 박혀 있습니다. 그래서 세상은 성도들이 발붙일 곳이 못되므로 도피해야 할 장소라고 생각하고 있습니다. 특히 이성봉 목사님은 장, 감, 성 모든 교회의 부흥성회를 인도하면서 그 특유의 감화력으로 불렀던 허사가중에는 "세상만사 살피니 참 헛되구나. 부귀공명 장순들 무엇하리요" 하면서 불렀던 가스펠 송은, 이 땅에 소망이 없던 당시의 성도들에게 뼈 속 깊이 파고들어 기독교의 복음을 십자가의 구속에 두는 것보다, 허무주의에서 출발하도록 만들었습니다.

그래서 성도들 가운데는 이 세상은 썩어질 장망성이므로 이 세상에 발붙이고 사는 그 자체를 고역으로 생각하고, 도피주의로 생각하는 사람들이 대부분입니다. 특히 이런 생각은 보수주의나 경건주의를 표방하는 사람들 가운데서 많이 찾아볼 수 있습니다. 그러나 분명히 말하지만, 그것은 이 세상에 대한 잘못된 세계관입니다. 기독교 신앙은 허무주의에 기초한 것이 아니고, 예수 그리스도의 십자가의 죽으심과 부활사건에 기초한 생명의 신앙이며 역동적 신앙입니다. 세상에 대한 이러한 이원론적 사상은 헬라 철학에서 나온 것입니다. 세상에 대한 허무주의 사상은 하나님을 창조주 하나님, 구속주 하나님으로 믿지 않는 이교 사상에서 나온 것입니다.

오늘날 현대인들 가운데는 신자나 불신자를 막론하고, 허무주의,

패배주의가 이 세상을 병들게 하고 있습니다. 허무주의는 일체의 희망을 죽여 버리는 우리 시대의 정신적으로 가장 큰 병입니다. 전쟁과 사회 불안이 있을 때는 허무주의 세상관이 극에 달해서 시한부 종말론 같은 이단이 나타나서 세상을 어지럽힌 경우를 보지 않았습니까? 세상에 대한 그릇된 이해가 자기중심적 신앙, 이기주의적 신앙, 도피적 신앙, 자학적인 신앙을 갖게 했습니다.

한국 교회와 세계 교회가 가지는 또 다른 유형의 세상 이해는 이 세상을 잘 개량하면, 유토피아가 올 것이라는 낙관주의적인 세계관입니다. 공산주의, 맑스주의자들은 이 세상을 혁명을 통해서 유토피아를 건설하겠다는 것입니다. 그 혁명은 무자비한 피의 혁명을 통해서 이 땅에서 지상 천국을 이루겠다는 사상입니다. 그러나 이들의 실험은 실패로 돌아갔음이 역사가 심판해 버렸습니다. 그런데 기독 교회 안에서 낙관주의적 세상관을 가진 사람들도, 폭력과 시위의 방법을 통해서 이 세상을 바꿀 수 있다는 생각이 있습니다. 그래서 지난 30년 동안 군사 정권 아래서 거의 하루도 화염병이 날지 않는 날이 없으리만큼, 젊은이들은 거리에서 피 흘리고, 숱한 아까운 목숨을 잃어버렸습니다.

이 세상의 제도를 개선하고, 구조적인 모순을 제거하면 평화가 올 것이라는 낙관주의적인 생각은 교회에서도, 정부에서도 버려야 합니다. 왜냐하면 지금은 군사 독재가 물러간 것이지, 인간의 죄악이 물러간 것이 아니기 때문입니다. 그 실례로 대통령이 칼국수를 드시면서 변화와 개혁, 역사 바로 세우기, 윗물맑기 운동을 할 때도 바로 그 옆에는 탐욕의 죄를 가진 사람이 곁에 있었습니다. 이것이 인간 세상의 한계입니다. 이것이 바로 정치의 한계이고, 통치의 한계이고, 이것이 바로 제도의 한계입니다. 이처럼 인간의 죄악은 너무도 컸기 때문에 하나님이 독생자를 직접 보내서 십자가에 못 박히게 하시고, 속죄의 죽음을 죽어서 다시 부활하게 하지 않을 수 없었습니다. 그리고 그 사실을 믿음으로 구원 얻는 방법밖에는 달리 도리가 없음을 가르쳤습니다. 정권이 수백 번 바뀌어도 인간의 죄악의 문제는 정치로는 결코 해결되지 않습니다. 그러기에 죄악의 문제 해결을 위해서 목사와 장로를 세운 줄 믿습니다.

윗물이 맑으면 아랫물이 자동으로 맑아지지 않습니다. 강물은 윗물 곧 샛강이 맑으면 아랫물이 맑아집니다. 자연의 이치는 그러하지만 인간은 위나 아래나 똑같이 썩었기 때문에 사람의 힘으로 정치 제도나 사회 제도를 바꿈으로써 이상적인 세상이 올 것이라고 기대하지 말아야 합니다. 물론 우리는 사회의 구조적인 제도 개선은 할 수 있는 데까지 해야 합니다. 그러나 그것으로 세상을 새롭게 한다는 낙관주의는 금물입니다. 오늘 자유주의 신학자들이나 그 교회들은 보수주의자들이 미처 보지 못했던 세상과 사회의 관심을 가지고 적극적으로 참여한 것은 좋으나, 그들이 말하는 세상 곧 사회는 이른바 사회 복음을 통해 세상을 변화시키겠다는 낙관주의 사상에서 발생한 것입니다. 미국의 웨스트민스터신학교와 칼빈신학교에서 실천신학을 가르쳤던 R.B 카이퍼(R.B. Kuiper) 교수는 말하기를 "자유주의적 사회 복음의 결함은, 그것이 사회적인 데 있다기보다 자유주의적인 데 있다"고 증언한 것은 명쾌한 대답입니다.

우리는 위에서 이 세상에 대해서 두 가지 상반된 견해를 살펴보았습니다. 즉, 복음적이고 보수적인 신앙을 가진 사람들은 개인의 영적인 구원에만 관심이 있었고, 세상에 대해서 도피적 탈현세적인 신앙을 갖고 있는데 반해서, 자유주의자들은 비성경적인 입장을 가지고, 초자연적인 기독교를 거부하면서도, 우리가 세상과 사회에 무관심한 틈을 타서 세상과 사회 전반에 걸쳐서 저들의 독무대로 만들어 버렸습니다. 그래서 우리는 한국에서 가장 큰 보수적 장로 교회이며 말 그대로 장자 교단이면서도 세상을 향해서 아무런 말을 하지 못하는 교회가 되었습니다. 그래서 도리어 지난 40여 년간 정부는 우리 교회를 만만히 보고 있습니다. 자유주의자들은 세상을 향해서 할 말을 다하면서도, 우리를 향해서는 근본주의자들이라고 매도하고 있음에도 불구하고, 우리 지도자들은 의분조차 느끼지 않는 것은 이상할 정도입니다.

우리 교회는 분명히 역사적 칼빈주의 교회이며, 정통 신학과 신앙을 가진 교회입니다. 그렇다면 역사의 책임을 지는 '선지자적 교회'가 되는 동시에 민족의 아픔을 안고 가슴앓이를 하면서, 하나님께 나아가 울며 통회하는 '제사장적 교회'가 되어야 할 줄 믿습니다. 그리고 잡다한 군소 교단들에게 분명하게 우리의 신학과 신앙은 이것이며, 우리의 세계관, 세상관, 정치관, 문화관, 학문관은 이러이러하다는 것을 만천하에 선포하고, 우리는 그들을 이끌어주고 안아주고, 가르쳐줄 책임이 있는 줄 믿습니다. 그러면 이제는 세상에 대한 칼빈주의적 입장을 보다 명백하게 제시하고자 합니다.

3. 칼빈주의적 세상 이해

칼빈주의자들은 세상에 대한 개념에서 균형 잡힌 조화의 태도를 가지고 있습니다. 성경은 세상을 하나님께서 자기의 영광을 위하여 창조하신 예술품으로 나타내고 있습니다(골 1:17, 계 4:11, 욥 38:41). 그러기에 세상은 하나님의 걸작의 교향곡이며, 창조주에 대한 조화로운 광채이며, 혼돈과 부조리의 정반대입니다. 세상은 하나님의 창조물인 동시에 하나님의 완전성을 비추는 반사경입니다(H. Van Til, 193). 그러나 인간의 죄로 말미암아 세상은 조화를 잃고, 고통 가운데 신음하게 되었습니다. 그래서 하나님께서는 세상을 사랑하시고, 세상을 구원하시기 위하여 그의 외아들을 세상에 보내어 하나님과 화목하게 하셨으며, 그리스도께서 속죄주가 되신 것입니다.

그러므로 칼빈주의자들은 이 세상을 썩어질 장망성으로 보지 않을 뿐더러 이 세상에서의 인간의 힘으로는 유토피아를 건설할 것으로 보지도 않습니다. 칼빈주의자들은 성경의 원리를 따라서 "우리는 세상에 살고 있으나 세상에 속한 자는 아니다"(We are in the World but not of the World)라는 확신을 갖게 합니다. 그렇습니다. 우리는 분명히 죄악의 도성에 살고 있고, 우리도 별 수 없이 세속에 물들어서 죄악에 엉망진창이 되어서 허우적거리는 사람들입니다. 그러나 우리의 신분은 예수 그리스도로 말미암아 하늘의 시민권을 소유한 자들입니다.

그런 의미에서 우리는 이중 국적자입니다. 이 세상은 험하고 우리는 비록 약하지만, 주의 은혜로 구속받아 주께서 만물을 새롭게 하시어 새 하늘과 새 땅을 만들 때까지 천국 시민으로 소명과 사명과 책임을 감당해야 할 줄 믿습니다. 비록 우리는 천국 시민권 소유자라고는 하나, 이 질펀한 죄악의 거리를 걷고 있습니다. 우리도 자동차를 타야 하고, 우리도 우체국에 가야 하고, 병원에도 가야 하고, 은행에도 바쁜 걸음을 옮겨야 합니다. 우리도 북적거리는 시장 바닥을 돌면서 저녁 찬거리를 사야 합니다. 그러면서 우리는 하나님이 만드신 대자연을 호흡하고 살아갑니다. 우리는 이 세상에서만 속한 자가 아니고, 영원한 하나님 나라에 속한 자입니다. 그런 까닭에 하나님 나라 건설의 일꾼으로 확신과 환희를 가지고 힘차게 일해야 될 줄 믿습니다.

좋은 예가 될런지는 모르겠습니다만, 미국 사람들이 이태원 거리를 누비면서 쇼핑도 하고, 식사도 하고, 이것저것을 구경하지만, 그들은 미국 시민권자로서의 자존심을 잃지 않고 당당히 걸어갑니다. 우리는 죄악의 세상에 살고 있습니다. 고통과 낭패와 실망, 그리고 죄가 우글거리는 삶의 한 가운데 있습니다. 그렇다고 이 땅은 버려진 땅, 폐기처분할 땅이 아니라 주님이 다시 재림하시는 날, 하나님의 나라 완성을 볼 때까지 우리의 삶 전부를 드려서 복음으로써 죄와 세상을 도리어 짓밟으며 하나님의 영광을 위해 살아야 합니다.

왜 세상에서 우리의 일감을 잃어버리도록 합니까? 죄악 세상이기에 목사님들과 장로님들이 해야 할 일감이 많습니다. 썩어 냄새나는 세상이기에 그리스도의 향기가 필요하고, 칠흑 같은 어두운 밤이기에 빛 되신 주님을 증거 해야 하고, 주의 말씀은 내 발에 등이요 내 길에 빛이기 때문에(시 119:105), 그 말씀을 정확하고 힘 있게 증거 해야 합니다. 세상은 죄로 병들어서 소망이 없습니다. 그래도 하나님은 세상을 포기하지 않고, 모든 사람이 회개에 이르도록 기다리고 계십니다. 그런데 우리는 세상을 변화시킬 당찬 각오는 하지 않고, 미리 겁을 내어 도망치려는 발상을 하고 있습니다. 그것은 보수주의 신앙도 아니고, 성경적 신앙도 아닙니다. 우리 교회는 나약한 군사로서 후방에서 서성거리지 말고, 이 죄악 세상을 자유주의자들에게 맡기지 말고, 우리 칼빈주의자들이 맡아서 이 마지막 한 때 대격전을 벌여야 할 것입니다.

이 세상의 세력들은 만만한 것이 아닙니다. 그리고 쉽사리 넘어가지도 않습니다. 그렇지만 여호와는 우리 편이시며, 우리와 함께 하시며, 우리의 힘이 되시며, 능력이 되시기 때문에, 비록 전 세계 자유주의자들에 비하면 불과 300명의 기드온 병사 수준의 병력이지만, 이 세상을 변화시켜 하나님의 나라가 하늘에서 이루어진 것 같이, 땅에서도 이루어지기 위해서 전력투구해야 합니다. 우리 교회는 세계에서 가장 큰 교단이면서도, 가장 성경적인 신앙을 가졌다고 자부하면서도 이 세상을 보는 시각에서 '도피주의'를 채택했기 때문에, 개인적이고 영적인 신앙은 훌륭하나 세상을 변화시키거나, 세상을 새롭게 할 수 있는 힘은 하나도 없습니다. 덩치는 크면서도 기민성과 기동력이 없고, 아예 세상의 정보에 귀를 막고, 살기 때문에 세상을 향하여 '선지자적인 외침'도 '제사장적인 눈물'도 없는 이기주의적이고, 자기중심적인 신앙으로 굳어졌습니다.

사랑하고 존경하는 목사님들과 장로님 여러분!

우리 교회는 누가 뭐라고 해도 분명히 하나님의 영광과 주권만을 높이고, 그의 무릎 아래 엎디어지는 칼빈주의 교회입니다. 우리 교회는 누가 뭐라고 그래도 살아계신 하나님의 말씀을 바로 파수하려는 칼빈주의 교회입니다. 그리고 장로 교회입니다. 우리 교회는 누가 뭐라고 해도 세계에서 가장 강력한 잠재력을 가진 교회인 것이 틀림이 없습니다. 문제는 하나님께서 우리 교회와 우리 지도자들에게 맡겨주신 위대한 소명을 어떻게 감당하는 가입니다. 오늘 읽은 마태복음 28:19-20에는 "그러므로 너희는 가서 모든 민족을 제자로 삼아 아버지와 아들과 성령의 이름으로 세례를 베풀고 내가 너희에게 분부한 모든 것을 가르쳐 지키게 하라 볼지어다 내가 세상 끝날까지 너희와 항상 함께 있으리라"고 했습니다.

이 본문은 흔히 선교사들이 선교의 열정을 고취시키기 위해 흔히 인용되는 성경 구절입니다. 그래서 이 구절을 이른바 '선교의 대명'이라고 말하기도 합니다. 그러나 이 성경을 주의 깊게 살펴보면 주님의 마지막 명령으로 우리에게 소명을 주실 때 복합적인 의미로 말씀하신 것을 알 수 있습니다. 즉, 예수님은 제자들에게 세상을 향하여 선교적 명령(Mission Mandate)과 교육의 명령(Educational Mandate)과 목회적 명령(Ministry Mandate)을 동시에 주신 것입니다. 이런 세 가지 명령 수행을 위해서, 하나님은 우리가 세상에서 도피할 것이 아니고, 세상을 향하여 '가라'고 명령하셨습니다. 비록 하나님을 배신하고 썩어 냄새나는 세상이지만, 도피하거나 포기하지 말고, 선교의 사명을 다하라는 말씀입니다. 이 세상은 송두리째 죄악의 도성이지만, 또한 택한 자들이 일할 전도의 장(場)이며, 선교의 장(場)입니다.

사실상 이 세상에 죄악이 관영하고, 이 세상이 하나님을 알지 못하기 때문에 더욱 선교해야 합니다. 잘 알지 못하는 사람들은 칼빈주의자들은 선교에 약하다고 합니다. 그것은 무지의 소치입니다. 1559년 칼빈이 세운 제네바 아카데미는, 개혁주의 사상 훈련의 도장인 동시에 선교의 훈련 센터였습니다. 제네바 아카데미를 세우던 그해 161명의 개혁의 뜻을 가진 사람들이 몰려왔습니다. 그리고 10년 후에는 1,600명의 학생들로 불어났습니다. 그들은 영국, 스코틀랜드, 아일랜드, 화란, 독일, 프랑스, 헝가리에서 온 학생들로서 교회 개혁의 특공대들이었습니다. 교육을 마치고 고국에 돌아간 그들은 교회를 개혁했을 뿐 아니라, 정치와 사회와 문화와 교육을 개혁했습니다. 칼빈의 제네바 아카데미를 통한 개혁주의 사상 훈련을 통해서 수많은 지도자들이 배출되었고, 그들은 교회뿐만 아니라, 삶의 전 영역을 변화시키는 주체가 되었습니다.

그런데 오늘날 우리의 선교는 너무나 소극적이고, 이기적이고, 개교회 실리주의여서 효과적인 선교를 못하고 있는 것이 사실입니다. 선교사들 중에도 도피성 선교사가 많다는 것은 다 아는 이야기입니다. 현지에서 눈물과 땀을 바쳐 성공하는 선교사들은 그래도 본교단의 선교사들입니다. 그러나 들리는 말로는 필리핀에만 해도 한국 선교사로 자칭하는 사람들이 1천 명이나 방황하고 있음은 무엇으로 설명 할 수 있습니까? 선교는 세상에서의 도피가 아니라, 세상 속으로 들어가는 것입니다.

우리 칼빈주의자들은 선교적 명령 못지않게 하나님께서 주신 문화적 명령(Cultural Mandate)도 충실히 이행해야 합니다. 그것도 세상에서 도피해서는 할 수 없는 일입니다. 그러나 역사적으로 살펴보면 이 문제도 여러 가지 의견이 있었습니다. 예를 들면 터툴리안(Tertullian)은 기독교와 고대 문화 사이를 엄격히 구분하고, 기독교 신앙은 문화에 대한 아무런 책임이 없다고 했습니다. 왜냐하면 당시의 문화는 온통 이교 문화에 푹 젖어 있었기 때문에 세상 문화와의 단절을 주장했습니다. 그래서 그는 유명한 말 한마디를 남겼는데, "아덴과 예루살렘이 어찌 공존하며, 교회가 어떻게 아카데미를 만들 수 있는가"를 물었습니다. 이런 사고방식은 세상에서의 도피를 경건으로 생각하는 발상으로 오늘날 우리들 주변에서도 많이 찾아볼 수 있습니다.

그러나 이와 정반대로 져스틴 마터(Justian Martyr)는 그가 교육받은 스토익(Stoic) 사상과 기독교 복음을 한 데 묶어 보려고 시도했습니다. 그는 헬라 철학의 이성으로서의 로고스와 요한복음 1장에 나타난 하나님의 아들로서의 로고스를 동일하게 보았습니다. 요즘 식으로 말하면 종교혼합주의 사상입니다. 한국에서는 감리교 최초의 목사인 탁사 최병헌이 기독교와 유불선 종교를 함께 수용하는 문화 신학을 시작했기 때문에 아직도 그들은 그 틀에서 벗어나지 못하고 종교 다원주의 사상에서 헤어 나오지 못하고 있습니다. 한편 가이사랴의 바실(Basil)은 헬라 문화를 다소간에 기독교 문화를 위한 발판으로 보고자 했습니다.

그러나 히포의 감독 어거스틴(Augustine)은 영적반위(靈的反位)개념으로 세계 역사의 발전 개념을 가졌는데, 즉 그것은 '하나님 나라와 세상 나라의 끊임없는 투쟁'으로 보았습니다. 이 두 사이는 서로가 양보할 수 없는 관계였습니다. 그의 중심 과제는 하나님의 주권에 대한 고백이었습니다. 즉, '복음을 통해서 세상 문화를 변화시켜야 한다'는 것입니다. 물론 이것은 문화가 사회를 구원한다는 말도 아니고, 문화 형태를 정죄하는 문화적 비관주의는 물론 아닙니다. 우리가 땅을 정복하고 세상에서 해야 할 '크리스천의 소명'이 있기에 최선을 다할 뿐입니다. 우리가 하나님의 부르심에 아멘으로 순종하고, 그의 주권을 인정하고, 믿음으로 나갈 때, 하나님께서 기적의 역사를 만들어 주실 줄 믿습니다. 결국 어리석은 십자가의 복음이 세상을 이기고 생명의 말씀인 복음이 세상과 문화를 변화시킵니다. 사람의 힘으로 할 수 없는 것을 하나님은 하실 수 있습니다.

여러 해 전에 저는 독일 베를린 장벽을 구경한 일이 있습니다만, 이제 그 장벽은 무너졌습니다. 그 장벽 옆에는 탈출하다가 총살당한 많은 동독 형제들의 무덤이 있었습니다. 분단 국가의 한 사람으로 많은 생각을 했습니다. 그런데 독일 베를린 장벽을 무너뜨린 것은, 사회 정의를 복음으로 착각하는 운동권자들이나 민주 투사가 아니었습니다.

그들은 복음적이고 보수적인 시골 교회 목사님과 연약한 교인들이었습니다. 그 목사님은 "주여! 베를린 장벽이 무너지게 해주시옵소서. 우리 민족에게 통일을 주시옵소서. 우리의 기도를 들어 주실 줄 믿습니다."라고 기도하는 시골 교회 목사였습니다. 교인이래야 열댓 명 정도 되는 교인들과 함께 기도했습니다. 동독 비밀경찰들은 그들을 우습게 알았습니다. 화염병도 던지지 않고, 쇠파이프도 들지 않았기에 우습게보았던 것입니다. 그러나 날마다 기도자의 숫자가 불어나서 천여 명으로 불어났습니다. 바로 이 기도 운동이 베를린 장벽을 무너뜨린 것입니다. 여리고성을 무너뜨렸듯이, 하나님이 그들의 기도를 들으시고, 장벽을 깨뜨린 것입니다. 한국의 휴전선도 기도의 방법밖에는 없습니다. 우리끼리만 축복받고, 우리끼리만 잘 먹고, 잘 살려고 하고, 우리끼리 모여서 받은 은혜 족하다고 배를 두들기는 무기력하고 나태한 우리 교회는 회개해야 합니다.

일전에 어느 목사님의 출판기념회 설교를 갔다가, 경실련 총무인 서경석 목사님의 답사를 들었습니다. 그는 한국 최초의 성도인 서상륜 장로의 4대손이었습니다. 그는 솔직히 고백하기를 "저는 운동권 출신자로서 세 차례나 감옥에 갔다 왔습니다. 저는 정 목사님이 지적한 대로 자유주의자였습니다. 저는 폭력을 통해서 세상을 새롭게 하고 민주화를 이룩하려고 했습니다. 그런데 감옥에서 기도하며, 말씀을 읽는 가운데, 그것이 잘못되었다는 것을 깨달았습니다. 이제 한 가지 확신하는 것은 자유주의 신앙을 가진 자는 순교자가 될 수 없다는 사실입니다"라고 고백했습니다. 그렇습니다. 세상을 변화시키는 것은 우리의 사명입니다. 그런데 그것은 화염병도, 쇠파이프도 아닌 하나님의 주권을 고백하고, 하나님의 영광을 위해서 삶 전체를 드리는 사람, 기도의 사람, 성령의 사람, 말씀의 사람들을 통해서 교회도 세상도 개혁할 줄 믿습니다.

여러분들이 잘 아시는 대로 체코의 대통령 하벨은 극작가였습니다. 다만 민주화 이후에 대통령이 되었습니다. 그가 미국 국회의사당에 초대되어 연설하면서 다음과 같이 말했습니다. "나를 체코의 대통령으로 세워주신 것은 전임자처럼 거짓말하지 말고, 정직하게 대통령하라고 뽑아주신 걸로 믿습니다…우리 체코는 기독교적 진리, 기독교적 문화, 기독교적 가치관으로 다스려질 것입니다"라고 했습니다. 이 연설을 듣고 있던 미국의 국회 의원들이 손수건으로 흐르는 눈물을 닦으면서 감사 감격했습니다. 과연 종교 개혁자 존 후스의 후예다운 연설이었습니다.

민주화된 헝가리의 첫 대통령도 칼빈주의자였습니다. 제가 1986년 아직도 공산당의 붉은 별이 붙어 있을 때, 세계 칼빈학회에 설교 강사로서 칼빈주의의 로마로 불리우는 데브레첸에 갔습니다. 저는 그들의 순수한 복음적이고, 하나님 중심한 칼빈주의 신앙에 놀랐습니다. 서방 교회는 세속주의로 세상에 삼키운 바 되었지만, 그들은 도리어 박해 가운데 신앙을 지켜왔음을 보았습니다. 이튿날 저는 강단에서 기도하면서, "오른 손에 일곱 별을 잡으시고, 일곱 금 촛대 사이에 다니시는 예수님이여, 이 헝가리를 구원해 달라고 기도한 후 '너희는 저희 말을 들으라'는 메시지를 마음껏 큰 소리로 외쳤습니다. 예배를 마친 후 나는 헝가리 교회 지도자들과 부둥켜안고 울었습니다. 그들은 신앙의 자유가 제한된 지 40년 만에 듣는 설교라고 했습니다. 몇 해 후에 붉은 별은 떨어지고 자유의 천지가 되었습니다.

사랑하는 지도자 여러분!
하나님께서 우리 시대 우리에게 맡겨주신 위대한 소명을 저버리지 맙시다. 우리는 세속주의에 함몰되어 자기 정체성을 잃어버려도 안 되겠지만, 세상을 썩어질 장망성으로만 보고 도피하는 '탈현세적인 세계관'에서도 벗어납시다. 우리나라처럼 가난하고 고통이 많고 시련이 많고 어두운 백성이 없었지만, 흑암에 처한 우리 민족에게 하나님께서 복음을 주시고, 20세기의 기적을 이룬 것을 감사합시다. 그러나 받은바 은혜와 축복을 우리 자신만을 위해 소모해서는 안 됩니다. 밝아오는 21세기는 코리아의 시대가 올 것입니다. 그때를 준비하기 위해서 능동적으로 적극적으로 교회를 개혁하고 세상을 변화시켜야 합니다. 그것은 철저한 하나님 중심 사상을 가진 칼빈주의적 신앙을 가진 사람들만의 몫입니다. 우리 교회도 칼빈주의적인 대통령을 만들어야 하고, 칼빈주의적인 국회 의원들을 만들어 내어야 합니다. 하나님을 두려워할 줄 아는 칼빈주의적 법관을 만들어야 합니다. 독도는 우리 땅이라고 하지만, 한국의 모든 땅도 우리 땅이 아니고 주님의 땅입니다.

세상은 주님의 것입니다. 이 세상은 하나님이 독생자를 주기까지 사랑하는 세상입니다. 그러므로 우리는 '삶의 전 영역에 주님의 왕권'을 높이고, 여호와의 주권을 높이는 일당 백, 일당 천의 신앙가로서 불신 세계에 복음을 전하고 가르쳐 지키게 해야 합니다. 왜 우리 교단은 겁먹은 사람들로 살아야 합니까? 왜 우리 교회는 세상을 향하여 죄도 책망하지 못하는 교회가 되었습니까? 왜 우리는 "옳다, 옳다, 아니다, 아니다"라는 말을 못합니까? 그러나 솔직히 말해서 이번 4.11 총선에 목사님들과 장로님들이 직접·간접으로 관련되지 않은 분들이 몇이나 됩니까? 연합 집회 하자면 안 모여도, 국가 조찬 기도회는 자기 돈 내고, 전국에서 다 모여 자리가 모자랄 정도로 모인다고 들었습니다. 그러면서도 세상과 정치에 무관심한 것처럼 말할 수 있습니까? 우리 교회는 세상의 불의를 방치해서도 안 되지만, 정치를 교회 안에 끌고 들어와서도 안 됩니다. 이제 세상일을 자유주의자들과 화염병을 든 젊은이들에게 맡기지 말고, 세상을 새롭게 하는 변화의 주체자로서 하나님 나라 건설을 위해서 적극 노력해야 할 것입니다.

세상은 무신론, 유물주의, 인본주의, 향락주의, 퇴폐주의가 판을 치고 있습니다. 목사님들은 강단을 지키고, 교회의 울타리 안에 있으나, 평신도들은 이리떼가 득실거리는 세상의 질펀한 삶의 현장에서 허우적 거립니다. 젊은이들은 교회에서 가르침과 세상의 현실 앞에 어떻게 살아야 할는지 고뇌하고 있습니다. 성도들의 대부분이 술, 담배하고 이중적인 생활을 하고 있습니다. 그래도 아무 일이 없는 것은 교회는 교회이고, 세상은 세상이라는 이원론적 사고방식 때문입니다. 하나님은 교회에만 계시는 것이 아니라, 우리 삶의 전 영역에 계시고 역사하시는 분입니다. 이와 같이 여호와의 불꽃 같은 눈앞에서 살아가는 철저한 신전의식이 없이는 세상을 변화시킬 수도 없고, 신앙도 지킬 수 없습니다.

4. 대안과 결론

저는 위에서 '교회와 세상과 하나님의 나라'라는 주제로 장시간 말씀드렸습니다. 주로 잘못된 세상 이해를 분석하고, 칼빈주의적 세상 이해를 하는 교회와 성도들의 나갈 길을 여러 방면으로 말씀드린바 있습니다. 우리가 세상을 어떤 시각에서 보는 가는 매우 중요합니다.

개인의 신앙뿐만 아니라, 교회 전체의 신앙 패턴까지 영향을 끼칠 수 있다는 것을 지적했습니다. 물론 우리는 개인 구원이냐, 사회 구원이냐 할 때 당연히 개인 영혼을 구원하는 것이 우선입니다. 그러나 구원 받은 후에는 세상에 빛과 소금의 역할을 하면서 세상을 변화시키고 주의 뜻과 주의 통치가 이 땅에 이루어지도록 해야 된다는 것을 말씀 드렸습니다. 그러면 오늘의 주제와 관련하여 몇 가지 대안을 제시해 보겠습니다.

첫째, 우리 교회는 지금까지 방어적이고, 폐쇄적인 소극적인 교회 정책을 버리고 보다 적극적이고 미래지향적이면서 한국 교회 전체의 리더십을 발휘하도록 해야 합니다.

이만큼 큰 교단, 이만큼 큰 신학교, 이만큼 많은 인적 물적 자원을 갖고 있음에도 적절히 활용하지 못했기 때문에 세상 죄에 대해서 결집된 목소리를 못 내었을 뿐 아니라, 모든 주도권을 자유주의자들의 손에 맡겨 버리고, 심지어 조그마한 군소 교단에 자리를 비워주는 꼴이 되었습니다. 아브라함 카이퍼는 1898년 스톤 강연에서 칼빈주의자들의 결속 된 힘을 모으자고 호소했습니다. 우리가 힘을 모을 수 있다면, 세계 교회를 움직일 수도 있습니다. 탈현세적이고 기복적이고 자기중심적인 주관주의 신앙을 버리고, 보다 개혁주의 신앙 정통에 충실하여 교회와 세상을 개혁해 나가는 우리 교회가 되어야 할 줄 믿습니다.

둘째, 이제는 우리 교단도 사회봉사와 기독교 문화 건설에 적극 나서야 합니다.

16년 전 제가 총신의 학장에 취임하고, 첫 이사회로 모였을 때, 이사회에 말하기를 "학교 구실을 하려면 도서관도 지어야 하지만, 박물관도 속히 지어야겠다."고 했더니 어떤 분이 저보고 "정신나갔다"고 몰아붙이는 바람에 혼쭐이 났습니다. 이 정도로 기독교 문화 의식이 없고, 미래를 볼 줄 모르다니 기가 막혔습니다. 12년 전 본 교단에 속한 의사 200명을 확보하고, 종합 병원 하나를 만들자고 했더니, 전국 교회가 다 달라붙어서 못하게 했습니다. 우리보다 교세가 삼분의 일도 안되는 고려파에는 종합대학병원이 있고, 간호 대학과 의과 대학, 물리과 대학이 있습니다. 군소 교단인 침례교회는 여러 개의 병원을 가지고 있습니다. 참으로 안타깝습니다. 우리가 이렇게 둔감한 것은 지금까지 지적한 '교회와 세상을 대결 구도'로 보는 잘못된 의식 구조 때문입니다.

14년 전 사당동이 아직도 개발이 안 되었을 때, 나는 어떤 이사에게 사당동 학교에 인접한 왼쪽 산자락을 전부 사자고 했습니다. 그때 땅값이 몇 만원 갈 때였습니다. 어느 분이 제게 묻기를 그걸 해서 뭐하느냐 하기에 나는 유치원에서 초, 중, 고, 전문대, 그리고 기독 대학까지 세우자고 했더니, 젊은이가 세상 물정을 몰라서 그런다고 핀잔을 받았습니다. 우리는 오로지 교회를 많이 부흥시켰습니다. 그리고 교회를 성장시켰습니다. 그러니 교회(에클레시아)는 하나님 나라(비실레이아 투 데우)를 위해서 있다는 사실을 잊고 있습니다. 우리는 큰 힘을 결집하지 못하기에 이단인 가톨릭에게 주도권을 다 빼앗기고, 세상에 대하여 무관심하고 도피하기 때문에 경실련에서 말하는 것을 듣는 것 뿐입니다.

존경하는 교회의 지도자 여러분!

이 지구상에 수많은 교회가 있지만 그 중에도 우리 교회는 순교자의 피 위에 자랐고, 바른 신학, 바른 신앙, 칼빈주의 사상을 부르짖는 교회입니다. 세계 교회들이 모두가 세속화되고, 모두가 약해져 가고 있는 이때, 제3세계의 주도 역할을 감당할 교회는 우리뿐입니다. 우리들은 그 주역들입니다. 좀 더 높은 비전과 이상을 가지고 이 마지막 한 때 하나님의 영광을 위해 일하는데 헌신합시다. 지금까지 우리의 부족과 연약과 무지를 회개하고, 다시 한번 소명과 사명을 달라고 다함께 기도합시다. 주께서 말씀하시기를 "세상 끝날까지 너희와 항상 함께 있으리라" 했습니다. 하나님께 영광을 올려 드리고! 여러분들에게 주님의 은혜와 축복이 넘치시기를 기도합니다. 아멘.

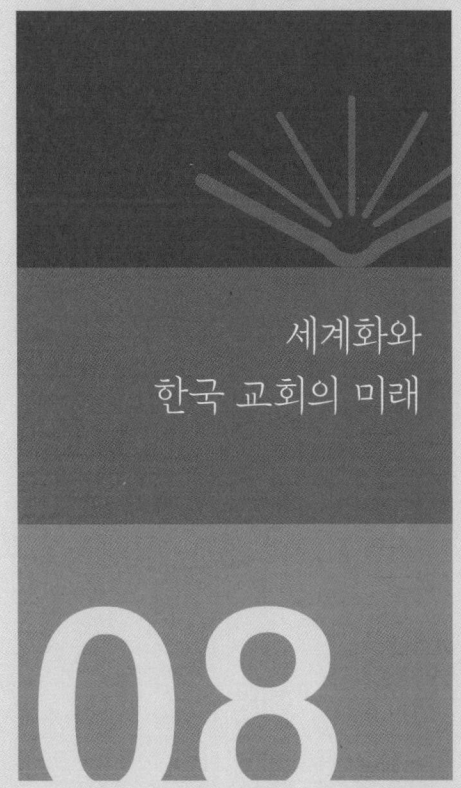

1. 세계화에 대한 성경적 이해
2. 세계화 시대의 변화는 무엇인가?
3. 세계화에 대한 우리 교회의 대처 방안

# 08

세계화와 한국 교회의 미래

*1995년 5월 8일 충현교회당에서 제32회 '전국 목사·장로 기도회'

먼저 하나님께 영광과 찬양을 올려 드립니다. 본 교단 총회의 지도자 여러분! 그리고 전국에서 모이신 존경하는 선후배 목사님들과 장로님들에게 성삼위 하나님의 은혜와 축복이 넘치시기를 기원합니다.

지금 세상은 하루가 다르게 급변하고 세계 도처에 이른바 슈퍼테러리즘이 공포 분위기를 조성하고 있습니다. 그리고 앞으로의 세계는 불확실하여 한 치의 앞도 내다볼 수 없는 상황입니다. 이때에 우리는 이번에도 32회 '전국 목사·장로 기도회'로 모여 한국 교회와 나라와 민족을 위해 기도하고 세계 선교를 위해서 합심하여 하나님께 부르짖기 위해서 여기 모였습니다.

올해는 광복 50주년을 맞는 뜻있는 해입니다. 그리고 정확히 성경적 의미로 희년이라고 말하기는 어려우나 해방과 광복의 반세기의 특별한 의미는 부여할 수 있습니다. 즉 동구 공산권의 몰락, 구 소련 연방의 해체, 문민정부 수립, 전범 김일성의 사망, 기독교 CATV 설립을 기회로 갈라졌던 교단들과의 화해의 분위기가 고조되고 있는 때입니다. 또 때마침 김 대통령이 세계화를 부르짖은 것은 우리의 안목을 지구촌 밖으로 돌리는 계기가 되었습니다. 물론 격변하는 시대의 변화에 따라서 WTO(세계무역기구) 설치로 말미암아 우리가 세계화를 꾀했다고 해서가 아니라, 세계화 안 할 수 없는 국제 정세의 역할 때문이기도 합니다. 그래서 여러 해 전부터 각종 모임에서 21세기의 교회의 미래니, 국제화니, 세계화니 하는 세기말적인 자기 정리와 미래 예측이 나오고 있었습니다. 이런 시기에 우리는 거대한 장자 장로 교회로서 앞으로의 방향을 설정하여, 변화하는 세계에 능동적으로 대처하고 우리 교단이 지켜온 개혁주의 신앙 노선을 파수하고, 세계 선교를 어떻게 감당할 것인가를 진지하게 논의할 것입니다. 우리는 오늘의 급변하는 교회와 세상을 바로 직시하고, 민족의 죄악과 남북통일의 문제를 모두 함께 가슴앓이를 하면서 대안을 제시하고 우리끼리의 화해와 협력은 물론이고, 장자 교단으로 불행하게 갈라진 형제들을 같은 신앙고백 안에서 사랑으로 포용하고 지도하는 새로운 지평을 열어야 할 것입니다.

1. 세계화에 대한 성경적 이해

인간의 역사는 하나님의 섭리와 뜻 가운데 움직여진다는 성경적 역사관은 지금 커다란 도전을 받고 있습니다. 그것은 다름 아니라 인간과 인간 자신의 이데올로기가 역사의 방향을 결정하고 이끌어 간다는 인간 중심의 역사관이 오늘의 세계를 지배하는가 하면, 또 다른 논리는 경제적인 힘이 역사를 이끌어 간다는 유물주의 역사관이 오늘의 세계를 이끌고 있습니다. 인본주의 역사관이든, 유물주의 역사관이든 간에 이들은 하나같이 하나님 중심의 역사관을 거부하고 경제적인 것이 충족되면 이 땅에 유토피아가 올 것처럼 물신주의(物神主義)로 변했습니다. 그래서 오늘의 세계는 거대한 시장으로 개편되면서, 세계화 또는 개방화로 가자는 것입니다. 최근에 우리가 알고 있는 세계화는 무역 전쟁 또한 무한 경쟁 시대에 살아남기 위해서 세계화 하자는 것이며, 매우 정치적이고 경제적인 것입니다. 요즘 우리 주변에서는 세계화에 대한 대안으로서 대학 교육의 개혁 또는 영어 조기 교육을 통해서 세계화 하자느니 또는 이중국적을 가져야 한다느니 하는 등의 기발한 아이디어들이 속출하고 있습니다. 하지만 그런 것들의 대안이 세계화 또는 국제화에 어느 정도 도움이 되겠지만, 모두 나라와 민족 간의 이해관계에서 살아남기 위한 몸짓일 뿐입니다.

그래서 여기서 우리는 세계화를 성경적인 시각에서 한번 고찰해 보고자 합니다. 실제로 창조주 하나님은 어느 민족, 어느 국가만을 위한 하나님이 아니라, 모든 민족, 모든 사람들의 하나님이십니다. 그리고 성경은 처음부터 세계화를 가르쳐 왔습니다. 기독교는 그 존재 자체가 세계적이고, 세계화입니다. 지금은 민족주의니, 국수주의니 하는 우물 안 개구리식의 테두리에서 벗어나야 합니다. 우리끼리만 오순도순 살자느니, 우리 민족만이 특별한 은혜와 축복을 받았다느니 하는 것은 사실은 너무나 자기중심적 옹졸한 생각입니다. 땅 위에 있는 모든 인생들은 하나님의 피조물이며, 하나님은 그들을 통하여 영광을 받으셔야 합니다. 그럼에도 불구하고 민족 이기주의와 국가 이기주의가 세계를 대결 국면으로 치닫게 하였으나, 이제는 어느 한 민족만 살아남겠다는 발상은 바뀌어지고 있고, 세계는 말 그대로 지구촌화, 세계화 하고 있습니다.

우선 창 12:3에서 하나님은 아브라함이 본토 친척 아버지의 집을 떠나 내가 네게 지시할 땅으로 가라고 하시면서 "땅의 모든 족속이 너로 말미암아 복을 얻을 것이라"고 했습니다. 한 사람 아브라함의 선택은 구세주 메시야를 오게 하기 위한 하나님의 위대한 구속적 역사였습니다. 그런데 그것은 이스라엘만을 위한 것이 아니고, 땅의 모든 족속 곧 세계를 위한 것이었습니다. 하나님의 구속 운동의 범위 자체가 세계화를 목표하는 것입니다. 이런 비슷한 성경 구절은 창 22:8에 "또 네 씨로 말미암아 천한 만민이 복을 받으리니" 하였고, 창 26:4에 "네 자손을 하늘의 별과 같이 번성하게 하며 이 모든 땅을 네 자손에게 주리니 네 자손으로 말미암아 천하 만민이 복을 받으리라"고 했습니다. 또 출 9:16에 "내가 너를 세웠음은 나의 능력을 네게 보이고 내 이름이 온 천하에 전파되게 하려 하였음이니라"고 했습니다.

출 19:5에 보면 "세계가 다 내게 속하였나니…"라고 했습니다. 또 시 67편은 구약에 있어서 선교의 시편으로 기독교의 세계화의 대표적 성경 구절입니다. 즉 "주의 도를 땅 위에, 주의 구원을 모든 나라에게 알리소서 하나님이여 민족들이 주를 찬송하게 하시며 모든 민족들이 주를 찬송하게 하소서" 했고, 특히 7절에 "하나님이 우리에게 복을 주시리니 땅의 모든 끝이 하나님을 경외하리로다"고 하였습니다. 그리고 여러 대소 선지서에서도 복음의 세계화에 대한 구절을 많이 찾을 수 있습니다.

신약에 와서는 특히 마 28:19-20에 "그러므로 너희는 가서 모든 민족을 제자로 삼아 아버지와 아들과 성령의 이름으로 세례를 베풀고 내가 너희에게 분부한 모든 것을 가르쳐 지키게 하라 볼지어다 내가 세상 끝날까지 너희와 항상 함께 있으리라 하시니라"고 했으며, 행 1:8에 "오직 성령이 너희에게 임하시면 너희가 권능을 받고 예루살렘과 온 유대와 사마리아와 땅 끝까지 이르러 내 증인이 되리라"고 하였습니다. 특히 바울은 롬 1:14에서 "헬라인이나 야만인이나 지혜 있는 자나 어리석은 자에게 다 내가 빚진 자라"고 했습니다. 이 본문을 잘 살펴보면 바울이 세계화의 비전을 가졌다기보다, 복음을 세계화 하도록 바울을 내어 보낸 것이라고 할 수 있습니다. 또 롬 16:26에 "하나님의 명을 따라 선지자들의 글로 말미암아 모든 민족이 믿어 순종하게 하시려고"라 하였습니다.

그러므로 우리가 세계화에 관심을 갖는 것은 정부의 세계화 정책 때문이라기보다, 본래 성경의 메시지 즉 기독교 복음의 본질이 세계화이고 세계적이기 때문입니다. 최근의 세계화 정책은 우리로 하여금 자기 자신만을 위한 교회가 아니라, 전 세계에 우리에게 주신 이 시대의 하나님의 사명을 실현하는 새로운 동기부여가 될 것입니다. 이기주의적 기독교를 주장하거나, 내 민족 내 국가만 위하고 우리 교단, 우리 교회만의 개교회주의가 깨어지지 않는 것은 복음의 본질을 잘 이해하지 못하는데 기인합니다.

금번 제32회 '전국 목사·장로 기도회'에 즈음하여 우리는 보수주의 교회의 특수성인 폐쇄성이 극복되어야 할 것입니다. 개교회주의는 교단의 화합을 가로 막는 것이기에, 세계화는 고사하고 우리끼리의 협력도 안 됩니다. 그러므로 이번 기도회를 통해서 내 나라, 내 교회, 내 가정만을 생각하는 이기주의에서 벗어나서 '복음의 세계화' 또는 세계의 복음화에 책임을 지는 교회임을 통감하고 함께 기도해야 할 것입니다.

2. 세계화 시대의 변화는 무엇인가?

존경하는 목사님들과 장로님 여러분!
과학과 정보화 사회의 발달로 실제적으로 세계화의 행보는 이미 시작되었고, 정치적 이슈로서만이 아닌 생존과 공존의 방편으로서의 21세기의 진입을 위한 거보가 이미 선언되고 또 진행되고 있습니다. 밝아오는 21세기는 단순한 20세기의 연장선으로서 볼 것이 아니라, 서양의 합리주의와 근대 산업 문명의 한계를 뛰어넘어 엄청난 문화의 격변이 공룡처럼 다가올 것입니다. 21세기의 첨단 과학은 우리의 의식과 사상을 초월한 새로운 것이 나올 것입니다. 이른바 초고속 정보 통신망은 가히 정보화 시대의 혁명을 가져올 것이고, 프라즈마 곧 핵융합이 성공적으로 이뤄지게 되면 무한대의 에너지를 얻게 될 것이고, 생명 공학의 발달은 인간과 윤리에 대한 개념이 바뀌어 질지도 모릅니다.

이런 시기에 우리의 세계화 대처 방법은 19세기나 20세기의 발상과 처방을 가지고는 곤란할 것입니다. 최근 아우브레이 말푸르스(Aubrey Malphurs)가 쓴 『낡은 가죽부대에 새 포도주 넣기』(Pouring New Wine into Old Wineskins, Baker, 1993)란 책에서 거대한 변화와 미국 사회의 변화를 솔직하게 기록하고 있습니다. 그 내용을 요약하면 다음과 같습니다. 미카엘 게르버(Michael Gerber)는 "오늘날 인류가 지난 20년 동안에 겪었던 변화들은 과거 2000년 동안에 겪었던 변화들보다 훨씬 더 많은 변화를 경험했다.(20)"고 하였습니다.

또 미국 켈리포니아주 그렌데일의 마켓팅 연구 회사의 그룹 총수인 죠지 바르나(George Barna)는 그가 쓴 한 책에서 "지금 우리가 가지고 있는 정보는 2010년에 우리가 사용하게 될 정보 가운데 단지 3%에 지나지 않는다(H. Robinson, Compass. Vol. 2. Issue 2)"고 했습니다. 특히 저자 말푸르스는 앞으로의 변화를 거대한 변화 곧 메가체인지(Megachange)란 용어를 사용하면서, 미국이 그들의 역사에 있어서 예측하지 못했던 변화를 경험하고 있다고 주장했습니다.

오늘날 변화에 대해서 사람들은 "가속화된 변화"(Accelerated change), "변화의 불안정한 소용돌이"(insatiable vortex of change), "극적인 변화"(dramatic change), "엄청난 변화"(extraordinary change)라는 표현을 사용하고 있습니다.(20)

앞선 말한 게르버 씨는 앞으로는 나라 간에 국경의 개념만 없어지는 것이 아니라, 지정학적, 정치적, 사회적, 정서적 경계마저도 더 이상 존재하지 않게 된다고 했습니다. 또 바르크(Barker)라는 사람은 "과거 20년 동안 모든 서구 사회는 엄청난 동요의 시간들을 겪었다. 우리는 한 때 근본적인 규칙들, 기본적인 방식에서 살던 것을 극적으로 바꾸었다"고 하였습니다. 그런데 이러한 모든 변화는 성스런 곳에서든, 세속적인 곳에서든 어떤 조직에서도 나타날 수 있다는 것입니다. 그러므로 세상뿐만 아니라 교회도 변화가 일어나는데, 교회가 세상을 바로 이끌어 가려면 변화를 예측하는 능력에 의해서 좌우된다고 하였습니다.

지금 우리에게 복음을 전해준 미국 교회는 서서히 쇠퇴하고 있습니다. 교회 성장 연구가인 커크 하더웨이(Kirk Hadaway)는 현재 미국 안에 있는 350,000 교회들 가운데 5분의 4가 쇠퇴하고 있다면서 그 실례를 들고 있습니다(20). 현재 미국 교회는 쇠퇴해갈 뿐 아니라 죽어가고 있습니다. 윈 안(Win Arn)은 미국에서는 매년 3,500에서 4,000개의 교회들이 줄어가고 있다고 말했으며, 다음 몇 년 동안 1,000여 개의 교회들이 문을 닫을 것이라고 말하고 있습니다.

이에 대해서 최근 「크리스천니티 투데이」(Christianity Today)는 미국 교회의 쇠퇴 원인에 대해서 다음과 같은 몇 가지 분석을 내어놓고 있습니다. 첫째, 경제적인 무속과 교단으로부터의 지원이 없고, 둘째, 고밀집 도심 지역에 있는 교회는 사람들의 다양한 요구에 대처에 가지 못하고 있으며, 셋째, 미국 교회의 70%가 1990년대에 사는 사람들에게 적절히 대처하지 못한 무능력한 교회이며, 넷째, 설교자가 강단에서 비전을 제시하지 않고 청중들은 방향 감각을 갖지 못한 채 부정적인 영향을 주고 있다. 다섯째, 복음주의의 쇠퇴는 청중의 감소와 경제력의 감소를 동시에 가져오게 된다는 것입니다.

원 안의 조사에 따르면 앞으로 미국 교회의 80-85%가 정확히 문을 닫거나 쇠퇴하고 있다고 했습니다(32). 이런 현상은 이미 유럽에서는 진작부터 일어나고 있었습니다. 그나마 전체적 기독교인의 숫자를 유지해 주는 것은 미국을 비롯해서 전 세계의 오순절 교회의 급성장 때문입니다. 앞으로 오순절 교회의 성장은 전 세계적으로 괄목할 만한 성장으로 부흥될 전망입니다. 이는 교회의 침체와 바른 메시지의 약화로 말미암아 일어난 역기능 현상이기도 합니다.

그런데 이런 미국 교회의 현상의 배후에는 세속주의와 인본주의, 유물주의가 절대적인 몫을 해 왔으며, 비복음적인 유사 기독교 또는 반기독교 단체가 상대적으로 활개를 치고 있기 때문입니다. 즉 뉴 에이지 운동, 여호와의 증인, 몰몬교 등이 득세하여 복음주의 자들의 자리를 메꾸고 있는 실정입니다. 앞으로 북대서양을 축으로 이뤄지고 있던 기독교 세력은 아시아, 아프리카, 라틴 아메리카로 중심 이동이 이루어지는 지구촌의 기독교 교회의 지각 변동이 일어날 전망입니다. 그 이유로서 지난 30년간 지구의 남반구의 기독교인의 숫자가 북반구의 기독교인의 숫자를 추월해 버렸는데, 그 이유는 오순절 교회의 파격적인 성장입니다.

우리는 위에서 세계화와 21세기적인 급격한 변화를 예상하고 미국 교회의 변화를 타산지석(他山之石)으로 삼아야겠습니다. 이제 한국 교회는 앞으로 일어날 변화와 위기 관리에 대해서 곧바로 대응과 준비를 하지 않을 경우 미국 교회의 걸음을 답습할지도 모릅니다. 그러므로 지금 우리 교회는 멀리서 들려오는 지진 소리를 예민하게 감지할 줄 알아야 합니다. 평안하다. 평안하다. 할 때 갑자기 들이닥칠지도 모를 위기에 대처하기 위하여 깨어 정신 차려야 합니다. 밤을 지키는 파숫군처럼 지도자들이 깨어 있어야 하나님께서 이 시대에 맡겨진 시대적인 사명을 능히 감당할 수 있을 것입니다.

3. 세계화에 대한 우리 교회의 대처 방안

세계의 변화는 한국의 변화와 맞물려 있습니다. 그것은 사회와 문화 전반에 걸쳐서 엄청난 변화를 예고하고 있습니다. 세계화는 우리가 원하든 원치 않든 간에 이루어지고 있습니다. 이미 젊은이들은 옛날의 젊은이가 아닙니다. 이른바 X세대를 자처하는 신세대의 사고방식은 옛날 한국 사람이 아닙니다. 햄버거와 피자 맛에 길들여지고, 랩 뮤직에 길들여진 젊은이들은 김치와 된장국을 좋아하는 세대와 사고방식에 있어서 엄청난 차이가 있습니다. 그렇다고 해서 그것이 꼭 서구적이라고 말하기도 어려운, 도리어 정신적 튀기 현상이 일어나고 있다는 말입니다.

이런 시대에 우리 교회는 세계화라고 해서 그런 세대들에게 무조건 아부하고 따라갈 것이 아니라, 여기에 대한 철저한 대비가 있어야 할 것입니다. 솔직히 우리 교단과 교회들은 1959년 WCC 운동가들과 갈라선 이후에, 적수공권(赤手空拳)으로 오직 개 교회를 부흥시키고 발전하는데 전력투구하여 5,400여 교회를 일구어 낸 것은 하나님의 은혜와 축복이었습니다. 그러나 진리를 지키려다가 사랑을 잃어버렸고, 보수주의를 지키려다가 국제 감각이 어두워지고, 세계의 움직임에 대해서 방향 감각을 잃어버렸던 것이 사실입니다. 더구나 대사회적인 문제에 대해서, 금기 사항처럼 되어서 급진주의자들에게 기선을 빼앗기므로 칼빈주의 사상을 가진 교회로서 역할을 감당하지 못했던 것을 솔직히 시인해야 할 것입니다.

그래서 다음에 말하고자 하는 문제 제기와 또는 방향 제시는 그동안 많은 분들과 격의 없는 대화로 밝아오는 21세기, 그리고 세계화의 시대에 대해서 나름대로 고뇌하고 또한 공감대를 형성하기 위해서 제언하는 것이라는 사실을 말씀 드립니다.

A. 복음의 세계화 곧 세계의 복음화를 위해서는 우선 우리 자체 안에 비복음적, 비성경적 관행에 대해서 회개하고 반성하는 절차가 선행되어야 합니다.

존경하는 목사님들과 장로님 여러분!

우리는 주님의 몸된 교회를 섬기는 자들로서 무엇보다 우리 자신에 대하여 준엄한 채찍을 먼저 들어야 할 것입니다. 한국 교회가 그동안 질로나 양으로 부흥한 것은 사실이나 그 과정에서 하나님의 영광을 가리우고 서로가 서로의 가슴에 못을 박았던 아픔의 상처가 그대로 있습니다. 그러면서 세월이 흐르고 서로가 담을 쌓고 지냈습니다. 금년은 해방 50주년, 광복 50주년의 뜻있는 해를 맞이해서 그동안 교단의 분열과 이합집산에 대한 회개가 있어야 합니다.

그동안 우리 장로 교회가 분열된 것은 기장과의 분열을 제외하고는 교리적인 이유 때문이 아니었습니다. 그 원인은 이만열 교수의 지적처럼 인간의 부패성 때문이라고 보고, 그 부패성에다 이해관계와 혈연, 지연, 학연을 따라 여러 갈래로 파장을 낳을 수밖에 없었습니다. 한국 장로 교회는 철저히 지연에 근거하여 분열되어 갔습니다(이만열, '한국 교회사를 통해 본 분열과 연합의 변주곡', 목회와 신학, 1995. 3, 47). 해방 후에 분열을 통해 성립된 네 개의 장로 교단은 결국 초기의 선교지역 분할의 산물이라고 할 수 있습니다. 물론 한국 교회의 분열의 배후에는 선교사들의 입김이 상당했음을 간과해서는 안 됩니다. 그 밖에도 지연, 학연 못지않게 인맥 등을 포함해서 심지어는 감투와 이해관계, 이권 문제, 소꼬리보다 닭 머리가 낫다는 소영웅주의도 크게 작용한 것이 사실입니다.

한국 교회는 부흥하고 성장하는 교회로도 유명하지만, 삼분오열되어 세상에 대해서 국가에 대해서 할 말을 잃어버린 교회인 것도 사실입니다. 그 가운데 때로는 연합 사업 또는 연합 운동이란 것이 없지는 않았지만, 몇몇 지도자들의 기득권을 만들어주는 정도였을 뿐이었습니다. 실제로 한국 교회 주소록에는 부끄럽게도 150여 장로 교회가 기재되어 있습니다. 물론 그중에는 장로 교회라고 할 수 없는 것도 더러 있고, 또 혼자서 총회장과 신학교 교장으로 자처하는 사람도 있으니 심히 부끄러운 일입니다. 최근에 교단의 지도자들이 타 교단 지도자들과 점심 한 끼 먹은 것이 교계 신문에 톱뉴스가 될 정도로 우리의 분열의 골은 깊어 있었고, 대화의 문이 막혀 있었다는 증거입니다. 물론 교회의 연합이란 지극히 어렵습니다. 왜냐하면 우리 교회는 국가 교회가 아니고, 자유 교회인 만큼 그 속성상 갈라지기는 쉬워도 하나가 되기는 지극히 어렵습니다. 그것도 역시 인간의 죄 때문입니다.

종교 개혁자 요한 칼빈(John Calvin)은 교회의 분열을 가장 싫어했는데, 묘하게도 한국 장로 교회는 서로 갈라지면서, 꼭 성명서의 첫 마디에 칼빈과 칼빈주의를 들먹이는 것은 아이러니컬합니다. 그래서 어떤 인사가 미국 가서 하는 말이 "한국 교회는 칼빈주의가 교회의 분열의 원인이다"라고 말했다는 소식을 듣고 쓴 웃음이 나왔습니다. 칼빈은 그 당시에 개신교 일치 운동의 지도적 인물이었습니다. 칼빈의 『기독교강요』 4권 1장의 제목은 '교회의 하나 됨이 무엇인가'를 설명하고 있습니다. 즉 "참된 교회는 모든 신자들의 어머니가 되기 때문에 우리는 그 교회와 더불어 하나 됨을 유지해야 한다"고 하였습니다.

'기독교강요' 4권 1장의 29개 항목 가운데 19개항에 걸쳐서 신자들이 교회와 더불어 가져야 할 하나 됨에 대해서 말하고 있습니다. 또 칼빈의 후계자들 중에 존 오웬(John Owen)에 의하면 "주 예수 그리스도 자신은 이 연합의 시초이자 원천이다"라고 했습니다. 그리고 찰스 핫지(Charles Hodge)는 "모든 개신교는 천상천하에 하나라는 사실에 동의한다. 오직 하나의 권속, 한 왕국, 한 가족, 그리고 한 몸이 있을 뿐이다"라고 했습니다. 그러나 칼빈이 교회의 연합을 그렇게도 외쳤지만 그것은 진리와 신앙 안에서의 연합을 의미했습니다. 그러므로 억지로 교단과 신학교는 하나 되지 않습니다.

그 대신 우리는 개혁주의 신학과 신앙을 고백하고, 칼빈주의적 세계관과 인생관을 가진 교회들과 함께 만나고, 그 공통분모 속에서 상대를 인정하고 협력해야 합니다. 이해관계에서 연합하는 것은 진정한 교회 연합이 아닙니다. 연합하고자 하면서 기득권을 선점하려 하고, 묘하게 정치적 파워게임이 있는 한, 이것은 진정한 연합일 수가 없습니다. 그러므로 우리는 먼저 지금까지 형제가 형제를 미워하고, 정죄하는 것을 가슴 치며 회개해야 합니다. 어디서 떨어진 것을 생각하고, 처음 사랑을 회복해야 합니다. 우리 교회가 진정으로 장자 교단으로 자처한다면, 150여 장로 교회로 갈기갈기 찢어진 것과 부실하고 엉성한 장로교 간판으로 출생한 수많은 교회에 대해서 책임을 통감해야 합니다. 장자가 회개해야 모든 교회가 함께 울 것이며, 장자가 바른 신학과 신앙 위에 든든히 서 있어야 모든 교회들이 바로 설 것이라고 믿습니다.

B. 급변하는 세계화 속에 살아남으려고 발버둥치는 것은 좋으나, 세계화 추세에 발맞추는 것이 오늘의 대안일 수는 없습니다.

요즘 우리 사회는 어딜 가나 세계화를 말하지 않는 곳이 없을 정도입니다. 더구나 세계화의 구호가 정치적으로 남발되고 있는 것도 사실입니다. 뿐만 아니라 요즘은 모든 이름과 간판에 세계화가 안 붙이는 곳이 없을 정도입니다. 심지어 세계화 노래방이 있는가 하면 세계화 당구장이 있고, 세계화 양장점, 세계화 술집까지 등장하는 터이고 보면, 앞으로의 세계화는 세계에서 가장 더럽고 추한 것들이 한국으로 몰려오겠구나 싶은 생각이 듭니다. 하기는 정부에서도 말끝마다 세계화란 말이 안 들어가는 곳이 없습니다. 그래서 세계화 한답시고 영어 조기 교육, 대학 제도의 개혁, 세계화에 걸 맞는 회사 운영 체제 개편, 국제 사회에 살아남기 위한 기발한 아이디어가 날마다 개발되고 있습니다.

그런데 여기에 대응하기 위한 교회의 방법도 다양합니다. 예를 들면 교회 건물을 다용도로 짓는다든지, 레포츠 센터를 겸한 교회, 그리고 어떤 기관이 주도하듯이, 항상 앞서가는 새로운 프로그램과 프로젝트를 내어놓고 있고, 지도자들도 여기에 따르려고 극히 혼돈에 빠져 있습니다. 세계화를 대비하는 것이 고작 마켓 기법을 들여오는 것입니까? 백화점 경영 이론을 교회에 들여오는 것이 세계화입니까? 오늘의 모든 교회들은 성장 발전을 위한 프로그램 개발에만 연연하고 있습니다.

그러다보니 교회의 본질에 대해서는 지극히 둔감해지고 말았습니다. 21세기가 되어도 교회는 교회다워야 하며, 교회의 본질이 바뀌어서는 안 됩니다. R.B 카이퍼(R.B. Kuiper) 박사는 비성경적인 방법으로 교회가 부흥되는 것은 도리어 그리스도의 몸에 상처를 내는 것이라고 했습니다. 교회는 하나님의 영광에서 영광으로 가야 합니다. 목사도 하나님의 영광을 위해서, 장로도 하나님의 영광을 위한 것이고, 목회도 하나님의 영광을 위한 것이어야 합니다. 전도도, 선교도 하나님의 영광을 위한 것이어야 합니다. 프로그램에만 치우치는 변화는 참된 대응이 아닙니다. 세상이 더욱 세속화되고 인본주의적으로 탈바꿈하기 때문에 교회는 더욱 교회다워야 하고, 교회의 본질에 충실해야 합니다. 또한 변치 않는 진리에 대한 확신을 가지고 복음에 굳게 서야 합니다. 왜냐하면 21세기의 인간은 더욱 타락하기 때문에, 참다운 복음의 소리가 요구되기 때문입니다. 세계화 시대에, 그리고 21세기에 교회는 성장해야 하겠지만, 성장지상주의가 되어서는 안 됩니다. 요즘은 독특하고 기발한 아이디어 전쟁 시대라고 하며, 교회도 기막힌 프로그램과 프로젝트를 날마다 개발하고 있습니다만, 그런 와중에 교회의 본질을 생각하지 않고 있는 것이 오늘의 문제입니다.

이른바 프로이드적 심리학이나, 마케팅 전법을 교회 성장에 도입함으로써, 돌이킬 수 없는 세속주의와 인본주의로 치닫고 있습니다. 모든 교회가 성장 드라이브 정책을 쓰다 보니 권징이 없어진 교회가 되어버렸고, 싸구려 교인을 양산하는 것이 세계화의 대안이 될 수 없습니다. 더욱 철저히 교회 교육에 박차를 가해야 될 것입니다. 솔직히 말해서 '교회성장지상주의'가 싸구려 교인을 만들어 버렸고, 바른 교리공부 없이 성경을 취향대로, 주관적으로 이해하도록 방치해 버렸습니다.

그러므로 여러 장로님들께서는 목사님들에게 교회 성장 문제에 부담을 주지 않도록 하시기 바랍니다. 목사님의 설교가 진정으로 죄를 책망하고 진리를 힘 있게 외치거든 그것으로 목사님을 도와주시기 바랍니다. 목사님들의 진리에 대한 외침이 더욱 뜨거워지도록 받들어 주십시오. 그것이 한국 교회를 살리는 길입니다. 권징이 없어진 교회는 진리를 지키기 어렵습니다. 권징이 없어진 교회는 죄를 용납하는 교회가 되고 세속주의를 용납하는 교회가 되어 버립니다. 세계화 시대에 살아남으려면 교회가 더욱 교회다워야 합니다. 더욱 하나님의 말씀에 확신 있게 서야 합니다. 그것은 곧 한국 교회만 아니라 세계 교회를 붙드는 일입니다.

C. 한국 교회는 우월주의를 버리고 세계 교회에 대하여 열려진 마음으로 겸손해야 합니다.

앞서 말한 대로 세계 교회의 중심 이동이 있을 때, 한국 교회는 그 한가운데 서서 지도력을 발휘할 때가 옵니다. 그때를 위해서 준비해야 합니다. 1998년에는 세계칼빈학회가 서울에서 열립니다. 이것은 제3세계에는 처음 있는 일입니다. 우리는 세계 교회와 어깨를 나란히 할 수 있는 지도자 양성에 투자를 아끼지 말아야 합니다. 그런데 최근에 한국 교회는 그 많은 재정을 가지고 피선교국에서 일하면서 우월주의에 빠지고 있습니다. 과거에 서양 선교사들의 백인 우월주의가 한국 교회 성도들의 가슴을 아프게 했듯이 말입니다. 특히 요즘 한국에는 아시아권에서 온 근로자들이 많은데, 사람들은 그들을 지나치게 억압하고 학대하고 있다고 들었습니다. 이래서는 한국이 세계를 위해 일할 수 없습니다. 다른 민족을 억압하고 무시하고 착취하는 일을 즉각 중지해야 하고, 교회는 이 문제에 대해서 심각히 생각하고 대처해야 합니다. 한국 교회는 지금 잔뜩 교만해 있고, 고무풍선처럼 부풀어 있습니다.

우리는 좀 더 겸손하게 세계를 배울 줄 알아야 세계를 위해서 일할 수 있을 것입니다. 우리가 많은 세계 선교를 한다고 하면서 지금 필리핀, 인도네시아, 인도, 파키스탄, 방글라데시 등지에서 온 수많은 근로

자들을 억압하고 무시하고 있는데도 왜 우리 교회는 아무 말을 못하고 있습니까? 얼마 전에 중국 교포들이 술을 퍼 먹고 한국 근로자들을 두들겨 팼습니다. 그러면서 고함치기를 "이놈들아, 조국 땅에 와서 돈 좀 벌어 가지고 갈려고 왔는데, 이렇게 구박하며 업신여기고 자존심 상하게 할 수 있느냐"고 분통을 터뜨렸습니다.

아직 우리는 세계화에 대한 구호만 있을 뿐, 세계의 사람을 품어 안을 수 있는 가슴이 없고, 모든 민족이 하나님의 자녀라는 의식이 없습니다. 그래도 선교한다고 덤벙되는 것은 이상합니다. 우리도 남의 나라에서 일했을 때를 생각하고, 가난한 조국에서 나를 일구던 생각을 하고, 미국으로부터 구제품 받아 입고, 초콜릿 얻어먹던 생각을 해야 합니다. 한국 교회가 선교한답시고 달러를 물 쓰듯 하는 것도 지양해야 합니다. 돈이 선교라는 착각을 버리고 겸손하게 세계를 위해 일하기 전에, 세계를 배우려는 자세가 있어야 합니다.

D. 우리 교회는 흩어진 힘을 모으고, 세상에 대해서 관심을 가져야 합니다.

존경하는 목사님들과 장로님 여러분!
개 교회 부흥이 우선이지만, 개교회주의가 되어서는 안 됩니다. 우리 교회는 돈이 많지만, 돈을 정당하고 옳게 쓰는 방법은 모르고 있습니다. 수십억짜리 도서관 건물도 필요하지만, 그 안에 책이 수백억 원이 투입되어야 합니다. 힘을 모으는 방법을 모르면 세계화에 대응할 수도 없고 세계 복음화는 안 됩니다.

개울의 물이나 강의 물을 그냥 흐르는 대로 두면 아무것도 아닙니다. 그러나 골짜기마다 흐르는 물이 강을 이루고, 강을 막아 거대한 댐을 건설하여 엄청난 낙차를 이용하여 전기를 생산하고, 어떤 가뭄에도 대처할 수 있는 것처럼, 5천 5백여 교회가 마음과 뜻을 함께 모을 수 있다면, 우리는 말 그대로 복음의 세계화에 주역이 될 수 있을 것입니다. 보수주의, 개혁주의 교회의 약점은 힘의 분산입니다. 힘을 길러야 따라옵니다. 힘이 없으면 인본주의와 유물주의, 세속주의 세력에 따라가고 마는 것입니다.

이제 우리 교회는 세상에 대해서 할 말을 해야 합니다. 즉 낙태가 죄라고 힘 있게 말해야 합니다. 수만 명의 생명이 죽어 가고 있는데 왜 말이 없습니까? 지금 우리나라에서는 병아리 감별사처럼 태아를 성 감별하여 여아를 살해하는 살인이 만연되고 있습니다. 교회의 강단에서는 여기에 대해서 아무 말 하지 않고, 성도들도 알게 모르게 죄에 동참하여 눈 감아 주고 있기 때문에, 세상을 향해 아무 말 못하고 있습니다. 왜 대한예수교장로회는 말이 없습니까?

또한 우리 교회는 환경 오염 문제에 대해서도 심각하게 생각해야 합니다. 물론 교회는 인간의 영혼 구원이 첫째입니다. 그러나 이 세상은 하나님이 지으신 피조물이며, 우리는 그것을 보존하는 청지기라는 사실을 잊어서는 안 됩니다. 바다와 강과 산이 썩어 가는 것은 바로 인간의 욕심 때문입니다. 세속 문화에 대한 기독교 문화의 대안을 제시해야 합니다. 환경 오염이냐? 인간의 오염이냐? 할 때 인간의 오염이 먼저입니다. 우리는 흔히 강이 썩었다느니, 산이 썩었다느니 하지만 사실 인간의 마음이 썩은 것이 가장 큰 원인입니다.

1993년 말 그러니까 약 1년 전에 환경 운동이, 뉴 에이지 운동가들과 비종교인들에 의해서만 수행되는 것을 보고, 미국의 복음적인 기독교인들이 그간의 소극적인 태도를 회개하면서, 참 기독인들이 지구에 대한 책임을 통감하면서 이른바 "창조 세계의 보호를 위한 복음주의 선언"을 발표한 바 있습니다. 여기에는 I.V.F. 총재인 스테펀 하이너(Stephen Hyner), 고든 콘웰 신학교 학장인 로버트 쿨리(Robert Cooley), 크리스채니티 투데이지의 편집장 케네츠 칸쳐(Kenneth Kantzer) 같은 이들이 동참했습니다. 그 선언에 보면 다음과 같은 것들이 있습니다.

예수 그리스도의 제자로서 창조주의 완전한 권위를 위임받은 우리는, 성경적인 믿음이 환경 문제 해결에 필수적임을 믿는다…성경이 다음 네 가지 방법으로 그에 응답하도록 요구하고 있다.

첫째, 하나님의 은혜는 우리가 성경의 계시를 무시하거나, 창조 세계를 오염시키고 파괴하려고 하는 태도를 회개할 것을 요구한다.

둘째, 지구에 대한 우리의 행위와 태도를 우리 신앙의 본질로부터 규정할 필요가 있다.

셋째, 우리는 성경이 가르치는 창조주와 창조 세계, 인간의 의무들을 주의 깊게 배우고자 노력한다.

넷째, 우리는 창조 세계가 하나님의 신성과 지속적인 현존, 영원한 권능을 계시하고 있음을 알고, 하나님의 창조 세계에 부여한 원리와 질서를 알기 위해 노력한다. 따라서 우리는 모든 사람에게 다음의 성경적인 신앙 원칙들을 개인의 삶과 사회 생활을 함에 있어 함께 노력할 것을 권고한다고 했습니다. 제가 환경 문제에 대한 우리 교회의 관심과 책임을 일깨우는 것은 그럴만한 이유가 있습니다.

사실 우리 칼빈주의 교회는 '하나님의 창조', '인간의 타락', '그리스도 안에서의 구속'이란 원리를 붙들면서 인간의 구원뿐 아니라, '삶의 전 영역에 하나님의 주권'을 인정하고, 하나님께 영광을 돌리며 세상을 변화시킬 사명을 가지고 있습니다. 그럼에도 불구하고 이원론적 사고방식으로 세상의 모든 영역은 자유주의자들이나, 급진주의자들에게 모두 떠맡긴 채로 우리는 오직 다가올 하나님의 나라의 영생 복락만 희망할 뿐, 여기서의 크리스천의 사명과 책임에 대해서는 등한히 했음을 솔직히 인정해야 할 것입니다.

급변하는 세계화, 그리고 급변하는 세상에서 교회가 교회답게 살아남고, 교회의 지도자로서 역할을 감당하는 길은 목사나 장로의 재교육의 길밖에 달리 없다고 봅니다. 세상은 하루가 다르게 변하고 있는데, 우리들의 사고방식은 아직 20, 30년 전의 사고의 틀을 가지고 있다면 문제는 심각합니다. 높이 나는 새가 멀리 보듯이, 좀 더 심각하게 오늘의 문제를 직시하고, 지도자들이 말씀과 성령으로 무장할 뿐 아니라, 거대한 정보화 사회에 미아가 되지 않도록 끊임없이 자기를 채찍질하고 회개하는 삶이 있어야 할 것입니다.

존경하는 총회 산하 목사님들과 장로님 여러분!

이제 저는 오늘 강연의 결론을 생각해 보겠습니다. 흔히 하는 말로, "가장 한국적인 것이 가장 세계적이다"란 말이 있습니다. 세계는 변하고 21세기의 첨단 과학이 우리의 의식 구조를 바꾸어 놓는다고 해도 하나님은 창조주이며 인간은 죄인입니다. 그리고 하나님은 우리의 구원의 주이며, 인간은 하나님께 돌아가는 길밖에는 달리 다른 길이 없습니다. 그것이 바로 교회의 존재 이유이며, 교회 지도자들의 책임입니다. 작년에는 주기철 목사님 순교 50주년이요, 금년 4월 13일은 박관준 장로님 순교 50주년이었습니다. 외국의 스펄전, 무디, 본 회퍼만 중요한 것이 아니고, 이 땅에 눈물과 피를 쏟아 진리를 지키다가 순교한 손양원 목사님, 주기철 목사님, 박관준 장로님도 알아야 합니다.

세계는 지금 Mega-Change하고 있습니다. 세계화는 자동으로 우리에게 장밋빛 유토피아를 갖다 주지는 않습니다. 인간은 더 비인간화되고, 인간은 더 비도덕적이 되고, 기계화되어 버릴 것입니다. 그리고 공중의 권세 잡은 자의 활동은 더욱 분주할 것입니다. 우리는 격렬한 영적 전쟁의 전열을 가다듬어야 합니다. 우리는 인본주의와 세속주의를 정복해야 제3세계의 지도자 교회가 될 것입니다. 그래야 세계화의 시대에 복음의 세계화를 이룰 것입니다. 공중의 권세 잡은 악의 영들과의 영적 전쟁은 21세기가 될수록, 세계화가 될수록 더욱 처절할 것입니다. 그러므로 하나님의 전신갑주를 입으라는 성경의 참 뜻을 우리는 이해하여야 합니다. 우리가 개혁주의 신앙 곧 칼빈주의 신앙을 지키자 하는 것이 그냥 구호가 되어서는 안 됩니다.

칼빈주의 사상은 거대한 인본주의 사상과 유물주의 사상과의 영적 전쟁에서 승리하도록 할 것입니다. 왜냐하면 역사의 배후에 하나님이 계시고, 그 역사의 오메가 지점에서 하나님이 심판주가 될 것이므로 결국은 우리가 승리할 것입니다. 세계화는 세속화를 가져올 것이고, 더 큰 혼돈을 가져오고 교회를 위협할 것이나, 우리는 오직 예수 그리스도와 함께 영적 전쟁에 승리할 것을 확신합니다. 아멘.

시대를
책임지는 교회

09

1. 나라와 민족의 책임을 지자
2. 인본주의와 세속주의 문제에 책임을 지자
3. 신학의 혼돈과 이단 문제에 책임을 지자
4. 국제화와 변화하는 세상에 책임을 지자
5. 남북통일과 새 나라 건설의 책임을 지자

09

시대를 책임지는 교회

*1994년 5월 9일 충현교회당에서 제31회 '전국 목사·장로 기도회'

존경하는 총회장님! 맡겨진 목장에서 눈물과 땀을 바쳐서 목양에 전념하시는 여러 목사님들, 또한 주님의 몸된 교회를 지성으로 섬기시는 여러 장로님들에게 성 삼위 하나님의 은혜와 평강과 축복이 넘치시기를 기원합니다.

금년은 벌써 이 땅에 복음이 들어온 지 꼭 110주년 되는 해입니다. 또한 대한예수교장로회가 창립된 지 82주년 되는 해입니다. 그리고 서른한 번째로 모이는 '전국 목사·장로 기도회'는 회를 거듭할수록 그 기도의 열기가 더해가고 있고, 하나님의 은혜와 축복으로 5,400여 지교회가 계속 부흥하고 있는 것을 하나님께 영광과 감사를 돌립니다.

저는 이 성스럽고 복된 자리에 전국에서 오신 사랑하는 목사님들과 장로님들이 모인 곳에서, 교단의 앞날의 방향과 목표에 대한 기조 강연을 할 수 있는 영광을 갖게 되었습니다.

이번 제31회 '전국 목사·장로 기도회'로 모이는 이 시점은 작년과 제 작년과는 판이하게 다른 새로운 상황을 맞이했습니다. 이제 우리는 싫든 좋든 간에 새로운 국제 질서의 소용돌이 속에 있게 되었습니다. 우루과이라운드 협정으로 말미암아 이제는 우리끼리 조그마한 부락을 형성하고, 옹기종기 모여 살던 시대는 지나가 버렸습니다. 세상이 바뀌어 우리는 지금 국제화의 무한 경쟁 시대의 와중에 서 있게 되었습니다. 이제 세계는 이데올로기가 지배하는 시대가 아니고, 철저히 시장 경제가 지배하는 지구촌 사회가 되었습니다. 앞으로의 세계는 더욱 급변하게 돌아가고 국경의 개념이 없어짐과 동시에 나라 간에도 부익부 빈익빈 현상이 더욱 심화되고 처절한 경제 전쟁이 뜨겁게 달구어질 것입니다. 아무런 준비 없이 있다가 밀어닥친 UR의 파고는 우리의 농촌 경제를 더욱 찌들게 했을 뿐 아니라 자연스럽게 농어촌 교회 문제의 심각성이 드러나게 된 것입니다.

한편 도시 교회도 오직 자체 내의 부흥과 성장에만 몰두했으나, 그것마저도 한계를 서서히 느끼기 시작했습니다. 작년부터 한국 교회의 성장은 서서히 둔화 되어가고 있는 실정입니다. 동구권과 구 소련의 몰락과 거대한 미국의 비틀거림, 그리고 북한의 김일성 집단은 핵 문제를 카드로 온 세계가 그들의 손에 놀아나는 어처구니 없는 일들이 일었습니다. 또 작년 한 해 동안 희망찬 문민정부의 개혁 바람은 사회 전반에 커다란 변화를 일으켰던 것도 사실입니다. 그러나 최근에는 여건의 변화로 여러 가지 시련과 아픔을 당하면서 개혁의 속도가 지연되고 있는 것도 안타까운 일입니다.

세상이 이처럼 발 빠르게 변화하고 시시각각으로 새로운 문제와 도전이 있음에도 불구하고, 우리 교회는 이런 문제와는 별 관심이 없고, 오직 과거 지향적인 족쇄에 매여서 안주하려는 모습이었다고 생각됩니다. 그러나 우리 교회의 지도자들이나 평신도들은 하나같이 그저 아무 일이 없었던 것을 하나님께 감사하고 위로받는 것이 오늘 우리 교회들의 분위기입니다. 그러나 21세기를 몇 년 앞둔 이 시점에서 전 지구적 지각 변동은 자연스럽게 우리 교회의 책임과 사명에 대한 새로운 방향 제시와 궤도 수정을 요구받게 되었습니다.

저는 오늘 여러분들과 함께 이러한 변화하는 국내외의 정세와 세상을 바라보면서, 칼빈주의 신학과 신앙을 표방하며, 명실 공히 장자 교단인 대한예수교장로회의 앞날의 방향과 책임이 무엇인지를 심각하게 생각하고자 합니다. 그래서 저는 오늘의 제목을 '시대를 책임지는 교회'(Responsible Church)라고 했습니다.

우리들은 그동안 교회의 성장과 부흥, 선교와 봉사, 교육과 행정 등 다양한 주제들을 가지고 논의하면서 기도했습니다. 그렇지만 장자 교단인 합동 측 교회가 우리 시대의 모든 문제에 대해서 책임을 져야할 것을 진지하게 물어본 적은 없었던 것 같습니다. 그만큼 우리 교단은 지금까지 이기적이고, 내면 지향적인 신앙을 가졌던 것이라고 볼 수 있습니다. 이 시간에 저는 주로 다섯 가지 분야에서 우리 교회의 책임을 물어야 하리라고 봅니다. 우선 그 순서를 말씀드리면, 다음과 같습니다.

첫째는, 우리 교회는 나라와 민족적 죄악에 책임을 지는 교회여야 합니다.

둘째는, 오늘날의 인본주의적 세속화 운동에 대한 책임을 져야 합니다.

셋째는, 우리 교회는 오늘날의 신학적 혼돈과 이단 문제에 대해서 책임을 지는 교회여야 합니다.

넷째는, 국제화와 변화하는 세상에 책임을 지는 교회가 되어야 할 것입니다.

다섯째는, 남북통일에 대한 책임을 지는 교회가 되어야 합니다.

이런 큰 윤곽을 그리면서 성경적이고, 교회사적인 조망을 하고, 급변하는 오늘의 세계와 21세기를 내다보면서 우리 교회의 책임과 시명을 말씀드리고자 합니다.

요즘 어느 집회를 가보든지 한국 교회는 개혁되어야 한다는 말이 단골 메뉴입니다. 또 시중에는 한국 교회의 변화와 갱신과 개혁에 대한 논문이나 에세이집들도 많이 나오고 있습니다. 이들은 한결같이 한국 교회의 성장과 부흥의 뒤안길에 널려진 어두운 문제들을 고발하고, 대안을 제시하고 있습니다. 그런데 말은 많은데 실제로는 아무것도 개혁되거나 갱신되지도 않았을 뿐더러 변화의 조짐도 없다는데 문제의 심각성이 있습니다. 세상의 정치는 변화와 개혁의 시도라도 하고 있지만, 교회는 아무것도 변화와 개혁의 조짐이 보이지 않고 있음이 도리어 이상합니다. 또 우리 교회는 이렇다할만한 고뇌도 노력도 없는 것이 사실입니다. 오히려 신학과 신앙, 그리고 교회는 이전보다 훨씬 더 세속적이고, 인본주의적인 방향으로 가고 있다는 것입니다. 그리고 앞으로의 한국 교회의 신학과 신앙의 방향은 누구도 예측할 수 없습니다.

오늘 우리 시대는 지도자의 빈곤으로 우러러 볼 스승도 없고, 모델이 될 선배도 없어지고, 모두가 개성과 특징을 가지고 나름대로 일가견과 학식을 가졌다고 자부하기에, 그야말로 다원화되어진 세상이 되었습니다. 그래서 정통 신학과 신앙을 부르짖거나 칼빈주의적 개혁주의 사상을 부르짖는 사람들은 자연히 시대에 뒤떨어지고, 한 박자가 늦은 사람으로 간주되고 있는 실정인 것도 사실입니다. 그러나 우리가 성경을 하나님의 말씀으로 믿고, 신앙과 행위의 유일한 법칙으로 믿는 이상, 세상이 아무리 세속화 되고 뒤죽박죽이 된다고 해도 그리스도인들의 사명과 교회의 사명은 변할 수가 없습니다. 그리고 우리는 세상에 살고 있으나 세상에 속한 자가 아니라는 칼빈주의자들의 입장을 견지하면서 하나님께서 역사의 주인이시며, 역사를 관리하시며, 섭리하시는 것을 확실히 믿는 이상, 우리 교회는 세상에 대한 사명을 저버릴 수 없습니다. 그렇다면 오늘의 교회의 사명은 무엇이겠습니까? 그것은 곧 시대를 책임지는 교회여야 할 것이라고 봅니다.

지금까지 우리 교회는 성장하고 부흥하는 교회로서는 일단 성공했습니다. 또 신학교의 숫자나 신학생들의 숫자 면에서도 가히 폭발적이었습니다. 그러면서도 지금까지 우리들은 신앙을 내면화하는 데만 주력했기 때문에, 그 신앙의 모습은 대개 자기중심적인 이기주의 형태로 나타났을 뿐 이웃과 세계에 대해서는 무책임한 방관자들이 되었던 것도 사실입니다. 그래서 오늘의 우리 교회는 세상을 개혁할 힘도, 변화시킬 힘도 없이 다만 현실에 안주하며 자위하는 것이 우리들의 모습입니다. 이제 진실로 우리 한국 교회가 바른 모습을 되찾는다면 말 그대로 역사 앞에 책임을 지는 교회(Responsible Church)가 되어야 하지 않겠습니까? 그렇다면 앞서 말한 대로 대한예수교장로회 산하 합동 측 교회는 적어도 다음과 같은 몇 가지 분명한 책임을 질 수 있어야 21세기 개혁주의 교회를 유지할 수 있다고 봅니다. 그러한 책임을 질 수 있을 때만이 우리가 이 시대의 변화와 개혁의 견인차 역할을 할 것이며, 하나님과 세계와 민족 앞에 부끄럼이 없는 교회가 될 것입니다.

1. 우리 교회는 나라와 민족의 죄악에 책임을 지는 교회여야 힙니다.

그동안 한국 사회는 괄목할만한 경제성장으로 세계를 놀라게 했습니다. 그러나 부의 축적 과정에서 윤리적인 문제는 전혀 문제 삼지 않게 되었고, 교회마저 덩달아 부정과 부패에 타협해왔습니다. 최근에 감사원의 결과를 보면 부정의 25% 이상이 기독교인이라는 통계를 보더라도 지금까지 한국 교회는 자기 성장에만 몰두했지, 나라와 민족의 죄악 문제는 책임지지 못했습니다. 교회가 바로 서지 못했기 때문에 회개의 설교가 사라졌고, 당당하게 죄악을 책망하지 못했습니다. 한편 성도들은 교회와 세상의 중간에 엉거주춤한 가운데 이원론적 사고방식에 잘 길들여져 버렸습니다. 그래서 세상의 빛과 소금의 역할을 할 수 없게 되었습니다. 오늘의 교회는 마치 313년 콘스탄틴 대제가 기독교를 공인한 후에, 갑작스럽게 로마의 상류 사회 계층이 교회로 몰려오자 순수한 복음이 증거 되지 못하고, 그들의 비위를 맞추는 설교를 하다가 말씀의 종교에서, 의식의 종교로 전락하고 말았습니다. 더구나 앞으로의 교회는 더욱 세속화될 전망입니다.

정치의 지도자들은 이른바 윗물 맑기 운동이라 해서 과거를 들추어서 처벌하는 사정의 회오리 바람이 불었으나, 사회 전반적인 분위기는 개혁은 고사하고 내면적으로 더욱 부패와 타락으로 치닫고 있음은 어찌된 일입니까? 결국 인간은 움츠려 있다가 기회가 오면 다시 범죄할 수밖에 없습니다. 여기에 정치의 한계가 있습니다. 인간의 죄 문제는 법이나 제도나 정치로서 해결할 수 없습니다. 인간의 전적 부패는 윗물만 부패한 것이 아니라, 아랫물도 부패했기 때문입니다. 교회의 책임은 윗물도 아랫물도 동시에 맑게 해야 합니다. 낙관주의자들은 세상을 간단히 수술하면 될 것이라고 생각합니다.

그러나 성경은 만물보다 거짓되고 심히 부패했다고 가르칩니다. 교회가 교회 구실을 잘 할 때만 진정한 변화의 역사가 일어날 줄 믿습다. 참으로 우리 개혁교회가 교회다운 교회로서 굳건히 서려면, 교회가 먼저 깨끗해져서 나라와 민족의 문제를 책임지는 교회가 되어야 합니다. 세상 정권과 야합해서 불의를 눈감아주는 교회는 이미 교회가 아닙니다. 러시아의 공산화가 희랍 정교회의 부패와 타락으로 정치적 세력과 어우러졌기 때문인 것은 누구나 아는 사실입니다. 유럽의 교회도 이른바 국가 교회(State Church)가 됨으로써, 이미 교회는 할 말을 잃은 죽은 교회가 되어가고 있습니다.

솔직히 말해서 우리는 지난 세월동안 보수주의 특유의 '정교분리' 정책을 앞세워서 부정과 부패에 대해서 단 한마디의 양심의 선언도 없었고, 무조건 정부의 일에 박수를 보냈던 일에 대해서 일말의 양심의 가책과 회개가 분명히 있어야 할 것입니다. 최소한 그러한 불의를 보고도, 불의를 지적하지 못했던 비굴함과 소심했던 우리 자신의 반성이라도 있어야 했습니다. 우리 교회는 마치 역사의 흐름 앞에 아무 일이 없었던 것처럼 행동하고 말하는 것을 통탄이 여겨야 할 것입니다. 마치 해방 후 반민특위가 흐지부지되어서 민족의 역적이며, 일제의 앞잡이들이 기득권층이 되어서 한국 역사의 한 맺힌 응어리가 아직도 남아있듯이, 기독교 안에서도 일제 때에는 말할 것도 없고, 지난 정권 때에 가졌던 무지와 무소신, 무용기라도 한 번쯤 통회하는 과정이라도 있어야 하지 않을까요?

지난 4월 21일은 주기철 목사님의 순교 50주년 기념식 예배가 이 자리에 있었습니다. 그때 어느 목사님의 말씀이 기억이 납니다. 그는 저와 입장을 같이하는 말씀을 해 주셨습니다. 1938년에 대한예수교장로회는 신사 참배를 공식 가결했던 죄악을 범했습니다. 그렇다면 공식적으로 진정으로 통회하고 자복하는 역사가 있어야 했습니다. 주기철 목사를 필두로 일제의 신사 참배를 반대하다가 옥고를 치르고 순교의 잔을 마신 분들이 한 둘이 아닌데, 이에 반해 대한예수교장로회 총회는 일제의 강압에 의한 어쩔 수 없는 상황에서 되어 진 것이라고 변명하겠지만, 당시 대부분의 교회들이 신사 참배를 했으며 황국 신민의 맹세를 하고, 동방 요배를 한 후에 예배를 드렸음에도 불구하고 공식적으로 회개가 없었습니다. 그러기에 하나님은 아직도 이 땅에 고통을 주시고 반세기가 가깝도록 휴전선을 가운데 두고, 남북이 대결하고 있다고 했습니다. 그리고 일천만 이산가족의 말할 수 없는 슬픔과 고통이 아직도 아물지 않고 있다고 했습니다. 참으로 옳은 말입니다. 그때 교회가 책임을 질 줄 몰랐기에 오늘날까지 우리 교회는 어떤 문제든지 책임을 회피해 왔던 것입니다.

지금 한국 교회는 최고의 전성기에 와 있습니다. 그러나 이상한 것은 교회가 많은 지역일수록 환락과 타락이 더 왕성 하는 이유가 무엇입니까? 교회는 교회이고, 세상은 세상이란 이원론적 사고 때문에 교회가 책임을 지지 않으려는 것입니다. 돌이켜 보면 과거에 자유주의 신학을 가진 사람들이 몸을 불태우면서 부패한 군사정부에 항거할 때 우리는 아무 말도 못하고 있었습니다. 그런데 이제 우리 교단에서 대통령도 나왔으니 더욱 할 말을 잃었습니다. 어쩌면 우리 '개혁교회의 실어증 현상'은 고쳐지지 않을지도 모릅니다. 그러나 역사적으로 볼 때 실제로 개혁교회만이 나라와 민족의 죄악과 부패를 통렬히 비판하고, 그것을 아파하며 자기 자신을 개혁해 나갔다는 것은 역사적 사실입니다. 멀리는 요한 칼빈과 요한 낙스가 그렇게 했고, 가까이는 흐룬 뵨 프린스터나 아브라함 카이퍼가 그랬습니다.

우리는 해방 신학과 정치 신학의 인본주의적이고 혁명적인 노선을 절대로 용납지 않습니다. 그러나 적어도 민족의 죄악과 부패에 대해서 눈을 감거나 뒷짐을 지고 있어서는 안 됩니다. 민족의 죄악에 책임을 지지 못한 것에 대해 가슴을 치며, 회개하는 운동이 이번 31회 '전국 목사·장로 기도회' 중에 있어지기를 소원합니다. 목사와 장로로서 또는 그리스도인으로 책임을 다하지 못한 것을 가슴 치며 회개하는 기도의 불길이 타오를 때, 비로소 하나님의 진노가 멎을 것입니다. 바로 그것이 성경의 교훈이며 교회사의 교훈입니다.

대한예수교장로회 합동 측 교회는 이름 그대로 장자 교회입니다. 장자가 할 말을 못하는 실어증에 걸려서 민족의 양심이 되지 못하고 죄악을 책망하지 못한다면, 도대체 우리 교단의 특성은 무엇이며, 무엇이 개혁주의 신앙 노선이란 말입니까? 선지자가 없어진 시대는 불행한 시대입니다. 맨발로 울면서 민족의 죄를 지적하면서 책임을 지려던 예레미야의 음성이 있어야 하고, 사회 정의가 무너지는 것을 안타까이 발을 굴리며 외치던 선지자 아모스의 외침도 있어야 합니다. 생명을 내어 걸고 헤롯의 부정과 부패를 책망했다가 순교의 제물이 된 선지자 세례 요한의 설교가 필요한 때입니다. 우리 칼빈주의적인 개혁교회 곧 정통 장로 교회는 요한 칼빈과 요한 낙스 같은 개혁주의자들의 터 위에 서 있습니다. 칼빈은 교회와 신학만 개혁한 것이 아니고, 시의회를 개혁하고 사회의 온갖 불의와 부정을 바로 잡았습니다.

존 낙스는 한 평생 사람을 두려워하지 않는 자로서, 메리 여왕의 부정과 부패를 확실히 지적하고 장로 교회의 터를 닦았습니다. 본래 세상을 변화시키고 개혁시키는 일은 칼빈주의 교회의 것이고, 복음을 옳게 믿는 교회의 것이었습니다.

그러나 1920년대 미국에서 자유주의와 보수주의가 양분되면서 논쟁이 한창일 때, 자유 진영 쪽의 대표자 라우센부쉬(Walter Rauschen Busch)가 용공적인 발언을 했습니다. 그때 보수주의 편에서는 그를 집중적으로 공격하고 자유주의자들이 내세운 사회 복음주의를 배척했습니다. 자유주의자들은 우리를 보고 근본주의자(Fundamentalist)로 내몰았습니다. 그런데 이런 사건으로 말미암아 보수주의자들은 자유주의 신학을 방어하는 데만 주력하다보니, 교회에게 위임된 적극적인 전도와 선교에도 미흡했고 더구나 대사회 문제는 자유주의자들의 독무대가 되도록 방치해 버린 꼴이 되었습니다. 말하자면 아기를 목욕시킨 후 목욕물을 버린다는 것이 아기까지 버린 꼴이 되고 말았습니다.

그 후에 사회의 불의와 부정을 지적하는 것이나, 세상의 개혁은 자유주의자들이 철저히 인본주의적 방법으로 몰아갔고, 우리 개혁주의자들은 교리와 신앙만 붙들었지, 모든 것을 자유주의자들에게 빼앗겨 버렸습니다. 그 후 보수주의자들은 오직 하나님의 나라만을 바라보고, 우리의 민족과 이웃의 아픔과 질곡에 대해서는 아무 대안도 내놓지 못했으며, 책임도 지지 않게 되었습니다.

1899년 3월 1일자 '대한 그리스도인 회보' 내용을 보면, 어떤 군수가 예수교가 있는 마을에는 갈 수 없으니, 다른 데로 가게 해달라고 청원했습니다. 그 이유는 기독교가 있는 곳에는 부정을 할 수 없기 때문이라고 쓰여 있습니다. 20세기 초 한국 인구가 1천 2백만에, 기독교 인구가 1%도 안 되었을 때, 소수의 기독교인 때문에 기득권층 양반들이 비명을 질렀던 것을 생각하면 실로 격세지감이 있습니다. 오늘날에는 부정에 항거하기는커녕 도리어 앞장선 듯한 인상을 주고 있는 1천만 기독교인들은 마음과 옷을 함께 찢는 회개가 있어야 할 것입니다. 더욱 대한예수교장로회 합동 측 교회가 이 책임을 지지 않으면 누가 진다는 말입니까?

2. 우리 교회는 인본주의적, 세속적 문제에 책임을 지는 교회여야 합니다.

오늘의 우리 교회와 신학은 인본주의에 대해서 매우 둔감한 실정입니다. 그 이유는 인본주의는 그 본질상 타락한 인간의 심성에 꼭 맞을 뿐 아니라, 모든 사람에게 전혀 거부감을 일으키지 않는 매우 멋진 사상 체계이기 때문입니다. 일찍이 캐나다의 프람스마 박사가 지적한 대로 오늘의 세속주의 사상은 너무나 매력적이고, 아름답기 때문에 정치, 경제, 사회, 문화, 예술, 종교에 이르기까지 누룩처럼 고루고루 퍼져 있습니다. 특히 현대 신학 속에 파고드는 모든 사상은 인본주의 위에 기초한 것이며, 교회는 자연스럽게 인본주의 사상 체계를 그대로 수납해 가고 있습니다. 더구나 인본주의 사상은 하나의 종교로서 세상의 모든 분야에 사상적 지주가 되어 버렸습니다.

우리 교회는 명색이 칼빈주의 곧 신본주의 신학과 신앙 노선을 지킨다고 주장하고 있지만, 실제로 우리 교회 안에 인본주의 사상이 말할 수 없을 정도로 엄청나게 들어와 버렸습니다. 정직하게 말하면 우리 교회의 목회 형태나 행정은 감히 칼빈주의적인 교회라고 말하기가 낯 뜨거운 잡다한 인본주의 요소가 판을 치고 있는 형편입니다. 목적을 위해서는 수단과 방법을 가리지 않고, 세력 획득을 위해서는 완전히 비성경적인 방법이 용인되는 터이고 보면, 실로 가슴 아픈 일이 아닐 수 없습니다. 더욱 안타까운 것은 차라리 인본주의적이고, 진보적인 색깔을 띤 교회나 신학들은 오히려 드러내놓고 하기에 스스로 인본주의자로 자처하지만, 우리들로서는 표어와 간판은 개혁주의 노선을 지킨다고 하면서 실제 내용에 있어서는 야누스적인 두 얼굴의 모습이 있었음을 자백하고 통회해야 합니다.

우리는 인본주의적인 세속주의에 대해서 책임을 지는 교회가 되어야 합니다. 그럼에도 불구하고 책임은 고사하고, 방관자이거나 동조자였기 때문에, 우리 교회의 몰골은 덩치 큰 바보 아이처럼 되어버린 꼴이 되었고, 마치 머리 잘린 삼손처럼 힘을 잃어버렸습니다. 만약 우리 교회가 현대 신학 속에 암처럼 퍼져가는 인본주의와 세속주의를 방어할 책임이 없다면, 그것은 달리 말해서 개혁교회의 위기이며, 개혁주의 신앙의 포기가 될 것입니다. 결국 벌카워(G.C. Berkouwer) 박사의 지적대로 20세기의 최대의 과제는 인본주의를 어떻게 막아낼 것인가에 달려 있습니다. 다가오는 21세기는 이전보다 더 큰 인본주의의 공룡 앞에서 신학도, 신앙도, 교회도 붕괴되어 가고 있을 것입니다.

이런 내용을 모르고 있는 우리 교회는 부흥과 성장의 자화자찬과 포만감에 빠져 있는 실정입니다. 만약 오늘의 대한예수교장로회가 아무런 전투 태세도 취하지 않고, 시대적 사명을 잃어버리고 있다면, 우리 교회는 유럽 교회가 걸어갔던 그 길을 뒤따를지도 모르겠습니다. 인본주의와 세속주의 문제의 심각성을 절규하면서 '시대를 책임지는 교회'로서 교단의 지혜를 모아야 할 때인 줄 믿습니다.

그렇다면 이제 구체적으로 교회 안에 들어온 인본주의가 무엇인지를 살펴보겠습니다.

우선 목회에서의 인본주의입니다. 여호와의 깃발을 세우고, 여호와 하나님의 영광을 높이는 대신에 사람들의 영광을 드러내는 일들이 얼마나 많습니까? 교회 성장을 이유로 온갖 인본주의적인 방법이 난무하고 있습니다. 두말 할 필요 없이 이는 목사님들과 장로님들의 공동 책임입니다. 또한 교회 교육에 들어온 인본주의입니다. 교육의 방법론들이 너무나 인본주의적인 것이 많습니다.

지금 우리나라 교과서의 거의 100%가 프로이드적이고, 존 듀이의 철학들을 기초한 인본주의 사상을 담고 있습니다. 사탄은 지금 교회에 무차별적 공격을 하고 있습니다. 특히 사탄의 세력은 거대한 국가적 조직과 매스컴을 동원하여 안방까지 파고 들어오고 있습니다. TV에서 퇴폐 문화를 양산하고, 청소년들의 탈선과 퇴폐까지도 선진국을 따라 가고 있습니다. TV에서는 순간순간마다 부도덕과 퇴폐를 조장하는 반윤리적이고, 반사회적이고, 비성경적인 것으로 가득 차 있습니다. 우리는 안방까지 파고드는 거대한 공룡 같은 인본주의적인 매스컴 앞에 속수 무책으로 구경만하고 있습니다. TV 프로 중에 나오는 어린이 만화 영화들은 거의 대부분이 뉴 에이지 그룹에 속하는 영화들을 방영하고 있습니다.

예를 들면 요즘 어린이들을 매혹시키는 '파워 레인저'는 우주의 마녀가 공기가 있고, 살기 좋은 지구를 정복해서 자기 보금자리로 삼으려는 것으로 시작됩니다. 조단이란 흉측스런 얼굴이 영상으로만 나타나는 초자연적인 능력을 발휘해서 마녀의 음모를 알아내고, 또 초능력적인 로봇이 무기를 만들어서 주인공들인 아이들에게 제공합니다. 이 로봇의 모습은 공룡들의 모양을 하고 있으며, 이들이 합해서 능력을 발휘하여 마녀의 괴물들을 쳐부순다는 것입니다. 이런 것을 보면 하나님의 자리에 또 다른 초자연적인 인물을 대치시킴으로써, 하나님에 대한 신앙을 근본적으로 파괴시키고 있습니다.

이렇게 뉴 에이지 그룹들은 영화와 TV를 통하여 끊임없이 그들의 메시지를 전하고 있습니다. 애써 밖으로 나가 전도지를 뿌리면서 전도하는 것이 아니라, 이러한 영상 매체를 통해서 쉽고, 영향력 있게 목적을 달성하고 있는 것입니다. 사탄의 공략은 최첨단 기재와 시설들로 만들어져서 더욱 효과적으로 사람들의 감성을 조종하는 TV 프로그램, 영화, 음악, 연극, 잡지, 소설, 문화 서적 등을 통해서 나타납니다. 우리가 매일같이 보고 듣고 접하는 모든 것들에 이미 사탄은 자신의 메시지에 익숙해지도록 만들어 놓았고, 하나님께서 가증이 여기는 행동을 부추기고 있습니다. 이런 사악한 프로그램을 통해서 사람들의 마음을 비성경적이고, 반기독교적이 되도록 만들고 사탄을 숭배하도록 하고 있고, 심지어 잘 믿는 사람들에게도 할 수만 있다면 넘어지게 만들고 있습니다. 많은 TV프로그램에는 이방 종교 사상과 무속 신앙과 반인륜적, 비윤리적 요소가 판을 치고 있습니다. 이는 모두가 인본주의적인 문화의 무차별 공격에 손을 들어버린 결과입니다. 인간도 신이 될 수 있다는 정신을 가진 뉴 에이지 운동의 한 줄기인 뉴 에이지 음악은 인간을 신으로 만드는 방법으로 효과적이며, 극대화시키는 데 앞장서고 있습니다.

작년에 최대의 판매량을 기록한 음반 중에서 '이니그마'는 그레고리안 챤트와 여성의 신음 소리를 섞어 기독교의 성 윤리를 비웃는 것입니다. 또 수백만 명이 관람했다는 영화들은 사탄의 메시지로 우리의 눈과 귀를 통해 무차별적으로 들어오고 있습니다. E.T는 외계인을 예수 그리스도의 자리에 대입시키고 있습니다. E.T가 치유, 부활, 승천 등 예수의 공생애를 모방하고 있습니다. 그 밖에 유체 이탈, 환생, 초능력 등 뉴 에이지적인 주제의 만화가 어린이들의 영혼을 좀먹고 있습니다. 요즘 한국 최고의 베스트 셀러는 우리를 어리둥절하게 합니다. 점성술, 토정비결, 역학 등이 최대 판매 부수를 자랑하고 있고, 요즘 젊은이들 사이에 폭발적으로 인기리에 읽히고 있는 "배꼽", "성자가 된 청소부"에는 기독교 정신을 모독하고 조롱하는 내용으로 가득 차 있습니다.

저는 오늘 이런 이야기를 여기서 다 말할 수가 없습니다. 우리 교회는 거대한 인본주의와 세속주의 문화에 뒷짐을 지고 바라만 볼 것이 아니라, 하나님 중심의 칼빈주의 문화로 이들을 정복해야 합니다. 우리는 교회 성장에만 집착한 나머지 하나님 나라 건설을 위한 예수 그리스도 중심의 문화를 소홀히 한 것을 깨달아야 합니다. 우리는 예수만 잘 믿으면 되고, 이런 인본주의적 세속적 문화 문제에 대해서 책임 없다고 한다면, 그런 지도자는 우리 개혁주의 신앙을 가진 사람이 아닙니다. 하나님의 주권은 삶의 전 영역에 미치지 않는 곳이 없습니다. 목회에 들어온 인본주의, 교육에 들어온 인본주의, 문화에 들어온 인본주의를 극복하는 것이 우리들의 책임입니다. 김일성 주체사상은 결국은 사람을 만물의 척도로 한다는 인본주의 사상입니다. 이런 사상과 대결할 수 있는 신본주의적 칼빈주의 세계관과 문화관 정립으로, 21세기의 한국 교회와 사회와 민족 앞에 책임을 지는 것이 우리 교회의 사명인줄 확신합니다.

3. 우리 교회는 신학적 혼돈과 이단 문제에 책임을 지는 교회가 되어야 합니다.

오늘의 우리 교회의 신학적 방향도 매우 다양해져가는 느낌입니다. 물론 아직까지 뚜렷한 신학적 이슈는 없다고 하더라도 적어도 앞으로 우리 교회의 신학적인 노선은 다양한 방향으로 흐르지 않겠는가 하는 의구심을 자아내게 합니다. 신학이 정치적인 배경을 등에 업고, 지원을 받을 때는 걷잡을 수 없는 방향으로 흘러갔던 것이 과거의 역사였습니다. 사실 신학을 감독하는 것은 교회이고, 교회를 감독하는 것은 신학입니다. 두 영역은 다르지만 신학은 교회를 위한 것이어야 하고, 교회는 신학을 위한 것이어야 상호 보완적이 되는 것입니다.

역사적 칼빈주의 신학을 지키려는 분명한 교회의 의지가 있어야 합니다. 우리 교회는 역사적 칼빈주의 신학과 신앙을 지키려는 몸부림이 있어야 합니다. 역사적으로 볼 때 신학을 지키지 못하는 교회는 쇠퇴한다는 것은 얼마든지 증명할 수 있습니다. 그래도 고맙고 감사한 것은 이 땅에 복음을 심어주었던 선교사들이 성경을 옳게 믿고 역사적, 개혁주의 신학과 신앙을 바로 심어주었고, 신학의 거장들이었던 박형룡 박사와 박윤선 박사, 명신홍 박사와 같은 이들이 신학의 맥을 이어온 것이 오늘의 총신이며 오늘의 대한예수교장로회입니다.

그러나 칼빈주의 신학과 신앙은 목양의 현장에서 외면당한 채, 온갖 비성경적이고, 비개혁주의적인 방법이 시행되고 있습니다. 오늘의 문제는 결국 목사와 장로가 같이 책임을 져야 합니다. 교회와 신학은 상호 보완적이며 또한 상호 견제적입니다. 교회가 세속화 되어갈 때, 신학은 그 잘못을 질책하고 바로 잡아 줄 책임이 있습니다. 그 반대로 신학이 잘못되어 가고 있을 때, 교회는 신학이 복음과 성경으로 돌아가도록 채찍질 해야 합니다.

최근의 신학은 한 마디로 에큐메니칼 신학이 그 대종을 이루고 있습니다. 에큐메니칼 신학은 본래가 각 교회의 독특한 신학적 교리를 접어두고, 오직 선교적 목적만을 위해서 일하는 것에 목적을 두기 때문에 처음부터 종교 다원주의와 혼합주의 사상을 바탕에 깔고 있습니다. 기독교만이 진리라는 말을 하면 이상히 생각하는 사람들이 있습니다.

세계 각국에서 난다긴다 하는 학자들이 속속 선교를 구실로 자유화되어 가고 있고, 솔직히 말해서 서양의 신학교들 가운데 믿을만한 곳이 몇 되지 않는다는 것을 다 알고 있습니다. 그래도 아직 감사한 것은 한국 교회의 정서 특히 보수주의 신학을 가진 사람들이 개혁주의 신앙을 가지려고 애쓰는 것이 사실입니다. 그러나 우리는 그러한 정서나 분위기에 만족할 것이 아니라, 진정으로 신학을 바로 지킬 세계적인 인물을 키우기 위해서 준비하는 책임이 있는 교회여야 합니다.

신학자들에게 용기를 주고, 안심하고 학문에 정진할 수 있도록 도와주는 책임 있는 교회가 되어야 합니다. 아무나 신학교를 세워서도 안 되고, 아무나 신학교에 들어와도 안 되고, 아무나 신학을 가르쳐도 안 됩니다. 신학이 바르게 되어야 설교가 바르게 되고, 설교가 바르게 되어야 교회가 살고, 교회가 살아야 민족이 살아납니다. 신학을 우습게 알고 교리를 대수롭지 않게 여겼던 교회치고 역사에 바르게 자기 위치를 지킨 예는 없습니다.

뿐만 아니라 우리 교회에서는 이단 문제에 대해서 개혁주의 교회로서 발언이 없었던 것은 실로 부끄러운 일이 아닐 수 없습니다. 최근에 탁명환 씨 피살 사건 후에도 우리는 실어증에 걸린 사람처럼 말이 없었고, 비성경적인 교리나 비개혁주의적이고, 비윤리적인 것이라도 정치적으로 모두 해결해 버리는 특례를 만들어 버렸습니다. 이런 징조들은 개혁교회가 자기 구실을 하지 못할 때 나타나는 일차적 현상입니다. 도대체 우리는 무엇 하나 분명하고 확실 것이 없는 듯합니다. 진리를 지키려는 투사도 없을 뿐 아니라 모두 자기의 목장을 잘 간수하고 거기에 안주하는 것만으로 만족하려는 소심한 지도력 때문입니다. 도대체 신학적 혼돈과 이단 문제에 책임을 질 수 없다면 개혁교회가 존재해야 할 이유가 무엇입니까?

초대 교회부터 이단은 있어왔습니다. 또 어느 때나 교회의 성장을 틈타서 이단들의 횡포는 날 뛰는 법입니다. 그러나 오늘날 한국 교회에서처럼 독버섯 마냥 이단들이 400여 개나 생겨났다니 정말 놀라운 사실이 아닐 수 없습니다. 지금 한국 교회는 난세를 겪고 있습니다. 그 이유는 그 어느 때보다 이단들이 날 뛰고 있습니다. 여호와의 증인이니 몰몬교니 하는 외제품 이단들이 수입되어 골치를 앓았던 것이 어제 오늘이 아니었습니다. 그러나 이제는 국산품 이단들의 극성 때문에 골머리를 앓고 있습니다. 특별히 최근에 시한부 종말론과 비성경적 귀신론들의 행태는 교회는 물론이고 사회적으로 엄청난 물의를 일으켰습니다. 이런 이단들은 목적을 위해서는 수단과 방법을 가리지 않고, 거짓된 방법으로 재물을 긁어모으고 때로는 정치적 세력을 등에 업고 교세를 확장시키는 데는 모두가 할 말을 잃어버렸습니다. 이단은 자유주의와 함께 언제나 성경을 파괴시키거나 가감합니다. 또 이단은 예수 그리스도의 구속 사역을 제한하거나 부인합니다. 그리고 성경을 제외하고 계시가 계속된다고 하면 이단입니다. 뿐만 아니라 이단은 비윤리적이고 반사회적이며 반국가적입니다. 그럼에도 어리석은 대중들을 쉽게 미혹합니다.

그런데 문제는 이단들의 태도에 대해서 개혁주의 신앙을 사수한다는 우리의 모습은 어떤가를 생각해 봐야겠습니다. 이단은 기성 교회의 사생아라는 사실을 인식해야 합니다. 지난 수십 년 동안 우리 교회는 이단 문제에 대해서 진심으로 가슴앓이를 해 본적도 없고, 그들을 대항한 적도 별로 없습니다. 그리고 조직적으로 이단들을 없애기 위한 정책도, 교리적 연구도 별로 없었습니다. 사실 이단 문제에 관한한 가장 정통 신앙을 지킨다고 자타가 공인하는 우리 교회가 생명을 내걸고 싸워야 함에도 불구하고, 가장 교묘히 입을 다물고 있었던 것이 사실입니다. 언제나 우리는 책임을 지는 자리에서 뒤로 빠지고, 소심하게 자기 목장이나 관리하고 사건에 말리지 않은 것을 감사히 생각해 왔습니다. 바로 이것이 대한예수교장로회 합동 측의 자화상입니다.

사실 이단을 발 못 붙이게 하고 교리적으로 설 자리가 없도록 만드는 것은 우리의 책임입니다. 사정이 이러함에도 불구하고 우리들은 이단보다 전도에 열심도 없고, 교리 지식도 부족하고, 합심 합력을 못하고 있고, 지도력까지 잃고 있으니, 도대체 무엇을 가지고 이단을 공격할 수 있단 말입니까? 이제 우리는 신학의 문제와 이단 문제에 책임을 질 줄 아는 교회가 되어야 21세기에 살아남는 교회가 될 줄로 믿습니다.

적어도 우리는 성경적인 정통 기독교를 지키고, 역사적 칼빈주의 신앙을 지키려는 몸부림이라도 해 봐야 하지 않습니까? 진정으로 하나님께서 우리와 함께 하시다는 것을 믿는다면, 5,400여 지 교회를 가진 최대 교단으로 도대체 무엇을 두려워한단 말입니까? 혹시나 우리 교회 안에 이단의 교리가 들어올 수 있도록 느슨하게 풀어 놓아진 것은 없습니까? 바른 신학을 지키는 교회, 이단을 물리치는데 책임을 지는 교회가 될 때 우리 교회의 바른 모습을 드러내게 될 것입니다.

4. 우리 교회는 국제화와 변하는 세상에 책임을 지는 교회가 되어야 합니다.

지금 우리는 21세기를 눈앞에 두고 말 그대로 세계화니, 국제화니 하여 지구촌 사회가 되어가고 있습니다. 그로 말미암은 변화는 실로 엄청난 지각 변동을 일으키고 있습니다. 앞으로 사람들의 생각은 전혀 새로운 세계관으로 바뀌고 삶의 스타일도 바뀌어 질 전망입니다. 그렇다면 이런 변화하는 세상에서 방관자로 남을 것인지, 아니면 새로운 방향 지표를 세워야 할지를 명백히 설정해야 하지 않겠습니까? 이제 우리 교회는 우리 교회만이 유아독존격이 될 수도 없을 뿐더러, 한국 교회도 세계 교회 중에 일원이므로 홀로 설 수는 없습니다. 더구나 제3세계의 교회의 변화로 세계 교회의 리더십의 변화가 있을 때, 우리 교회의 역할과 사명을 생각해야 합니다.

즉 오늘의 북대서양을 축으로 하는 기독교 세력은 점점 약해지고, 제3세계의 기독교 세력이 강해질 때, 그때 교회의 지도력은 한국 교회가 갖게 됩니다. 그때 세계 교회의 책임을 우리가 져야 합니다. 이런 제의는 단순히 희망 사항이거나 자화자찬이 아닙니다. 우신 우리 한국 교회는 세계에서 가장 강력한 힘을 가진 교회입니다. 그 중에서도 우리 교단은 교세 면에서나, 신학적인 면에서나 세계 개혁주의 교회의 모범입니다. 그러나 우리는 변화하는 세계에 대해서 준비도 없거니와 책임을 지지 않고 있습니다. 솔직히 말해서 우리는 세계에서 가장 큰 교단 중에 하나이지만, 국제적으로 완전히 고립되어 있습니다.

한 마디로 스포츠 외교만도 못한 교회 외교입니다. WCC와 결별하고 ICCC와도 결별했습니다. 만약 세계 기구에서 일할 수 없을지라도 우리와 입장을 같이 하는 교회는 얼마든지 있습니다. 만약 21세기의 변화하는 세계 교회에 지도력을 발휘하려면 우선은 선별적으로, 교회별로 접촉할 수 있는 보수주의 신앙을 가진 교회 또는 개혁주의 신앙을 가진 교회를 개별적으로 '국제적인 교회 외교'를 펴서 5대양 6대주에 우리의 신앙 지도력을 발휘할 수 있도록 해야 합니다. 그러기 위해서는 선교사를 아무나 보내지 말고, 복음의 열정을 강화하면서 유창한 언어를 구사하고 외교적 능력이 있는 지도자를 양성해서 보내야 합니다. 그리고 디아스포라 교회를 적극 지원하도록 교단에서 지혜롭게 감독하고 지원해야 합니다. 오늘의 우리 교단의 선교 정책도 이제는 실적주의나 건수 위주를 벗어나서, 각개 약진식의 영웅주의적 선교사를 보내지 말고, 정말 엄선된 선교사를 보내야 합니다.

세계는 지금 변화하고 있습니다. 그리고 세계는 지구촌화 되었습니다. 옛날 방식의 선교도 중요하지만, 장자 교회로서의 지구 전체에 대한 강력한 개혁주의 신앙을 심기 위한 책임 있는 교회, 책임을 지는 교회가 되어야 할 줄 믿습니다. 우리가 세계 교회에 대한 책임을 지려고 기도한다면, 하나님께서는 우리에게 세계를 맡겨 주실 줄 믿습니다.

이것은 환상이 아니고 우리 앞에 현실로 다가와야 하며, 개혁주의 교회로서의 책임을 통감해야 할 것입니다. 만약 변화하는 세상, 국제

사회의 변화에 민감하게 대처하지 못하고, 개혁교회로서의 아무 발언도 못하게 된다면, 5,400여 교회를 갖고 있는 교단으로서의 수치요, 부끄러움이 될 것입니다. 우리 교단은 WCC와 결별한 후 세계 교회의 외교 무대에 완전히 고립되었고, 아무런 영향도 줄 수 없는 촌스런 교회 모습이 되었습니다. 이제라도 인물을 키우고 합심합력해서 변화하는 세계와 국제적인 교회의 흐름에 20세기의 교회 성장의 기적을 낳은 교회로서의 책임을 지고 사명을 다해야 할 것입니다.

5. 우리 교회는 남북통일 이후에 새 나라 건설에 책임을 지는 교회로서 어떤 준비가 있어야 합니다.

지금까지 매우 낙관적인 남북통일론이나, 체제우월주의의 자만에 빠져서 휴전선만 무너지면 당장 무엇이 될 것처럼 말하는 것은 명색이 장자 교단으로서의 책임을 회피하는 것입니다. 또 개혁주의 신앙을 지키려는 장로 교회의 모습도 아닙니다. 독일의 통일 과정에서 보듯이, 교회가 시대에 앞장서서 함께 고뇌하고 아파하면서 통일을 착실히 준비하고, 책임을 지는 교회가 되어야 할 것입니다. 솔직히 말하면 적어도 이 방면에 있어서는 진보적 입장의 교회가 우리보다 훨씬 앞서가고 있음을 인정해야 합니다. 이렇게 무엇이든 뒷북이나 치는 인 일하고 이기주의적이고 내면지향적인 신앙을 가지고는, 민족의 장래나 국가의 장래를 책임질 수 없습니다. 최근의 남북 문제는 이른바 북한 핵 문제로 말미암아 교착 상태에서 헤어 나오지 못하고 있습니다. 공산주의자들과의 대화는 언제나 그러하듯이 믿을 수 없다는 것이 증명되었습니다. 그럼에도 불구하고 남북의 통일은 민족의 숙원이며 당연한 사실입니다.

그러나 점점 이산가족 1세대들이 노령화 되어가고, 그토록 통일에 대한 애절한 소망이 있음에도 불구하고, 아직도 이렇다 할 결과가 없습니다. 한편 젊은 세대들은 풍요로운 삶을 만끽하면서 굳이 통일에 대한 염원이나 고뇌를 할 필요를 느끼지 못하고 있는 것도 사실입니다. 그러나 동구 공산권이 무너지고, 구 소련이 해체되면서 북한의 체제는 이제 갈 때까지 갔지 않았나 하는 앞지른 생각도 있습니다. 마치 해방이 우리가 생각지 않는 날에 국제적 변화에 의해서 왔듯이, 남북의 통일도 마치 동서독의 통일처럼 어느 날 갑자기 밀어 닥칠지 아무도 예측할 수 없습니다. 하지만 하나님께서 우리 민족을 연단시키고 훈련시킨 후에 반드시 통일을 주실 줄 믿습니다. 그것이 내일 일수도 있고, 내년 일수도 있고, 또는 10년, 20년 후 일수도 있을 것입니다.

하나님께서 하시는 일을 우리가 다 알 수 없지만 통일을 주실 것만은 확실합니다. 그렇다면 장자 교단으로서 우리는 이 문제에 대해서 미리 대비하고, 책임을 져야 마땅합니다. 요즘 많은 교단들과 교회에서 남북통일이 되면 누가 먼저 평양에 가서 대부흥회를 한다느니, 어느 교회가 먼저 평양의 가장 노른자 위에다 교회를 짓는가라고 하면서 말하고 있습니다. 사실 생각해보면 너무나 경망스럽고 가벼운 발상입니다. 한국 교회는 물질의 축복을 많이 받았으니 북한 동포들을 돕고자 하는 것은 좋지만, 만약 이 일이 잘못되었다가는 오히려 더 커다란 실망과 낙심을 안겨주는 것이 될지 모르겠습니다.

북한을 자주 왕래하는 미국 국적의 인사를 만나 이야기를 들어보니 북한 교회는 죽은 것이 아니고, 도리어 살아있다고 증언했습니다. 천여 개의 지하 교회가 정말 초대 교회의 그 깨끗하고 순결한 말씀 중심의 신앙생활을 하고 있더라고 증언했습니다. 오히려 죽은 교회는 남쪽의 교회라고 평했습니다. 지금 우리들의 교회는 지나치게 물량적이고, 유물적이며 순수성을 잃은 교회인데, 남북이 통일이 된다면 돈을 가지고, 체제우월주의를 가지고 북한에서 정말 신앙의 정조를 지킨 성도들의 가슴에 못을 박지 않을까 하는 걱정을 하게 됩니다.

지금 한국 교회는 막연한 두 가지 환상에 젖어 있습니다. 하나는 남북통일 이후의 북한 전도에 대한 환상이고, 또 다른 환상은 유선방송(CATV)을 통한 방송 선교의 환상입니다. 이 두 현상은 묘한 역학 관계가 있음을 눈 여겨 봐야 합니다. 통일 선교에 대한 환상 이전에 그 때 겪게 될 한국 교회 내에 가공할 영적 변화에 대해서 철저히 준비하고 책임을 져야 합니다. 무슨 말인고 하니, 통일이 된다면 그동안 휴전선으로 갈 수 없던 곳을, 금요일 오후부터 2박 3일 코스로 금강산으로, 평양 모란봉으로, 명사십리로, 백두산으로 주말 여행 붐이 일어날 터인데, 주일 성수에 대한 개념이 점차 희박한 성도들은 이제 주일날 교회당에 잡아둘 수가 없을 날이 올지 모르겠습니다.

오늘날 한국 교회의 신앙의 형태가 하나님의 영광을 위한 것보다, 잘 먹고, 잘 살고, 즐기기 위한 기독교인으로 길들여 놓았기 때문에, 기복적이며, 현세적인 사람들은 미련 없이 교회를 떠날 것이고, 또 교인들의 그런 신앙 형태를 붙잡기 위해서 별별 기발한 세속적이고, 인본주의적 방법이 일어날 것입니다. 그렇게 되면 유럽이나 미국 교회가 걸어간 그 길을 뒤따라가게 될 것입니다.

우리는 지금 그때를 대비하고, 교육하고 기도해야 합니다. 남북통일을 환상으로 볼 것이 아니고, 현실로 보면서 더 많은 고뇌를 해야 합니다. 이 문제에 대해서 우리 개혁교회의 역할과 책임을 분명히 통감하면서, 먼저 통일을 위해 기도하고 특히 순수한 신앙을 가지고 오늘도 주의 뜻을 기다리는 북한 성도들을 위해서 기도해야 할 것입니다. 남북통일의 문제는 정치가에게만 맡기지 말고, 진정한 개혁주의 교회의 사명인 줄 알고 책임을 감당해야 하리라고 봅니다.

존경하는 여러 선후배 동역자 여러분! 그리고 존경하는 여러 장로님 여러분! 저는 오늘 장시간에 걸쳐서 우리 교회의 책임에 대해서 말씀드렸습니다. 사실 제가 지금까지 제기했던 문제들은 이미 다루어졌어야 할 문제이고, 진지하게 가슴앓이를 했어야 할 일이었습니다. 그러나 부끄럽게도 우리는 모든 문제에 대한 책임을 회피한 채로 지냈습니다.

그도 그럴 것이 1959년 에큐메니칼과 교단이 분리되면서 모든 것을 깡그리 비워주고 나왔고, 모든 기관들을 다 빼앗기고, 적수공권(赤手空拳)으로 나와서 오직 울며 하나님께 매달려 주의 몸된 교회를 부흥시키는데 전력투구했습니다. 그래서 이만큼이라도 교회가 성장 부흥한 것은 참으로 감사할 수밖에 없습니다. 그러면 교회가 이렇게 커졌고, 자타가 장자 교단으로 인정하는 만큼 그 책임 또한 벗을 수가 없다는 사실입니다.

지금 세상은 급변하고 있습니다. 젊은 세대들은 통제하기가 불가능합니다. 우리는 어제와 오늘에 만족하는 교회가 되어서는 안 됩니다. 미래를 책임져야 합니다. 이제 우리 교회는 숫자놀이나, 쓸데없는 비교회적이고, 비성경적인 행동을 과감하게 떨쳐버리고, 참으로 민족의 죄악과 불의에 교회가 책임을 져야 함을 깨닫고 우리 모두가 '내 탓이요! 나 때문이로소이다!' '목사의 죄, 장로의 죄 때문이다!'라고 가슴을 치는 회개의 운동이 여기서부터 일어나야 할 줄로 믿습니다. 오늘날의 세속주의, 인본주의 대해서도 우리가 책임을 져야 합니다. 신학적 혼돈과 이단 문제도 곧 우리의 부족과 연약 때문이었음을 통회하고 마음을 찢고, 옷을 찢어야 합니다. 그리할 때 오른 손에 일곱 별을 붙잡고, 일곱 금 촛대를 다니시는 예수 그리스도께서 소아시아 일곱 교회를 책망하시며 또한 격려하시는 음성을 들을 수 있을 것입니다. 우리가 '개혁교회'(Reformed Church)뿐 아니라 '개혁되어 가는 교회'(Reforming Church)가 되려면 책임을 져야 합니다. 책임을 지는 것은 자기를 채찍질하는 일이요, 회개하는 일이며, 통곡하는 일입니다. 그래서 우리 교회가 그런 시대적 사명을 감당하려면, 책임 있는 교회 곧 '책임을 지는 교회'(Responsible Church)가 되어야 할 줄 확신합니다. 여러분들에게 주님의 은혜와 평화가 넘치시기를 기원합니다. 감사합니다.

A Vision of Reformed Church

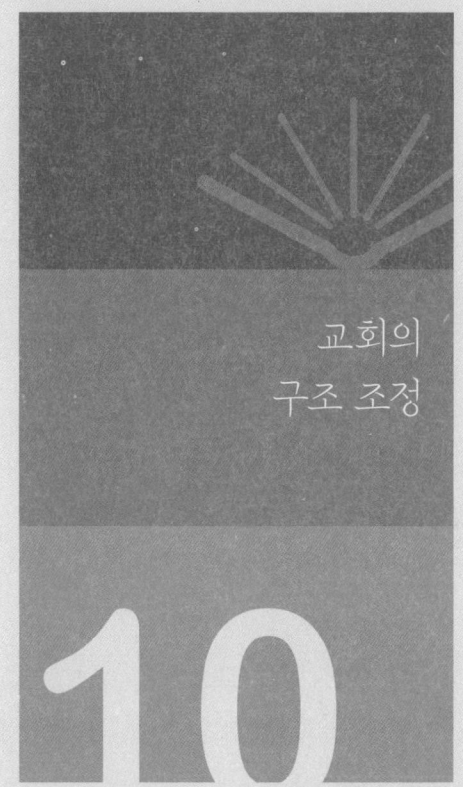

교회의
구조 조정

10

1. 모이는 구조의 교회

2. 보내는 구조의 교회

3. 모이고 보내는 교회로서의 구조

10

교회의 구조 조정

*1982년 5월 5일 부산 초량교회당에서 제19회 '전국 목사·장로 기도회'

    존경하는 교회의 지도자 여러분! 전국에서 주님의 몸된 교회를 위하여 눈물과 땀으로써 말씀을 봉사하시는 목사님들! 그리고 주의 종들을 받들어 섬기며 몸된 교회를 충성스럽게 봉사하시는 장로님 여러분! 우리는 지금 다시 역사의 새로운 도전을 받으면서 유서 깊은 초량교회당에 모여서 우리 교회가 나아갈 길이 무엇인가 하는 중요한 문제를 가지고 의논하며 함께 기도하게 되었습니다. 도대체 오늘 우리 교회는 어디를 가고 있으며, 무엇을 하고 있습니까?

    또한 한국 사회에 비추어진 우리 교회의 인상이 무엇이며, 교회가 지향하는 사상적 기조는 무엇이고, 교회의 안과 밖으로 도전해 오는 이단 세력과 세속주의 및 제3세계에서 밀려오는 정치 신학 및 해방 신학에 대한 도전, 그리고 날로 교회의 본질에 먹칠을 하는 비기독교적인 운동들에 대해서 우리 교회는 어떤 대책을 가지고 있습니까? 뿐만 아니라 이러한 정황에 대처하면서 역사적 칼빈주의 교회를 사수하면서 이 마지막 한 때 하나님의 말씀을 바로 선포하는 우리 교회의 책임과 사명이 과연 무엇입니까? 이러한 문제에 대한 우리 교회의 방향을 설정하고 문제 제기와 해답을 주고자 하는 것이 오늘 강연의 요지입니다. 그래서 오늘 강연의 제목을 "교회의 구조 조정"이라 하고, 특히 모이는 교회보다 보내는 교회를 중심으로 생각하고자 하는 바입니다.

존경하는 교회의 지도자 여러분!

최근에 와서 신학의 가장 중요한 관심사는 '선교론'과 '교회론'입니다. 제2차 세계 대전 이후에 모든 교회들이 복음 전도를 위한 교회의 연합과 교회의 성장을 강조하면서부터 신학의 토론이 이 문제에 집중되었다고 볼 수 있습니다. 그래서 지난 40년간은 19C 슐라이어마허 이후 실천신학이 가장 빠른 속도로 발전하기에 이른 것입니다. 그래서 모든 신학의 관심사는 실제로 복음이 어떻게 선교되며, 교회 성장에 어떤 역할을 감당하는가 하는 구체적 물음을 하기 시작했습니다.

한국 교회의 경우를 보면, 1960년대 이후 급속도의 교회 성장과 부흥 기간을 맞이해서, 오늘의 교회의 사명과 책임이 무엇인가를 어렴풋하게 나마 자각하기 시작했습니다. 그런데 이른바 급진적이고 자유주의적인 신학을 가진 교회들은 그들의 책임과 사명이 정치적인 행동에 있다고 생각하는 사람이 많았습니다. 그래서 이른바 제3세계의 신학 운동인 정치 신학이나 해방 신학, 혁명 신학을 사상적인 틀로 이해했습니다. 그런데 보수주의 교회들은 대개가 대사회적으로 또는 정치적 참여는 무관하고 오직 말씀을 통한 개 교회 부흥과 성장을 지향해 왔습니다.

특히 우리 교회의 경우를 생각해 보면, 가까운 지난 30년 간을 뒤돌아 본다면, 개 교회는 말할 것도 없고, 전 교단적으로 크게 부흥하고 있었다는 것은 하나님께 영광과 감사를 드릴 일입니다. 혹자들은 말하기를 도시 교회의 부흥이 산업화 과정에 나타난 인구의 도시 집중 현상에 크게 힘입었다고 하는 사람도 있으나, 지방 교회도 동시적으로 부흥하는 것을 보면, 우리 교회의 부흥은 하나님의 은혜와 축복인 줄 믿습니다. 그런데 우리 교회는 외부적이고 숫자적인 부흥과 성장에만 주력하다 보니 별로 자기 정립 없이 뛰어온 것도 사실입니다. 웅장한 교회당의 건물의 크기만큼 내용이 있는 교회는 못되었던 것입니다. 교회가 커지는 만큼의 신학적 뒷받침이 없었고, 교회의 정책도 빈약했던 것이 사실입니다. 교회의 사상적 틀이라고 할 수 있는 칼빈주의 신학과 신앙은 구호에 그쳤을 뿐이고, 실제로는 전혀 올바르게 교육되지 못했던 것이 사실이었습니다. 더욱이 개 교회의 부흥이 교역자 개인의 역량에 크게 좌우되다 보니 교회의 실제적 운영 방법과 설교 등에 있어서 밖으로부터 새롭고 기발한 방법을 도입했기 때문에 비장로교적인 요소가 많이 들어오게 되었습니다.

지금은 우리 교회 안에 장로 교회의 교회관이 흔들리고 있는 느낌이 있습니다. 그것은 신흥 개척 교회는 말할 것도 없고, 대교회도 비슷한 현상을 볼 수가 있습니다. 더욱이 비장로교적인 목회가 교회 성장 성공 사례로 되어가고 있는 것입니다. 또한 우리 교회의 교회관은 영적인 교회의 역할과 책임을 잊고 개 교회 중심 또는 건물 중심의 교회로 바뀌어 버렸습니다. 우리 교회가 지나치게 개교회주의로 되었기에 전 교단적으로 뚜렷한 사상적 방향 설정이 흐려지고, 교회가 백인백색의 다양성이 되어서 전혀 통제가 불가능하게 되었습니다.

이제 우리는 이러한 시점에서 칼빈주의 신학과 신앙을 가진 교회로써 교회관을 다시 정립하는 동시에 오늘의 한국 사회와 민족을 위한 우리 교회의 위치와 사명을 자각할 때라고 보는 것입니다. 우리는 교회 부흥에만 안주하지 말고, 언제나 자기를 뒤돌아보고 매질을 해야 합니다. 땅 위의 교회는 항상 어두워지고 부패하기 쉽기 때문에, 언제나 말씀을 통해서 개혁해 나가야 하는 것입니다. 현대 교회의 구조는 크게 두 가지로 대변할 수가 있습니다. 그 하나는 "모이는 교회"(Come Structure Church)요, 다른 하나는 "보내는 교회"(Go Structure Church)입니다. 그렇다면 우리 교회의 구조는 무엇이며, 우리는 어떤 교회로 발전하며 성장해야 할 것인가를 생각해 봅시다.

1. 모이는 구조의 교회(Come Structure Church)를 생각해 보겠습니다.

이런 유형의 교회는 부흥 성장하는 우리 교회의 구조라고 할 수 있습니다. 이런 교회의 특징은 우선 개인 신앙생활의 경건을 강조하고 특히 기도하는 일과 말씀을 듣는 것을 중요하게 생각하는 것입니다. 또한 성령의 역사를 강조하고 진리를 변증하는 일에 전력을 기울이는 장점이 있습니다. 모이기를 힘쓰기 때문에 이러한 교회는 빠른 속도로 성장하게 되는 것입니다. 또 이런 유형의 교회는 개 교회 중심이 되어서 상당한 저력을 가지고 성장해 가기도 합니다. 동시에 이런 교회의 구조는 개 교회의 교역자의 역량에 크게 의존되어서 개인지도 체제가 이루어지고, 지도자의 카리스마적인 것을 기대하게 되는 것입니다. 목회자의 그릇에 따라서 교회 성장이 좌우되는 것입니다. 또 실제로 우리나라의 경우 교인들의 신앙생활의 전부가 교역자에게 의존되어지는 것을 보면, 이런 체제는 쉽게 받아들여지게 되는 것입니다. 이와 같은 요인들이 다른 교회가 우리 교회를 부러워하는 것이라고 할 수 있는 것입니다. 앞으로도 이런 "모이는 교회"(Come Structure Church)는 계속 성장이 기대됩니다. 또한 이러한 교회 성장의 요인 중에는 신학과 신앙의 보수성에 있다고 생각됩니다.

최근에는 세계의 어디든지 보수교회는 부흥하는 추세에 있는 것도 사실입니다. 세계 어느 곳에서도 급진주의적 신학을 바탕으로 한 교회가 성장한 예는 없습니다. 지금도 세계 교회는 사도행전 6장에서와 같이 말씀 전하는 것과 기도하는 교회가 부흥한다는 것을 웅변적으로 보여주고 있습니다. 적어도 지금까지 우리 교회는 이러한 구조를 잘 활용하고 있었다는 장점이 있습니다. 그럼에도 불구하고 이런 교회의 구조가 정체상태에 있을 때는 여러 가지 문제점이 노출되는 것입니다. 모이는 교회로서의 구조는 우선 개 교회 부흥에 초점을 맞추기 때문에 지극히 폐쇄적이거나 자기방어적이 되기 쉽다는 것입니다.

이런 구조의 교회는 밖의 소리에 귀를 기우일 줄도 모르며, 자기 방어를 위한 울타리를 높이 쌓고 안전 지대를 구축합니다. 따라서 지도자들은 카리스마적으로 나타나려고 하며 영웅주의적인 사업주의에 몰두할 우려가 많습니다. 개인주의적인 목회 방법은 필시 이기주의적인 목회와 서로 상통하는 개념이 되었을 뿐 아니라, 개인주의는 또한 개별화로 생각하게 되었습니다. 교회의 물량적인 성장에 만족하여 자기안주에 빠지기 쉬운 것입니다. 이렇게 되면 무엇보다도 교회관의 변질이 문제가 될 것입니다. 그리스도의 몸으로서 전체 교회를 이해하지 못하고, 좁은 의미의 지 교회(支敎會)나 건물 중심의 개교회주의로 빠지기 쉽습니다.

사실 우리말에는 교회란 말이 매우 좁은 개 교회를 생각하는 개념이 많습니다. 그러나 영어는 Church와 Congregation을 구별하고, 독일어도 Kirch와 Gemeinde로 구별하고 있으며, 화란어에서도 Kerk와 Gemeintschaap로 구별되고 있습니다. 결국 교회관이 잘못 되어 가고 있다는 것은 교리적인 이해 부족 정도가 아니라, 실로 중요한 문제가 아닐 수 없습니다. 일찍이 웨스트민스터신학교의 카이퍼(R. B Kuiper) 교수는 그의 책『그리스도의 영광스런 몸』(The Glorious Body of Christ)이란 그의 교회학에서 "잘못된 방법으로 교회를 이끌어가는 것은 그리스도의 몸에 상처를 내는 것이라"고 말했습니다. 교회라는 말을 쓰면서 자기가 몸담고 있는 개체 교회당만을 생각한다면 이는 잘못이라기보다도 중대한 교리적 문제가 아닐 수 없습니다.

또한 이런 모이는 교회의 구조를 가진 교회가 자칫 놓치기 쉬운 것 중의 하나는 좁아진 안목으로 말미암아 '교회(ἐκκλεσία)'만 보고 더 큰 '하나님의 나라(βασιλέια τοῦ θεου)'를 보지 못하는 위험성입니다. 헬만 리델보스(H. Riderbos)는 그의 명저 『왕국의 오심』(De Komst van het Koninkrijk)이란 책에서 "교회와 하나님의 나라는 하나의 동심원 속에 있으며, 하나님의 나라는 더 큰 원"이라고 설명했습니다. 그러므로 개혁주의자는 하나님의 나라와 교회를 동시적으로 볼 줄 알아야 합니다. 이러한 신학적 정립이 없이, 더 큰 하나님의 나라를 보지 못하고, 교회만을 보는 것은 이원론적(二元論的)인 사상에 빠지기 쉽습니다. 이것은 실로 언필칭(言必稱) 보수주의니 개혁주의를 지킨다는 우리 교회의 중요한 과제가 아닐 수 없습니다.

이런 모이는 교회의 구조를 가진 교회가 빠지기 쉬운 유혹이 또 하나 있습니다. 그것은 교회의 영적이고 외부적인 부흥의 상태를 지탱하기 위하여 개인의 권위주의(權威主義)와 상징주의(象徵主義, Symbolism)로 발전되어 간다는 것입니다. 교회가 끊임없이 하나님의 말씀에 충실하고, 진실 되고, 힘 있게 설교가 선포될 때는 문제가 없지만, 말씀 선포가 약해지면서 교회의 부흥을 지탱하고자 할 때는 다른 방법이 나타나게 되는 것입니다.

금세기의 대설교가였고 영국의 웨스트민스터 교회의 담임 목사였던 로이드 존스(Martin Lloyd Jones)는 그의 명저 『목사와 설교』라는 책의 서문에서 '강단에서 설교가 힘을 잃으면, 곧 다른 것과 대치하려고 한다'는 말을 했습니다. 실로 그의 말은 오늘 우리 교회가 귀담아 들어야 할 말씀입니다. 물이 흘러가지 않고 계속 고여 있으면 썩고 냄새가 나는 것처럼, 그리고 영양 섭취와 체력 소모의 조화가 깨지면 동맥 경화가 생기는 것처럼, 복음을 가지고 이웃과 세계를 향하여 새롭게 뛰어나가지 않으면, 교회의 자기 모습을 유지하기 위하여 필수적인 행동이 상징주의로 나타나게 됩니다.

중세 교회는 하나님의 말씀이 약화 되면서, 동시에 자기 모습을 유지하기 위하여 의식주의, 권위주의, 상징주의적인 것을 교회에 가미하게 되었습니다. 4세기 오리겐(Origen)의 풍유적(allegorical)인 설교가 크게 성공하자, 후대 사람들이 그것을 본받았습니다. 그래서 6세기 이후 사람들은 드디어 본문을 읽지 않고 설교했으며, 감독은 자기가 관할하는 교회의 손길이 모자란다는 이유로 실력이 없고, 신학 훈련이 전혀 없는 사람에게 적당히 장립(將立)하여 별안간 교역자가 되게 했더니, 자기의 권위를 유지하기 위해서 로마의 계급 사회에서 입었던 금빛 찬란한 옷을 입고, 로마의 고급 관리들이 입었던 의자에 조각을 새겨 넣는 등 교역자와 교회당은 상징주의로 가득 차 버렸습니다. 이것이 바로 중세의 교회 타락된 모습입니다.

당시 교회는 교회의 재정을 충당하기 위해서 술 공장을 차리고, 양곡 장사, 털 장사까지 했습니다. 1900년대 초에 아브라함 카이퍼(Abraham Kuyper)가 영국의 저교회(Low Church)에 초청을 받아 특강을 한 적이 있습니다. 그때 그는 "영국의 저교회는 앞으로 고교회(High Church)의 상징주의가 들어오는 것을 막아야 한다"고 경고한 석이 있습니다. 그의 말은 적중했습니다. 교회가 자기 안주에 빠지면 정체되고, 현상을 유지하려 할 때는 반드시 권위주의, 의식주의, 상징주의가 나타나게 되는 것입니다. 오늘날 우리 교회는 모이는 교회의 구조를 갖고 있으면서 그냥 "여기가 좋사오니"라는 느긋함과 정지 상태에 빠져 있습니다. 그러다 보니 개교회주의가 되어서, 생명력 있고 창조적인 일을 못하고, 백인백색의 개 교회의 다양화(多樣化)가 이루어져서 교단의 통제가 불능(不能)하게 되었고, 장로 교회로서의 특징이 사라져가고 있습니다.

2. 보내는 구조의 교회(Go Structure Church)입니다.

물론 이와 같은 교회의 구조는 최근의 선교 신학(宣敎神學)에서 많이 거론되는 과제입니다. 여기에도 장정과 단점이 있습니다. 이러한 교회의 구조는 우선 교회를 자기 안주에 머물러 있지 않고, 구조적으로 전도와 선교하는 교회가 되도록 한다는 것입니다. 즉 설교, 교회 행정, 조직, 예산, 그 모든 것을 전도와 선교로 집중하고, 각각 자신을 열고 모든 교회가 협력해서 그리스도께서 마지막 부탁하신 선교의 대명(大命)을 이룩하자는 것입니다. 예수님께서는 그의 첫 갈릴리 전도에서 제자들을 불러 모았습니다. "즉 나를 따라 오너라", "수고하고 무거운 짐진 자들아 다 내게 오라", 즉 "Come"의 시대였습니다. 예수님은 모든 사람을 부르시는 중에 특히 소수 정예의 제자들을 불러 모았습니다. 그리고 훈련했습니다. 그 훈련은 말씀을 듣는 일과 전도와 선교의 실제적 훈련이었습니다.

예수님의 성역(聖役)의 마지막에는 제자들을 보내었습니다. 즉 "가라"(Go)고 했습니다. 예수님의 마지막 명령도 "너희는 가서 모든 족속을 제자로 삼아 아버지와 아들과 성령의 이름으로 세례를 베풀고 내가 너희에게 분부한 모든 것을 가르쳐 지키게 하라"(마 28:19-20)고 했습니다. 사실 사도행전 6장에 모이는 교회로서 만족하고, 자기 안주에 빠져 있을 때, 성령께서는 그것을 깨뜨리시고 제자들을 예루살렘에서 흩어지게 하셨습니다. 예루살렘의 박해가 초대 교회의 구조를 '보내는 교회'로서의 구조로 바뀌게 했던 것입니다. 만약 예루살렘 교회가 승리와 만족감에 도취되어 숫자적이고, 물량적인 부흥에만 기뻐하면서 자체 연소를 시켰다면, 그리스도의 마지막 명령인 "오직 성령이 너희에게 임하시면 너희가 권능을 받고 예루살렘과 온 유대와 사마리아와 땅 끝까지 이르러 내 증인이 되리라"(행 1:8)하신 말씀을 지키지는 못했을 것입니다. 즉 초대 교회는 '모이는 교회'의 구조에서 '보내는 교회'의 구조로 급히 전환했기 때문에 예루살렘 교회도 부흥되고, 생명력이 있는 교회가 되었을 뿐 아니라 결국 땅 끝까지 이르는 선교의 대명을 감당할 수 있었습니다.

물론 보내는 교회로서의 구조는 설교나 교회 행정, 교회 정치, 재정 관리 등 모든 구조가 그리스도의 최후의 명령인 전도와 선교로 지향하게 되는 것입니다. 뿐만 아니라 지극히 피동적이었던 평신도들의 잠재력을 일깨워 역동적(力動的)인 자원으로, 선교하는 교회로서 세상을 향해 빛과 소금의 직분을 감당하도록 해야 합니다. 또 교회와 세상을 이원론적인 적대 관계로 보지 않고, 교회는 세상을 새롭게 개혁하는 책임 있는 교회(responsible Church)가 되어야 합니다.

이와 같이 보내는 교회의 구조는 끊임없이 자기를 열고, 자기개혁 (自己改革)을 시도하게 되는 것입니다. 물론 이런 보내는 교회로서의 구조도 자칫 선교와 전도를 구실로 해서 교리적 양보와 타협의 위험도 있다는 것을 말씀드릴 수 있습니다.

3. 모이고 보내는 교회로서의 구조(Come and Go Structure)입니다.

여기서 저는 우리 교회가 걸어가야 할 방향과 과제, 그리고 제언을 말씀드리고자 합니다. 결국 모이는 교회로서의 장점과 보내는 교회로서의 장점을 같이 취해야 합니다. 보내는 교회의 구조와 모이는 교회의 구조가 상호 보완적이고 교환적으로 되어야 우리 교회는 생명력이 있는 역동적 교회(Dyanmic Church)가 되어서 아시아와 세계를 향한 우리의 책임을 감당할 수 있게 될 것입니다. 하지만 현실적으로 볼 때, 우리 교회의 구조는 모이는 교회로서의 구조만 되어 있고, 보내는 교회로서의 구조는 전혀 되어 있지 않기 때문에, 우리는 새로운 전환점이 필요합니다. 보내는 교회로서 교회가 활성화되기 위해 다음과 같이 몇 가지를 제언하고 싶습니다.

우선 그리스도께서 우리에게 맡겨 주시고, 명령하신 선교의 대명을 수행하기 위한 중요한 정책과 전략이 필요하다고 생각합니다. 우리 교회는 많은 장점을 가지고 있으면서도, 앞날을 설계하며 전략과 정책을 세워 나가는 것이 결핍되어 있습니다. 등산을 가도 계획을 세우고 장비를 점검하며, 세상 나라를 이끌어 갈 때도 두뇌를 모으고 막대한 재정을 투자하여 연구하고, 정책을 만들어 가면서 애쓰는데 하나님 나라의 일을 하는 데는 아무런 준비나 계획, 그리고 정책이 없다는 것이 큰 문제입니다. 물론 교회의 모든 일은 하나님께서 일을 되게 하실 때만이 이룰 수 있는 줄로 믿습니다.

그러나 한 가지 분명한 것은 하나님께서는 잘 준비된 사람을 쓰신다는 것입니다. 하나님께서 아시아의 한 모퉁이에 대한민국이라는 나라를 주시고, 특히 우리 교회에 정통 신학과 신앙을 사수하는 책임을 주셨는데, 우리는 미래의 교회 진리와 선교 전략 없이 그냥 지낸다는 것은 부끄러운 일이 아닐 수 없습니다. 코카콜라는 우리가 예수 그리스도를 전파하기 위한 노력보다 훨씬 앞선 노력과 전문적인 수준의 전략을 세우고 있습니다. 최근의 불교는 기독교의 전략과 제도를 거의 그대로 모방하고 있습니다. 성가대를 조직하고 불교 어린이 여름학교 등을 만들고 있습니다. 하지만 우리는 자신을 위한 전략이 없습니다.

얼마 전에 모슬렘 지역에서 전도 활동을 하는 선교사 한 분을 저희 총신대학교에 초대하고 설교를 들은 적이 있습니다. 설교를 마친 후에 저와 저희 교수진들과 서로 담화하는 중에 다음과 같은 요지의 도전적인 질문을 던졌습니다. 자기는 총신에 와서 채플 시간에 참석하고, 그 분위기에 무척 감격했으며, 또 이렇게 큰 신학교는 처음 봤다고 전제하면서 "그러면 당신의 학교와 당신의 교회는 앞으로 '88올림픽'에 대해서 무슨 전략을 세워놓고 있습니까?"라고 물었습니다.

그는 계속해서 "정부는 앞으로 있을 올림픽을 위해서 위원회를 구성하고, 구체적인 계획을 가지고 있을 터인데, 교회는 이것을 복음 올림픽이 되게 할 수 없겠는가?"라고 물었습니다. 그때가 되면 세계 100여 개국의 수십만 명이 한국에 올 것입니다. 공산권, 모슬렘, 아프리카에서도 올 것입니다. 그야말로 시 67편의 말씀처럼 모든 민족이 다 모일 터인데, 그때 그들을 향하여 각 나라말로 전도지와 전도 서적과 성경을 번역해야 한다는 것입니다. 그럼으로 이제 우리는 그들이 경주 불국사와 석굴암의 부처를 보고 가도록 해서는 안 됩니다. 더욱이 웅장한 빌딩이나 교회당 건물만을 보고 가도록 해서도 안 됩니다. 은과 금은 없어도 나사렛 예수 그리스도의 이름을 그들의 심령에 심어 주어야 할 것입니다. 어쩌면 인류 역사에 단 한 번 있을지도 모를 복음 올림픽이 되도록 함께 노력합시다.

전국의 목사님들과 장로님들에게 감히 호소하는 바입니다. 이 문제를 갖고 전국 교회가 기도하고, 눈물과 땀을 바쳐서 열려진 교회가 되는 동시에 선교하는 교회로, 보내는 교회로서 의식 구조도 바꾸고 모든 행정, 재정, 모든 메시지도 여기에 뒷받침 되도록 힘써야 할 것입니다.

저희 총신대학은 이 문제를 가지고 이미 기도하기 시작했습니다. 복음 전도의 환상과 전략이 있는 교회는 불이 꺼지지 않을 줄로 믿습니다. 사전에 언어 훈련과 기획 관리를 할 수 있도록 일꾼을 키우는 신학교를 위해서 우리 교회는 처음부터 지원해야 할 것입니다. 오래 전에 저는 '한국외국어대학교'의 기독학생회를 잠시 지도한 일이 있습니다. 거기에는 많은 아시아권 언어를 공부하는 학생들이 있습니다. 그들의 기도 내용은 앞으로 그들이 터득한 아시아권 언어를 통해서 복음이 들어갈 수 있도록 해달라고 기도하는 것을 듣고 제 자신이 많은 은혜를 받았습니다.

어제는 OMF의 총재이고, 헛슨 데일러의 손자인 James Hudson Taylor 부처가 학교를 내방했습니다. 중국 내지 선교의 개척자인 헛슨 데일러의 손자로서 그는 우리들에게 놀라운 감동의 말을 남겼습니다. 자기는 중국 본토에서 쫓겨난 지 30년 만에 다시 가봤더니 그래도 복음의 씨앗은 죽지 않고 살아 있음을 알았다고 말했습니다. 사람의 말은 없어져도 하나님의 말씀은 절대로 땅에 떨어지지 아니한다고 말했습니다. 그러곤 우리 학생들에게 10억을 향한 전도 전략이 있느냐고 물었습니다. 한국 교회의 저력은 아시아 전체를 합한 것보다 큽니다. 결국 중국 선교도 우리가 해야 합니다. 선교의 전략을 가진 교회만이 결국은 이 땅에 살아 있을 것입니다.

1914년에는 대한예수교장로회 총회가 창설된 지 2년째 되는 해였습니다. 그 당시 목사님의 수는 54명이었습니다. 그러나 그때 선교사의 수는 목사님의 7%이었습니다. 우리 교단의 목사님 수는 현재 2,500명이라고 보고 그때 퍼센트만큼 숫자가 있다고 하더라도 우리 교단은 175명 이상의 선교사를 보내야함에도 불구하고 몇 사람의 선교도 개 교회 맡긴 채로 이 막대한 교단의 저력을 다 소모시키고 아무것도 하지 않는 것은 실로 하나님 앞에 죄스러운 일이 아닐 수 없습니다. 비공식 통계이지만 우리 교회는 3,500 교회, 교인 수는 150만 명, 세례 교인 100만 명, 목사 수는 2,500명, 장로의 숫자는 2만 명, 집사 수는 10만 명을 헤아립니다. 국내 49개 노회, 미국 8개 노회, 엄청난 저력을 갖고 있습니다. 만약 이것을 풀가동 한다면 전 세계를 향하여 우리 교회는 이 마지막 한 때 진리 운동을 위하여 크게 한 번 일할 수 있을 것입니다. 집사님이 1년에 만 원씩을 신학 교육을 위하여 바친다면 100억이 됩니다. 세례 교인 한 사람이 1년에 만 원을 헌금하면, 우리 교단에 천억이 모입니다. 3,000 교회로 잡고 1년에 한 교회가 10만 원씩 헌금하면 300억이 됩니다(여기 이 통계들은 메시지를 증거 할 당시의 것이며 지금은 목사만 7,000명 이상이다). 그러니 우리가 총회 센터니, 신학교 건축이니, 도서 기금 확장이니 하는 여러 가지 사업을 추진하려고 하고 있습니다. 제발 안 된다고 하면서 방해하지 말고, 얼마든지 할 수가 있으니 서로 협력하여 이 일을 이룹시다.

우리 교회는 평신도의 잠재력을 계발하고 저력을 계발해서, 이 땅에 하나님의 영광과 주권을 높이는데 총력을 기울여야 될 줄로 믿습니다. 부끄러운 일이지만 작년에 기독신보를 통해서 우리 신학교에서도 캠페인을 벌이고 도서 만 권을 만들기 위해 전국 교회에 호소하고 신문에 글도 내었습니다. 그러나 이 일에 참여한 교회는 단 한 교회 밖에 없었습니다. 여기에 도와준 목사님은 꼭 3분밖에 없습니다. 이렇게 우리들의 교회는 돕지 않았지만, 미국의 그랜드 레피드에 있는 한 할머니가 돈을 아껴서 우리 학교에 돈을 보내왔고, 화란의 70세 되신 혼자 사시는 할아버지가 자기 서재에 고이 간직하고 있던 책을 선편으로 부쳐주셨고, 미 8군 사령부에 있던 벽안의 미국 군인이 1,500권을 모아서 우리 학교에 보내주셨습니다. 또한 이 소식을 들은 국회 도서관의 사서가 감격해서 책을 모아 우리 학교에 보내주셨습니다. 저는 이렇게 하여 연말에 성탄을 전후하여 목표 십만 권을 돌파하였기에 직원들과 함께 케이크를 자르면서 울었습니다.

우리와 아무런 관계도 없는 외국 사람들과 미국 군인이 학교를 돕겠다고 외치는데, 어째서 우리 교단은 한 교회, 그리고 꼭 세 분만이 학교를 돕고 있습니까? 부끄러운 일이지만 이것을 여러 교회 지도자들 앞에 처음 공개합니다. 우리 교회는 얼마든지 크게 일할 수 있습니다. 만약 집사님과 장로님들이 1년에 만 원씩만 보내준다면 신학원과 우리 대학 1,500명 학생들에게 전액 장학금을 줄 수 있고, 외국의 우수한 교수들을 10명 정도 초빙할 수 있는 저력을 가질 수 있습니다.

저는 오늘 더 길게 말씀드리지 않겠습니다.

우리는 지금 Come Structure의 교회에서 Go Structure 교회로 우리 마음을 열고 아시아와 세계에 대한 부채를 갚는, 복음의 부채를 갚아 나가는 저력 있고, 힘 있는 교회로서 우리 시대 우리에게 맡겨 주신 이 사명을 감당해야 될 줄로 믿습니다. 우리 기도의 제목이 보다 심층적인 저 가슴의 바닥에서 우러나오는 기도가 되어서 하나님 앞에 상달되는 이번 '전국 목사·장로 기도회' 모임이 되길 소원합니다.

A Vision of Reformed Church

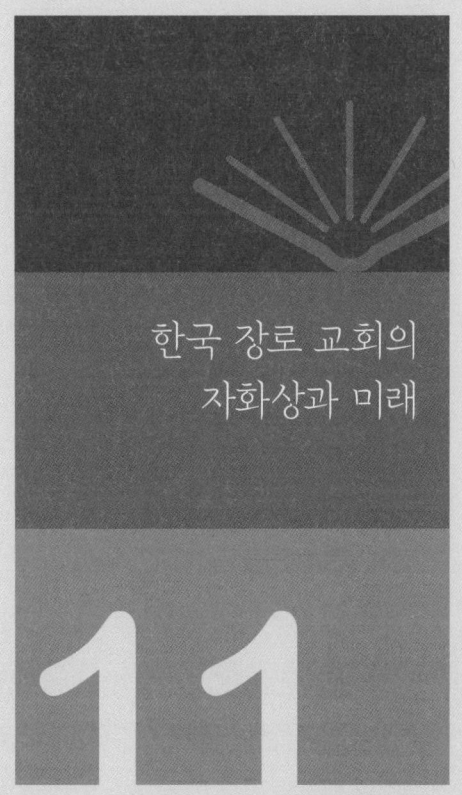

한국 장로 교회의
자화상과 미래

1. 개혁주의 신학과 신앙 위에 세워진 교회
2. 한국 장로 교회와 오늘의 현주소
3. 장로 교회의 개혁과 대안

11

한국 장로 교회의 자화상과 미래[1]
-개혁주의 입장에서의 반성과 대안-

존경하는 교단의 지도자 여러분! 그리고 선후배 동역자, 그리고 전국에서 오신 장로님 여러분!

교단 창립 80주년을 기념하는 이 기쁜 주간에 부족한 종이 한국 장로 교회의 오늘의 자화상과 미래에 대하여 말씀을 드릴 수 있게 된 것을 영광스럽게 생각합니다. 금년은 대한예수교장로회 총회가 설립 된 지 꼭 80주년이 되는 뜻깊은 해입니다. 오늘 우리는 지난 80년 동안 환란과 시련 가운데서도 우리 교회를 지켜주시고 부흥케 하신 하나님

---

1 1992년 5월 19일 충현교회당에서 모인 총회 80주년 기념 대회 시 행한 강연이다. 물론 '전국 목사·장로 기도회'를 겸한 것이었다.

께 모든 찬양과 영광을 돌립니다. 그러나 뒤돌아보면 우리는 교회의 분열로 말미암은 상처가 얼룩져 있고 형제가 형제를 사랑하지 못한 죄가 있습니다. 또한 일제 치하의 암울한 한 시기에 어찌할 수 없이 신사 참배를 가결한 불행한 과거도 갖고 있었습니다. 그러나 하나님께서는 우리의 죄와 부족을 아시고 우리의 기도를 들어주심으로 프로테스탄트 역사에 위대한 기적의 역사를 남기도록 하였습니다. 한국 교회 선교 백주년 기념행사를 한 것이 바로 엊그제 같았으나 벌써 8년의 세월이 흘렀습니다. 그러나 최근에는 선교 백주년에 있었던 감격은 점차 식어버리고 교회의 방향과 목적이 흐려지고 표류하는 듯한 느낌도 없지 않습니다. 이러한 시점에서 우리 교회의 과거 현재 미래를 제시해 보려고 합니다.

1. 개혁주의 신학과 신앙 위에 세워진 대한예수교장로회

한국의 장로 교회는 감사하게도 개혁주의 신학과 신앙 위에 세워진 교회입니다. 제가 감사하다고 말한 이유는 개혁주의 신학과 신앙이 가장 성경적이기 때문입니다. 그런데 문제는 개혁주의, 또는 개혁주의 신학, 개혁주의 신앙 등의 말이 도대체 무엇을 말하는지 퍽 애매하게 쓰여지고 있다는 것입니다. 요즈음 여러분들 중에는 교회 갱신(敎誨更新)이란 말을 많이 씁니다.[2] 물론 교회는 갱신되기도 해야겠지만 사실은 교회 개혁(敎會改革)이 이루어져야 합니다. 갱신이란 말

---

[2] 鄭容燮 "敎誨更新의 神學"을 위시해서 기독교계의 신문 잡지 등 거의 대부분의 지도자들이 "갱신"이란 용어를 즐겨 사용하고 있다. 아이러니컬하게도 정치 일각에서 "개혁"이라 쓰고 있다.

은 영어에 renew 또는 renewal이란 말의 번역이고, 개혁은 reformed 또는 reform에서 나왔습니다. '갱신'이란 낡은 것을 버리고 새롭게 고쳐나가는 것이라면 '개혁'은 "말씀을 따라서 개혁하는 것"(Reformed according to the Word of God)이란 독특한 뜻을 가진 말입니다.[3]

그러나 무엇이든지 새롭게만 된다면 좋다는 사고방식은 적어도 하나님의 나라와 그리스도의 몸된 교회를 위한 것이라고 말할 수는 없습니다. 또 그 반대일수도 있습니다. 무엇이든지 전통적이고 옛날 것이면 다 좋다는 발상도 문제입니다. 중요한 것은 하나님의 말씀에 합당한 것인지 아닌지를 문제 삼아야 한다고 봅니다. 다시 말씀드리면, 교회의 신앙의 내용이든 교회의 제도이든지 간에 그것이 옛것이냐 새것이냐가 중요한 것이 아니고 오직 성경(Sola Scriptura)의 진리를 따르는 것이어야 합니다. 그래서 제가 먼저 강조하고 싶은 것은 하나님의 말씀을 따라서 "개혁교회는 항상 개혁되어야 한다."(Ecclesia reformate Semper reformanda est)는 것입니다.

그런데 장로 교회라도 나라마다 교파마다 독특한 입장이 있듯이 개혁주의란 말이 의미도 참으로 다양하다는 사실입니다. 일반적으로 개혁주의란 말은 칼빈주의란 의미와 동의어로 쓰여지고 있습니다. 실제로 칼빈주의(Calvinism) 또는 개혁주의 신앙(Reformed Faith)은 같은 신학 체계로써 종교 개혁 운동을 통해서 재발견된 성경 중심의 신학입

---

[3] I. John Hesselink, *On Being Reformed, Distingtive Characteristics and Common Misunderstandings*, (Mishigan: Servant Books, 1983).

니다. 마틴 루터(Martin Luther), 쯔윙글리(Zwingli), 부쳐(Butzer) 등이 기초를 놓은 곳 위에 제2세대 개혁자인 요한 칼빈(J. Calvin)이 보다 분명하게, 그리고 정확하게 교회에 부여한 신학이라고 할 수 있습니다.[4]

우리가 개혁주의 하면 의례히 칼빈 또는 칼빈주의를 떠올리는 것은 칼빈이야말로 가장 성경을 조직적으로 체계화하여 신학을 수립한 분이기 때문입니다. 그러므로 우리는 개혁주의 또 칼빈주의 신앙을 따른다고 할 때 칼빈을 믿는다거나 칼빈주의를 따른다는 말보다, 칼빈이 깨달았던 그 하나님의 말씀을 믿고 따른다는 의미입니다. 물론 칼빈이 그의 모든 신학 체계를 그 스스로 창안해낸 것은 아닙니다. 그것은 어거스틴(St. Augustine)의 신학을 부흥시킨 것이며, 어거스틴의 신학은 결국 사도 바울의 신학을 부흥이라고 할 수 있습니다. 저는 여기서 개혁주의 사상의 골격이 무엇인가를 말씀드리기 전에, 개혁주의 신학이 어떻게 장로 교회의 신학적 기초가 되어서 오늘에 이르렀는지를 잠시 살피려고 합니다.

개혁주의란 말은 종교 개혁 후기에 발전된 교파나 교회 등을 가리키기 위한 것이었습니다. 1560년 공식적으로 개혁주의란 말이

---

[4] 칼빈도 슐라이어마허도 개혁주의란 말을 썼으나 서로가 뜻이 다르듯이 신학자들도 쓰는 사람에 따라서 개혁주의란 말이 천차만별이다. 예를 들면 흔히들 20세기의 최대의 신학자 Karl Barth를 가리켜서 개혁주의 신학자라고 찬양한다. 이에 반해서 C. Van Til 박사는 Karl Barth야말로 개혁주의 신앙의 가장 위대로운 적수라고 했다. 또 화란 K. Schilder 박사는 Karl Barth는 개혁주의 신앙을 무너뜨리는 자라고 했다. WCC 초대 의장이던 W.A. Vissert Hooft는 개혁주의자였다. 한편 ICCC의 초대 의장이던 Karl Mclntire도 개혁주의자였다. 그는 일생동안 Vissert Hooft의 노선을 비판했다. 그러므로 개혁주의를 말한다고 다 개혁주의도 아니고 칼빈주의를 말한다고 모두가 칼빈주의는 아니다. 7-8.

사용되었을 때 그 말의 뜻은 프로테스탄트(protestant) 또는 복음적(evangelical)이란 말과 거의 같은 뜻으로 쓰여졌습니다. 특별히 칼빈이 세운 교회는 말할 것도 없고, 처음에는 루터가 세운 교회도 포함되었습니다. 그러다가 1590년 이후에 개혁주의와 루터주의가 구별되었습니다.[5] 그 후에 유럽 대륙에 정착된 칼빈주의적 교회들이 모두 개혁주의란 말을 사용했습니다. 예를 들면 프랑스 개혁교회(Eglise Reformed), 독일 또는 독일어를 쓰는 스위스 개혁교회(Reformierte Kirche), 그리고 화란의 개혁교회(Hervormde, Gereformeerde Kerken)들 말입니다.

그런데 오직 스코틀랜드에서만은 칼빈주의 신학과 신앙의 토양 위에다 장로 교회(Presbyterian Church)를 만들었습니다. 그런데 장로주의(Presbyterian)는 대륙 교회가 교리적 개혁을 강조하면서 개혁교회란 명칭을 썼듯이, 요한 낙스(John Knox)를 중심한 스코틀랜드 교회는 로마 교황 정치에 반대하여 교회 정치를 개혁하여 장로 교회를 만들었습니다. 그러니 결국 개혁교회나 장로 교회나 모두, 칼빈주의 사상을 기초로 한 것입니다. 그래서 칼빈의 『기독교강요』(Institute of Christian Religion, 1536)가 발표된 후 그의 개혁의 지도로 말미암아 유럽 각 나라에 개혁주의 사상이 뿌리를 내렸고, 그 열매로써 독일의 하이델베르크 요리문답(The Heiderberg Catechism, 1563), 화란의 벨직 신앙고백서(The Belgic Confession of faith, 1563), 스위스의 제2 헬베틱 고백서(The Second Helvetic Confession, 1566), 화란의 돌트 신경(The Cannon of

---

5 M. Eugene Osterhaven, The Spirit of the Reformed Tradition (Grand Rapids: Eerdmans, 1971), 171-176.

Dort, 1619), 웨스트민스터 신앙고백서(Westminster Confession of Faith, 1648) 등은 모두 칼빈의 개혁주의 사상을 기초로 한 것입니다. 특히 장로 교회의 웨스트민스터 신앙고백은 영국에서 이루어졌으나, 영국 사람들은 장로 교회를 지키지 못하였습니다. 영국의 청교도(Puritan) 들도 칼빈의 사상을 기초로 했지만 장로 교회를 정착시키지는 못했습니다. 다만 스코틀랜드 교회가 장로 교회를 확실히 만들었습니다. 그런데 여러분들께서 잘 아시는 대로 17세기에 찬란하게 꽃피었던 칼빈주의 곧 개혁주의 사상은 로마 가톨릭의 반동 종교 개혁(Counter Reformation)에 의해서 말로 다할 수 없는 핍박과 박해를 받게 됩니다.

그런데 이런 극심한 환란과 박해로 말미암아 많은 사람들이 개혁주의 신앙을 버리고 로마 가톨릭으로 돌아갔습니다. 그런 와중에 남부 프랑스에서 신앙을 지키던 위그노파(Hugnote) 성도들과 헝가리 개혁교회 성도들이 로마 가톨릭 성도들로부터 심한 박해를 받았습니다. 가톨릭 성도들은 이 두 개혁교회 성도들을 핍박하면서 욕설로써 "너희들은 칼빈도당이다." 또는 "너희들은 칼빈주의자들이다."라고 욕하기 시작했습니다. 이때로부터 칼빈주의 또는 칼빈주의자란 말이 생겼고, 세월이 지남에 따라 칼빈의 개혁주의 신앙을 가진 자를 칼빈주의라고 부르게 되었습니다. 그런데 유럽에 불어 닥친 박해로 말미암아 개혁주의 신앙을 가신 성도들은 신앙의 자유를 찾고자 몸부림쳤습니다. 그러던 중에 영국의 청교도들이 1620년에 미국으로 신앙의 자유를 찾아갔습니다. 이어서 독일 개혁교회 성도들과 프랑스의 위그노파 성도들, 그리고 맨 나중에 스코틀랜드 장로 교회의 성도들은 1700년대를 전후해서 각각 미국 대륙으로 건너와서 신앙의 자유를 만끽하면서 미국을 개척했습니다.

물론 미국으로 건너온 이 개혁주의 성도들의 신앙과 삶의 방식은 여전히 모국의 것을 그대로 옮겨온 것에 불과했습니다. 그러나 일세기가 못가서 18세기는 계몽주의 사상이 유럽과 미국을 휩쓰는 바람에, 영국의 청교도, 프랑스 위그노파 성도들, 스위스 독일 개혁교회 성도들은 진작 자유주의 신앙으로 돌아서버렸습니다. 특히 영국의 청교도들은 장로 교회를 세우지 못하고 회중교회를 만들었습니다. 그런데 본래의 칼빈의 신학과 신앙대로 따르려고 했던 교회는 스코틀랜드 장로 교회가 세운 미국의 장로 교회와 화란의 개혁교회가 있습니다.

물론 이들의 신앙도 약하기 짝이 없었습니다. 그런데 19세기 초에 유럽에서 스코틀랜드 장로교 성도들과 화란 개혁교회 성도들, 그리고 헝가리 개혁교회 성도들이 대거 이민을 옴으로 신앙의 부흥을 가져왔습니다. 때를 같이 하여 영국, 화란, 독일, 스위스 등에도 성경으로 돌아가려는 부흥 운동이 있었고, 이것이 미국에도 영향을 미쳤습니다. 다시 새 힘을 얻고 선교의 불이 붙은 화란 개혁교회와 미국 남·북 장로 교회 중에 북장로 교회의 선교부 총무인 브라운(Dr. Brown) 박사의 주도하에 알렌과 언더우드, 마포삼열 박사 등을 선교사로 한국에 파송하였으니 이것이 한국 장로 교회가 이 땅에 뿌리 내리게 된 내력입니다. 제네바에서 시작된 개혁주의 사상이 스코틀랜드의 요한 낙스에 의해서 100년 동안 장로 교회로 만들어지고 다시 미국에서 200년 동안 뿌리를 내리며 성장하다가 마침내 한국에 옮겨 심어진 것입니다. 그리고 또 100년의 세월이 흘렀습니다.

저는 위에서 개혁주의 사상의 태동에서부터 어떻게 장로 교회가 형성되어서 한국까지 왔는가를 역사적으로 간단히 살펴보았습니다. 그러면 개혁주의 신학의 핵심이 무엇인지를 그 요점을 말해 보겠습니다. 개혁주의란 앞서 말씀드린 대로 루터주의와는 달리 칼빈과 그의 후계자들의 신학과 신앙을 총체적으로 말할 때 사용합니다. 그래서 앞서 말한 대로 칼빈주의 신학 또는 칼빈 신학이란 말로 서로 바꾸어 쓰기도 합니다. 그래서 칼빈의 신학적 교리들은 어거스틴 교리의 부흥이며, 어거스틴의 교리는 곧 사도 바울의 교리의 부흥이었습니다. 칼빈은 바울과 어거스틴의 교리들을 조직적으로 현대를 위하여 표현한 첫 번의 사람이었습니다.

종교 개혁 당시에 마틴 루터의 종교 개혁이 그 본질적인 면에서는 개혁되었으나, 교회 생활의 전면에서나 신앙의 모든 면에서의 개혁은 미흡하였습니다. 그러나 칼빈에게 있어서는 좀 더 철저하고 전체적인 개혁을 수립했습니다. 그러므로 개혁주의 신앙이라고 할 때 그 말이 가지는 의미는 '완전히 개혁된 신앙', '전면적 개혁' 또는 '총체적 신학 활동' 등의 의미를 포함하고 있습니다. 좀 더 설명을 드리면, 종교 개혁 때 루터를 비롯해서 여러 개혁자들의 모토 가운데는 오직 믿음으로(Sola Fide), 오직 은혜로(Sola Gratia), 오직 성경으로(Sola Scriptura)의 기본적인 골격을 강조하였습니다. 물론 이것은 가장 중요하고 핵심적인 것이므로 칼빈이나 칼빈주의 자들은 백퍼센트 받아들입니다.

그런데 칼빈과 칼빈주의자들의 관심은 그러한 기본적 교리를 관통하는 바탕이 무엇이며, 그런 기본적 내용을 주관하는 특징적인 기본 원리가 무엇인가를 묻게 됩니다. 개혁주의는 어떤 교리, 어떤 진리이든지간에 그 바닥에 흐르는 유기적이고 통일된 사상 체계가 있음을 발견했습니다. 그러므로 개혁주의 신학만큼 밝고 명쾌한 교리 체계가 없습니다. 개혁주의 신학을 갖지 못한 교회들은 몇 가지 기본적인 신앙의 골격을 강조하다가 균형을 잃어버리거나 결국 자유주의 사상(自律主義 思想)에 빠지고 말게 됩니다. 그렇다면 개혁주의 신학에 있어서 유기적이고 통일된 사상 체계란 무엇입니까? 그것은 바로 하나님의 주권입니다. 종교 개혁 시대부터 칼빈의 개혁 신학은 하나님의 주권에다 초점을 둠으로써 다른 신학과 구별하였습니다. 개혁 신학의 창시자라고 할 수 있는 쯔빙글리는 하나님의 의지를 신학의 중심 사상으로 하면서 하나님의 주권을 강조하였습니다. 그 후 쯔빙글리가 죽은 후 개혁주의 신학을 대성(大成)한 칼빈에게 하나님의 주권이 기본 원리가 됨은 매우 자연스런 일이었습니다.

많은 사람들이 개혁주의 신학의 골격이 예정론(豫定論)이라고 말하는 분들이 있으나, 실제로는 하나님의 주권을 강조한 결과에서 온 것이라고 볼 수 있습니다. 하나님의 절대 주권은 만유와 만사의 근원이 됩니다. 결국 칼빈은 하나님의 주권 아래에서 세계와 인간과 우주를 보고자 하였습니다.[6] 하나님은 창조주이시며 또한 구속주이시며, 창조하신 만물을 다스리시며 섭리하시며 간섭하시는 하나님이십니다.[7] 그러므로 개혁주의자들은 성경에 밝히 드러난대로 창조, 타락, 구속(

---

6 Institute Ⅲ. 23.2, Ⅰ.6.8.
7 Institute Ⅰ.16.2, Ⅰ.18:1, Ⅰ.17.5, Ⅱ.1.8, Ⅱ.2.5.

救贖)을 보게 됩니다. 하나님은 인간을 그의 형상(Imago Dei)대로 창조했습니다. 그러나 인간은 죄로 타락했습니다. 그런데 인간의 힘으로 구속(救贖)받을 수 없음을 아시고 하나님의 단독 사역으로 예수 그리스도 안에서 우리를 구속하신 것입니다. 이 웅장한 하나님의 창조와 구속을 바라보는 우리들의 가슴은 감동과 확신으로 뛰고 있습니다. 그 이유는 성경의 하나님만이 참된 하나님이기 때문입니다.

이와 같이 하나님의 주권 사상 또는 하나님 사상은 루터주의나 알미니안주의에서는 상상할 수 없는 하나님의 거저주시는 은총을 확신케 하여 줍니다. 예를 들면 루터는 롬 1:17에서 "오직 의인은 믿음으로 말미암아 살리라"는 말씀에서 "오직 믿음(Sola Fide)"의 원리를 발견했습니다. 그러나 개혁주의는 오히려 "오직 믿음"의 근거가 무엇인가를 묻습니다. 개혁주의는 "오직 믿음"으로 살아야 할 이유를 롬 11:36에서 찾습니다. 거기서 "만물이 주에게서 나오고 주로 말미암고 주에게로 돌아감이라 영광이 그에게서 세세에 있으리로다 아멘"이라고 했습니다. 하나님이 만유와 만사의 근원이시며, 결국 하나님이 만유를 섭리하시며, 그가 홀로 구속을 이루신다는 것입니다.

그러므로 모든 영광은 그에게만 돌려야 한다는 것입니다. 오직 믿음(Sola Fide)도, 오직 은혜(Sola Gratia)도, 오직 싱경(Sola Scriptura)도 하나님이 계시기 때문에 가능한 것입니다. 그래서 우리의 삶도 오직 "하나님의 영광을 위하여(Soli Deo Gloria)" 살아야 하며, 우리의 삶은 "하나님 앞에서(Coram Deo)" 살아야 한다는 것입니다. 개혁주의는 교리적 구조에다 경건(敬虔)이란 살이 붙어서 생명의 약동을 하는 것입니다. 개혁주의 신학은 냉냉한 교리적 조립이 아니라, 인격적이고 우주적인 하나님 앞에서 삶 전체(Totality of Life)를 하나님께 동시에 드리는 것이어야 합니다. 이런 신전 의식(神前意識)이 모든 신학 체계를 관통할 뿐 아니라 구체적으로 교회 성장과 선교의 근거가 됩니다.

사랑하는 여러분!

저는 위에서 장로 교회의 신학인 개혁주의 신학의 흐름과 핵심적인 특징들을 한 두가지 말씀드렸습니다. 그런데 문제는 오늘날 개혁주의 신학과 신앙을 가진 교회라고 할지라도 사분오열되어 점점 교회의 색깔이 달라지고 있다는 것입니다. 오늘의 신학은 인본주의(人本主義, Humanism)와 세속주의(世俗主義, Securalism)의 영향으로 심하게 오염되었습니다. 오늘날 세계의 신학적 큰 흐름은 에큐메니칼 신학입니다. 하나님의 선교라는 말은 좋지만 실제의 내용은 하나님보다는 인간성의 회복과 인권 회복에 그 핵심이 있습니다.

그러기 위해서는 하나님의 말씀(Text)이 무엇이라고 말하는가를 문제 삼기보다 정황(Context)이 어떤가를 관심의 대상으로 삼습니다. 그래서 정황을 신학함의 틀로 삼기 때문에 신학과 목회와 선교 모두를 종교현상학적으로, 문화인류학적으로, 또는 사회학적으로, 심리학적으로 다루기 시작했습니다. 그러기 때문에 오늘의 교회는 생명 없는 미아라처럼 되어가고 있습니다. 그러므로 한국 장로 교회가 자기 모습을 되찾기 위해서는 변치 않는 하나님의 말씀, 정확 무오한 하나님의 말씀을 확실히 붙들어야만 합니다. 그 말씀만이 신학과 신앙과 삶의 표준이 되는 줄 믿습니다.

많은 분들이 주장하기를 신학은 폭넓게 다 섭렵하고 자유주의적인 신학을 수용하면서, 개인의 신앙생활과 목회는 어디까지나 보수적이고 복음적인 방향으로 하겠다고 합니다. 얼른 들으면 굉장히 이상적인 말 같지만 그것은 가장 비논리적이요 비합리적입니다. 인본주의와 세속주의의 토양 위에다 종교현상학적인 방법을 통해서 만들어낸 신학의 원리를 갖고 있으면 안 됩니다. 오직 하나님의 말씀이 멈추라는데 멈추는 하나님의 말씀 중심의 신앙을 굳게 잡고, 천지와 그 가운데 있는 만물을 만드시며, 죄인들을 그리스도 안에서 구속하시며, 역사의 열쇠를 잡으시고 만물을 다스리며 간섭하시는 그 하나님의 면전에 서서 이 시대의 사명을 감당해야 하리라고 봅니다. 교회는 말씀과 성령을 통해서 끊임없이 새로워지며 이 시대의 선교적 사명을 위해서 책임을 다해야 하리라고 봅니다. 그래서 지도자들은 깨어 있어야 합니다.

2. 한국 장로 교회와 오늘의 현주소

존경하는 동역자 여러분!

저는 앞에서 장로교 신학의 근본인 개혁주의 흐름과 특징을 잠깐 언급했습니다. 그리고 변하고 있는 신학의 문제에 대해서 말씀드렸습니다. 도대체 한국의 장로 교회들은 지금 어디로 가고 있으며 또 우리들의 자화상은 어떤 것입니까? 우리 교회는 지금 장로 교회입니까? 우리 교회는 참으로 개혁주의 신학과 신앙의 틀 위에 서 있는 것입니까? 정직하게 말하자면 오늘의 장로 교회는 그 특성이 사라져가고 있습니다. 장로 교회에 가봐도 순복음 교회 같고, 감리 교회도 장로 교회 같고, 성결 교회도 순복음 교회 같습니다. 설교의 내용도 예배의 방법도 어느 것이 어느 것인지를 구분할 수가 없는 형편입니다. 우리는 다른 교파나 교회들이 다 틀렸다고 말하려는 것이 아니고 정말 우리의 모습은 무엇인가 하는 것입니다. 우리의 자화상을 똑바로 보는 것은 우리 자신의 개혁을 위해서나 앞으로의 방향의 가닥을 잡는데 대단히 중요하기 때문입니다.

1984년 한국 교회 선교 백주년을 전후해서 오늘에 이르기까지 10여 년간 한국 교회의 모든 언론 매체들은 한국 교회의 문제점을 심도 있게 다루었습니다. 모든 교계 신문들과 잡지에 기고한 글들을 보면 한결같이 한국 교회의 문제점을 매섭게 꼬집고 비판적 화살을 쏘았습니다. 또 그런 현실비판적인 안목을 가질수록 기독교적 지성인의 대열에 끼일 수가 있었습니다. 그리고 목회의 현장에서 일어나는 온갖 문제들이 해부되고 고발되었습니다. 그렇지만 그 고발과 비판의 내용을 정리해보면 몇 가지로 크게 대별할 수가 있습니다.

첫째는, 교회의 물량주의에 대한 자기반성입니다.

한국 교회의 문제를 지적할 때마다 교역자나 평신도나 할 것 없이 교회의 물량주의를 개탄하거나 비판하고 있습니다. 그러나 실제로 목회자치고 교회의 숫자적 성장과 외형적 발전을 원하지 않는 분이 어디 있겠습니까? 문제는 물량주의를 목회와 삶의 목표로 삼을 때, 물량을 표준으로 해서 가치 기준을 삼게 된다는 것입니다. 여기서 인간의 비인간화가 일어나고 성경적 진리가 물신주의(物神主義)에 빠지게 된다는 것입니다. 사실 물량주의는 교회가 무슨 수단과 방법을 쓰든지 부흥만 된다는 생각을 만들게 했습니다. 목표가 정당하면 수단은 어떻게 해도 좋다는 논리는 반기독교적일 뿐 아니라 비성경적 사고방식이므로 가장 경계해야 할 사상입니다.

그런데 이런 물량주의가 자연발생적으로 일어난 것은 아닙니다. 다 그럴만한 자극적 요소가 있다고 볼 수 있습니다. 우선은 1960년대 제3공화국의 경제 개발 정책과 무관하지 않다고 봅니다. 당시의 지도자들은 우리들에게 5천 년의 가난의 때를 벗고 우리도 한번 잘 살아보자는 구호를 외쳤습니다. 그것은 잠자는 민족의 눈을 뜨게 하고 자포자기 하던 사람들의 가슴에 불을 질렀습니다. 그러나 안 되면 되게 하고, 목표를 달성하기 위해서 무슨 수단을 사용하든 간에 좋다는 논리가 먹혀들고 물질 곧 돈이면 안될 것이 없다는 생각들이 사회 전반에 팽배하게 되었습니다. 사람들은 여기서부터 매우 현세적이고 물량주의가 되었습니다. 그리고 강단의 메시지도 이 땅 위에서 축복 받아 잘 먹고 잘 살자는 것이었습니다. 이런 메시지는 국민적 공감대와 딱 맞게 떨어져 교회의 숫자적 부흥의 신기원을 낳았습니다.

그런데 이것이 무슨 복음입니까? 청중들의 욕구를 만족시켜 주는 것은 차라리 목사가 하는 것보다 배우들이 더 잘 할 것입니다. 예수의 십자가의 피 묻은 복음! 복음과 함께 고난을 받으라는 사도 바울의 메시지는 들을 길이 없어졌습니다. 결국 오늘의 교회의 문제는 변화하는 세상에 들러리를 서다가 자기의 모습을 잃어버리고 교회가 물량주의에서 허우적거리게 된 것입니다.

한국 교회가 물량주의가 된 데는 서양의 신학적 영향도 크다고 봅니다. 특히 도날드 맥가브란(Donald A. McGavran)의 교회 성장의 신학(Theology of Church Growth)은 긍정적인 영향과 부정적인 영향을 동시에 주었습니다. 긍정적인 영향은 한국 교회로 하여금 교회 부흥과 성장의 열심을 불러일으키고 서로 경쟁적으로 프로그램을 개발하고 교회 성장에 사력을 다해서 실제로 많은 부흥을 일으킨 점입니다. 그러나 부정적인 요소도 많습니다. 이른바 거룩한 실용주의(Consecrated Progmatism)가 보편화되어 목적이 수단을 정당화하게 되었고 적극적 사고방식(Positive thinking)만 가지면 무엇이든지 할 수 있다는 사상이 팽배해졌습니다. 한편 벨까일(Johannes Verkuyl) 박사의 지적처럼 교회 성장학파는 하나님의 나라와 교회 사이의 관계성이 모호하고 그들의 논리로 볼 때 큰 교회만이 교회이고 작은 교회는 마치 교회 축에도 못 드는 듯한 인식들이 늘어났습니다.[8] 이런 대내외적인 요인들이 한국 교회의 물량주의를 부채질 하게 되었고, 이런 것들이 우리가 뛰어 넘어야 할 과제라고 볼 수 있습니다.

둘째는, 교회 성장에 걸 맞는 교회의 성숙이 부족하다는 반성입니다.

한국 교회의 문제를 거론하는 사람마다 교회의 물량적이고 외형적인 발전에 버금가는 교회의 자기 성숙이 부족하다는 말을 합니다. 잘 아시는 바와 같이 교회 성장과 교회의 성숙은 반드시 일치하는 것은 아닙니다. 그러므로 한국 교회는 교회 성장의 모델은 될 수 있어도 교

---

[8] J. Verkuyl, *Inleiding in de Niuwere Zendings-Wwtenschap*, (Kampen: J.H. Kok, 1975), 47.

회 성숙의 모델은 될 수 없습니다. 다시 말씀드리면 한국 교회는 성장과 성숙 사이의 불균형의 문제는 앞으로 해결되어야 할 과제입니다. 즉 교인의 숫자는 늘어났으면서도 성경의 진리를 아는 일이라든지, 하나님의 말씀을 구체적인 삶의 현장 속에서 어떻게 이루어가며, 선교적 사명을 감당해야 할 지에 관해서는 아직도 미숙한 자리에 놓여 있습니다. 따라서 지나친 성장주도형의 목회 방법이 가져온 문제점은 퍽 많습니다. 목회의 유익을 위한다고 어떤 방법이나 수단을 동원해도 좋다는 사고방식이 신학적인 자기 정리 없이 무차별 침투해 버렸습니다.

셋째는, 사회악에 대한 교회의 책임을 반성하고 있습니다.

최근의 기독교계의 신문이나 잡지들이 한국 교회의 목회 현실을 비판할 때마다, 그동안 교회는 개 교회의 부흥과 성장에만 치우친 나머지 사회의 여러 분야에 대한 구조 악에 대한 교회의 책임을 버렸다는 지적들을 하고 있습니다. 그래서 심심찮게 개인 구원이냐 사회 구원이냐를 놓고 열띤 논쟁도 벌여왔습니다. 사실 한국 교회의 목회나 강단의 현실은 양극화 현상을 빚고 있습니다. 한편으로는 목회자나 성도들이 사회의 구조 악을 제거하기 위해서 정치적 투쟁을 사회 참여 방식으로 택하고 있습니다. 그에 반해서 다른 쪽은 사회 복음(Social Gospel)의 문제점을 지적하면서 천국 복음만을 증거하고 있습니다.

그런데 사실 이런 문제를 가지고 서로가 논쟁을 한다는 자체가 개혁주의 사상을 모르는데서 나온 것입니다. 개혁주의 사상 곧 칼빈주의에서는 벌써 해결된 문제를 가지고 이것이냐? 저것이냐?(This or That)를 따지고 있으니 안타까울 뿐입니다. 하지만 개혁주의 사상은 이것과 저것(This or That)을 함께 보고 있습니다. 그것은 바로 하나님의 주권(主權)을 중심한 신학 체계입니다. 창조주이시며 구속주이신 하나님의 우주적이고 인격적인 존재 앞에는 세상의 그 무엇도 피할 수가 없습니다. '만물이 하나님에게서 나오고 하나님으로 말미암고, 하나님께로 돌아가기 때문'에 세상의 어떤 영역에든지 하나님의 주권이 미치지 않는 곳이 없습니다. (Souvereigniteit der Eigen Kring) 예수 그리스도 안에 있는 하나님의 구원은 개인적인 동시에 우주적입니다.

넷째는, 한국 교회의 윤리적 타락, 탈현세적, 기복주의적 신앙의 형태에 대한 반성입니다.

지금까지 한국 교회의 목회의 현장은 성장 드라이브형의 목회였기에 여러 가지 부정적인 요인도 배태하였다고 볼 수 있습니다. 이런 현상들도 사실 엄밀히 따져보면 목회자의 자질 문제와 관련됩니다. 또 목회자가 어떤 형태의 목회이냐가 문제입니다. 한국에서 성장하는 교회는 모두 다 특징이 있습니다. 어떤 교회는 대중 집회를 통한 부흥 운동, 어떤 교회는 성경 공부를 통한 제자 훈련이라든지, 영성 개발을 통한 영성 운동 등 참 많이 있습니다. 그러나 대개는 성도들의 자기중심적 이기주의 신앙을 충족시켜 주려고 하고 있습니다. 저는 며칠 전에 어느 복음성가 표지를 보았더니 영어로 'God is for me'라는 글을 보았습니다. 하나님이 나를 위한 분이라는 것이겠지요. 이것이 한국 교회의 목회의 철학이요 신앙의 형태라고 보아도 과언이 아닐 것입니다.

우리 개혁주의자들의 목회 철학과 신앙의 내용은 'I am for God' 또는 'We are for God'이라고 해야 옳습니다. 인간 중심적인 목회에서 하나님 중심의 목회로 되돌아가야 할 줄 믿습니다.

저는 위에서 오늘날 한국 교회의 여러 가지 문제점들을 정리하면서 약간 나름대로 평가를 해 보았습니다. 그리고 이러한 한국 교회의 문제점들은 최근 수 년 동안 이런 류의 모임이 있을 때마다 귀가 아프도록 들어왔습니다. 그런데 이런 한국 교회의 문제들도 따지고 보면 모두가 신학적인 문제이고 사상적인 문제로 귀결되고 있음을 봅니다.

우리 장로 교회와 목회자들이 진정으로 개혁되기 위해서는 본질적인 문제가 무엇인가에서 시작되어야 합니다. 저는 이제부터 한국 장로교의 신학과 신앙에 영향을 끼친 것이 무엇인가부터 말해야겠습니다.

우선 인본주의(人本主義, Humanism)에 대해서 생각해 보았습니다. 일찍이 벨카워 박사(G.C. Berkouwer)는 1947년 그의 한 연설문에서 20세기의 최대의 문제는 인본주의와 세속주의 문제라고 말했습니다.[9] 최근에 캐나다의 역사 신학 교수인 프람스마(L. Praamsma) 박사는 세속주의와 무신론 사상, 진화론과 혁명적 행동주의가 우리 시대의 정신적 특징이라고 지적했습니다. 그러한 사상들의 바닥에 공통적으로 흐르는 것은 바로 인본주의 사상 체계라고 말했습니다.[10] 확실히 현대

---

9 G.C. Berkouwer, *Calvinism in Times of Chrisis*, (Grand Rapis: Baker Books, 1947), 73.
10 L. Praamsma, *De Kerk Van Allw Tijden*, 264.

교회가 아니 한국 장로 교회가 이 인본주의 사상 체계에 대한 확실한 대응이 없이는 우리 자신도 알지 못하는 사이에 우리의 신학도 신앙도 인본주의 사상으로 물들게 된다는 사실입니다.

그런데 이상스런 것은 우리의 신학과 신앙 세계에 독버섯처럼 퍼지고 있는 인본주의 사상에 대해서 아무리 말해도 문제의 심각성을 잘 이해하지 못하고 있다는 것입니다. 지금까지 신학자들이나 또 복음주의 입장에 서 있는 사람들끼리도 인본주의 이데올로기를 바탕으로 해서 신학이나 기독교 교육을 세워왔기 때문에 한 번도 이 문제를 진지하게 다루지 않았습니다. 그런데 인본주의 사상은 신학은 말할 것도 없고 철학, 문학, 교육, 정치, 경제 등 삶의 전 영역에 깊이 뿌리를 내리고 있습니다. 특히 인본주의가 신학에 얼마나 깊이 침투하였는가를 말씀드리고 싶습니다. 인본주의 사상의 아들들인 세속주의, 무신론주의, 진화론 사상을 신학함의 틀로 받아들인 많은 신학자들은 개혁주의의 "창조", "타락", "구속"의 질서를 "생성", "투쟁", "해방"이란 다른 질서로 바꾸었습니다. 물론 인본주의는 인간의 타락 후부터 있어왔습니다만, 실제로는 몇몇 인본주의 학자들의 사상이 현대 신학 사상에 깊이 영향을 끼쳤습니다.

먼저 유대인 철학자로서 독일과 미국 등지에서 활동하던 블로흐(E. Bloch)를 들 수 있습니다. 블로흐는 정통 맑스주의자는 아니었습니다. 이른바 그는 신맑스주의자(Neo-Marxism)였습니다. 그는 무신론자였습니다만 그의 무신론적 인본주의 사상의 이론 체계를 정립하는데 신구약 성경을 사용한 것이 독특합니다. 물론 블로흐는 토마스 뮨쳐

(Thomas Munzer)나 포이엘바하(L. Feuerbach)의 영향을 많이 받았습니다. 블로흐는 몰트만(Moltmann)이 말한대로 한 손에 성경을 가진 맑스주의자였습니다.

블로흐의 주장을 보면, "천국은 텅텅 비어 있고 인간이 바로 신(神)이다"라고 주장했습니다. 인간은 자유로우며 인간 스스로 모든 것을 다할 수 있다는 것입니다. 그래서 인간은 계급 없는 사회를 만들 수 있다고 생각하고, 이것을 증명하기 위하여 성경의 여러 말씀을 아전인수격으로 해석했습니다. 그래서 성경으로부터 해방과 혁명의 사상을 찾아내었고, 예수는 바로 혁명가였고 혁명의 설교를 했다는 것입니다. 물론 제가 위에서 말씀드린 것은 블로흐의 사상을 단편적으로 표현한 것입니다. 그러나 인본주의 사상을 바탕에 깐 사이비 기독교인 블로흐는 전 세계 기독교 사상과 신학에 쓴 뿌리를 내렸습니다. 가령 최근 한국 교회에서 말하는 민중 신학이란 것도 순수한 한국적인 신학이라고 우기지만 실제로는 블로흐의 사상적인 틀을 그대로 옮겨 놓은 것입니다.

또 인본주의 사상이 기독 교회에 큰 영향을 끼친 사람 가운데는 독일 출신 마르쿠제(H. Marcuse)를 들 수 있습니다. 그를 가리켜 학생 저항 운동의 아버지, 현 사회를 철저하게 반대한 무리의 선지자 및 제사장이란 별란 칭호를 붙였습니다. 그는 특히 젊은이들이 혁명과 무정부 활동의 수단으로 변화를 일으켜야 한다고 주장했습니다. 그는 대중들에게 기대를 갖지 말게 하고 젊은 엘리트 학생들이 혁명적 열기를 가지고 선두에 설 것을 주장했습니다. 그는 한을 가진 실업자나 낙제생 특히 젊은 학생들의 혁명적 열기를 가지고 얼마든지 이상적 사회를 만들 수 있다는 낙관주의자이며 철저한 인본주의자였습니다.

그런데 흥미 있는 것은 위의 두 사람의 사상은 오늘의 전 세계 걸출한 신학 대가들의 신학 이론에서 발전되었다는 기막힌 사실입니다. 이들의 사상들은 하나같이 인본주의란 온실에서 피어난 꽃들이란 사실을 말씀드리려고 합니다. 오늘 우리 시대는 화란의 선교 신학자 벌까일(J. VerKuyl) 박사의 지적처럼 우리는 지금 제2의 계몽주의 시대에 살고 있습니다. 최근 30년을 전후해서 온 세계는 18세기와 19세기에 찬란하게 꽃피었던 인간의 자율주의(自律主義, Autonomous)와 합리주의 사상을 우상화하였던 계몽주의 사상이 부흥되고 있다는 내용입니다. 바로 이 계몽주의 사상도 인본주의 사상입니다. 어떤 분은 인본주의가 무엇인가라고 항변할지 모르겠습니다.

그러나 인본주의는 하나의 종교입니다. 인본주의는 거대한 종교입니다. 세계에서 가장 많은 종교 인구를 가진 것이 인본주의입니다. 인본주의는 기성 종교에도 깊이 뿌리를 내리고 있을 뿐 아니라 정치, 경제, 사회, 교회, 문화 등 모든 영역에 자율주의적인 인간을 왕의 자리에 세우고 발전시켜가고 있습니다. 1961년 미국의 연방 대법원은 한 판결문에서 인본주의를 하나의 종교로 인정했습니다. 잘 아시는대로 종교는 신조와 교리가 있습니다. 1933년에는 인본주의 선언이 채택되었고 1973년 제2선언문이 채택되었습니다. 1933년 첫 번 선언문의 기초자요 서명자는 당시 인본주의 총연합 회장으로 있던 존 듀이(John Dewey)였습니다. 어쨌든 하나의 종교로써의 인본주의는 15개항의 교리로 되었습니다. 거기서 인본주의는 진화론적 해석, 과학적 해석 방법, 상대주의, 인간의 타고난 선(善)과 완전성을 믿고 있습니다.

존경하는 동역자 여러분!

저는 한국 교회의 자화상을 설명하다가 말고 좀 장황하게 인본주의의 문제점과 인본주의 사상을 활동 상황을 말씀드렸습니다. 그 이유는 오늘날 개혁주의 신학과 신앙을 갖고 있는 우리들에게 있어서 가장 적수가 되는 사상이 바로 인본주의라는 사실을 설명하고자 그렇게 한 것입니다. 사실 인본주의 사상은 우리의 신학교에서, 교회의 강단에서, 교육의 현장에서 성도들의 구체적인 삶에서 절대적인 사상 체계로 자리 잡아 가고 있습니다. 그러므로 신학이라고 모두가 생명을 주는 것이 아니라는 사실입니다. 성경을 연구한다고 하더라도 어떤 시각에서 보는가가 문제입니다. 인본주의 시각에서 성경을 연구하고 신학을 연구하는 사람들은 그들 나름대로 논리를 세우고 있습니다. 그러나 그것은 한낱 인간의 욕구와 욕망을 충족시키는 사상 체계를 만들뿐입니다.

오늘 한국 교회 목양의 문제점들도 따지고 보면 하나님의 영광을 위하지 않고 인간의 욕망을 충족시키기 위한 방법이 동원될 때 일어나는 것입니다. 결국 여기서 강단의 세속화가 일어나게 된 것입니다. 오늘날 우리 교회들의 강단은 하나님의 주권과 영광을 위한 위대한 선포는 사라지고 있습니다. 하나님의 거져 주시는 은총의 복음이 선포되는 대신 율법주의적인 도덕 강연이 이루어지고 있습니다. 개혁주의 목사들은 강단을 통하여 하나님의 주권을 다시 되돌려 드려야 합니다. 하나님의 왕권이 그리스도의 몸된 교회뿐만 아니라 그의 만드신 모든 피조물과 모든 삶의 영역에 역사하도록 뜨겁게 우리의 가슴을 불태우며 하나님께 드려야 하겠습니다. 우리는 우리의 목양의 현장에 일어나는 일들 가운데 이래서는 안 되겠구나 하는 것을 고치는 것을 개혁이라고 생각해서는 안 됩니다. 그런 것들은 모두가 인본주의 사상을 극복하고 신본주의적 신학과 신앙으로 돌아가야 해결될 문제라고 생각합니다. 한국 장로 교회의 비뚤어진 자화상도 따지고 보면 인본주의와 세속주의를 용납한데서 비롯된 것입니다. 앞으로 인본주의와 세속주의의 침투를 얼마나 뼈아프게 깨달으면서 참으로 개혁주의 신학과 신앙 체계에 굳게 서는가가 오늘 우리의 과제라고 생각합니다.

3. 장로 교회의 개혁과 그 대안

존경하는 교회의 지도자 여러분!

우리는 한국 장로교의 금후의 나아갈 길에 대해서 말씀드릴 차례입니다. 이미 앞에서 장로 교회의 역사적 흐름과 사상적 핵심을 말씀드렸고, 오늘의 교회가 해결해야 할 과제인 인본주의와 세속주의를 어떻게 막아낼 것인가가 우리의 과제라고 말씀드렸습니다. 여기에는 앞으로 우리 교회가 당장 개혁되어야 할 문제를 몇 가지 제시해 보겠습니다. 그에 앞서서 한 가지 말씀 드릴 수 있는 것은, 미래의 교회와 세상은 점점 더 좋아질 것이라는 낙관주의를 문제 삼고 싶습니다. 사람들은 물량적인 것이 충족되면 자연히 이 세상에 유토피아가 올 것처럼 말하고 있습니다. 교회도 덩달아 이 세상에서 물질적인 축복을 받고 잘사는 것이 전부인 것처럼 설교하고 노래하는 것은 모두가 낙관주의 사상에 물들었기 때문입니다. 사실 물질이 많아지고 좋은 제도가 만들어지면 유토피아가 올 것이란 것은 인간의 죄를 보지 못한데서 나온 것입니다.

일찍이 공학자이면서 칼빈주의 철학자인 봔 리쎈(H. Van Rissen) 박사는 벌써 40년 전에 그의 걸작인『미래의 사회』(De Maatschappeij der Toekomst)란 책에서 낙관주의를 강하게 비판했습니다. 그는 기술과 산업이 발전되는 것으로 인간이 변화되거나 행복이 오는 것이 아니고 나사렛 예수 그리스도의 피 묻은 복음을 통해서만 가능하다고 말을 했습니다. 제가 이 말을 꺼내는 것은 우리 교회의 개혁이 총회에서 제도적 개선을 하고, 뜻있는 사람들이 모여서 오늘의 문제점을 지적하고 새로운 이상적인 대안을 제시하면 된다고 생각하는 것은 하나의 낙관주의 사상에 불과하다는 것입니다. 물론 그런 노력도 있어야겠지만 결국 교회의 지도자들인 우리들은 하나님 앞에서 죄악을 통회하는 회개 운동을 통해서 진정한 개혁도 가능합니다.

예수 그리스도는 이 세상에 죄악의 문제를 해결하기 위해 오셨습니다. 그런 까닭에 우리 목회자들도 하나님의 말씀을 통해서 죄악의 문세를 해결하고 삶의 모든 영역에 하나님의 왕권을 세워야 할 책임이 있습니다. 그러면 이러한 전제를 바탕에 깔면서 우리 장로 교회의 당면한 개혁의 과제를 말씀드리겠습니다.

첫째로, 신학 교육의 개혁을 주장하고 싶습니다.

흔히들 한국 교회의 개혁을 말할 때, 기복 신앙이 문제라느니, 물량주의가 문제라느니, 샤머니즘적 요소를 배제해야 한다는 등 가시적이고 지엽적인 것을 주로 말해왔습니다. 그러나 본질적으로 중요한 것은 신학 교육이 옳게 되어야 한다는 것입니다. 교회가 교회다워지려면 교역자가 교역자다워야 하고 그러기 위해서 신학 교육의 중요성을 아무리 강조해도 부족하다고 할 것입니다. 솔직히 말해서 한국 교회의 신학 교육은 내용과 질(質)에 있어서 부끄러운 것이 한 두 가지가 아닙니다. 과거 콘스탄틴 대제가 기독교를 공인하고서부터 많은 사람들이 교회로 몰려왔음으로 많은 교역자가 필요했고, 소명(召命)이 없는 급조된 직업 교역자가 양산됨으로써, 교회는 점점 세속화되고 타락했습니다. 그리고 성경적인 기독교에서 의식적인 기독교로 바뀌었습니다. 흡사 오늘날의 우리 장로 교회의 모습은 이와 비슷한 과정을 걷고 있지 않나 싶습니다. 그럼에도 우리 교회가 이토록 하나님의 은혜와 축복 가운데 부흥하고 성장하게 된 것을 생각할 때 감사할 뿐입니다.

그러나 종교의 자유를 구실로 해서 한없이 제멋대로 분리 분열되는 장로 교회 모습, 저마다 신학교를 만들어서 교역자를 양성하고 있습니다. 오늘날 세계 교회는 신학생들의 숫자가 감소하고 있는 추세에 있는데 유독이 한국에서만이 신학생과 신학교가 많아서 고민하고 있습니다. 지금 현재 십 여 개의 정규 신학 대학 말고도 300여 개의 군소 신학교가 있다고 들었습니다. 이를 긍정적으로 보는 사람들은 앞으로 남북통일이 되거나 중국에 전도의 문이 열리면 거기 일할 수 있고 해외 선교사로 파송할 수 있다고 강변합니다.

그러나 역사적으로 볼 때 신학 교육의 저질이 교회의 세속화와 타락을 가져온 것이 명백합니다. 저는 반드시 이른바 군소 신학교나 무인가 신학교를 문제 삼으려는 것이 아니고, 신학(神學)이 없는 신학교(神學校)를 문제 삼으려고 합니다. 장로 교회의 개혁주의 신학을 옳게 모르는 사람들이 신학 교육을 하는 것도 문제입니다. 그뿐 아니라 목회 현장에 일어나는 실제(praxis)를 마치 신학인 것처럼 우기는 일과 자기의 경험이 바로 성경인 듯이 말하는 것은 참으로 위험하기 짝이 없습니다. 실천신학 측면에서 보면, 교회가 세속화하고 타락하는 데는 기본적인 공식이 있습니다. 그것은 어떤 모델(model)이 전통(tradition)으로 만들어지고 이 전통이 오래되면 그것이 하나의 교리(dogma)가 되어버립니다. 잘못된 모델이 전통이 되어 굳어지고 그것이 보편타당한 교리가 될 때 교회는 성경에서 멀어지고 세속화되고 마는 것입니다.

오늘날 대개의 신학교들이 신학적 훈련을 제대로 받지 못한 사람들이 가르치고 있는데다, 전혀 신학적 훈련을 받을 만한 준비가 안 된 사람들을 무책임하게 교역자로 양성해 내고 있습니다. 더 웃지 못할 사실은 신학교를 정신 수양하는 곳인 줄 아는 사람도 있고 신학교를 학력 보충하는 데로 아는 사람도 있고, 평생 교육 차원의 신앙 연장 교육쯤으로 생각하시는 분들도 있습니다. 신학교를 취미로 다니는 사람도 많습니다. 얼른 보기에는 신학교 많아서 좋고 신학생 많아서 좋은 듯하지만, 바른 신학 교육이 이루어지지 않는 한 한 시대가 지난 후 한국 교회는 걷잡을 수 없는 혼란이 올 수도 있습니다.

또 다른 문제는 신앙과 경건이 결여된 신학교도 문제입니다. 우리 장로 교단의 신학교의 교육 지표가 경건과 학문의 조화를 부르짖고 있으나, 이전에는 경건의 모양이라도 있었으나 실제로 최근의 경향은, 경건의 모양마저 없어져가는 딱한 실정입니다. 잘 아시는 데로 칼빈은 제네바 아카데미를 세우고 이 학교가 '경건'과 '학문'이 있는 학교가 되게 해달라고 기도했습니다. 경건이란 바로 하나님 앞에서(Coram Deo)의 삶입니다. 이런 신본주의적인 삶의 원리가 세워진 후에 신학적인 훈련이 필요합니다. 신학이 단순히 이론에 그치는 학문이면 무용지물입니다. 신학은 언제나 교회의 현장과 목회의 현장을 감독하고 이끌어가는 원리가 되어야 할 것입니다.

그러므로 앞서 말한 대로 신학 없는 신앙(Geloof Zonder Theologie)이나 신앙 없는 신학(Theologie Zonder Geloof) 모두가 문제입니다. 결국 한국 교회의 개혁의 현장은 신학교여야 합니다. 신학지원자들이 철저한 소명(召命) 없이 직업주의, 출세지향주의, 영웅주의, 인본주의 사상을 가진 채 신학교 교문을 나서는 것을 철저히 봉쇄해야 합니다. 신학이 없이 영웅주의적으로, 기업적으로 운영되는 신학교들은 하나님 앞에 양심을 따라서 결단을 내려야 할 것입니다. 경건을 잃어버린 오늘의 모든 신학 대학들은 교수와 학생 모두가 하나님의 불꽃 같은 눈앞에서 살아가려는 애타는 몸부림이 있어야 할 것입니다. 그 이유는 신학 교육의 정상화가 곧 바로 교회가 교회되는 시발점이 되기 때문입니다.

만약 개혁주의 신학도 수립하지 못하고 신학교 안에 인본주의적 자유주의가 들어오고, 여호와 하나님 앞에 살아가는 경건마저 상실되어 진다면 차라리 장로 교회이기를 포기해야 합니다. 신학교가 바로 되어야 교회가 바로 됩니다. 우리는 평신도들의 사업주의, 기복 신앙, 샤머니즘적 경향을 비판하고 나무라기 전에, 결국 교회의 개혁은 교역자에게서부터 시작해야 하며, 그래서 신학교가 바른 개혁주의 정신을 지키는 것이 가장 중요하다고 하겠습니다. 수원지의 물이 깨끗해야 수돗물이 깨끗한 것처럼, 바른 개혁주의 신앙과 경건한 삶을 지닌 교역자를 배출해야 한국 장로 교회는 개혁도 되며 또한 갱신도 될 줄 믿습니다.

둘째로, 우리 장로 교회의 개혁을 위한 대안으로서 현재 목회하고 계시는 목사님들이 강단을 개혁하는 일입니다.

우리가 교회를 개혁하자고 캠페인을 벌일 것이 아니라 우리 자신부터 개혁해야 합니다. 그것이 바로 우리들이 늘상 하고 있는 설교를 개혁하는 일입니다. 종교 개혁은 중세 교회의 타락과 부패를 개혁했다고 생각하지만 그 부패와 타락이 바로 하나님의 말씀을 잃어버렸기 때문입니다. 그러므로 종교 개혁의 참된 의미는 바로 하나님의 말씀의 재발견이며, 강단의 재발견이라고 말할 수 있습니다. 그렇다면 오늘의 개혁 운동도 하나님의 말씀대로의 참된 의미는 바로 하나님의 말씀의 재발견이며, 강단의 재발견이라고 말할 수 있습니다. 그렇다면 오늘의 개혁 운동도 하나님의 말씀대로의 설교를 통해서 되어 집니다. 제가 한국 장로 교회를 개혁하려면 설교에서부터 시작해야 한다고 할 때 여러분들께서 이 말을 상식적인 의미로 생각지 말아 주시기 바랍니다.

무슨 말씀인가하면 우리의 신학이 개혁주의를 견지한다면 우리의 강단의 설교도 개혁주의여야 한다는 말입니다. 신학은 칼빈을 말하는데 설교의 방법과 내용은 불트만적이요, 바르트적이라는데 오늘의 문제가 있습니다. 최근의 설교학자 리스쳐(Richard Lischer)는 "설교는 신학의 최종 표현이다"(Preaching is the final expression of theology)라고 했습니다.[11] 개혁주의 신학을 말하면서 설교는 슐라이어마허적인 방법으로 설교한다면 그의 신학 이해는 이미 개혁주의가 아니라 슐라이어마허적입니다. 신학은 속일 수가 있어도 설교는 속일 수가 없습니다. 왜냐하면 설교는 하나님의 말씀에 대한 그 설교자의 신앙고백이기도 하기 때문입니다. 그래서 앞에서 개혁주의 신학의 입장을 밝혀 말씀 드렸던 것입니다.

하나님께서는 주의 종들에게 하나님의 말씀을 설교하는 위대한 사역을 맡겼습니다. 그러므로 다우마(J. Douma) 목사의 지적 같이 "설교 없이는 구원 없다"(Zonder Prediking Geen Heil)라는 말은 옳습니다.[12] 설교는 성경을 읽고 그저 느끼는 대로 말하는 것이 아니고, 일찍이 칼빈이나 아브라함 카이퍼(A. Kuyper) 등이 말한 대로 "설교란 하나님과 그의 백성을 만나도록 해주는 것"(Prediking is Ontmoeting met God en Zijn

---

11 R. Lischer, A Theology of preaching, The Dynamics of the Gospel, (Nashville: Abingdon) 홍성훈 역, 27.
12 Johnannes Calvijn, *Preeken Het Gepredikte Woord Vertaald door Ds. J. Douma en DS, W.H.V.D. Vegt Deel* I (Franeker: T. Wever, 1953, 3.)

Volk)이어야 합니다.[13]

그런데 문제는 모두들 성경적인 설교를 해야 한다고 말합니다. 그렇지만 톰슨(William D. Thompson) 교수의 말처럼 이 세상에 아무도 자기 설교가 비성경적이라고 생각하는 사람이 없다는 데 문제가 있습니다.[14] 그러므로 설교에는 성경관이 문제가 되고 신학하는 방법이 문제가 될 수밖에 없습니다. 다시 말씀드리면 어떤 설교 신학(Theologia Homiletica)를 갖는가에 따라서 그 사람의 설교 내용과 설교의 방법도 다르게 된다는 말입니다. 설교도 결국은 신학의 문제로 귀결된다는 뜻입니다. 그렇다면 설교를 개혁하고 강단을 개혁한다는 말은 구체적으로 무엇을 뜻하는 것입니까? 저는 감히 여러분들에게 지금까지의 예증적 설교(examplary preaching)나 풍유적 설교(allegorical preaching)를 가지고서는 장로 교회의 개혁주의적인 설교를 할 수 없다는 것을 말씀드립니다.

요즈음 한참 유행하는 강해 설교도 대단히 중요하고 추천할만한 방법이지만 이것도 어떤 성경관과 어떤 신학적인 입장이냐에 따라서 얼마든지 달라질 수가 있습니다. 왜냐하면 풍유적 설교의 대가인 오리겐(Origen)도 사실 따지고 보면 강해 설교가였습니다. 그는 강해 설교자이면서도 성경 계시의 통일성과 단일성을 보지 못하고, 성경에 나타난 모든 사건 사물들을 현상적으로 분류해서 거기서 자기 나름대

---

13 A. Kuyper, *Encyclopaedie der Heilige Godgeleerdheid Peel Drie* (Amsterdam, 1894), 488.
14 W.D. Thompson, *Preaching Biblically* (Nashville: Abingdon, 1981), 9.

로 뜻을 부여하는 형식을 취했습니다. 이런 형식은 오늘날 우리 목사님들이 늘 사용하는 방법입니다. 그런데 이렇게 되면 이는 장로교회의 설교 또는 개혁주의 설교라고 하기는 곤란할 것입니다. 그래서 저는 감히 여러분들에게 구속사적 강해 설교(Redemptive Historical Expository Preaching)의 방법을 제안하고자 합니다.[15]

앞서 말씀드린 대로 모든 설교 방식 중에 강해 설교가 가장 안전하고 좋은 방법이라고 할 수 있습니다. 그러나 강해 설교도 그가 가진 성경관과 신학적 입장에 따라서 얼마든지 비성경적인 설교가 될 수도 있고 인본주의적이고 율법주의적인 설교가 될 수 있습니다. 그러므로 그런 약점을 보완하고 개혁주의적인 입장대로 설교하려면 구속사적인 강해 설교밖에 없다고 감히 말씀드립니다. 어찌 보면 이 말을 처음 듣는 분들에게는 대단히 낯설게 들릴지도 모르겠습니다. 그러나 이 설교는 최근의 발명품도 아니고 창작품도 아닙니다. 그것은 바로 예수님의 설교 방법이요, 사도들의 설교 방법이고, 16세기 칼빈을 위시한 종교 개혁자들의 설교 방법이며, 금세기 신실한 개혁주의자들의 설교 방법이란 것을 말씀드리겠습니다. 우선 이 방법은 성경을 하나님의 말씀으로 믿는 사람만이 구속사적 설교를 할 수 있습니다. 성경과 하나님의 말씀 사이를 구별해 버리는 사람은 실존적인 설교는 할 수 있어도 구속사적인 설교는 할 수 없습니다.

---

[15] 여기에 대한 자세한 내용은 정성구, 『개혁주의 설교』 (총신대학출판부, 1991), 제8장과 제9장을 참고할 것.

오늘의 한국 교회의 강단에 선 설교자들은 거의 대개가 예증적 설교 곧 모형적 설교에 익숙해 있습니다. 그것은 우리만 그랬던 것이 아니고 대개의 유럽 교회와 미국의 교회들이 이 방법을 사용해 왔습니다. 여러분들이 잘 아시는 대로 2,000년 기독교 역사 중에 참으로 성경적인 신학과 신앙을 가졌을 때는 얼마 되지 못했습니다. 바울의 신학이 어거스틴 때에 와서 크게 한 번 섬광을 발하다가 약 1,200년 동안 로마 가톨릭의 의식적인 종교의 그늘에 묻혀 있다가 16세기에 개혁자들에 의해서 하나님의 거져 주시는 은총의 진리와 오직 하나님의 말씀의 진리를 찾았습니다. 그러나 1세기도 못가서 계몽주의의 화를 입고 대부분의 교회가 자유주의로 기울어졌습니다. 그러다가 금세기에 들어와서 다시 한번 성경으로 돌아가는 운동이 여기저기 일어났을 정도입니다. 그러니 신학적 정립도 옳게 안 된 마당에 개혁주의적 설교인들 정립되었겠습니까?

교회가 참으로 교회되기 위해선 설교가 하나님의 말씀대로 증거 되어야 합니다. 그러니 예증적 설교나 풍유적 설교를 가지고선 안 된다고 말씀드렸습니다. 예증적 설교는 성경에 나타난 인물의 성격이나 신앙의 내용을 모델로 해서 우리의 신앙의 원리를 발견하며 그것으로부터 어떤 깊은 진리를 발견하려고 합니다. 물론 우리가 이런 방식으로 신앙의 모범을 발견하는 것도 중요합니다. 그러나 이것은 성경을 단편적 파편으로 성경의 모든 인물이나 사건을 실존적으로, 종교현상학적, 심리학적으로 분석해서 어떤 귀한 교훈을 발견해 내려는 것 뿐입니다.

그런데 이렇게 하는 것은 성경을 성경대로 보는 태도가 아닙니다. 이런 방법은 마치 역사서나 문학 작품에서 어떤 귀한 교훈을 얻으려는 태도와 비슷합니다. 이런 방식은 하나님의 구속사를 일반 역사로 바꾸어 버리는 위험이 있습니다. 예를 들면 아브라함을 주제로 설교하면서 아브라함 링컨의 예를 들어서 그것과 동일시하는 태도입니다. 오늘날 우리 장로 교회의 교역자들이 여기에 머물러 있고, 성경을 설교함에 있어서 자기 주관과 자기 마음대로 설교하기에 교회의 혼란과 세속화가 왔습니다.

구속사적 설교란, '하나님 중심의 설교'를 의미합니다. 예증적 설교가 성경에 나타난 인물이나 사물의 성격을 통해서 교훈을 얻고자 하는데 반해서, 구속사적 설교란 반대로 성경에 나타난 모든 역사적 인물은 '하나님의 구속사의 도구'로 보는 것입니다.

예를 들면 다윗의 위대한 신앙이 어떠했는가를 묻는 것보다 하나님께서 다윗을 통해서 하시고자 하는 일이 무엇인가를 먼저 묻습니다. 다니엘의 신앙이 이러이러한 점이 위대했으니 우리도 다니엘 같은 신앙을 가져야 된다는 식의 설교가 아니라 다니엘로 하여금 다니엘 되게 하시며 그러한 신앙을 지키도록 역사하신 하나님의 초자연적인 능력과 그의 구속을 소리높이 외치는 것이 구속사적 설교입니다. 모세의 신앙의 위대함과 그의 신발과 지팡이에서 교훈의 의미를 찾기 전에 모세를 통해서 일하시는 하나님의 전능하신 구속의 행위(Almighty Act of God)를 볼 줄 아는 시선이 열려 있어야 합니다. 무엇보다 성경에 계시된 하나님은 창조주이시며 구속주이신 인격적인 하나님이시므로 지금도 일하시는 하나님이심을 증거 하는 것입니다. 예수 그리스도께서 풍랑을 잠잠케 하신 것을 보고 인생의 풍랑을 설교하는 것이 아니고 풍랑을 잠잠케 하신 예수 그리스도는 바로 창조주 하나님이시며 구속주 하나님이신 것을 선포하는 것입니다.

그러므로 구속사적 설교는 '성경신학적인 설교'이며 '은총의 설교'입니다. 구속사적 설교자는, 성경은 단순히 교훈의 책이 아니고 하나님이 인생들을 구속하기 위한 하나님의 구속의 단독 사역의 기록이란 것을 믿습니다. 그러므로 이런 설교자의 가슴은 언제나 확신으로 뛰고 하나님의 말씀을 제대로 깨닫게 됩니다. 구속사적 설교는 성경을 점(點)으로 보지 않고 선(線)으로 보고자 합니다. 왜냐하면 하나님께서는 구체적 역사 속에 이스라엘에게 언약을 주시고 메시야가 오실 것을 선지자들을 통해서 수도 없이 말씀하시고 그들의 구체적인 역사의 현장에서 구속주 하나님으로 계시하셨기 때문입니다. 그리고 약속대로 메시야가 오셔서 우리를 위해서 십자가에 죽으시고 구속을 완성했습니다. 이 웅장한 메시지를 증거 할 수 있는 설교는 구속사적 강해 설교 밖에는 달리 없습니다. 저는 여기에 대한 것을 다 설명할 수 없습니다. 다만 우리 장로 교회는 개혁되어야 할 터인데 개혁의 방법은 여러 가지 있겠지만 교역자들이 먼저 개혁되어야 하는데, 그것은 곧 설교의 개혁이란 것을 말씀드리는 것뿐입니다. 이제 결론을 내려야겠습니다.

존경하는 선후배 동역자 여러분!
저는 장시간 동안 우리 장로 교회의 과거와 현재와 미래에 대해서 말씀드렸습니다. 우리 하나님께서 한국 교회에 주신 이 위대한 은혜와 축복을 잘 감당하고 오래 지속하기 위해서는 지금 이대로 되어서는 안 되겠다는 것이 모든 뜻있는 교역자들과 평신도들의 말입니다. 솔직히 말해서 한국 교회가 오늘날처럼 평온한 가운데 교회가 부흥하고 성장한 때는 최근 수 십 년간뿐이었습니다. 그전에는 모진 환란과 핍박 가운데 있었습니다. 그런데 환란과 핍박 중에서 신앙생활하기도 어렵지만 평안하고 부흥할 때 바른 신앙을 지키기가 더 어렵습니다. 그 이유는 인간은 늘 부패하기 쉽고, 만물보다 거짓되고 심히 부패한 것이 인간이기 때문입니다. 우리는 어쨌든 장로 교회의 목사입니다. 우리는 어쨌든 요한 칼빈과 그의 후학들이 이룩한 개혁주의 신학과 신앙을 유산 받은 사람들입니다.

그러나 교회의 성장과 부흥을 틈타, 선교 활동의 확장을 틈타서 부실한 신학 교육이 있었고 바른 교육을 받지 못한 교역자들의 양산으로 한국 교회는 그 어느 때보다 어려움에 처해 있습니다. 교정(敎政)을 맡은 교회의 지도자들도 개혁주의 신앙에 충실하려는 몸짓보다 이기적이고 파행적으로 세력 확장에 여념이 없는 것이 못내 아쉽습니다. 그러나 우리가 누구의 잘못을 비판하는 데만 머물 것이 아니라 우리 자신이 말씀과 성령을 통해서 개혁되고 새로워져야 할 줄 믿습니다. 앞으로 밝아오는 2,000년대는 희망과 꿈의 세계가 기다리는 것이 아니라 더 많은 인본주의 사상과 세속주의 사상이 커다란 공룡처럼 우리의 갈 길을 가로막고 있을 것입니다. 그러나 골리앗 앞에 섰던 다윗처럼 세속주의 신학자들과 무신론적인 인본주의자들이 칼과 단창으로 나온다고 할지라도 우리는 여호와 하나님의 이름으로 싸울 준비가 되어 있어야 합니다. 세월이 아무리 흐르고 변해도 결국 역사는 하나님의 장중에 움직이고 있음을 믿습니다. 그리고 여호와 하나님 중심의 신앙이 결국은 승리하게 될 줄 믿습니다. 밝아오는 새 시대를 바라보면서 목양의 현장에서 눈물과 땀을 바쳐 수고하시는 여러분들에게 사도 바울이 "이는 만물이 주에게서 나오고 주로 말미암고 주에게 돌아감이라 그에게 영광이 세세에 있을지어다. 아멘"(롬 11:36)이라고 고백한 것처럼, 승리의 개가를 부르시기 바랍니다.

개혁교회는 항상 개혁되어야만 합니다. 여러분들에게 주님의 은혜와 평강이 넘치시기를 기원합니다. Soli Deo Gloria! - 아멘 -

A Vision of Reformed Church

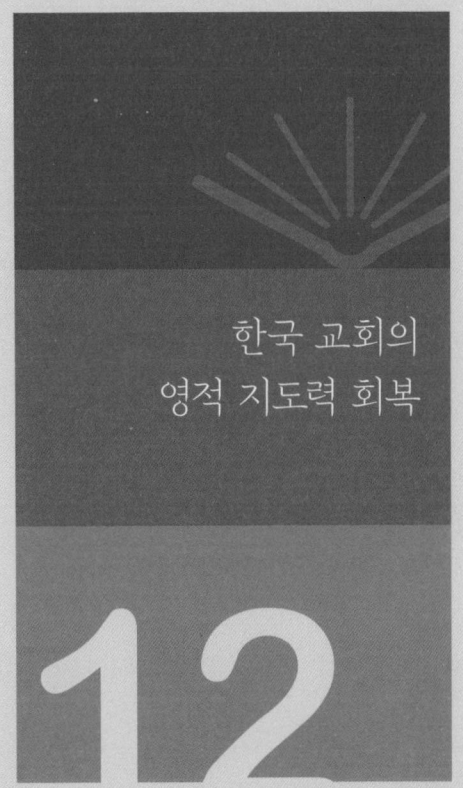

한국 교회의
영적 지도력 회복

12

1. 여기 있는 것이 좋사오니(정적인 것에서 동적으로)
2. 초막 셋을 짓고(초자연을 자연으로 묶지 말라)
3. 너희는 그의 말을 들으라

12

한국 교회의 영적 지도력 회복

* 1985년 5월 8일 대구 서문교회당에서 제22회 '전국 목사·장로 기도회'
(이 메시지는 1986년 9월에 헝가리의 데브레첸에서 열린 제4회
'세계칼빈학회 대회'에서 영어로 설교했다. 제목은 'listen to Him'이었다)

주님의 몸된 교회를 위해서 눈물과 땀을 바쳐 일하시는 목사님들! 그리고 목사님들을 도와서 함께 충성스럽게 주님의 사역에 동참하시는 장로님 여러분! 그리고 서문교회 성도 여러분!

사실 이번 '전국 목사·장로 기도회'는 한국 교회사에 특별한 의미를 갖는 집회입니다. 왜냐하면 우리는 한국 교회의 100주년을 기념하고 또 다른 한 세기를 지금 막 시작하고 있기 때문입니다.

지난 한국 교회의 100년의 역사는 눈물과 땀과 피를 쏟은 고난과 환란의 한 세기였습니다. 그러나 하나님께서는 우리 교회를 긍휼히 여기시고 하나님의 강권적인 은혜로 한국 교회를 붙드시고 성장하도

록 하신 것입니다. 이제는 핍박과 환란의 한 시대는 지나가고, 전 세계 교회가 부러워 하리 만큼 한국 교회는 급성장하고 있습니다. 그런데 문제는 이렇게 핍박과 환란이 끝나고 복음 운동이 활발하여 성도들이 많이 교회로 몰려 올 때, 자칫 영적 지도자들이 진리 지식이 어두워지고, 영안이 흐려져 자기 안주에 빠져 버리면 교회사의 물줄기는 엉뚱한 방향으로 흐르기 쉽습니다. 그것은 세계 교회의 역사가 웅변적으로 증거 하고 있습니다. 그러므로 교회는 핍박과 환란의 때를 견디는 것도 어려운 일이지만, 그보다도 평화로운 때에 오히려 바른 신앙과 신학을 지키고, 영적으로 견고히 나아가는 것은 더욱 어렵습니다. 그래서 저는 오늘 밤에, 이 뜻깊은 역사적인 기도회 시간에, 우리 교회의 영적 지도자들이 걸어가야 할 길이 무엇인지 본문 말씀을 통해서 깊이 생각해 보고 싶습니다.

오늘 본문의 말씀은 변화산에서 되어진 일입니다. 베드로가 예수님께 고백하기를 "주는 그리스도이요 살아 계신 하나님의 아들이시니이다"(마 16:16)라는 위대한 신앙고백을 한 후 엿새가 지난날이었습니다. 예수님은 베드로와 요한과 야고보를 특별히 선발해서 헐몬산에 오르셨습니다. 그리고 예수님은 변화하셨습니다. 사실 이 변화산의 사건은 예수 그리스도께서 참으로 하나님의 아들 되심과 그가 장차 누릴 영광을 계시하여 주신 것입니다. 예수님께서 장차 죽으셨다가 부활하시고 영광 받으실 것을 증거 하는 하늘의 계시였습니다.

우리가 이 본문 중에 깊이 볼 수 있는 진리는 이 변화산의 증거는 구속사(救贖史)의 중요한 부분이라는 사실입니다. 그런데 이와 같은 놀라운 하나님의 계시 앞에 지도자로서의 베드로의 태도는 주님의 책망을 듣기에 알맞았습니다. 그래서 저는 이러한 베드로의 실패를 바로 오늘 우리 자신들의 문제로 받아야 된다고 봅니다.

1. "여기 있는 것이 좋사오니"

이 성경을 보면, 변형하신 예수님께서 모세와 엘리야와 더불어 대화를 하셨습니다. 갑자기 되어진 이 놀라운 사건을 본 제자들은 두렵기도 하고 황홀했습니다. 사실 제자들은 초역사적이고 신비한 경험을 하고 있었습니다. 사실 이러한 광경은 제자들에게 있어서 일찍이 경험하지 못한 것이었기에 말로 다할 수 없는 기쁨과 감격을 주었습니다. 바로 그 순간에 베드로는 "주여 우리가 여기 있는 것이 좋사오니…"라고 하면서 그런 신비한 세계를 오래 오래 간직하고 싶어 했습니다. 사실 베드로가 지금까지 걸어온 생애나, 당시 유대의 사회적 국가적 정황을 살펴본다면 그러한 말은 이해할 수가 없습니다.

오늘 본문 전체가 가르치는 내용은 베드로의 이와 같은 건의는 그의 일방적인 감상일 뿐이고, 주님의 구속적인 사역과는 아무런 상관이 없는 어리석은 말이었습니다. 아니 도리어 주님의 십자가의 길을 차단하는 사탄적인 말이었습니다. 베드로는 이미 가이사랴 빌립보 지방에서 "주는 그리스도시오 살아계신 하나님의 아들이시니이다"라고 고백했지만, 주님의 고난과 죽음을 반대하고 나섰을 때 주님으로부터 사탄이란 책망을 받은바 있습니다. 베드로는 복음의 본질을 믿고 실천하는 것보다, 그가 건의한 "여기"란 장소를 말한 것으로 보아 그는 이상 세계의 황홀 속에 그냥 있고 싶었던 것입니다.

그러나 복음 운동은 한 곳에 머물러 있는 것이 아니라, 새로운 세계를 향해서 나아가야 합니다. 정적(靜的)인 것에서 동적(動的)인 것으로 바꾸어야 합니다. 우리의 시선이 "여기"란 한 곳에만 응시해서는 안 됩니다. "여기", "한국 땅", "우리", "나"라는 좁은 개념에서 모든 세계(Whole World), 모든 국가(Whole Nations)를 바라보아야 합니다. 우리 지도자의 시선이 "여기"란 한 장소만을 응시한다면, 주님의 책망을 받을 수밖에 없습니다. 여기를 뛰어 넘어 "저기"를 볼 수 있는 지도자의 시선이 아쉽습니다. 베드로는 그가 지도자라면 산 아래 저기 있는 슬픔과 고통과 비애와 죽음이 있는 곳으로 그의 시선을 향해야 했습니다.

우리는 자기만이 도취할 수 있는 신비로운 경험을 체험하며 즐기려는 이기주의에서 벗어나서, 아픔과 눈물이 있는 곳으로 끊임없이 전진할 줄 아는 우리들이 되어야 합니다. 여기서 머물러 있어서는 안 됩니다. 복음 운동은 자기의 종교적 취미와 취향에 머물러 있는 것이나, 즐기는 것이 아닙니다. 하나님께서 아브라함을 부르실 때 '가라'고 했습니다. 그리고 주님께서 우리들에게 명령하신 마지막 말씀도 "너희는 가서 모든 민족을 제자로 삼으라"고 했습니다. 한 곳에 머물러 안주하려는 것은 복음 운동의 역행입니다. 때문에 한 곳에 머물러 있는 교회는 힘을 잃고 세속화 되었습니다. "여기"를 고집하는 교회 역시 빛을 잃었습니다. 머물러 있는 지도자는 승리할 수 없습니다. 말씀을 통해서 끊임없이 자기를 개혁하는 아픔을 우리는 가져야 합니다. 변화를 싫어하면 진전이 없습니다. 진전이 없으면 죽음을 의미합니다. 머물러 있는 한 자기 개혁은 어렵습니다.

지금 우리 교회는 교회사의 황금시대에 와 있습니다. 우리는 20세기 교회 성장의 기적과 신비를 보고 있습니다. 이 역사적 순간을 살아가는 우리가 만약 베드로처럼 "우리가 여기 있는 것이 좋사오니…"라고 대답하고 있다면 우리는 주님의 섭리와 축복을 짓밟는 죄악을 범하게 됩니다. 그러므로 하나님께서 우리에게 주신 축복을 우리는 아전인수격으로 해석해서는 안 됩니다. 베드로는 축복을 누리려고만 했던 것에 문제가 있습니다. 사도 바울이 말한 것처럼 '우리는 복음의 빚진 자'로서 뜨거운 가슴으로 불타 있어야 합니다. 복음 운동은 하나님의 축복을 받아 누리는 곳이 아니라, 또 다시 빚진 자의 삶을 살아야 합니다. 그러기 위해서는 무엇보다 우리는 예수 그리스도의 십자가의 죽으심과 부활을 증거 하는 일에 철저한 소명을 가져야겠습니다.

확실한 영적 지도자의 시선과 시각은 독특해야 합니다. 영적 지도자의 눈은 "여기"란 현재적 장소나 시간에 집착해서는 안 됩니다. 우리는 주님께서 주권적으로 역사하실 새로운 세계와 일감을 볼 줄 아는 슬기가 있어야 합니다. 영적 지도자로서 우리는 오늘에 안주할 것이 아니고, 장차 다가올 미래를 향해 눈을 떠야 하겠습니다.

베드로는 별 생각 없이 아름다운 환희의 세계에 오래 머물고, 세상만사를 다 잊어버리고 싶었을 것입니다. 그러나 적어도 지도자로서의 발언은 아니었습니다. 화란의 칼빈주의 신학자 스킬더(K. Schilder) 박사는 "하나님의 영광 앞에서의 즉흥적인 발언은 야만적이다"라고 이 부분을 설명했습니다. 그렇습니다. 정말 우리가 하나님의 영광을 위해서 살아간다면 "우리가 여기 있는 것이 좋사오니"라는 베드로적인 어리석은 건의는 할 수 없을 것입니다.

2. 초막 셋을 짓고

베드로는 주님의 변화한 모습에 압도당했습니다. 초시간적인 하나님의 세계를 보았습니다. 그때 베드로는 초막 셋을 지어 하나는 주를 위해서, 하나는 모세를 위해서, 하나는 엘리야를 위하여 짓자고 제안했습니다. 그것은 매우 기발한 생각이었습니다. 그렇지만 베드로의 그와 같은 발상은 전혀 격에 맞지 않는 엉뚱한 동문서답의 발상이었습니다. 그리고 묻지도 않는 대답을 하고 있습니다. 물론 베드로가 주를 위해서 초막을 짓자는 제안은 그의 열심과 충정을 이해할만 합니다. 그렇지만 여기서도 우리는 베드로다운 열심과 즉흥성을 볼 수 있습니다.

예수 그리스도를 비롯해서 천계(天界)의 인물인 모세와 엘리야를, 급조(急造)의 천막에 머물게 하겠다는 것은 어리석기 짝이 없는 것입니다. 그는 영원을 시간으로 묶어 두려고 하고 있는 것입니다. 가이사랴 빌립보 지방에서 주님의 고난과 죽음을 반대했던 베드로는 여기서도 그리스도의 영광의 광채 앞에서 사탄적인 발언을 하고 있습니다. 스킬더 박사는 "내일의 범죄는 금일의 범죄보다 항상 더 악하다. 왜냐하면 날마다 보다 많은 은혜를 받기 때문이다. 따라서 그 은혜를 저버리고 범죄하는 것은 더욱 큰 악이 된다. 하늘의 영광이 나타나 반드시 되어 질 일을 보였음에도 불구하고, 만용을 부려서 당돌하게 엉뚱한 제언(提言)을 하는 것, 이런 범죄의 반복은 더욱 큰 악이 된다"고 했습니다. 베드로는 이 영광스런 순간을 현재 미완료 시상으로 만들고, 세상을 잊어버리려고 하고 있습니다. 그는 초자연을 자연 속에 묶어 두려고 하고 있습니다.

사랑하는 교회의 지도자 여러분! 그리고 성도 여러분!
우리는 지금 이 본문의 깊은 진리들을 보면서 오늘날 우리의 모습을 보고 있습니다. 영원한 하나님의 진리를 오늘의 현실론으로 꽁꽁 묶어 두려고 하고 있지 않습니까? 사실 교회당의 건물의 크기도, 조직도, 예수 그리스도의 십자가와 부활의 진리 앞에서는 아무것도 아닙니다. 초막 정도 짓는 것을 진리 운동과 바꿀 수는 없습니다. 베드로가 제안했던 초막이나 짓고, 영원한 그리스도를 거기 모시려는 어리석은 일을 우리는 하지 말아야 합니다. 문제는 열심 있다는 것이 곧 신앙이라고 할 수는 없습니다. 그 열심이 참으로 진리를 믿고 아는 일에 든든히 서 있는가가 더 중요하기 때문입니다. 예수 그리스도는 절대로 우리들이 지은 천막에 머물러 있지 않습니다. 우리는 예수 그리스도를 우리의 멋진 비전(Vision)과 계획 속에 가두려고 해서는 안 됩니다.

오늘의 문제는 이런 베드로적 영웅주의가 문제입니다. 주님의 뜻과 복음 운동과 상관없는 영웅주의가 판을 칠 때, 우리는 주님의 책망을 받을 수밖에 없습니다. 예수 그리스도는 베드로가 만들고자 한 급조의 텐트에 머무실 분이 아닙니다. 베드로는 그리스도의 영적 훈련의 첫 단계에서 잘못된 대답을 하고 있는 것입니다. 때문에 영적 지도자들은 하나님의 계시의 내용을 항상 밝히 보아야 합니다. 하나님의 계시의 눈이 멀어져 있는 동안은 영적 지도자일 수가 없습니다. 엘리 제사장도 눈이 어두워질 때 몰락했습니다. 오늘날 서구 교회가 몰락한 것은 지도자들의 영안이 어두워졌기 때문입니다. 메시야의 죽음과 부활과 영광을 선포하는 순간에 초막 셋을 짓자는 베드로의 건의는 결국 하나님의 뜻에 역행하는 것이었습니다.

한국 교회 100년!
앞으로 우리 교회의 방향은 어디 입니까?
이제 우리는 무엇을, 어떻게 해야, 순교자들이 피를 뿌리고 지켜온 교회를 바르게 이끌 수 있는 것입니까? 두말할 필요도 없이 교회의 지도자들인 우리가 영안이 밝아져야 합니다. 영적 지도자의 영안이 어두워지는 날에 교회는 어두워지고, 교회가 어두워지면 세상도 어두워집니다. 환란과 핍박의 시대에도, 성장과 부흥의 시대에도, 영적 지도자들의 눈과 귀가 열려서 하나님의 진리를 바로 깨닫고, 지켜 나가는 한 교회는 살아서 움직일 줄로 믿습니다. 만약 루터(M. Luther)와 칼빈(J. Calvin)이 베드로처럼 초막이나 셋 짓고 예수님과 더불어 축복만을 누리고 살자는 안일한 생각이었다면 종교 개혁은 불가능했을 것입니다.

사랑하는 동역자 여러분! 그리고 장로님 여러분, 성도 여러분!
오늘 우리 교회가 열린 교회, 힘 있는 교회, 능력 있는 교회, 주님의 마음에 합한 교회가 되기 위해서는 "초막 셋"의 콤플렉스(Complex)에서 벗어나서 영원하신 하나님의 경륜과 섭리를 볼 줄 아는 영안이 열려져야 할 것입니다.

베드로가 여기 초막 셋을 짓고자 하는 발상과 건의는 실제로 주님의 십자가의 길을 생각지 않았을 뿐 아니라, 자기 자신이 십자가의 길을 따르지 않겠다는 것입니다. 최근에는 주님의 종이 되겠다는 사람들 중에는, 주님을 따르는데서 오는 고난과 아픔을 전혀 생각지 않는 분들이 있는 것 같습니다. 그분들은 주님을 섬김에서 오는 즐거움과 행복만을 계산에 넣는 것 같습니다. 그러나 영적 지도자는 주님과 함께 고난의 길을 걸을 수 있어야 합니다. 또한 우리는 쉽게 살아가려는 안일한 마음을 버리고, 영안이 어두워지지 않고, 진리의 지식을 가지고 주 앞에 헌신해야 할 것입니다.

3. 너희는 그의 말을 들으라

이 본문에서 제자들에게 들려주신 말씀은 이러합니다. "이는 내 사랑하는 아들이요 내 기뻐하는 자니 너희는 그의 말을 들으라"(마 17:5)고 했습니다. 이는 하나님께서 아들 예수 그리스도에 대한 증거며 선포입니다. 그런데 이 말씀의 결론은 "너희는 그의 말을 들으라"고 했습니다.

사실 이 본문에서 "여쭈어"로 시작되는 것으로 보면, 이 말은 응답임을 보여 줍니다. 베드로의 응답이 무엇에 대한 것인지 모르겠습니다. 그에게 아무것도 말하지 아니했고, 묻지도 아니했습니다. 그러나 베드로는 눈을 비비며 깨자마자 말이 그 입에 있었습니다. 참으로 베드로는 이 산상의 사건이 자기와 직접 관계되는 것처럼 덤비고 있었습니다.

우리는 하나님의 계시에 어떻게 응답해야 합니까? 어떻게 해야 바른 응답이 되는 것입니까? 그것은 처음부터 하나님의 말씀을 잘 듣는 데 있습니다. 베드로는 잘 듣지 못했기에 하늘에 음성이 들려오기를 "너희는 그의 말을 들으라"고 하셨던 것입니다. 그가 말씀을 잘 듣지 않았기에 바른 응답을 할 수 없었습니다. 말씀을 주의 깊게 듣지 않는 한 우리의 열심은 지식 없는 열심이 되고 맙니다.

그러면서 확실히 베드로는 다른 사람보다 우월한 장점이 있습니다. 그는 적극적이고 열심히 많고 사랑이 많았습니다. 게다가 그는 지금 신비주의자들이 소원하는 직관 세계(直觀世界)에 들어갔습니다. 사실 이 순간에 베드로보다 더 신비의 눈을 뜬 자가 어디에 있습니까? 그렇지만 그의 입에서 나온 것은 구원사(救援史)에 역행하는 어리석은 말이었습니다. 그 이유는 다른데 있지 않습니다. 말씀에 귀를 기울이지 않았기 때문에, 하늘로부터 경고의 음성이 들렸던 것입니다.

사랑하는 성도 여러분!
우리 교회가 아니 우리 지도자들이 먼저 해야 할 것은, 주님의 말씀을 들어야 할 줄로 믿습니다. 신비를 사모하는 사람들도 말씀을 먼저 들어야 합니다. 자기 열심에 불붙어 있는 사람도 먼저 하나님의 말씀에 귀를 기울어야 합니다. 자기의 빛, 자기의 양심의 소리를 주장하는 사람이 있습니까? 그도 하나님의 말씀에 귀를 기울어야 합니다. 왜냐하면 하나님의 말씀은 베드로의 눈보다 더 밝기 때문입니다. 베드로가 얼마나 좋았으면, "여기 있는 것이 좋사오니"라고 했겠습니까? 그러나 그는 말씀을 들어야 했습니다. 아무리 거듭난 마음이라도 이 지상에 있는 한, 마음의 생각보다 성령의 생각을 좇아야 합니다. 거듭난 사람 속에도 옛 사람이 있습니다. 우리 마음의 호소나 양심의 증거 조차도 항상 하나님의 말씀 안에 있는 성령의 빛 아래서 판단 받아야 합니다. 그 이유는 인간은 거짓되었지만, 하나님의 말씀은 참되기 때문입니다. 하나님의 말씀은 우리의 모든 사고와 판단의 중심을 예수 그리스도의 십자가 아래 두도록 합니다. 우리는 하나님의 말씀을 듣는 일이 없이는 주의 영광을 위해서 아무것도 알 수 없습니다. 그러므로 우리는 주를 위해서 사는 첫 걸음을, 말씀 드는 것에서 시작해야 합니다.

사랑하는 동역자 여러분! 그리고 장로님들과 교회의 직분을 받은 모든 성도 여러분!

영적 지도자의 걸음걸이는 어떻게 시작해야 하는 것입니까? 그것은 하나님의 말씀을 먼저 들어야 합니다. 우리가 말씀을 먼저 들어야 할 이유가 무엇입니까? 그것은 인간의 말은 무익할 뿐 아니라, 인간 자신의 힘으로 아무 것도 할 수 없기 때문입니다. 오직 하나님의 은혜(Sola Gratia)로 말미암아 되기 때문에, 오직 말씀(Sola Scriptura)을 듣는 것이 선행되어야 합니다. 그러할 때만 우리가 오직 하나님의 영광(Soli Deo Gloria)을 위한 삶을 살 수 있을 것입니다.

교회를 지도하는 영적 지도자들이 늘 기억해야 될 것은, 자기 기분과 자기 열심을 앞세워서 하나님의 말씀을 먼저 듣는 것을 등한히 하고 있다는 것입니다. 그러나 영적 지도자는 하나님이 세우셨기에 먼저 하나님의 말씀을 스스로 들어야 합니다. 만약 영적 지도자가 하나님의 말씀을 듣는 일 없이 덤벙댄다면 그것은 만용이라기보다 하나님의 영광을 가리우는 것이 됩니다. 때문에 우리가 하나님의 말씀을 듣지 않고 일하는 것은 실패의 걸음이 되고 맙니다. 또한 하나님의 말씀을 듣지 않으면 영안이 어두워집니다. 우리의 영안이 어두워지면 교회도 어두워집니다. 중세 교회가 어두워진 이유가 무엇입니까? 그것은 지도자들이 하나님의 말씀을 듣고 순종하는 일이 없었기 때문입니다.

지금 우리는 어두운 세상에 살고 있습니다. 우리까지 어두워져서는 안 됩니다. 하나님의 말씀을 듣는 자만이 바른 믿음을 가질 수 있고, 하나님의 말씀을 믿는 자만이 진리의 내용을 바로 알게 됩니다.

사랑하는 여러분!
앞에서도 말씀드렸습니다만 이번 22회 '전국 목사·장로 기도회'는 매우 중요한 뜻을 가지고 있습니다. 이 집회는 한국 교회의 또 다른 한 세기를 여는 첫 번째 '전국 목사·장로 기도회'란 사실입니다. 이제 우리는 한국 교회의 성장을 자화자찬 하는 일은 그만해도 좋습니다. 그리고 옷깃을 가다듬고 또 한 세기를 시작하는 기초를 놓아야 합니다. 개혁주의 신학과 신앙을 파수하는 교회의 감독들로서 오는 세대의 책임을 져야 합니다. 오는 시대의 교회는 두말할 필요 없이 우리 지도자들이 신앙과 삶의 태도에 달려 있습니다. 아직까지 "여기 있는 것이 좋사오니"를 말하는 지도자는 앞으로 다가오는 새로운 세기의 주님의 몸된 교회 건설에 참여할 수 없습니다. 또한 "초막 셋이나 짓자"라는 지도자도 안 됩니다. 끊임없이 자기를 개혁하고 밝은 영안을 뜨고 미래를 향해야 합니다. 머물러 있는 자는 역사를 창조할 수 없습니다. 교회는 주님의 교회이므로 그의 말씀을 들어야 합니다. 그동안 하나님의 말씀을 듣지 않고 덤비던 우리의 모습을 회개하고 주님 앞에 다 같이 기도합시다.

"너희는 그의 말을 들으라"고 하신 하늘의 음성은 선교 2세기를 향해 첫 출발하는 우리에게 주시는 하나님의 귀중한 메시지인줄 믿습니다.

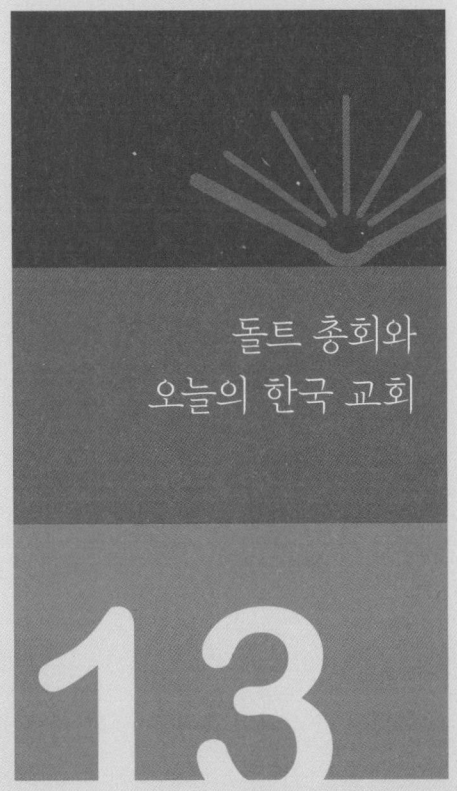

돌트 총회와
오늘의 한국 교회

13

1. 장로 교회에 당면한 문제점들
2. 돌트 총회와 돌트 규정
3. 돌트 총회와 설교 문제
4. 돌트 총회와 목회 사역에 대한 문제
5. 돌트 신경에 포함된 선교 사역

13

돌트 총회와 오늘의 한국 교회

*1981년 5월 14일 인천 제2교회당에서 제18회 '전국 목사·장로 기도회'

주님의 몸된 교회를 위해서 눈물과 땀을 바쳐 일하시는 목사님들! 그리고 목사님들을 도와서 함께 충성스럽게 주님의 사역에 동참하시는 장로님 여러분!

세계 교회가 부러워 하리 만큼 한국 교회는 급성장하고 있습니다. 그런데 교회의 지도자 여러분! 우리가 지금 1세기 전에 바로 이 제물포 앞 바다로 복음을 갖고 상륙한 초대 선교사들을 기억하면서 기도회를 갖게 된 것은 참으로 뜻깊은 일이 아닐 수 없습니다. 이제 선교 100주년을 회상하고 앞으로 우리 앞에 전개될 또 다른 100년을 바라보면서 오늘 우리 교회의 현 주소를 묻고, 새롭게 전개될 이 땅에 개혁주의 교회 건설을 위해 우리의 심장을 하나님께 드리는 위대한 신앙의 결단이 되기를 소원합니다.

교회의 역사에 있어서 중요한 시기에 무엇보다 중요한 것은 참 목자상과 참 교회상의 재건이 필요합니다. 그러기 위해서는 우리 장로교회의 뿌리를 다시 확인하고 재정비하는 작업이 먼저 선행되어야 할 줄로 믿습니다.

우리는 지난 100년 동안 안팎으로 우리에게 도전해 온 세력들, 다시 말씀드리면 일본의 식민치하에서의 박해, 공산주의자들로부터의 박해, 외국의 선교사들과 자유주의 신학자들로부터의 공격, 1960년대 이후부터의 세속주의 운동, 세계교회협의회(WCC)와의 투쟁, 불건전한 신비주의 운동, 정통 교회를 향한 이단 운동의 끊임없는 도전 등으로 우리는 자신을 되돌아 볼 수 있는 기회가 별로 없었습니다. 더욱이 최근까지 우리 교회의 진통으로 말미암아 힘은 분산되어 있고, 세상과 죄악을 상대로 싸우는 전투적 교회로서의 전력은 극히 약화되어 있는 실정입니다. 그래서 정말 개혁주의 신학과 신앙 노선에 대한 자기 정리 없이 개 교회의 부흥과 성장에만 주력하다보니 교단의 중추를 이루는 사상이 별로 없고, 각인각색의 다양성이 우리 교회에 들어 온 것이 사실입니다.

그래서 저는 오늘의 주제를 "돌트 총회와 칼빈주의 운동"이라고 잡았습니다. 이런 제목을 잡은 것은 요한 칼빈의 신학을 확인하고, 알미니안주의의 예봉을 꺾고, 성경적인 정통 기독교를 지킨 돌트 총회, 그리고 웨스트민스터 신앙고백의 모체가 된 '돌트 규정'(Dort Canon)에

비친 내용과 총회의 내용을 다시 오늘에 되살려 우리 교회의 방향 지표를 삼고자 하는 바입니다. 그래서 저는 다음 몇 가지를 순서적으로 말씀드리려고 합니다.

첫째, 칼빈주의를 따르는 장로 교회의 오늘날 우리의 문제점이 무엇인가를 묻고,

둘째, 돌트 총회를 전후한 사건과 총회장 요한네스 보겔만(Johannes Bogerman)에 대해서 생각해 보고,

셋째, 돌트 총회가 결정한 돌트 신경에 나타난 설교 문제,

넷째, 돌트 규정에 표출된 목회 문제,

다섯째, 돌트 규정에 포함된 선교 사상 문제 등을 다루고, 결론적으로 칼빈주의 신학과 신앙 위에 선 우리 교회의 미래를 전망하고 새롭게 결심하는 순서로 말씀을 드리겠습니다.

1. 장로 교회로서의 당면한 문제점들

우리 교회와 교역자들은 다함께 우리가 칼빈주의적 정통 교회임을 자부하면서도 정작 칼빈주의 신학과 신앙의 결정적인 역할을 감당하였던 '돌트 총회'와 '돌트 규정'에 대한 참된 의미를 알려고도 하지 않고, 선교 100년이 가까이 오도록 한 번도 글이나 말로써 다루어본 일조차 없었던 것은 참으로 이상한 일입니다. 다만 칼빈주의 5개조라는 돌트 규정의 다섯 가지 제목만 소개되었을 뿐입니다. 그러므로 우리는 우리 교회의 방향이 역사적 정통 기독교의 뿌리와 맥에서 어느 정도 접근하고 있는지를 물어야 합니다. 우리는 칼빈주의를 표방한 돌

트 규정의 내용을 프로급 신학자들의 연구 주제로만 삼을 것이 아니라, 그 사상이 우리 교회의 성장과 목회와 설교, 전도에까지 적용되어야 합니다.

다시 말씀드리면 지금 우리의 문제는 신학교에서는 정통 칼빈주의 신학을 배우지만, 그것은 하나의 교리적인 자기 입장으로 삼은 후에는 그것이 목회 현장에는 전혀 무관하거나 연결되지 않고 있다는 것입니다. 참된 칼빈주의 교회는 ① 하나님의 말씀의 바른 선포 ② 올바른 권징 실시 ③ 성례가 바르게 집행 될 때 바른 교회라 할 수 있습니다. 그러나 오늘의 현실은 그렇지 못합니다. 신학교의 강의실 내용과 목회 현장간의 거리는 너무 멉니다. 이것을 어떻게 좁혀 나갈 것인가 하는 것이 오늘의 문제입니다. 무엇보다도 설교의 현장이 '개혁주의적으로 행하여지고 있느냐?'고 물어 보아야 할 것입니다. 하나님의 말씀의 진리를 교회 성장이란 구실로 함부로 취급되고 있지 않나요? 또한 하나님의 말씀을 교회의 평화라는 구실하에 그들에게 감추고 있지는 않는지요?

최근 우리 교회의 강단은 우리도 알지 못하는 사이에 좀 이상한 교단의 영향을 상당히 받았습니다. 말씀을 선포하는 대신 상징주의적인 방법과 심리적 치료 방법을 이용하고 있습니다. 또한 죄근에 한국 교회에 쏟아진 책 가운데는 힐트너(S. Hiltner)와 트루나이젠(E. Thurneysen)의 책들입니다. 이러한 책들의 내용이 우리 교회 안에 아무런 비판 없이 목회에 적용되고 있는 실정입니다. 힐트너의 책은 따지고 보면 칼 융(Carl Yung)과 프로이드(S. Freud) 사상에 근거한 것이며, 한국에서 출판된 칼 로저스(Carl Rogers)의 사상과 일맥상통하는 심리적인 방법으로 목양을 하고 있습니다. 그러나 이것은 목회를 과학적인 방법으로 보는 것이며, 목회를 선포(proclamation)로 보지 않고 치료(healing)로 보는 잘못된 사조입니다. 그럼에도 많은 목사님들이 참신하다는 이유로 이 방법을 쓰고 있음은 어찌된 일입니까? 그러니 교리는 정통 교리를 갖고 있으면서, 강단과 목회 현장은 전혀 다른 것으로 가고 있음에도 아무런 규제가 없습니다. 성경의 법대로 하지 않으면 예수의 이름으로 선지자 노릇하고, 예수 이름으로 귀신을 쫓아내고 예수의 이름으로 권능을 행하여도 불법을 행한 자들이라고 책망받을 수밖에 없습니다(마 7:21-23).

2. 돌트 총회(Dort Synod)와 돌트 규정(Dort Canon)

우리가 칼빈주의적 신앙 규범을 말해 보라고 한다면 대개 다섯 가지 정도로 말할 수 있을 것입니다. 첫째는 칼빈의 기독교강요(Institute, 1559), 둘째는 하이델베르그 요리문답(Heiderberg Cathichism, 1563), 셋째는 스위스의 제2헬베틱 고백(The Second Helvetic Confession, 1566), 넷째는 돌트 규정(Dort Cannon, 1619), 다섯째는 웨스트민스터 신앙고백(Westminster Confession, 1646) 등입니다.

칼빈이 『기독교강요』를 낸지 100년 동안 이어져온 일련의 사상 체계는, 웨스트민스터 신앙고백을 마지막으로 마무리 되었습니다. 일찍이 존 머리(John Murry) 교수가 지적했듯이 "칼빈과 돌트 규정과 웨스트민스터 신앙고백은 다함께 신학 형성의 나침반으로서 하나님께 영광을 돌리는 것이 중심을 차지하고 있다"고 할 것입니다. 그 가운데서도 돌트 총회는 당시 알미니우스의 후계자들로 구성된 항의자들의 강한 세력에 부딪쳐, 장장 6개월간 끈질긴 투쟁을 통해서 비성경적인 요소를 제거하고, 성경적인 기독교의 내용을 되찾고 총회의 의지로써 칼빈과 어거스틴과 바울 사상으로 되돌아가는 놀라운 결정을 내림으로 칼빈주의 교회 건설의 뿌리를 내리도록 한 대총회였습니다.

먼저 저는 이 총회의 경위를 간단히 말씀드리고, 특히 이 회의를 승리로 이끌도록 주도했던 의장 요한네스 보겔만(J. Bogerman)을 잠시 생각하려고 합니다. 칼빈이 세상을 떠난 후 개혁파 신학자들 사이에는 이른바 절대 예정론(Supralapsarianism)과 예지 예정론(infralprarianism)이 아직도 설왕설래할 당시 라이덴 대학 교수로 있던 (1603) 알미니우스(Jacob Arminius)가 정통 교리를 부인하고, 예정에 대한 모든 성경적 교리를 송두리째 뽑아 버리고자 하는 합리주의적인 반칼빈주의 노선을 표방하는데서 비롯되었습니다.

이 분쟁은 멀지 않아서 화란의 개혁파 교회 전체에 미치는 분열을 초래하게 되었습니다. 알미니우스가 1609년에 죽자 그의 후계자인 에피스코피우스(Simon Episcopius)가 라이덴 대학에서 그의 뒤를 계승하였으며, 그의 추종들을 대표하는 대표자가 되었습니다. 이 사람들은 1610년에 다섯 조항으로 된 그들의 입장을 표방하였는데, Articuli Arniniani Sive Remonstrantiae란 이름을 얻게 되었습니다. 여기에 대하여 정통 개혁주의자들은 "반동 항의"(Counter Remonstrance)를 주장하고 드디어 저 유명한 돌트 총회를 개최하였습니다. 돌트 총회(The

Synod of Dort)는 유럽의 관문인 로텔담에서 남쪽으로 인접한 조그마한 도시인 도르트레흐트(Dordrecht)에서 열렸으며, 1618년 11월 13일부터 1619년 5월까지 계속되었습니다. 그동안 154회의 회기와 수많은 협의회가 열렸습니다. 84명으로 된 목사와 18명의 평신도 대표들은 모두 정통 개혁파 칼빈주의자였고, 영국, 독일, 스코틀랜드, 나시우, 동 프리슬란드(East Friesland), 드브레멘 등으로부터 온 외국 대표단들은 28명이었으며, 당시로서는 대규모 국제 회의였습니다.

여기서 알미니안파와 5개 조항은 정죄를 당하고, 칼빈주의 5개조 신조가 채택되었습니다. 그리고 여기서 채택된 칼빈주의 5개 조항을 요점으로 설명되어진 것이 '돌트 규정'입니다.

오늘 이 시간에 그 돌트 규정 전부를 설명할 수는 없고, 흔히 우리가 아는 5개조가 요점으로 되어 있습니다.

　즉, ① 인간의 전적부패(Total Depravity)
　　　② 무조건적 선택(Unconditional Election)
　　　③ 제한 속죄(Limited Atonement)
　　　④ 불가항력적 은혜(Irresistible Grace)
　　　⑤ 성도의 궁극적 구원과 보호(Perseverance and Preservatation of Saints)

등입니다. 돌트 규정은 각 항목에 대한 자세한 진리 해설과 이 진리와 다른 교리들의 오류에 대한 반박문이 첨가 되어 있습니다.

오늘날 우리의 문제는 이러한 조항들을 아무 감동 없이 하나의 옛날 문건으로만 취급하고 있습니다. 결국 돌트의 심장은 하나님의 '거저주시는 은총'의 진리를 성경대로 바로 깨달은 것입니다. 어거스틴(Augustine) 이후 1,200년 동안 이 하나님이 거저 주시는 은총의 교리를 바로 붙들지 않았다면 교회사의 방향은 다시 어둠의 골짜기로 빠질 뻔 했습니다. 돌트 규정은 죄인이 인간과 창조주로서의 하나님을 분명히 구분하고, 죄로 말미암아 어두워진 자기의 힘으론 어찌할 수 없는 인생을 오직 하나님께서 자기 영광을 위하여 주권적으로 하나님의 단독 사역으로 구원하신 은총의 교리입니다. 하나님의 긍휼과 자비가 없이는 인생은 아무것도 할 수 없습니다. 이 진리는 냉냉한 교리가 아니고, 가슴을 뜨겁게 하는 감격적인 진리입니다. 오직 은혜로만(Sola Gratia), 오직 믿음으로만(Sola Fide), 오직 성경으로만(Sola Scriptura), 오직 하나님께만 영광(Soli Deo Gloria) 등을 재확인한 것입니다.

확실히 정통 교회가 붙드는 진리 체계는 성경을 성경대로 바로 보는 놀라운 진리 임에도 불구하고, 이 진리를 바로 알지 못하는 그릇된 사상을 가진 기독교 집단이 따르는 노선을 아무 거리낌 없이 추종하거나, 마치 이러한 진리를 모르는 자처럼 행하는 것은 너무나 안타까운 일입니다. 어떻게 해서 지켜온 신리인데, 어떻게 싸워서 시켜온 진리인데, 하나의 죽은 문서로, 역사적 유물로 돌리려 합니까?

이제 우리 교회는 돌트의 심장인 하나님께서 주신 그 다섯 가지 은총의 교리를 다시 바로 붙들고 성경적인 기독교 운동의 위대한 거보를 내딛어서 우리 시대의 사명을 감당해야 될 줄로 믿습니다.

돌트 규정의 자세한 내용은 다른 기회에 말씀드리고, 또한 돌트 규정의 특별한 의미도 다음 장으로 미루어 보고 여기서는 의장 보겔만(Bogerman)의 활동을 잠시 살펴보겠습니다. 우리는 역사적으로 가장 중요한 시기에 하나님께서는 중요한 일꾼을 세워 역사의 방향을 바로 잡으신다는 하나님의 주권적 섭리를 믿습니다. 요한 칼빈이 깨달은 성경의 바른 진리가 반세기가 지나자 뿌리째 흔들리기 시작했을 때, 하나님께서는 이 요한네스 보겔만 목사를 세워 자기 시대의 사명을 감당하도록 하였습니다.

요한네스 보겔만은 신학자요, 목사로서 1576년 동 프리스란드의 아플베르트(Upleweret)에서 목사의 아들로 태어나 1637년 9월 11일 프라네커(Franeker)에서 죽었습니다. 그의 부친에게서 신학과 신앙의 감화를 받은 보겔만은 아버지의 권유를 받고, 소명을 느껴 1591년 5월 23일 Franker Academy에 입학하여 라틴어를 배우는 한편 드루시우스(Drusius)의 지도 아래 히브리 연구에 열렬한 학생이 되었습니다.

그 후 그는 직접 요한 칼빈이 세운 제네바 대학으로 가서 공부하였습니다. 이미 나이가 많은 데오도르 베자(Theodore Besa)에게서 개혁파 신학을 전수 받았습니다. 이 한 사람의 교육이 먼 훗날 개혁주의 신학과 신앙의 투사가 되리라고는 하나님 외에는 아무도 몰랐을 것입니다. 그 후에도 보겔만은 하이델베르그, 취리히, 로쟌, 올스포드, 캠브릿지를 돌면서 학문과 견문을 넓혔습니다.

1559년 여름 화란으로 돌아와서 목사 후보생이 되고 곧 스네크(Sneek)라는 곳의 개혁파 교회의 청빙을 받아 1559년 9월 23일 약관 23세의 나이 어린 목사로 장립 받았습니다. 열심 있고 다재다능했던 그는 지역에 있던 다른 두 교회까지 설교를 하므로 한꺼번에 세 교회를 봉사했습니다. 얼마 후에 그는 노회의 대표와 총회의 총대가 되었습니다. 그러던 중 1612년에 프라네커아카데미(Franeker Academy)의 신학 교수로 임명 받았으나, 목회와 총회의 형편으로 수락하지 않았습니다. 그 후의 일이지만 1633년에 다시 교수로 지명되었으나 그때는 성경 번역 사업에 주력하고 있었으므로 3년을 보류하고 나서야 교수직을 수락하고 취임했습니다. 그 후 9개월 후인 1637년 9월 11일에 서거했습니다.

요한네스 보겔만은 성공적인 목회자로서, 성경 번역 사업과 성경 신학자로서, 그리고 교수보다는, 가장 역사적으로 중요한 시기에 하나님의 진리 편에 서서 승리를 쟁취한 돌트 총회의 의장으로, 그는 칼빈주의 교회 역사에 길이 남을 인물입니다. 그렇기 때문에 칼빈주의자의 인물 계보를 엮은 사진첩에는 요한네스 보겔만을 칼빈 다음의 자리에 두었습니다.

때는 1618년에서 1619년 사이였습니다. 가장 어렵고 힘든 총회로 예상된 것이지만, 프리슬란드 지방 대회의 총대로 참석하여 총회장으로 당선되었습니다. 당시 제1부회장은 야콥 로렌즈(Jacof Rolands), 제2부회장은 헬만 파우켈리우스(Faukelius), 서기는 담만 누스(Sebastian Dammanus), 부서기는 홈니우스(Festus Hommius)였습니다. 총회의 의

장으로서 보겔만의 책무는 너무나 드라마틱하였습니다. 장장 6개월 동안 154회의 회의를 가졌습니다. 결국 주일을 빼고 하루도 빠지지 않고 회의를 거듭했습니다. 실로 초인적인 인내와 노력으로 지도자들을 인도하고, 깊은 확신 가운데 굳건하고 강력하게 이끌어 갔습니다. 진리를 거슬리는 항의자들(Remonstrants)의 이론을 꺾는데 명쾌한 논리를 전개하였습니다.

한슨(Maurice G. Hansen)이란 역사가는 그의 책(『The Reformed Church in the Netherlands』, 1884)에서 보겔만을 소개하면서 "그는 신체적으로나 정신적으로 괄목할 만한 사람이었다. 그는 좋은 풍채를 가졌는데 키는 컸고, 꼿꼿하였으며 이마는 높고 균형이 잘 잡힌 사람이었다. 그의 모습은 표현이 풍부했고, 그의 눈은 빛났고 날카로웠다. 멋진 턱수염이 어깨에 닿을 정도였고, 흥분했을 때는 그의 제스처나 목소리는 웅장하고 컸다"고 썼습니다. 항의자들의 교리를 꺾고 정통 교리를 바로 결정한 순간에 의장 보겔만은 마치 천둥소리처럼 큰 소리로 부르짖기를 "이제 우리는 인내와 친절과 동정과 사랑과 관용으로 의제를 취급했소. 여러분이 왔던 길로 가시오. 여러분은 거짓으로 시작했다가 거짓으로 끝맺었소. 총회로서는 이 논제를 더 취급할 수 없소. 떠나시오. 가시오"라는 불벼락이 떨어졌을 때, 항의자들은 벌떡 일어서서 떠났습니다. 실로 극적인 순간이었습니다.

보겔만 그는 평화를 사랑하는 자였고, 인내와 관용을 가졌으며, 감정을 잘 정리하는 사람이었습니다. 한 시대를 정리하는 큰 인물을 세워서 교회의 순결을 지켜가도록 하시는 하나님의 놀라운 섭리를 보게 됩니다. 이러한 지도자가 없었다면 애써 시작한 종교 개혁은 하마터면 불이 꺼질뻔 하였습니다.

3. 돌트 총회와 설교의 문제

이제 여기서는 돌트 총회를 전후한 사건 중에 설교 문제를 잠시 생각하려고 합니다. 많은 사람들은 생각하기를 돌트 총회는 신자들의 실생활과 별관계가 없는 신학적인 정의의 하나라고 생각하고 있습니다. 그러나 사실 돌트 총회의 결정은 복음의 핵심이요, 구원의 기초와 본질과 확신을 다루는 중대한 문제입니다. 구원이 하나님의 단독 사역인지? 또는 사람과 하나님의 협동적인 관계에서 이루어지는 것인지의 견해에 따라서 설교의 내용은 달라지는 것입니다. 결국 구원의 방도를 건전하게 설교하고 가르치기를 원하는 교회 안에서의 깊은 관심이 결국 돌트 총회를 모이게 한 깊은 이유 중의 하나입니다. 당시에 벨직 신경과 하이델베르그 요리문답을 주축으로 순수한 하나님의 말씀을 증거 하는 것이 목사의 의무였지만 문제의 발단은 알미니우스의 설교에서부터 시작되었습니다.

알미니우스는 롬 1장을 해석하면서 개혁주의는 실제로 선한 행위의 필요성을 부인한다고 하고, 죽음은 죄의 결과가 아니고 인간의 유한성에서부터 기인한다고 전제한 후 롬 7:14 이하를 가르치면서, 중생되지 못한 자연인도 자신의 영적 곤경을 올바로 인식하고 평가할 수 있다는 설교를 했습니다. 그리고 예정론을 주장하는 칼빈과 베자와 쟌키우스(Zanchius)를 비판하였고, 많은 젊은이들이 감염되어 갔습니다. 젊은이들의 지지를 받자 젊은이들을 유도했고, 정치적 권세에 원조를 청하여 도움을 받았습니다.

그래서 국가는 알미니우스를 보호하고, 목사로 우대하며 봉급을 지불하고 집회에서 설교시키고, 칼빈주의자들을 도시에서 추방했습니다. 차차 사람들은 알미니안주의자들의 설교와 칼빈주의자들의 설교가 무엇인지 깨닫기 시작했습니다. 어떤 사람들은 돌트 총회는 주로 예정 교리만 언급했다고 생각하는데, 이것은 돌트를 잘못 이해한 것입니다. 돌트 총회의 중요한 안건은 세 가지였습니다.

첫째, 교회 자체 내의 문제를 안건으로 다루고, 둘째는 알미니안주의와 칼빈주의 사이에 일어나 교리적 문제를 취급하고, 셋째는 설교에 대한 문제를 취급했습니다. 이것은 중요한 사실입니다. 왜냐하면 하나님의 말씀이 바로 선포되어야 개혁주의가 유지되기 때문입니다. 그것은 요한 칼빈이 그러했던 것처럼 돌트 총회는 이 문제를 심각하게 취급했습니다. 물론 '돌트 신경'은 설교에 대해서 정확한 언급을 하고 있지 않지만, 총회가 설교에 대한 원칙은 세웠습니다. 신경에 설교에 대한 언급이 없는 것은 이렇습니다. 기독교 진리가 예수 그리스도를 사랑하고 그를 봉사하는 모든 사람에게 인식되어져야 하고, 어느 곳에서든지 선포되어야 하는 것처럼, 기독교의 신조도 기독교 진리의 모든 영역을 포함해야 합니다.

그러나 신조가 하나님의 말씀 안에 계시된 모든 것을 역사적 상황에 있는 교회를 남김없이 다 적용하도록 강요하지는 않습니다. 그러기에 설교의 문제를 신경에 삽입치는 않았습니다. 그러나 포괄적으로 그 내용에 들어 있을 뿐 아니라, 돌트 총회에서 칼빈주의자들의 설교는 어떻게 해야 한다는 것을 지적했습니다. 총회는 건전한 성경적 선포로서 간주되는 것이 무엇인지를 다루고 비성경적인 알미니안 복음 선포를 비난했습니다. 개혁주의 강단에서는 알미니안주의를 불법으로 간주했습니다. 다음은 돌트에서 설교에 대한 몇 가지 언급을 살펴보겠습니다.

첫째, 설교의 중요성을 인간의 절망적인 상태를 전제로 하였습니다.

인간의 철저한 부패가 전제되지 않으면 설교의 의미는 없는 것입니다. 설교는 바로 이러한 인간을 향한 하나님의 말씀 선포입니다. 자연인으로서는 구원을 위한 아무것도 할 수 없기에 하나님의 거져주시는 은혜를 기다리게 됩니다.

둘째, 돌트 총회는 설교를 "은혜의 수단으로써의 설교"라고 말하고 있습니다.

설교는 타락한 인간을 하나님의 은혜의 메시지와 대면시키는 하나님의 능동적이고 유효한 행위입니다. 설교는 구원에 이르게 하기 위한 하나님께서 정하신 수단입니다. 설교는 하나님과 죄인인 인간을 만나도록 해주는 것입니다. 이러한 올바른 방법을 통해서 하나님은 일하십니다. 그래서 성령은 성경을 통해서 일하신다고 주장했습니다. 설교는 성령의 역사로만 유효합니다. 설교는 설교자가 행하는 것, 그 이상의 것입니다. 설교는 바로 하나님의 행위입니다. 성령께서 말씀을 통해서 일하시는데 설교자는 도구로 일할 뿐입니다. 로마 가톨릭은 성사(聖事)를 통해서 은혜를 받는다고 하나, 개혁교회는 설교를 통해서 은혜를 받습니다. 설교 이외의 방법으로 은혜를 주려고 하는 것을 우리 총회는 막아야 할 줄 압니다.

또한 돌트는 설교의 성격을 또한 "하나님과의 화목, 그리고 하나님에 의한 화목"임을 말하였습니다. 성경은 하나님이 원저자이므로 어떤 부분이든지 하나님의 구속의 은혜가 하나님과 세계를 화목시키는 하나님께 대한 한 사건입니다. 설교는 인간의 관찰과 변덕에 따라 성경을 여기 저기 사용하는 작업(hit and miss affair)일 수는 없습니다. 모든 설교의 중심은 그리스도 안에 나타난 하나님의 은혜의 사역이어야 합니다. 이것은 칼빈주의자와 알미니안주의 설교에서 판명납니다. 하나님과 화목시키는 것은 인간 자신이 아니라, 예수 그리스도 안에서의 사랑을 가지고 신앙의 관계로 회복시키는 것은 하나님 자신입니다.

셋째, 설교의 접근은 "거짓 없는 부르심으로써의 설교"로 봅니다.

개혁자들은 하나님의 주권을 강조하는 것과 마찬가지로 성경에서 가르치는 대로 인간의 책임을 강조합니다. 복음을 설교하는데서 하나님은 모든 사람을 부르십니다. 이 부르심에는 약속과 명령이 다 포함되어 있습니다. 이 부르심은 회개와 믿음을 촉구합니다. 그리스도와 함께 십자가에 못 박힘을 믿는 자는 누구든지 멸망치 않고 영생을 얻는다는 절대적인 복음의 약속은 모든 민족, 모든 족속에게 선포되어져야 합니다.

넷째, 설교의 목적은 "죄인을 구원하시는 하나님의 영광"이라고 합니다.

이 문제에 대해서 칼빈주의자와 알미니안 주의자들은 다 같이 인정하지만, 무엇이 그 영광의 만사를 구성하느냐 하는 데는 의견을 달리합니다. 개혁자들은 성경이 가는 곳까지 갑니다. 즉 "성경 말씀만(Sola Scriptura), 성경 전부(Ssriptura Tota)"를 증거 해야 합니다. 이제 우리는 칼빈주의를 확인한 역사적 돌트 총회가 하나의 교리적인 것만 아니고, 실제 강단의 문제를 다루었던 것은 새로운 발견이 아닐 수 없습니다.

4. 돌트 총회와 목회 사역에 대한 문제

어떤 목사는 돌트 규정은 잔혹하고, 냉엄하고, 전율마저 느끼게 하고, 칼빈주의자들이 믿는 하나님은 제왕적이고, 유기의 작정은 무시무시하다고 생각하고 있습니다. 이러한 교역자는 칼빈주의를 숙명론적으로 보며, 도덕적으로 게으르게 하고, 잘못된 보장을 주고, 선교를 도외시하며, 인간의 책임을 사장시킨다고 하면서 목회에서 칼빈주의적인 가르침을 외면하거나 고의로 반대합니다. 칼빈 대학의 팔머(E. Palmer) 교수는 지적하기를 "심지어 칼빈주의자라고 하는 목사들까지도 실제적으로는 알미니안주의자로 행하고 있음을 본다. 이러한 목사들은 돌트 총회가 성경적이었다고 믿으나 그 회의에서 결정된 사항들을 아주 모르기 때문에 마음대로 교훈을 왜곡한다"고 개탄했습니다.

그러므로 모든 목사는 목회 상담과 설교를 성경적으로 해야 할 것을 가르친다. 즉 Scriptura Sola와 Scriptura Tota를 바르게 실천해야 합니다. 목사들은 돌트 총회가 목회의 얼마나 귀중한 원칙을 제시해 주고 있는지를 배워야 하고 복음의 위로를 깨달아야 할 것입니다.

5. 돌트 신경에 포함된 선교 사역

사람들은 칼빈주의는 움직일 수 없는 하나님의 주권을 강조하기 때문에 칼빈주의는 선교에 무관하다는 오해가 많습니다. 그러나 이것은 얼마나 돌트 총회를 오해한 것입니까? 칼빈 신학교 교수 안태 후크마 (Hoekma) 박사는 "돌트 규정은 사람들이 하나님의 주권 아래 있다는 것 뿐 아니라, 그의 구원에 있어서 사람의 책임을 강조하고 있다"라고 말하였습니다. 선교는 돌트 총회의 규정에 제외된 것이 아니고 하나님의 주권적 사역을 통한 선교의 더 뜨거운 열정을 강조하고 있습니다. 하나님의 거져주시는 은혜의 사역을 믿지 아니하는 사람은 진정한 선교 운동가가 될 수 없습니다.

결론적으로 우리는 이제 돌트 총회의 의의와 칼빈주의 운동을 생각하였습니다. 이제 우리 교회와 총회는 정통적인 칼빈주의 신학과 신앙을 계승한 돌트 총회의 후신으로, 이 시대에 있어서 아시아에 대한 우리들의 사명을 감당해야 할 것입니다. 칼빈주의는 교리만 외우는 것이 아니라 명실공히 목회의 현장, 설교의 현장, 선교의 현장, 우리의 삶의 현장에서 하나님의 영광과 주권을 높이면서 오직 은혜로만, 오직 성령만으로, 오직 신앙만으로 사는 참된 신앙 운동을 실천해 가야 할 줄로 믿습니다. 돌트 총회의 보겔만 의장과 당시의 지도자들은 한 시대에 사명을 감당키 위하여 하나님의 음성을 바로 듣고, 바르게 살았습니다. 그것은 심장을 바쳐서 하나님을 사랑하고 진리를 지키는 일이었습니다. 아시아의 한 끝에 하나님께서 이렇게 정통 교회를 두셨는데, 우리 지도자들은 오늘 우리 시대의 삶의 한 가운데서 무엇을 어떻게 해야 합니까? 바른 교리와 성경 진리를 붙들고 그것을 성경대로 증거 하여 강단을 새롭게 정비하는 동시에 올바른 목회 방법과, 그리고 세계를 향한 선교 비전을 가져야 합니다. 그래서 참 목자상과 참 교회상을 정립해야 합니다.

우리는 오늘의 숫자적이고, 공간적인 성장에 만족하여 자기만족에 빠지지 말고, 우리 시대의 도전을 받으면서 우리를 하나님의 말씀으로 항상 개혁해서 교회를 교회되게, 진리 파수에 총력을 기울여야 할 것입니다. 사람이 새로워지기 전에는 공동체가 새로워질 수 없습니다.

아멘.

A Vision of Reformed Church

의(義)의 설교자
노아

14

1. 노아는 개혁주의 설교자
2. 노아 시대의 도덕적 타락
3. 노아의 삶으로써의 설교
1) 성공을 물량에 두지 말라
2) 강단을 정비하자

14

의(義)의 설교자 노아

*1979년 5월 3일 승동교회당에서 제18회 '전국 목사·장로 기도회'

최근에 저는 20세기 초에 성경 사전 편집의 왕이라고 불렀던 영국의 제임스 헤스팅스(J. Hastings)의 『성경의 위대한 사람들』(The Great Men and Women of the Bible)이란 책에서 "노아"란 제목을 읽고 새로운 사실을 발견하였습니다. 베드로 사도는 벧후 2:5에서 노아를 가리켜 '의(義)를 선포한 노아'라고 지적하였습니다. 물론 영문 표현과 헬라어 표현은 "의의 설교자로서의 노아"라고 되어 있습니다. 그래서 이 시간에 노아의 생애와 사상의 전부를 다 생각할 수는 없고, 다만 '설교자로서의 노아'를 깊이 연구해 보면서 우리의 갈 길을 모색해 보려고 합니다. 헤스팅의 이론을 따라서 몇 가지를 먼저 말씀 드리겠습니다. 설교자로서의 노아는 다음과 같이 말할 수 있습니다.

1. 노아의 설교는 개혁자적인 설교였다는 것입니다.

노아의 의는 자신의 의가 아니고, 하나님의 은혜로 말미암은 의이며 믿음의 의입니다(히 11:7). 의가 없던 패역한 세대에 하나님의 의를 증거 한 것은 개혁이며, 도전이 아닐 수 없습니다. 그가 의롭다는 표현은 하나님과 동행했기 때문입니다.

"Walking with God, Walking before God"(창 6:9) 등의 영문 표현도 그는 하나님을 두려워함으로 움직였다는 것입니다. 하나님과 동행했다는 구약의 말씀을 히브리서 기자는 "믿음"이란 말로 해석했습니다. 노아는 에녹보다 오히려 군중들 속에서 살면서 120여 년 동안의 창구한 세월에 걸쳐 개혁을 시도했습니다. 그는 아직 보지 못한 것을 경고하면서 살았습니다. 노아는 하나님 앞에서 하나님과 더불어 살면서 하나님의 의를 증거 하며 하나님께 가까이 나아가려 했었다고 말씀드리고 싶습니다. 패역하고 사악한 세상 가운데 살면서 하나님과 동행하고, 하나님의 의를 증거 하는 것은 개혁자적인 자세입니다.

2. 당시의 도덕은 나날이 타락하고 세상은 엄청나게 악했습니다.

그러나 주변의 정황 때문에 노아는 실망하거나 그가 하던 설교의 형태를 바꾸지는 않았습니다. 120여 년 동안 설교를 했지만 열매가 없었습니다. 열매가 없어도 그것 때문에 낙심하지 않았습니다. 기대했던 만큼 성과를 얻지 못했을 때 설교자의 안타까움이란 어떤 것인지를 오늘날 우리들도 짐작할 수 있을 것입니다. 조금 후에 말씀 드리겠습니다만 오랜 세월동안 설교를 했으나 열매가 없을 때 낙심하게 됩니다. 그래서 대개의 설교자는 그의 설교의 내용을 대중이 즐거워하고 환호하는 설교로 바꾸게 됩니다. 바로 이것이 목회자들이 빠지기 쉬운 함정이요, 시험입니다.

3. 노아는 설교는 말로만 설교를 한 것이 아니라 그의 삶 자체가 설교였습니다.

즉 노아는 행동으로 설교했습니다. 하나님으로부터 방주를 지으라는 명령을 받고 순종하고 실천에 옮겼습니다. 노아가 사용한 그 망치의 소리는 극도로 부패하고 죄악된 사람들에게 하나님의 임박한 진노를 경고하는 것이었습니다. 그는 진실한 설교자였습니다. 신약과 구약, 그리고 교회사의 큰 설교자들 모두가 이런 유형의 설교자였습니다. 말로 설교하기는 쉽지만, 행동으로까지 설교하기는 어려운 것입니다.

그런데 여기에서 한 가지 문제점을 제시해 보려고 합니다. 노아는 그렇게 개혁자적인 설교를 하였고, 나날이 타락해 가는 정황 속에서도 낙심치 않고 설교하였고, 그의 설교는 말로만의 설교가 아니고, 그의 삶 전체가 설교였는데, 그렇다면 과연 그는 설교자로서 두드러지게 성공을 했는가? 하는 문제입니다. 여러분은 어떻게 대답을 하시겠습니까? 아마 어떤 분은 그래도 성공을 했다고 하시겠고, 어떤 분은 성공을 못했다고 할 것입니다. 사실 그는 120여 년 동안 설교하면서도 자기의 여덟 식구 외에는 아무도 하나님 앞으로 이끌지 못했습니다. 이렇게 두고 볼 때, 그는 설교자로서 성공을 못했다고 평가를 내릴 것입니다. 왜 그렇습니까? 그의 설교의 내용이 하나님의 의를 증거 하는 설교였기 때문입니까?

그렇습니다. 한 평생 그의 설교는 하나님의 의를 힘 있게 증거 했습니다. 그럼에도 청중들은 하나님의 공의에 대한 설교에 관심이 없었습니다. 예수 그리스도께서도 말씀하신 것처럼 사람이 자기 행위가 악하므로 빛으로 가까이 나오지 아니한 것입니다. 그의 설교는 대중들에게 유명하지도 않았고 주목받지도 못했습니다. 다만 하나님의 의와 하나님의 뜻을 증거 했을 따름입니다. 가령 노아가 의를 설교하지 않고, 다른 종류의 것들 즉 논쟁적인 설교(Polemical Preaching), 변증적인 설교(Apologetical Preaching), 역사적, 전기적 설교 등, 대중들이 환호하고 아멘으로 화답하는, 소위 부담 없고, 거부 반응이 없고, 아무의 마음도 상하지 아니하는 설교를 했더라면 아마 그 당시의 사람들은 노아를 환영하였을지 모릅니다. 그러나 노아의 설교는 120여 년 동안 의의 설교(The Preaching of Righteousness)와 회개의 설교(The Preaching of Repentance)와 개혁의 설교(The Preaching of Reformation)를 했으므로 사람들은 그의 설교를 들으려 하지 않았다고 볼 수 있습니다.

노아의 설교는 별로 열매가 없고, 대중들의 박수갈채를 받지 못했습니다. 그러나 요즘으로 말하면 시골 교회에서의 목회는 별로 성공은 못했지만, 방법은 옳다고 하는 표현과 같다 할 것입니다. 노아의 방법은 역시 옳았고, 그의 방법은 신약과 구약의 중심 사상의 메시지의 정곡을 찔렀으며, 노아는 그 시대의 자기의 사명을 감당한 참으로 귀한 설교자이며, 성공한 설교자입니다. 그래서 사도 베드로는 벧후 2:5절에서 '의(義)의 설교자로서의 노아'를 부각시키고 있습니다. 베드로가 일하던 당시는, 거짓 스승과 이단이 교회를 어지럽히고, 거짓 교사가 난무하고 있었기에, 진정한 주의 종, 설교자로서의 모델을 노아에게서 찾으려 했던 것입니다.

계속해서 '의(義)의 설교자 노아'에 대해서 생각해 보겠습니다.

첫째로, 우리는 성공을 너무도 물량적인데 두고 있는 것 같습니다.

한국 교회의 지난 날 역사는 하나님이 인도했습니다. 한국 교회 부흥과 발전을 주신 것은 누구의 공로가 아니라, 전적으로 하나님의 은혜입니다. 우리는 교회의 성장을 조금이라도 늦추어서는 안 됩니다. 이 시기는 우리에게는 가장 중요한 시기입니다. 그런데 언제부터인가 우리는 교인 숫자와 교회 건물의 대지 평수를 목회의 성공의 표준으로 삼게 되었습니다. 또한 대중들이 좋아하는 축복과 자비만을 선포하고 대중이 환호하는 부담이 가지 않는 것만을 선포하게 되었습니다. 그리스도의 피로 말미암아 세워진 교회는 하나님의 구속 사역과 하나님의 의와 진리가 선포되어야 함에도 불구하고, 기복 종교로 전락해 가고 있습니다. 그래서 한국 교회 성도들은 그리스도께서 또한 바울 사도가 그렇게도 애절하게 외쳤던 '복음과 함께 고난을 받으라'는 일에는 무관심해져 버렸습니다. 예수 때문에 축복받고, 예수 때문에 출세하고, 예수 때문에 높임 받기는 원하지만, 예수 때문에 가슴을 도려내는 아픔을 당할 자가 없고, 서로가 짐을 지려고도 하지 않습니다. 그렇게 한국 교회는 이기주의적인 종교로 급변해가고 있을 뿐입니다.

막 10:35에 예수님의 제자들이 세베대의 두 아들 야고보와 요한이 와서 "선생님이여 무엇이든지 우리가 구하는 바를 우리에게 하여 주시기를 원하옵나이다"라고 했습니다. 저들은 자기들이 원하는 것은 무엇이든지 소원 성취해 주시기를 기뻐하시는 예수로 말미암아 영광 받기를 원했습니다. 이에 예수님은 "내가 마시는 잔을 너희가 마실 수 있으며 내가 받는 세례를 너희가 받을 수 있느냐"라고 오히려 저들에게 반문하셨습니다.

제자들이 원하는 종교는 '축복의 종교'였습니다. 이방인들에게서 흔히 볼 수 있는 이기주의적 종교요, 휴머니즘(Humanism)의 종교요, 소원성취의 종교요, 자기만족의 종교입니다. 그러나 예수님께서 주신 것은 '아픔의 종교'요, '십자가의 종교'입니다. 만약 세베대의 두 아들이 요구하는 종교에 예수님이 허락을 하시고, 그들의 환영에 대답했다면, 수많은 사람들이 그를 추종하고 따랐을 것입니다. 그러나 예수님은 대중에게 아부하지 않았습니다. 결국 예수는 마지막에 자신의 십자가를 홀로 지셨습니다. 많은 사람들은 예수를 실패자로 생각했을 것입니다(세례 요한도 그랬습니다). 그러나 예수님은 부활하시고 승리하셨습니다. 하나님의 뜻을 이루고 우리의 구속을 완성하셨습니다.

이제 우리는 지난 1세기를 회고해 봅시다. 우리의 자만과 아집을 버리고 고요히 옷깃을 여미고 주님의 발 앞에 엎드려 봅시다. 주님의 뜻을 이루는 것보다, 하나님의 의를 선포하는 것보다, 사람들이 좋아하고 환호하는 부담 없이 부흥해 가며 "우리의 원하는 것은 무엇이든지 이루어 주기기를 원하나이다" 하면서 오늘에까지 이르지 아니했는지를 생각해 봅시다.

오늘날 교인들은 목사가 설교하는 것보다 영화배우나 코미디언이 간증하는 것에 더 큰 관심과 흥미를 갖습니다. 로이드 존스(Martin. LIoyd-Jones) 목사는 "설교가 약해질 때 결국 다른 것을 꾸미게 된다"라고 말했습니다. 이것은 한국뿐 아니라 미국 등지에도 일어나는 일로써 강단이 사양길에 들어가는 증거라고 말합니다. 예배 형식은 다른 일로 복잡해지고, 설교의 시간은 자꾸 줄어들고, 사람들은 설교 이외의 것으로 만족을 얻으려 하고 있습니다.

짧기만 하면 현대 설교입니까?
독일 교회 한 예배당 앞에는 '금일의 설교는 전부 30분만 할 것'이라고 써 붙였지만 사람들은 별로 오지 않았습니다.

우리는 밖에서 들어오는 세속주의보다, 안에서 일어나고 있는 세속주의를 조심해야 합니다. 말씀이 약해지면 세속주의가 교회 안에 일어나고, 세속주의가 교회 안에 들어오면 형식 종교로 전락해 버립니다. 사람들은 하나님의 구속사의 의미를 설교로 듣기보다, 사람들의 경험이 간증되는 것을 듣기 원합니다.

둘째로, 우리 교회는 강단을 정비할 때가 왔습니다.

개혁주의 교회가 강력한 힘을 보유하고 있었던 것은 교리의 우수성 때문만이 아니고, 설교로써 분명히 하나님의 말씀이 선포되었기 때문입니다. 요한 칼빈은 신학자요, 교회 정치가였을 뿐 아니라, 그는 하나님의 말씀을 바로 증거 하는 위대한 설교자였습니다.

종교 개혁은 바로 '설교의 개혁'이었습니다. '개혁은 항상 강단에서 시작'됩니다. 설교는 개혁교회의 시작이요 끝입니다. 그러므로 우리는 교리만이 칼빈주의적인 입장을 가져서는 안 됩니다. 설교도 칼빈주의적이어야 합니다.

우리는 지금부터 우리 칼빈주의 교회가 교리만 칼빈주의 교리를 붙들고, 설교는 루터주의적으로, 알미니안주의적으로 해서는 안 됩니다. 지금 우리는 말로만 칼빈주의 교회인 것 같습니다. 한국 교회의 강단은 구원론만 선포되고, '하나님의 주권'에 대한 것은 생략되어 버렸습니다. 또한 한국 교회는 어느 새 이원론적 사상으로 전락해 가고 있습니다. 구원과 삶 전체에서 하나님의 주권을 보지 못하고, 이원론적인 사색에 빠져 있습니다. 일찍이 헤르만 바빙크(Herman Bavink) 박사는 "신학과 신앙, 교회와 신앙은 따로 떼어서 생각할 수 없다"고 했습니다. 그러므로 신앙은 신앙대로, 생활은 생활대로 있는 것은 개혁주의적이 아닙니다. 최근에 교회 밖에서 일어난 운동(OCM)의 성경 공부와 주제는 순전히 루터적인 방법이었습니다. 물론 훌륭한 성경 공부 운동입니다. 그러나 하나님의 나라와 주권을 함께 보아야 할 것입니다.

오늘날 사람들은 비형식적인 것을 좋아합니다. 즉 설교를 부인하는 시대에 우리는 살고 있습니다. 창 22장에 아브라함의 영웅적인 순종의 신앙은 말하면서도, 하나님이 준비하신 여호와 이레, 하나님의 구원 운동의 단독 사역에 대해서는 잊어버리고 있습니다. 요나를 말하면서 물고기 뱃 속에 들어간 사실에만 관심을 기울이고, 다시스로 가려는 요나의 걸음을 차단하고, 요나의 계획보다 하나님의 계획의 치밀함과 하나님의 섭리적 주권은 지나쳐 버리고 있습니다.

모세의 개인적이고 영웅적인 출애굽은 말하면서도, 그것이 하나님의 약속의 성취라는 사실은 잊어버리고 있는 것이 우리들입니다. 신약과 구약을 통한 하나님의 계시와 언약의 큰 줄기를 놓쳐서는 안 됩니다.

강단에서 실패하면, 교회의 부흥은 무디어집니다. 강단에 세속주의가 들어오면 아무 것으로도 막을 수가 없습니다. 그러므로 강단은 영적 전쟁의 최후의 보루입니다.

저는 최근에 고 명신홍 박사의 유작 노트를 보는 가운데 챨스 다간의 말을 인용하면서 그는 '설교사가 곧 교회사다'라는 기록을 보고 놀랐습니다. 확실히 그는 잘 보았습니다.

랍비들은 구약 성경을 말하는 대신, 율법의 진리와 이사야와 예레미야의 눈물의 설교를 듣는 대신, 저들은 대중과 연합하여 탈무드와 미슈나를 강해했습니다. 그것은 결국 회당을 병들고 망하게 하고 말았습니다. 콘스탄틴 대제 이후의 교회 발전도 말씀 때문이 아니고 정치 때문이었습니다.

어거스틴과 크리소스톰 이 두 사람을 기점으로 해서 절정을 이룬 초대 교회의 설교 운동은 오리겐에서부터 시작하여 1천 2백년 세월을 내려오면서 차츰 어두운 종교로 타락하여 버렸습니다. 더구나 성경 말씀을 순종하며 사는 사람들까지 잡아 죽이는데 이르렀습니다. 이로 인해 중세 교회는 하나님의 말씀이 없는 시대가 되고 말았습니다.

종교 개혁 때 요한 칼빈은 설교를 개혁했습니다. 말씀 설교로 사람을 죄악에서 건졌습니다. 그러나 1세기가 지나서 계몽주의 사상으로 말미암아 유럽의 목사들은 대중에게 영합하여 아부하는 설교를 하였습니다. 이것은 19세기 말까지 어두운 그림자였습니다. 구자유주의 운동으로 교회는 하나님께 점점 멀어지고 세속화되어 힘을 잃었던 것입니다.

결론적으로 말씀드리겠습니다.

저는 매번 이런 말씀을 했습니다. 전통이 교리가 되어서는 안 된다고 말했습니다. 누구의 성공 사례가 교리가 되어서도 안 됩니다. 오순절 성령의 운동은 바로 '설교 운동'으로 번졌습니다. 그러므로 '칼빈주의적 강단을 회복'합시다. 우리는 오순절 사건도 귀하지만, 그로 말미암은 설교 운동도 귀히 봐야 합니다. "오직 성경으로"(Sola Scriptura)는 오늘 교회가 당면한 문제입니다.

이제 우리 교회는 어디로 가야 합니까? 강단에서부터 진정한 개혁 교회로 만들어 봅시다. 새로운 세기를 바라보는 우리는 세계가 한국을 기다리고 있음을 잊지 맙시다. 위대한 새 역사를 만드는데 낙오자가 있어서는 안 됩니다. 우리 한국 교회를 하나님이 더욱 사랑하실 줄 믿습니다. 강단에서 하나님의 주권을 회복합시다. 칼빈주의적 강단을 만들어야 합니다. 참으로 교회가 살려면 성경으로 돌아가야 합니다.

여러 목사님들!
의(義)의 설교를 한다고 아무도 나를 알아주지 않는다고 낙심하실 필요가 없습니다. 그것은 우리의 사명입니다. 대중들의 귀를 즐겁게 하기 위해 하나님의 말씀을 약화시켜서는 안 됩니다. 주님의 제단에 피를 쏟고, 나 홀로가 된다 해도, 우리는 생명을 다해서 의(義)의 설교, 개혁의 설교, 회개의 설교를 외쳐야 합니다.

주의 종을 받드시는 장로님 여러분!
부흥의 속도가 느리더라도 주의 종 목사님들이 의의 설교자로 남도록 도와주십시오.

이제 우리 교단은 지나간 한국 교회의 역사를 자랑만 할 것이 아닙니다. 우리의 과제는 앞으로 다가오는 미래의 2천 년대입니다. 한국 교회가 바로 되는가, 아니 되는가는 지금 우리가 강단을 바로 정비하는지 여하에 달려 있다고 봅니다. 이 한반도 한 모퉁이에, 하나님께서 이 시대에 하나님의 말씀과 진리를 파수하는 파수꾼의 사명을 지닌 우리 교회를 두셨습니다. 세계 교회에 세속화의 탁류가 엄습해 오는 이 절박한 시기에, 우리 교회는 안팎으로 도전해 오는 세속주의와 이단과 비진리 운동을 막고, 진리 파수에 총력을 집중해야 합니다.

또한 강단에서 사람에게 흥미와 만족을 주는 것보다, 여호와 하나님의 주권을 바로 선포해야 합니다. 진리를 더욱 힘 있게 증거 해야 합니다. 하나님의 의(義)를 힘껏 외쳐야 합니다.

A Vision of Reformed Church

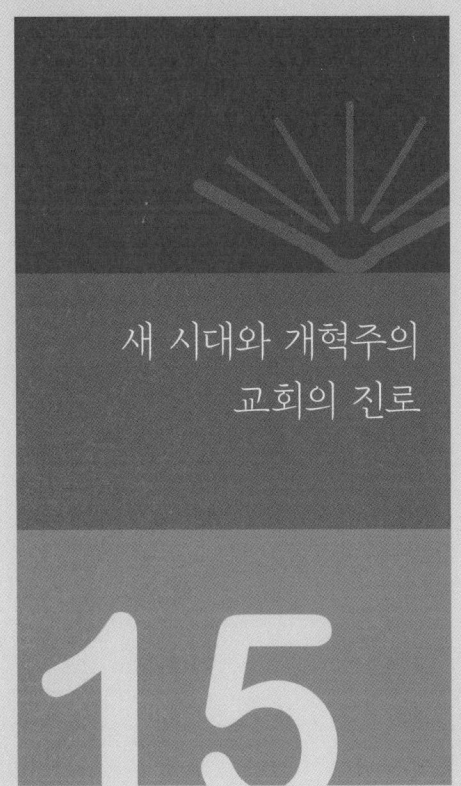

새 시대와 개혁주의
교회의 진로

15

1. 새 시대의 도전과 격랑(激浪)
2. 오늘의 세계와 교회의 문제점
3. 개혁주의 교회는 어디로 가야 하나?

15

새 시대와 개혁주의 교회의 진로

*1980년 5월 8일 충현교회당에서 제17회 '전국 목사·장로 기도회'

교회의 지도자 여러분! 전국 각 지 교회를 맡아서 수고하시는 선배 동역자 여러분! 그리고 주의 종들을 모시고 몸된 교회를 위해서 헌신 봉사하시는 장로님 여러분!

우리는 지금 그 어느 때보다 더 많은 문제점을 가지고 하나님 앞에 모두 모였습니다. 이번 기회는 장차 교회로서의 상처와 아픔을 딛고, 금후의 우리 교회가 나아갈 이정표를 만들고, 하나님과 역사 앞에 부끄러움 없는 교회로써, 그리고 교회의 순결을 지키면서도 하나님께서 우리에게 주신 2,000년 대를 향한 새로운 선교의 꿈을 키워 나갈 시기입니다. 이러한 중요한 시기에 총회가 부족한 저에게 "새 시대와 개혁주의 교회의 나아갈 길"에 대한 기조연설을 할 수 있도록 맡겨 주신 것을 매우 기쁘게 생각합니다. 그래서 오늘 저는 이 강연에서 주로 세 가지를 요점적으로 말씀드리겠습니다.

첫째는, 새 시대의 도전과 격랑(激浪)
둘째는, 오늘의 세계와 교회의 문제성
셋째는, 개혁주의 교회는 어디로 가야 하나?
이렇게 말씀 드리려고 합니다.

1. 새 시대의 도전과 격랑(激浪)

수년 전부터 우리는 대망의 이천 년대라는 말을 많이 써 왔습니다. 사람이 소망을 가지고 사는 것은 귀한 일이지만, 마치 이천 년대가 되면 사람이 만들어 놓은 모든 정책과 꿈이 자동적으로 성취될 것이라는 지극히 낙관주의적인 자기 안일에 빠져 있었습니다. 그런데 이러한 낙관주의적 견해가 곧 잘못되었음이 드러났습니다. 물량적인 어떤 것이 충족되면 자연히 이 땅에 유토피아가 온다고 생각한 것은 확실히 전세기적인 낙관주의 철학이 아닐 수 없습니다.

화란의 저명한 공학자요, 칼빈주의 철학자인 반 리센(Hendrik Van Rissen) 박사는 벌써 50년 전에 그의 걸작인 『미래와 사회』(De Maatschappeij der Tedkomst)란 책에서 이미 이런 문제를 통렬히 비판하였습니다. 그는 주장하기를 "만약 이 땅에 참된 유토피아가 있다면 그것은 나사렛 예수께서 십자가를 지신 골고다 언덕을 통과해서만 이루어진다"고 했습니다. 그의 말은 옳은 말입니다. 예수 그리스도 없이,

자본이 고루 분배되고 지금까지의 기성 윤리가 구조적 변화를 가져오면 유토피아가 올 것이라는 생각은 지극히 전세기적인 낙관주의 철학입니다. 그런데 사실상 낙관주의 사상은 오늘날 세계 도처에 여러 모양으로 나타나고 있습니다.

지금 세계는 변화의 와중에 있습니다. 그야말로 지금 우리는 역사의 현장을 살아가고 있습니다. 한 시대의 파도는 너무 격해서 가히 우리의 내일을 예측할 수 없는 형편입니다. 19세기가 그러했던 것처럼 기독교 안에서의 조직적인 배교(背敎) 운동으로 말미암아 정통 교회는 수난을 겪고 있습니다. 앞으로는 개혁주의자들의 수난 시대가 올 것입니다. 아니 참된 여호와의 종교는 항상 고난 중에 견디어 온 것도 사실입니다. 위대한 선교 신학자 벨까일(J. Verkuyl) 박사는 최근에, 오늘날 우리 시대를 가리켜서, "우리는 제2의 계몽주의를 경험하고 있다"(We are now experiencing a second enlightenment)라고 의미 있는 말을 했습니다. 그는 다음과 같은 요지로 이것을 설명하였습니다.

이른바 제1계몽주의(啓蒙主義)는 18세기에 충격적인 것이었습니다. 당시의 합리주의자 데카르트, 낭만주의자 루소, 불가지론자인 데이비드 흄, 칸트, 꽁트, 자유 철학자 로크(Locke) 등의 사상은 그 후 세대 사람들에게 거센 돌풍을 일으켰습니다. 그래서 이런 계몽주의 사상들은 그때까지 전통 사상, 전통적 기준, 전통적 형식, 전통적 구조를 근원적으로 흔들어 놓았습니다. 실로 그것은 도전이며 충격이었습니다. 그러한 사상은 결국 인간의 자율주의(自律主義, Autonomy)를 우상화하게 되었습니다. 이런 판국에 무신론과 불가지론이 하나님과 성경, 그리고 도덕을 대신했고, 진리나 비진리를 구분하는 표준으로 아무 것도 없게 되었습니다.

이런 충격파로 교회는 자기 본연의 자세를 잃고, 계몽주의 사상을 그대로 받아들이고, 시대 사상에 아부함으로 이른바 스스로 자유주의 신학을 만들어냈습니다. 강단을 맡은 목사들은 이러한 시대의 흐름에 민감하게 받아들여 교인들에게 먹혀 들어가는 말을 하고, 인기를 얻으려고 사실 강단에서 계몽주의가 먼저 선전되어졌고, 그것을 신학적으로 합리화하기 시작했습니다. 진리의 최후의 보루인 강단에서 하나님의 진리 대신 자율주의 사상이 깊이 침투되었으니, 사회의 다른 부분은 말할 것이 무엇이 있겠습니까? 이러한 사상적인 흐름은 사회적으로 충격의 소용돌이 속에 있게 했습니다. 당시의 젊은이들의 구호는 다음과 같았습니다. "No Master, No God", 즉 주인도 없고, 하나님도 없다. "주인도 없애고 하나님도 없애라!"는 구호가 유럽 전역에서 외쳐지고 있었습니다. 이것이 바로 계몽주의 사상이 낳은 비참한 결과였습니다. 그 당시는 정통 교회가 수난을 당하던 시대였습니다. 당시 기독교에 대한 핍박은 16세기처럼 로마 가톨릭에서 온 것이 아니었습니다. 그것은 구교나 신교나 할 것 없이 자유주의와 세속주의 사상으로 물들어진 배교 사상이 도리어 복음적인 기독교를 괴롭히던 때였습니다. 인간의 자율주의 사상을 우상화한 계몽주의 사상의 결과는 어찌 되었습니까?

서구 세계는 계몽주의 시대에 프랑스 혁명을 기점으로 해서, 모든 구체적 활동에서 반기독교적 운동이 판을 치고 있었습니다. 계몽주의 사상은 젊은이들에게 인기 있고 매력적인 것이었습니다. 세상은 온통 혁명과 전쟁, 세계적인 불안정으로 흥분하였지만, 이른바 계몽주의자들이 말하는 이상향적(理想鄕的) 관념론은 도처에 파멸과 불행을 초래했음이 입증되었습니다. 즉 1789년 프랑스 혁명과 나폴레옹의 제국주의 시행, 1812년의 러시아 원정, 같은 해 영미 전쟁, 1830년에는 신구교 문제로 화란에서 벨지움이 독립해 가고, 동시에 그리스와 폴란드 혁명이 일어나고, 1848-1849년 한 해 동안 프랑스와 독일, 오스트리아, 헝가리에 계속 혁명이 일어났습니다. 1861-1865년 미국의 남북 전쟁, 1870년 보불 전쟁으로 충격을 받은 유럽은 정신적인 방황기에 있었습니다. 그러한 와중에 사상적으로 공리주의, 과학적 사회주의, 낭만주의, 공산주의, 다윈의 진화론, 니체의 허무주의, 키엘케고르의 실존주의, 산업 혁명, 사회 혁명 등이 일어났습니다. 진보적임을 표방하는 목사들이나 신학자들은 칸트주의를 신봉하기 시작하였으며, 이런 사상들을 쉽게 성경 진리와 혼합하여 버렸습니다. 결국 인간의 자율주의에 바탕을 둔 계몽주의와 자유 사상은 브레이크가 파열된 자동차처럼 걷잡을 수 없는 혁명과 파괴만을 남겼습니다.

그런데 사실 이런 절망적인 상황에서도 한편에서는, 그러한 계몽주의 사상의 흐름을 거슬러 올라가서 대각성 운동(Great Awakening)이 미국, 영국, 서유럽에 불붙었으며, 내지 선교와 외지 선교의 열풍이 불었습니다. 화란에서는 흐룬 봔 프린스터(Groen Van Princetere)를 중심하여 개혁주의 사상을 다시 일깨웠습니다. 즉 그것은 성경만이 인간의 삶의 표준이며 그 말씀을 따라서 하나님의 주권을 높여야 됨을 주장하게 되었습니다. 계몽주의 시기는 결국 성경적인 복음 선포와 인간의 자율주의의 자유의 메시지가 동시에 일어났던 충격적인 시기였습니다. 하지만 하나님의 말씀을 파수하는 교회와 성도들은 너무나 적어서 참으로 정통 교회의 생명은 그리 길지 않다고 생각들을 했습니다.

그런데 오늘날 우리는 제2의 계몽주의 시대를 경험하고 있습니다. 지금 이 시기는 자연 과학의 급속한 발달, IT산업 기술의 발달, PC의 발달로 인터넷 정보의 홍수가 쏟아지고 있습니다. 그러면서도 정치적, 사회적 불안, 인구 팽창, 환경 오염 등등의 문제로 사람들의 의식 구조는 급격히 변해가고 있습니다. 오늘날 우리 주변에는 "자율"이란 말을 떡 먹듯이 헤프게 쓰고 있습니다. 자율주의는 너무나 매력적인 말입니다. 그것은 에덴동산에서 처음으로 던져진, 사람을 몽롱하게 할 만큼 설득력 있는 말입니다. 하기는 우리 같은 정황에서 위로부터 압력을 배제하고 자기의 것을 자기 스스로 결단한다는 의지일 것입니다. 그러나 자율주의는 거기에 그치는 것이 아니고, 하나님도, 주인도, 스승도 없애버리는 것입니다. 어쩌면 오늘날의 사상과 구호가 제1계몽주의 시대의 그것과 똑 같습니다. 오늘날 하나님과 진리를 부인하는 사람이 영웅 대우를 받던 제1계몽주의 시대와 너무나 닮았습니다. 그 결과는 어찌 되어가고 있습니까? 제3세계는 혁명과 내란과 난동이 끝날 날이 없고, 전통적 서구 사회는 이제 밑바닥까지 흔들리고, 모든 권위와 도덕은 서서히 붕괴되어 가고 있습니다.

제1계몽주의의 시대는 약 2세기 동안 교회에 영향을 끼쳐 왔으나, 제2계몽주의 시대는 불과 30년 안에 세계를 뒤흔들어 놓았습니다. 제

1계몽주의 시대와 제2계몽주의 시대의 차이점은 무엇입니까? 전자는 오직 유럽에만 한했으나 후자는 전 세계가 도처에서 경험하고 있습니다. 제1계몽주의 시대는 갈릴레오나 뉴톤 같은 사람의 영향으로 과격히 변했고, 그것은 당시 사람들의 삶의 전 영역에 비치는 것이었습니다. 그런데 오늘날 제2계몽 시대는 대중 매체(mass media)로 말미암아 너무나 급속히 변화되어 가고 있습니다. 이제 우주 이론뿐 아니고 동물 세계나 인간의 발전론도 변하고 있습니다. 화란의 철학자 반 퍼슨(Van Person) 박사는 "이제는 우리의 삶의 양식의 변함으로 의식 구조가 변하고, 사상과 경험의 세계가 변하고 있다"고 했습니다.

그래서 신관(神觀)이 변해서 하나님의 죽음의 신학이 나왔습니다. 그래서 절대 진리와 절대 종교를 믿지 않고, 상대적 종교와 상대적 진리를 말하게 되었습니다. 이른바 종교 다원주의(宗敎多元主義, Religious Pluralism)가 일어났습니다. 그래서 진보적인 사람들은 재빨리 이런 시대적 정황을 그들의 신학과 신앙에 적용시켰습니다. 이제 사람들은 하나님이 어떻게 세속화된 곳에서 일하시는가를 묻게 되었습니다. 우리는 지금 이런 변화의 와중에 있습니다. 그러면 오늘 우리 교회는 어디로 가고 있으며, 교회와 신학의 문제성은 무엇입니까? 다음 제목에서 우리는 진지하게 물어 보려고 합니다.

2. 오늘의 세계와 교회의 문제점

교회의 지도자 여러분!
앞서 말한 제2계몽주의 시대의 도전과 파도는 바로 신학적인 문제와 직결되어 있다는 사실입니다. 앞서 말씀 드린 대로 우리는 18세기, 19세기가 경험했던 200년을 단 20년에 경험하게 되었습니다. 그러면 오늘날 우리 주변에서 일어나는 신학적인 문제는 무엇이며, 또 우리 교회의 성장에서 일어나는 문제는 또한 무엇입니까?

우선 신학적인 흐름부터 말해 봅시다. 1960년대의 말과 1970년대 초엽서부터 일어난 WCC 안에 일어난 것은 에큐메니칼 신학, 특히 하나님의 선교(Missio Dei) 신학이라고 특징지을 수 있겠습니다. 즉 이 말의 원천지를 따져 올라가면 13세기의 탁발 승려들이 쓰던 고전 가톨릭 용어입니다만 하나님께서 선교에 직접 참여하신다는 것입니다. 이 신학의 논법은 하나님께서 당신이 세우신 교회를 통해서 세상에서 복음 증거 하는 것은 낡은 구조라고 통박하고, 그와 반대로 하나님께서는 교회와 관계없이 세상을 통해서 직접 일하는데, 교회는 세상을 봉사하는 일에만 그쳐야 한다는 이론입니다. 바로 이런 논리가 교회 밖에도 구원이 있다는 말을 서슴치 않고 하게 된 이유입니다.

그런데 이러한 에큐메니칼 신학의 특징인 하나님의 선교(MissioDei) 개념은 역사의 현장에 일어나는 모든 것이 선교가 아닌 것이 없다고 했습니다. 혁명, 사회 정의 실현, 인권 문제, 노동 문제 등이 그 테마가 되었고, 그러한 역사에 적극적으로 동참하는 것이 '하나님의 선교'라고 생각하였습니다. 그런데 이런 신학적인 바탕은 정치 신학(政治神學)이란 이름 아래 퍽 많은 신학 분과로 나누어졌습니다. Alistair Kee는 『정치 신학 입문』(A Reader in Political Theology, S.C.A. 1974)에서 여덟 가지를 우선 분류했습니다.

첫째, 기독교와 맑스주의와 대화의 신학입니다. 여기는 주로 Jan Millic Lochman, Giulio Giradi, Helmut Gollwitzer 등이 주장한 것입니다.

둘째, 소망의 신학인데 여기는 Jurgen Moltmann, Josef Pieper, Ruvem A. Alvis 등이 주축을 이루었습니다. 그리고 몰트만의 소망의 신학의 근거는 신맑스주의(Neo-Marxism) 철학자 불로호(Ernst Bloeh)의 소망의 원리(Das Prinzip Hoffnung)에서 따온 것입니다.

셋째, 혁명의 신학(Theology of Revolution)인데 이는 T. Rendtorff, Jurgen Moltmann, Harvey Cox 등의 이론적인 뒷받침을 받았습니다.

넷째, 발전의 신학(Theology of Development)인데, 이는 Paul Loffler, Nikos, Nissiotis, Paulo Tafari 등이 신학적 뒷받침을 한 것입니다.

다섯째, 해방의 신학(Theology of Liberation)입니다. 이 신학 전부는 남아메리카의 신학자들이 주축을 이루고 있습니다. Gustavo, Gutierrez, Paulo Freire, Hugo Assmann 등입니다.

여섯째, 흑인 신학(Black Theology)입니다. 주로 남아프리카 신학자와 미국의 흑인들에 의한 민족주의 신학입니다. James H. Cone, Gayraud S. Wilmore, Ananias Mpanzi 등이 여기 속합니다.

일곱째, 폭력(violence)의 신학 운동입니다. 여기서는 남아메리카의 신부 Dom Helder Camera, 그리고 Camilio Torres, 프랑스의 사회학자 Jaeques Ellul을 들 수 있겠습니다.

여덟째, 기독교 저항 운동(Christian Resistance)입니다. 이런 신학적 이론을 뒷받침 한 사람은 Daniel Berrigan, Jim Forest, Thomas Merton 등입니다.

그것 말고도 비슷한 신학적 내용과 이름도 많이 있습니다. 행동의 신학, 여성 해방의 신학, 생태학적 신학, 현장의 신학, 계급 투쟁의 신학, 상황의 신학, 역사 참여의 신학, 축제의 신학 등의 이름이 있습니다.

이것을 한국의 신학적인 틀로 한데 묶어서 "민중 신학"이라고 이름 지었습니다. 물론 1973년에 이미 한국 기독교인 신학 선언이라는 묘한 글에서 민중 신학이 선언되었습니다만 1979년에 이르러 N.C.C 산하 모든 신학은 "민중의 신학", "민중의 한의 신학"을 오늘의 한국적 상황에서 역사 참여와 현장의 신학으로 받아들였습니다.

그런데 앞서 말씀 드린 신학적 운동은 미국이나 유럽에서부터 다 나온 것이 아닙니다. 우리는 전에 생각하기를 모든 신학은 미국이나 유럽에서부터 직접 수입하는 것으로 생각했습니다. 그러나 이제는 남아메리카와 아프리카, 미국의 흑인들의 신학 운동이 들어온 것입니다. 이 신학의 특징은 저들의 상황이 그러했듯이, 가난과 부자유에서부터 해방하려는 절실한 부르짖음에서 나왔다는 것입니다. 그러한 가난의 문제와 유럽과 미국의 백인 일변도의 정책과 종교에 쐐기를 박고, 민권 투쟁과 혁명을 통해서 사회의 구조적인 변화만이 사는 길이라고 확신했습니다. 이런 판국에 정통적 교리와 진리는 모두 파괴해야 된다는 것입니다. 왜 그런 생각을 할까요? 그들의 생각은 민족주의적인 관점에서 신학과 역사를 보기 때문입니다.

이제는 신학이 점점 칼라화 되었습니다. 검은 신학, 붉은 신학, 흰 신학, 노란 신학 등을 말하는데, 이것은 민족주의 신학의 한 다면이라고 볼 수 있습니다. 예를 들면 흑인 신학 가운데 가난한 자에 대한 문제가 논의됩니다. 하나님은 가난한 자의 편이라는 것입니다. 사실 구약에 보면 하나님께서 얼마나 가난한 자에 대한 관심이 많은지 모릅니다. 그런데 히브리어의 '아나빔'이란 말을 잘 보아야 합니다. 가난하다는 것은 반드시 물질적으로 가난하다는 것만을 의미하지 않습니다.

흑인 신학에는 "예수는 가난했다. 그리고 우리도 가난하다. 그러므로 예수는 우리 편이다"라고 말합니다. 물론 이 말은 누구의 말처럼, "민중의 한"이 서린 말입니다. 그러나 하나님은 가난한 것이 원인이 되어서 저들을 구원하시는 것이 아닙니다. 구원은 하나님의 은혜로 되어지는 것이지, 가난하기 때문에 구원에 어떤 프리미엄이 붙는다는 것은 전혀 아전인수격인 논리입니다. 물론 우리는 서양의 선교 문제점을 평가하지 아니할 수 없습니다. 저들은 하나님의 복음을 전하는 대신, 서양의 문화를 심으려는 식민지 정책과 선교를 병행했던 실수로 말미암은 반작용인 것도 서양의 교회들과 국가는 반성해야 할 것입니다.

아무튼 우리는, 지금 이러한 사회적, 사상적, 신학적 소용돌이 속에 있으며, 앞으로 무슨 일이 일어날는지 예측할 수 없으리만큼 복잡합니다. 한 마디로 19세기가 그러했던 것처럼, 기독교 안에서의 조직적인 배교 운동이 있었던 것처럼, 이른바 정치 신학이라는 부류 아래 놓여진 20여 개의 유사한 신학적인 운동이 오늘날 세속적 신학과 인본주의 신학을 대표하고 있습니다.

그러면 그동안 교회는 어찌 되어 가고 있었습니까?

정치 신학을 바탕으로 하는 교회들은 급변하는 사회에 적용되도록 교회를 구조적으로 개선해야 된다고 주장해 왔습니다. 교회는 하나님의 선교에 동참해야 될 것을 선언하고 나섰습니다. 사도적 교회는 오늘날 우리 시대에 맞지 않기 때문에 본질적으로 고쳐야 한다는 것입니다. 모이는 교회는 의미가 없고, 흩어지는 교회(go structure)로 변화시켜야 한다는 호켄다이크(Hoekendijk)의 이론을 그대로 받았습니다. 교회는 정치 참여와 사회 정의 구현을 위해서 앞장서는 것이 교회의 본질적인 임무라고 합리화하였습니다. 이런 논리는 '기독교 사상'과 '신학 사상'을 통하여 수십 년 동안 계속 부르짖어 왔습니다. 저는 앞서 잠시 말씀드렸습니다마는, 그것은 성경적인 기초보다는 지극히 인본적이고 낙관주의 철학에 근거하고 있음을 말했습니다.

현대 신학 사상에 결정적인 영향을 끼쳤던 라이홀드 니버(Reinhold Niebuhr)는 그가 미국의 포드 자동차 공장 근방인 디트로이트에서 목회하던 중 노동자들에 대한 대우와 구조적인 부조리를 깨닫고, 그 유명한 『도덕적 인간과 비도덕적 사회』(Moral Man and Immoral Society)란 책을 썼습니다. 그는 이미 사회주의 사상에 깊이 접근하고 있었습니다. 그의 논리는 인간은 선하고 도덕적이지만, 사회의 구조 자체가 비도덕적이라고 절규하였습니다. 그러나 그의 논리는 처음부터 잘못되고 있었습니다. 그가 만약 성경을 바로 알았더라면 차라리 "비도덕적인 인간과 비도덕적 사회"라고 말했어야 옳았을 것이나, 인간은 부패하지 않았으나, 사회가 구조적으로 악하다고 한 낙관주의 사상에 빠졌습니다. 그는 사회가 인간을 망치게 했다고 하였으나, 칼빈주의는 인간이 바로 사회를 망하게 했다고 외칩니다.

70년대의 한국 교회는 도날드 맥가브란의 교회 성장 신학의 영향과 빌리 그래함 전도 대회와 '엑스포 74' 등 대중 집회 경향과 우리 교회의 만교회 운동 등의 영향으로 교회는 대형화 부흥의 추세였습니다. 뿐만 아니라 평신도에 대한 새로운 이해가 크게 부각 되고 있습니다. 평신도의 소명과 잠재력을 일깨워 복음 전도에 활용하자는 것입니다. 그런데 이런 성장과 부흥의 과정에서 문제가 많았습니다. 그것은 교회 성장을 지상 과제로 한 나머지, 목적이 좋으면 방법은 무엇이든지 다 정당화 되어버린 놀라운 사실입니다. 말하자면 개혁주의적 입장에서 실천신학이 없었던 것입니다. 그러다 보니 교회의 놀라운 성장과 부흥의 배후에는 비성경적이고, 비교리가 판을 치게 되었습니다.

우리는 신앙고백의 한 문구, 한 구절의 잘못된 성경 해석은 전 교회적으로 규탄하면서도, 우리의 목회 현장과 삶의 현장에서 일어나는 비성경적인 방법론으로 목회에 성공했던 사람을 성공 사례로 들고 있습니다. 점차 의식주의와 상징주의(Symbolism)의 배후에 설교의 위력은 감소되어 가고 있습니다. 1948년 카이퍼(Abraham Kuyper)가 영국 교회(저교회)에 초청을 받아서 강연을 했을 때, 그는 "앞으로 교회의 문제는 영국의 고 교회(High Church)를 닮아가는 상징주의 곧 하나님의 말씀보다 상징적인 어떤 꾸밈이 교회 안에 들어올 때 교회는 위기를 맞게 된다"고 경고했습니다.

사실 우리 교회의 성장은 놀라울 만큼 빠르고 대형화 되어 갔으나, 별로 자기 정리가 없이 몸만 커진 아이처럼 되었습니다. 교회의 대형화로 계층 간의 대화가 단절되고, 특히 젊은 층들은 소외되었습니다. 교회 성장에 따르는 우리 개혁주의 사상과 삶을 바로 제시하지 못한 것도 우리는 반성하지 않을 수가 없습니다.

3. 개혁주의 교회는 어디로 가야 하나?

우리는 위에서 오늘 우리 시대의 문제점과 우리 교회들의 문제점을 지적했습니다. 우리는 변화와 격동의 와중에 있고, 지금 개혁주의는 도전을 받고 있습니다. 도대체 오늘날 이 마당에 "개혁주의 역할이 무엇이며, 무슨 공헌을 했는가?"라는 강한 도전적인 질문을 받고 있습니다. 그러나 이런 도전적인 질문은 늘 있어 왔습니다. 오늘의 사람들은 하나님을 배제시킨 낙관주의자와 유물주의자들은 하나님을 멸시하는 구호를 새 시대, 새 질서라고 말합니다.

그러나 우리가 알아야 할 것은, 인간 스스로는 새로워질 수 없기 때문에 인간이 만든 사상이나 철학도 새로울 수가 없습니다. 현대의 무신론적 지성인들은 성경을 이미 죽은 하나님의 일기의 발췌록으로 간주합니다. 그들은 과학을 우상으로 삼고 있기에, 과학이 바로 종교라고 믿습니다. 그래서 그들은 칼빈주의에 도전하면서 말하기를, "칼빈주의는 이미 죽었다고, 잠꼬대"라고 비꼬고 있습니다. 그러나 칼빈주의는 결코 죽지 않습니다. 왜냐하면 하나님은 죽지 않기 때문이고, 칼빈주의는 무신론의 가장 큰 적수이기 때문입니다.

칼빈주의는 결코 죽지도 실패하지도 않을 것입니다. 그 이유는 성경이 참이기 때문입니다. 칼빈주의는 점점 약해져 가고 있습니까? 아닙니다. 오히려 칼빈주의는 오늘날 더 큰 세력을 얻고 있습니다. 칼빈주의자는 기독교의 최전방에 선 사도로서 굳건히 서서 이 세상의 골리앗 장군을 향해 주 예수 그리스도의 이름으로 진군하며, 앞으로도 모든 거짓된 인본주의 사상과 대결할 것입니다.

우리는 역사의 구경꾼이 아닙니다. 새 역사를 이루고 후대에 물려줄 사람들입니다. 새 역사는 항상 가장 오랜 것이면서 항상 새로운 복음을 통해서만 올 수 있습니다. 이 복음은 초대 교회와 종교 개혁 시대에 다시 인류의 생활을 그 위기에서 구했습니다. 때문에 하나님께서 은혜로 이 시대를 구원하신다면, '칼빈주의 부활'이라 할 수 있을 것입니다. 역사학자 토인비(A. Toynbee) 교수는 "원칙을 남겨 준 칼빈주의자들은 의심과 공포와 환난과 위험을 헤쳐 나간 사람들이었다"고 말했습니다. 그러므로 칼빈주의자는 힘을 분산하지 말아야 합니다. 왜냐하면 집단적인 배교 운동과 대결하기 위해서는 그리스도 안에 뭉쳐야 하기 때문입니다.

우리는 민중의 소리(Vox Populi)를 귀하게 생각합니다. 그러나 민중의 소리를 듣기 전에 '하나님의 소리'(Vox Dei)를 먼저 들어야 합니다. 왜냐하면 민중의 음성은 절대가 아니고 상대적입니다. 인간은 죄로 어두워졌기 때문입니다. 교회는 먼저 하나님의 음성을 듣고, 그 다음 민중의 음성을 들어야 합니다. 우리 교회는 그동안 잠자고 있었습니다. 도적이 들어와도 들어온 줄 모르고 깊은 잠에 빠져 있었습니다. 아픔이 있어도 아파할 줄 모르는 우리였습니다. 복음이 귀한 줄 알지만 복음 증거에 대한 구체적인 전략이 없었습니다.

하나님의 주권은 세상에 미치지 않는 곳이 없음을 우리는 알고 있습니다. 하나님은 당신의 주권을 어디든지 행사합니다. 하나님이 역사의 키를 갖고 계십니다. 우리는 오늘의 아픔을 우리의 공동 아픔으로 갖고, 그런 아픔을 딛고 하나님께서 우리에게 맡기신 책임과 사명을 감당하는 우리가 되어야 하겠습니다.

사랑하는 목사님들과 장로님 여러분께 성삼위 하나님의 은혜와 평강이 넘치시기를 기원합니다. 아멘.

A Vision of Reformed Church

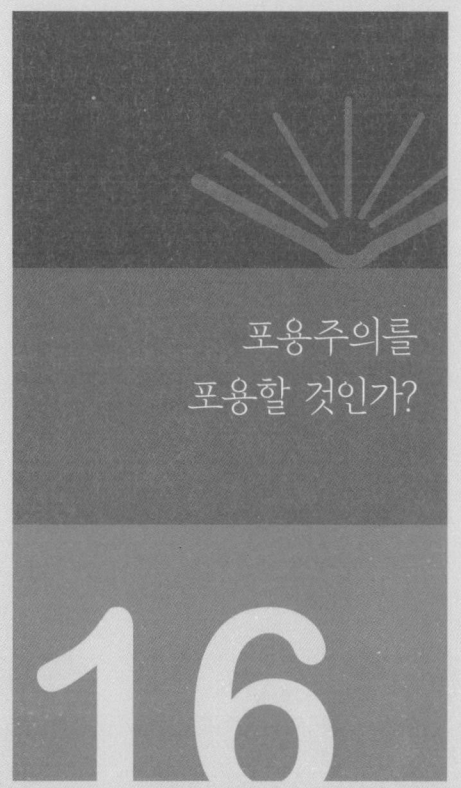

포용주의를
포용할 것인가?

16

1. 포용주의는 포스트모더니즘에서 나왔다
2. WCC와 WEA의 배후에는 로마 가톨릭
3. 로마 가톨릭에 대한 개혁교회의 입장
4. 무너지는 복음주의자들
5. 포용주의는 포용할 수 없다

16

포용주의를 포용할 것인가?

*2019년 광주 겨자씨교회당에서 제56회 '전국 목사·장로 기도회'

우리 교단은 포용주의(Inclusivism)를 포용할 것인지, 아니면 역사적 개혁주의 신학과 신앙의 전통을 지킬 것인가에 기로에 서 있습니다. 세상은 발 빠르게 변하고 있습니다. 세상은 하루가 다르게 변하고 있어서, 그 변화를 따라 잡는가 아니면, 그 변화에 역행하느냐에 따라서 교회의 지형도 바뀌어 지고 있습니다.

1. 포용주의는 포스트모더니즘에서 나왔다.

최근 우리 사회의 화두는 '포용', '화해', '더불어', '관용', '평화', '융합', '개방', '양극화 극복' 등 입니다. 그래서 요즈음 정치권과 언론 매체들의 단골 메뉴는 '포용 사회를 만들자', '포용적 국가 건설', '평화 공존',

'사람중심의 포용 국가 건설', '포용적 성장' 등, 이런 포용 정신으로 남북통일을 하자는 것입니다. 오늘 우리 정부는 이른바 이념과 사상을 초월해서 묻지도 따지지도 말고, 사회주의, 공산주의자와도 대화하고 통합하자는 사상이 대세를 이루고 있습니다. 목사님들도 낙관주의 세계관으로, 북한의 주체사상이 거대한 이단 종파이고, 세계 십대 종교인줄 모르고 평화 통일을 설교하고 노래합니다. 한국 사회는 수십 년 전부터 '열린 예배', '열린 교육', '열린 음악회', '열린 정당'이란 말에 익숙하게 되었습니다.

포스트모더니즘(Post Modernism)의 사상에서 이런 말들의 의미는, 이 세상에는 절대적 진리나 표준이란 있을 수 없고, 모두가 상대적이어서 서로의 차이를 받아들이고 포용적 가치를 존중히 여기고 상대주의와 다양성을 용납하자는 것이 오늘의 현실입니다. 그래서 오늘의 정부는 '동성애'를 지지하고 '차별금지법'을 만들려고 합니다. 이번 주간은 '돌트 신경(Canon of Dordt)'이 발표 된지 꼭 400주년인데, 우리 교회는 지금 개혁주의 교리를 가르치는데 매우 무관심합니다. 그래서 목회자들은 복음과 성경 진리를 설교하기 보다는 번영 신학에 물들어져, 성도들에게 그저 '위로'와 '평화', '행복'을 말하고, '긍정의 힘'을 설교하고 노래하고 있습니다.

현실적으로 우리 교단은 국제 기구에 가입하느냐 마느냐로 서로 의견이 엇갈리어 있는 것도 사실입니다. 어떤 이는 세계 유수한 개혁주의 신앙을 표방하는 교단이나 신학교도 WCC와 WEA에 가입하는 판에, 유독 우리 교단만이 시대의 흐름을 거슬러서 고립을 자초해서는 안 된다는 의견도 있습니다. 그러나 다른 한편으로는 그 교회들이 WCC와 WEA에 가담하여 로마 가톨릭과 포용 정책을 쓰기 때문에, 우리 교단의 전통적 입장에서는 절대로 용납할 수 없다는 입장입니다. 우리가 포용주의를 반대하지만, 로마 가톨릭과 이단을 제외하고, 모든 성경적 교회와 연합 사업을 할 수 있고, 거기서 개혁주의 신앙의 견인차가 되어야 합니다.

저는 이 문제에 대해 목사로서, 신앙 양심적으로 제 소신을 말씀드리려고 합니다. 사람은 그가 자란 태생적 환경과 교육에서 벗어날 수는 없습니다. 물론 저는 박형룡 박사에게서 7년을 배웠고, 박윤선 박사에게 26년 동안 측근에서 모시고 배우고 함께 살았습니다. 제가 총신에서 가르치기 시작한 것이 1967년에 교단에 섰으니 벌써 52년 되었고, 그동안 총신대와 대신대에서 12년간 총장으로 봉사했습니다. 그래서 저는 자연히 역사적 개혁주의 신학과 신앙을 지키는데 힘써 왔습니다. 그렇다고 저는 세칭 꼴통 보수나 우물 안 개구리는 아니었습니다. 저는 전 세계 수많은 신학교와 대학을 순방했고, 수백 명의 세계의 지도급 신학자들을 만나기도 하고 교제하기도 했습니다. 부족하지만 저는 30여 년 전부터 국제적 모임에 나가기도 하고, 세계 여러 나라에 각종 강연과 설교를 해 왔습니다. 그러니 저도 앞 뒤가 꽉 막힌 사람은 아니라고 자평 합니다. 사실 여러 목사님들과 장로님들께서는 WCC가 무엇인지 WEA가 무엇인지 정확히 말하는 이도 많지 않을 줄 압니다. 또 WCC 문제는 이미 60년 전에 합동과 통합이 나누어지는 과정에서 엄청난 통증과 소용돌이를 거쳤는데, 지금 와서 왜 또 다시 그 사실을 들먹이냐 하는 분도 있을 것입니다. 또 어떤 이는 WEA

곧 '세계복음주의연맹'은 말 그대로 복음주의로 가자는데 무슨 문제가 있는가? 그리고 그 기관에는 우리가 잘 아는 교회들과 신학교들이 있는데 뭐가 문제인가 하는 분들이 있습니다. 그렇다면 왜 우리는 이런 국제 기구에 가담하는 것이 위험한지를 생각해 보고 싶습니다.

2. WCC와 WEA 배후에는 로마 가톨릭

우선 WCC를 움직이는 그 중심에는 로마 가톨릭이 있다는 사실을 알아야 합니다. 사람들은 왜 남의 종교에 대해서 비판하는가 하는 사람도 있습니다. 하지만 로마 가톨릭은 유사 기독교(Pseudo Christianity)요, 우리와는 다른 종교입니다. 그런데 로마 가톨릭이 1960년대부터 '종교 통합', '화합과 일치', '평화'를 앞세워서 WCC 안에 깊숙이 들어와 조종하고 있음을 알아야 합니다. 한국의 WCC 지지자들은 교회가 연합하여 하나님의 나라를 이루고 선교를 위해서 협력하는 것뿐이라고 합니다. 우리 중에서도 로마 가톨릭은 그냥 종교 개혁 전에 있었던 구교(舊敎)요, 우리 기독교의 뿌리는 가톨릭이며, 로마 가톨릭은 우리의 큰 집이라고 말하는 이들도 있습니다. 그런데 지금 WCC에 속한 한국 교회들이 가톨릭과 '신앙과 직제' 일치를 주장하면서 가톨릭과 연합하는데 서명을 해버렸습니다.

어떤 이들은 에큐메니칼 정신이야말로 오늘 우리 시대의 정신이라고 말합니다. 하기는 1948년 WCC 창립 시는, 2차 세계 대전이 끝나고 유럽이 완전히 파괴되어 황폐화 되었을 때, 세계 교회가 그동안 교회끼리 서로 반목하고 분열했던 것을 회개하고, 세계 교회가 연합하여 선교하자는 뜻이 있었을 것입니다. 그러나 WCC 1차에서 10차까지 오는 동안에 그것은 변신에 변신을 거듭하면서 괴물로 변했습니다. WCC는 교회 연합이 아니고 '종교 연합', '종교 통합' 기구가 된 것입니다. WCC는 가톨릭, 개신교, 이슬람 등 세상의 모든 종교를 통합하자는 기구입니다. 즉 WCC는 어떤 종교를 믿던지 결국은 구원은 꼭 같다는 것이며, 이른바 '종교 다원주의'(Religious Pluralism)를 표방하게 되었습니다.

WCC의 주장은 그리스도 중심 또는 성경 중심의 교회 연합이 결코 아닙니다. 사실 서구의 모든 종합 대학의 신학부는 종교 신학(Theologia Religionis)을 가르치고, 대개가 신학부에 가톨릭 신부들이 함께 가르치고 있습니다. 우리가 WCC를 배격하는 것은, 그들은 우리가 말하는 교회끼리의 연합이 아니고, '종교 통합'이기 때문입니다. 그들은 로마 가톨릭을 포용할 뿐 아니라 함께 일하고 있습니다. 그런데 이상한 것은 WEA도 WCC가 걸어가는 길을 함께 가겠다는 것입니다. 그래서 우리는 로마 가톨릭의 정체를 좀 더 확실히 아는 것이 중요합니다.

WCC의 그 배후는 로마 가톨릭입니다. 로마 가톨릭은 정치와 종교 두 얼굴을 가진 괴물입니다. 로마 가톨릭은 성경에 없는 종교임에도 불구하고 전 세계 정치 지도자들, 기독교 지도자들이 교황을 알현하려고 안달하고 있는 것은 참으로 우스꽝스런 일입니다. 우리 교단 안에서도 로마 가톨릭을 이단으로 볼 것인가, 또는 구교 정도로 대접할 것인가에 대해서 의견이 분분하는 듯합니다. 이단이란, 말 그대로 '끝이 다르다'는 뜻입니다. 교리의 대부분은 비슷해도 성경 원리의 한 부분이라도 잘못되면 이단으로 보는데, 가톨릭은 수백, 수천 가지가 비성경적이며 복음에서 떠났습니다.

특히 그들은 제수잇(Jesuit) 파를 앞세워 개신교를 박멸하는 전위 부대를 운영해 왔습니다. 저는 이미 1997년 제 34회 '전국 목사·장로 기도회'(충현교회)에서 '영적 전쟁에서 살아남을 것인가?'라는 주제로 강연하면서, 로마 가톨릭은 이단이라고 선포했고, 전국 목사 장로들이 아멘으로 화답했습니다. 4세기에서 시작해서 16세기, 아니 현재까지 로마 가톨릭의 교리와 신앙은 성경에 없는 '태양신 종교'와 '바벨론 여신사상'을 끌고 들어와 토착화시킨 것을 기독교인 것처럼 조작한 것입니다. 가톨릭은 성경에 없는 '마리아교', '로마교'이며 유사 기독교입니다. 가톨릭이 비성경적 유사 기독교라는 것은 역사적으로 다 판명되었기에, 저는 여기서 길게 말씀드릴 필요는 없을 것이지만 우선 교회 개혁자 요한 칼빈 목사(Rev. John Calvin)의 입장을 몇 가지 지적을 보면 이렇습니다.

3. 로마 가톨릭에 대한 개혁교회의 입장

"교황의 신학 전체에 대한 저주를 안심하고 비난해도 좋다. 이는 참 빛을 완전히 어둡게 하기 때문이다."(칼빈의 공동서신 주석, 179)

"우리는 종종 가톨릭교회 제도와 기독교가 얼마나 다른가를 강력하게 보여주고 증거해야 한다."(칼빈의 사도행전 주석 1권, 125)

"로마 교황청은 모든 기교와 속임수의 요새이다."(칼빈의 사돌레토에게 보내는 회신 논문 1, 28)

"로마의 적그리스도는 일치라는 미명 아래 그에게 초대하고, … 그에 복종하지 않는 모든 사람은 분열주의라고 선언한다."(칼빈의 교황 바울 3세의 서신에 대한 비평[논문집, 259] 등)

칼빈은 분명하게 교황을 적그리스도라고 했습니다. 500년 전에 이미 판결된 적그리스도 교황을 알현하고 그들과 하나가 되려는 교회 지도자들이 목사가 맞습니까? 이런 로마 가톨릭이 전 세계 모든 프로테스탄트 교회를 그들의 발 아래 두려고 WCC 안에서 활동합니다. 20세기의 영적 거장 마틴 로이드 존스 박사(Dr. Lloyd Jones)는 로마 가톨릭 시스템의 간교함을 예리하게 분석하면서 조목조목 잘 지적합니다.

"로마 가톨릭 시스템은 공산주의가 자기 백성을 혼과 자유를 유린하는 것처럼, 군국주의의 히틀러가 자신의 잔혹한 체제 안에서 사람들을 획일적으로 인도했던 것처럼, 자기에게 속한 신도들의 혼을 절대적으로 얽어 메고 있습니다."(Evangelical Press, 136, Rosendale Road, London, SE21 8LG. England 한역, 24)

또 다시 로이드 존스 박사는 말하기를,
"로마 가톨릭 체제는 전적으로 공산주의보다 훨씬 위험한 체제입니다. 왜냐하면 이 체제는 위조 지폐와 같이 기독교를 위조한 체제이기

때문입니다."(Ibid., 38)

로이드 존스 박사는 더욱 확실하게 다음과 같이 지적했습니다.
"로마 가톨릭 교회야말로 위조품이요 가짜 교회이며, 가장 저질의 매춘부요 세상에서 가장 마귀적 집단이기 때문입니다."(Ibid)

설교의 왕자 찰스 스펄전(C. H. Spurgeon 1834-1892) 목사는 아래와 같이 말했습니다.
"로마 가톨릭 교회의 이리들이 교훈을 받지 못한 양 무리들을 약탈하고 있으니, 올바른 가르침만이 우리들 속에 들어와 종횡무진하고 있는 이단들로부터 양떼들을 보호하는 것이 최선의 길이다"라고 했습니다. (C. H. Spurgeon, Ledtue to my student, Zondervan, 1954)

가톨릭 국가인 벨기에에서 20년 동안 선교하면서 로마 가톨릭을 연구한 고 구영제 선교사는, 영국의 위대한 사회 철학자이며 정치, 경제학자인 아담 스미스(Adam Smith 1723-1790)의 명저『국부론』에서,
"로마 가톨릭은 국가 정부의 권위와 안전에 반대될 뿐 아니라, 인간의 자유와 이성 및 복지에 대적하는 인류가 만들어낸 가장 가공할 만한 조직체이다"란 말을 인용하면서 '이단은 이단이다'라고 했습니다. 그런데 에큐메니칼 학자들 중에는 옛날의 가톨릭과 오늘의 가톨릭은 다르다고 말합니다. 특히 제2 바티칸 공의회 이후로 우리를 '갈라진 형제'라고 부르면서, 마치 가톨릭이 변화된 것처럼 선전하는데, 그것은 전혀 사실이 아닙니다. 가톨릭의 전통은 절대로 변치 않습니다. 교황의 삼중 면류관이 벗겨진 것도 아니고, 마리아 숭배, 태양신

숭배가 없어진 것도 아니고, 연옥의 불이 꺼지지 않았습니다. 그들의 모토는 '파괴하기 위해 침투하라'(Join to destroy), '반대하기 위해 인정하라'(Agree to disagree, We agree to differ) 라는 것이었습니다.

이상에서 본 것처럼, 우리가 WCC를 반대하는 것은, 그들이 로마 가톨릭과 가시적으로 하나가 되고, 가톨릭화 되었기 때문입니다. WCC는 루터, 칼빈, 쯔빙글리, 낙스가 발견한 진리의 대부분을 그대로 포기했습니다. WCC는 로마 가톨릭 교리를 묵인하면서 동반자로 함께 걷고 있습니다. 로마 가톨릭교회는 16세기 교회 개혁 운동 시대부터 개신교에 대적하면서 개혁교회를 '이단'으로 규정하고(윤형중, 『상해천주교요리상』, 가톨릭교회 출판사, 1990, 258-259) 개혁자 마틴 루터(M. Luther)와 존 칼빈(J. Calvin)을 파문하고 '이단의 괴수' 목록에 올렸습니다. 가톨릭은 개혁자들을 향해 '주의 포도원을 허문 여우', '이단자', '분리주의자', '그리스도의 몸을 찢은 자'라고 못 박았습니다.

로마 가톨릭의 포용 정책은 하나의 음모였습니다. 처음에 로마 가톨릭은 WCC의 출현을 달갑지 않게 생각했습니다. 왜냐하면 로마 가톨릭과 버금가는 거대 교회의 출현은 그들에게 위협이 될 수 있기 때문입니다. 하지만 제2차 바티칸 공의회(1962-1965)에서 개신교에 대한 태도를 완전히 바꾸고 1968년부터 WCC에 가담하면서, WCC를 로마 가톨릭 수하에 두려고 했습니다. 그래서 개신교 성도들을 향하여 '비가톨릭 그리스도인'이라 칭하고, '갈라진 형제'라고 부르면서 적대 태도를 바꾸었습니다. 한편 WCC는 로마 가톨릭 교회가 들어오면서 개혁교회의 '하나님의 말씀 선포' 자리에 '미사'를 인정했습니다.

WCC는 로마 가톨릭과 함께, 사도 신경과 니케아 신경 고백만으로 통일을 이루고, 개혁교회가 그토록 생명 바쳐 지켜온 '하나님의 거저 주시는 은총의 교리'를 포기하고, '오직 성경', '오직 믿음', '오직 은혜'를 버리고 '종교 다원주의', '종교 혼합주의'로 돌아섰습니다.

그러나 로마 가톨릭은 교리도, 체제도 하나도 변함이 없습니다. 그들의 주장은 '오직 참 교회는 로마 가톨릭 밖에 없다' 하고, '화체설'을 확고히 하고, '교황은 무오하고', '마리아가 중보자'란 사실을 흔들림이 없이 지키고 있습니다. 이래도 WCC가 나가는 길이 옳은 것입니까? 가톨릭과 종교 다원주의와 종교 통합 포용주의란 이런 것입니까? 그런데 안타깝게도 WEA도 WCC와 동의하며 모든 걸음을 함께 한다고 공식 선언했습니다. 2013년 제10차 WCC 부산 대회에서 WEA 신학위원장 슈마허는 WCC와 적극 협력하고 궤를 같이 한다고 공식 선언했습니다.

4. 무너지는 복음주의자들

저는 WEA회원 교회와 지도자들이 복음적이며 훌륭한 분이 많이 있는 것을 잘 알고 있습니다. 하지만 그 회원 교회들은 거의 모두가 WCC 회원이란 사실을 알아야 합니다. 말하자면 WCC 회원이면서 동시에 WEA의 회원이 되는 복수 회원(Double Membership)인 셈입니다. 우리가 반대하는 것은 WEA의 교리나 신앙이 잘못됐다는 것이 아니고, 그들의 '포용주의'가 결국은 WCC와 로마 가톨릭을 포용하고, 결과적으로 종교 통합으로 기울어졌기 때문입니다. 미국 수정교회 로버트 슐러 목사는 말하기를 "지금은 프로테스탄트 성도들이 목자인 '교황'에게 찾아가서 "집에 돌아 오려면 우리가 무엇을 하리까"라고 물어야 할 때다'"(Los Angeles Herald Examiner, Sep. 19. 1987 Religion Page) 라고 했습니다. 참으로 한심한 복음주의자가 아닐 수 없습니다.

로버트 슐러 목사는 복음주의자로서 미국의 개혁교회(RCA) 소속 목사입니다. 즉 복음주의자이면서 가톨릭을 포용하는 것이 신복음주의입니다. 한편 신복음주의의 선두주자, 대부흥사 빌리 그레함 목사는 교황 요한 바오로 2세를 가리켜 "현 시대의 가장 위대한 종교 지도자"라고 격찬했습니다(Billy Graham, The Saturday Evening Post, Jan-Feb. 1980). 오늘날 점점 많은 수의 신복음주의자들이 가톨릭 교도들을 '동역자'로 받고, 가톨릭교와 복음주의자들이 함께 하는 것을 셋째 천 년에서 기독교의 사명이라고 생각하고 있습니다(Evangelical and Catholic's together, ECT문서).

하지만 마틴 로이드 존스 목사는
"로마 가톨릭을 대적할 수 있는 유일한 길은 성경에 입각하여 바른 교리를 가르치는 기독교뿐입니다."라고 했습니다.

존경하는 우리 교단의 목사님들과 장로님 여러분! 이제 우리는 '포용주의'를 포용할 것인지 아니면, 하나님의 말씀인 성경만이 우리의 신앙과 생활의 유일한 법칙임을 믿는 개혁교회의 신앙의 전통을 바로 지킬 것인지 결단할 중요한 시기입니다. 이미 WCC의 배후 조종은 로마 가톨릭이고, 로마 가톨릭 중에 가장 무서운 전위 부대는 제수잇(Jesuit)이라는 것을 알고 있습니다. 제수잇은 이그나티우스 로욜라(Ignatius Loyola)가 만든 반동 종교 개혁 운동(Counter Reformation)으로, 개혁교회뿐 아니라 국제적 정치 사건 배후에 공작을 하는 악랄한 조직입니다. 지금의 교황도 예수회파 요원으로 전 세계에 광명한 천사처럼 활동하고 있습니다. 그럼에도 오늘의 개신교는 로욜라가 개발한 각종 영성 프로그램들을 즐겨 사용하고 있음이 어찌된 일입니까? WCC의 종교 통합의 길에 WEA도 동반자로 가고 있기에, 우리는 이런 포용주의를 배격하려고 합니다.

역사적으로 살펴보면 콘스탄틴 대제(Constantine)가 313년 기독교를 국교로 만들고 자유를 주었습니다. 얼핏 보면 그것이 기독교의 승리처럼 보였지만, 콘스탄틴 대제는 역시 정치꾼이므로 이른바 통합의 정치를 목적으로, 또는 전도를 빌미로 삼아 로마의 '태양신 숭배'를 교회 안으로 끌어들였습니다. 그리고 바빌론 여신을 섬기는 사람들을 교회로 전도한다는 명분으로 '마리아 숭배'로 바꾸었습니다. 그러므로 로마 가톨릭은 기독교가 아니라 '마리아교'입니다. 그들은 또한 수백 수천 가지 이방 종교를 통합했습니다. 이른바 '포용주의'가 성경적 기독교를 괴물 로마 가톨릭으로 바뀌었습니다. 그로부터 로마 가톨릭은 정치와 종교의 두 얼굴을 가진 기관으로서 유럽과 세계에 군림했습니다.

처음에는 성경적 기독교와 콘스탄틴이 만든 종교 사이가 그렇게 다르지 않는 듯했으나 1,200년의 세월이 흐르는 동안 로마 가톨릭은 완전히 다른 종교가 되었습니다. 그래서 16세기 개혁자들이 '근원으로 돌아가자(Ad Fontes)'라고 외치면서 성경을 재발견하고 가톨릭과 결별하고, 성경적 기독교로 되돌려 놓았습니다. 그런데 지금은 거꾸로 오늘의 WCC는 다시 로마 가톨릭으로 되돌아가려 하고, WEA는 WCC와 함께 동조한다고 하니 기가 막힐 노릇입니다. 그리고 WEA는 신복음주의 사상에 바탕을 두고 있습니다. 신복음주의는 신정통주의와 타협하고 성경 비평을 그대로 수용합니다. 신복음주의는 바르트주의자들로서, 전도와 선교를 위한다는 명목으로 자유주의자들과 우호적, 협력적 관계를 갖고 함께 '포용 정책'을 취합니다. 자유주의자들은 우리를 근본주의자로 매도하나 우리는 성경을 하나님의 무오의 말씀으로 믿고, 하나님의 영광과 주권을 최우선 하는 역사적 개혁주의 교회입니다. WEA가 받아 드리는 신복음주의는 바르트주의입니다. 바르트는 성경의 모든 초자연적, 이적 기사를 믿지 않고, 다만 그 사건이 오늘을 살아가는 우리들에게 주시는 실존적 교훈이 무엇인지 받으면 된다는 것입니다. 그러니 바르트가 말하는 것은 '역사적 기독교'가 아닙니다.

우리 한국 교회 역사에도 '포용주의'를 걷다가 실패한 사례를 말씀드리겠습니다. 금년은 3·1운동 100주년이었습니다. 3·1운동은 민족적 거사로서 민족의 독립을 위해서 기독교, 불교, 천도교인들이 함께 했습니다. 하지만 한국 교회 자체가 독립운동을 한 것은 아닙니다. 어느 기록에도 당회나, 노회나, 총회가 독립운동을 지도하고 독려했다는 기록은 없습니다. 다만 나라를 사랑하는 깨어있는 성도들이 3·1운동에 참여한 것은 맞습니다. 그 후 일제의 포용적 문화 정책으로 한국 교회는 모두 친일로 돌아섰습니다. 1938년 제27회 대한예수교장로회는 '신사 참배'를 가결하고, 총회가 끝난 후 모두가 신사에 가서 참배했습니다. 신사 참배는 국가 의식일 뿐 종교 의식이 아니라는 일제의 논리를 '포용'하고 타협했습니다. 물론 주기철 목사를 비롯한 신사 참배 반대 운동의 지도자들이 순교의 잔을 마셨습니다.

그럼에도 불구하고 한국 장로 교회는 '포용'과 '타협'으로 한국 교회를 팔아먹고, '일본기독교조선교단'이 되어 주일 예배 때 먼저 '동방요배'를 하고, '대동아 전쟁 필승 기원'을 하고, '황국 신민의 맹세'를 암송했습니다. 그리고 천황을 찬양하는 '우미유가바'를 부른 후 1장 찬송과 사도 신경을 암송했습니다. 그러니 우리 교회는 말하자면 여호와와 바알을 동시에 섬겼던 트라우마가 있습니다. 그럼에도 불구하고 세월이 지나자 한국 장로 교회들은 생명을 바쳐 순교한 분들을 아전인수(我田引水) 격으로 들먹이며 저마다 자기들이 순교적 신앙 노선에 선뜻 말하는 것은 참으로 염치없고 부끄러운 일이 아닐 수 없습니다.

그러나 역사적으로 보면 '포용주의'를 거부하고 순수한 복음 진리를 지키려다가 순교한 성도의 수는 기독교 백과사전 통계로 1999년 현재 164,000명의 순교자가 나왔습니다. 그 중에는 국가의 박해로 순교한 숫자보다, 로마 가톨릭의 '종교 재판'을 통해 그리스도인들을 죽인 숫자가 더 많았습니다. 첫번 영어 성경을 번역한 존 위클리프(J. Wycliff)는 부관참시 당했고, 성경을 번역한 윌리엄 틴달(W. Tyndale)은 교수형을 당했고, 프라하 대학 총장인 얀 후스(J. Hus)는 '성경만이 신앙과 생활의 유일한 법칙'임을 선포했다고 화형을 받아 순교했습니다. 벨직 신경 초안자 귀도 더 브레스(Guido De Breas)는 칼빈의 개혁주의 신앙대로 고백서를 만들었다고 47세에 교수형을 당했습니다. 칼빈의 신앙을 따르는 위그노파(Huguenot)의 수장이요 장로였던 콜리니(Coligny) 장군은 1572년 로마 가톨릭과 특히 제수잇의 공작으로 순교 당했습니다. 그날 제수잇파와 도미니코파들이 성 바돌로메 축제일에 콜리니 장군의 배를 갈라 창자를 꺼내어 성당 창문에 걸고, 그날 밤 칼빈주의 신앙을 따르는 위그노파 성도 3,000명을 사살했습니다. 그리고 가톨릭의 제수잇파는 4개월 동안 수만 명 성도들의 목을 자르고, 배를 갈라 죽여서, 파리의 쎄느강을 피의 강으로 만들었습니다. 그것을 기념하여 교황청은 모든 성당에 축하의 종을 울렸습니다. 우리는 가톨릭의 교권으로 순교한 개혁교회 성도들의 피를 기억합시다.

5. 포용주의는 포용할 수 없다.

1638년 2월 28일 스코틀랜드 에딘버러 그레이프라이어스 교회 앞마당에는 국왕 찰스 1세가 '짐은 국가의 머리고 동시에 교회에서도 머리'라고 하자 1,200명의 언약도(Covenanter) 장로 교인들이 모여서 지도자 알렉산더 핸더슨(Alexander Henderson) 목사님의 설교를 듣고, 그 자리에서 신앙고백을 하고 모두 서명했습니다. 그것 때문에 그들은 지붕 없는 감옥에 갇혀 모두 순교의 잔을 마셨습니다. 그때 그 '언약도들의 신앙고백과 서명 원본'은 지금 한국칼빈주의연구원 박물관에 잘 소장되어 있습니다. 이 언약도들(Covenanters)의 신앙이 우리 장로 교회 뿌리입니다. 칼빈, 낙스, 멜빌, 커버넌트들이 우리 장로 교회의 원줄기입니다.

존경하는 목사님들과 장로님 여러분! 우리는 지금 '포용주의'를 포용할 것인가 아니면, '포용주의'를 거부하고 개혁주의 신앙을 지킬 것인가 하는 중요한 기로에 섰습니다. 제가 2009년 파리에 가서 선교집회를 하는 중에 로마 가톨릭의 거짓됨과, 1572년 성 바돌로메의 살해 사건을 낱낱이 폭로했습니다. 그런데 마지막 날에 내 설교를 몰래 들었던 프랑스 신부가 앞으로 걸어 나와 "나는 프랑스를 대표할 신부도 아니고 추기경도 아니지만, 우리들의 죄를 용서해 달라"고 했습니다. 그 말을 듣고 제가 앞으로 나가서 기도하기를 "하나님 저들의 죄를 용서하여 주시지만, 또한 우리 프로테스탄트 죄도 용서해 주십시오. 개혁자들이 'Sola Scriptura' 하고 가톨릭에서 나왔지만, 지금 우리는 말씀대로 증거도 못하고, 말씀대로 살지도 못했습니다. 'Sola Fide'라고 외치고 나왔지만 우리는 만유의 주 하나님, 그리고 왕이신 구주 예수를 제대로 믿지 못했습니다. 'Sola Gratia' 하고 나왔지만, 우리는 하나님의 거저 주시는 은총에 대한 감격이 없어졌습니다. 'Soli Deo Gloria' 하고 나왔지만, 우리는 하나님께 영광은 고사하고 하나님의 영광을 가리우는 죄를 범했습니다."라고 기도했을 때, 그날 밤 온 회중이 뒤집어지는 회개와 통회가 있었습니다.

'포용주의'를 포용해서는 안 됩니다. 오늘 우리는 개혁자들과 순교자들이 피 흘려 지켜온 생명의 복음을 등한시 하고, 세속주의와 인본주의와 짝하면서 '포용주의'로 가려는 우리들의 연약을 회개합니다. 우리가 세계 교회에서 고립주의가 된다고 걱정하지 마십시오! 세계 각처에 우리와 같은 신앙을 가진 사람들이 참으로 많습니다. 한국의 모든 장로 교회들은 지금 합동 측 교회가 어디로 가는지를 눈을 부릅

뜨고 지켜보고 있습니다. 우리가 먼저 하나님께 가까이 가면서 복음 진리에 깨어 있어야 합니다. 우리가 먼저 선지자와 사도들이 지켜온 복음 진리를 붙잡고 선교적 사명을 갖고 칼빈과 낙스, 카이퍼, 바빙크, 메이첸이 지켜왔던 역사적 개혁주의 정통 신앙을 지켜갑시다.

감사합니다. -아멘-

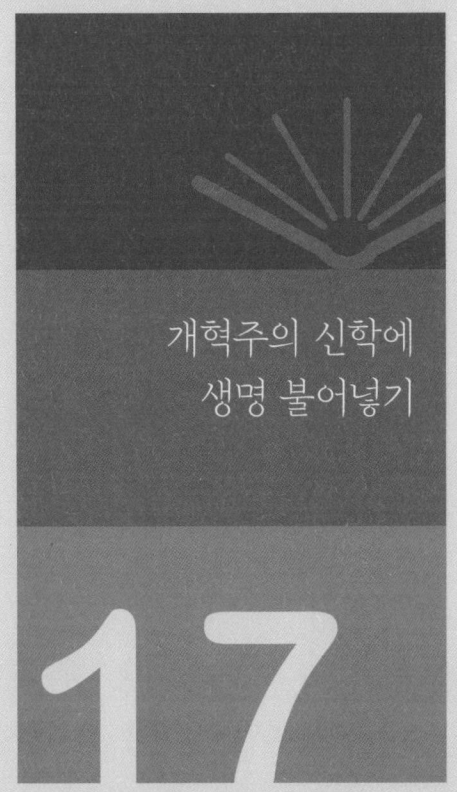

개혁주의 신학에
생명 불어넣기

17

1. 성경과 교회사의 구비마다 항상 생명 운동이 있었다.
2. 아브라함 카이퍼의 칼빈주의 생명 신학 모델
3. 결론과 제안

17

개혁주의 신학에 생명 불어넣기

-A. Kuyper의 롤 모델을 중심으로-

개혁주의 생명 신학에 대한 강연

요즘 우리 교회 안에서 '개혁주의 신학'이 생명력이 있는가라는 의문을 제기하는 분들이 있습니다. 저는 이 강연에서 개혁주의 신학이 가장 칼빈의 사상을 따르면서 역동적 생명이 있음을 말하려고 합니다. 우선 저의 기본적 입장은 이렇습니다.

첫째, 개혁 신학은 처음부터 생명 신학이라는 사실입니다. 그런데 최근에 우리의 논의가 개혁주의 신학은 마치 너무 학문적이어서 생명을 줄 수 없기에 새로운 개혁주의 신학 운동을 제창하는 듯한 느낌을 받았습니다.

둘째, 개혁주의 신학이 문제인가 아니면 신학을 가르치는 교수가 문제인가를 확실히 짚고 가야 하겠습니다. 만약 교수들이 문제라면 이는 신학 교육의 방법을 처음부터 다시 바꾸는 일부터 시작해야 할 것입니다. 그렇게 되면 이는 신학의 논쟁이 아니고 신학교 교수의 문제이며 신학 교육 방법의 문제가 될 것입니다.

셋째, 우리가 참으로 개혁주의 신학을 옳게 알고 있는가도 생각해 볼 필요가 있습니다. 즉 개혁주의 신학이 한국 성도들에게 영적 기갈을 채워질 수 있도록 체질화 되어 있는가 하는 것입니다. 일찍이 요한네스 벨까일(Johannes Verkuyl) 박사는 제3세계의 신학을 '수입 신학'(Import theology), '재생 신학'(reproductice theologie), '화분갈이 신학'(Potplant theologie), 또는 '소비재 신학'(Consumptie theologie)으로 보았습니다. 개혁주의 신학의 진지한 깨달음과 뜨거움 없이 냉랭한 번역 신학을 가르칠 때 오는 문제는 없었는가? 하는 것입니다.

넷째, 지금까지의 대안을 살펴보면 개혁주의 생명 신학을 위해서는 신학에 영성(靈性)을 불어 넣고, 역동적이며 생명 있는 성령의 사역을 강조한 점은 옳습니다. 그러나 문제는 오늘의 한국 교회의 설교자들은 개혁주의 신학은 뒷전으로 하고, 말씀에서 멀리 떨어진 주관주의적으로 영적 생명을 강조한 것이 한국 교회의 가장 큰 문제인데 이런 문제는 어떻게 해결할 것입니까?

다섯째, 신학교의 교단과 목회자의 설교단은 엄청난 거리가 있습니다. 이 사실은 오늘의 한국 교회의 문제가 신학교의 교수만의 문제가 아니라, 목회의 현장에서는 교회 성장을 지상 과제로 삼은 나머지 개혁주의 신학을 무시하고, 수단과 방법을 가리지 않고 제멋대로의 부흥과 성장 위주의 운동이 한국 교회를 더욱 어렵게 하고 있는데 이런 문제는 어떻게 할 것입니까?

여섯째, 목회를 잘 모르고, 영혼 사랑하는 법에 미숙한 교수들의 강의가 목회자의 설교와 다르다고 할지라도, 서로가 져야 할 역할 분담이 있다는 사실을 인정해야 할 것입니다. 신학교 교수들에게 목회자들이 갖고 있는 뜨거운 열정을 함께 요구하는 것은 무리가 아닐까 생각합니다.

신학을 가르치는 교수들이 영성이 부족하다고는 하나, 지성, 영성, 덕성을 함께 갖추고 거기다가 리더십까지 있다면, 아마 모두가 신학교 교수보다는 목회를 택할지도 모르겠습니다. 교수는 논리적이고 합리적인 성경의 해석자라면 목회자는 보다 성경을 시대의 청중에게 맞게 감성적인 어필로 성경을 강론하고 가르치는 자라 할 수 있습니다. 신학 교수와 목회자가 이 둘을 모두 갖춘 사람이라면 금상첨화지만 이 둘 모두를 갖춘 사람은 아주 드물다고 봅니다. 저는 위에서 예로 든 몇 가지 문제 제기를 하면서, 개혁주의 신학은 처음부터 뜨겁고 영적 생명이 충만하다는 것을 주로 아브라함 카이퍼를 롤 모델로 해서 변증하고 싶습니다. 저는 평생 칼빈과 카이퍼의 사상을 연구하면서 개혁주의 신학 그 자체가 화석화 되었다고 생각하지 않았고, 개인적으로는 사반세기 동안 박윤선 박사님과 함께 일하면서 그의 신학과 말씀이 생명이 넘치고 은혜가 넘치는 것을 곁에서 배웠습니다. 저는 이 논제를 통해서 모든 개혁주의 학자들이 개혁주의 신학의 본래 모습이 생명 신학임을 재확인하고, 모든 신학자들이 한국 교회에 커다란 공헌을 할 수 있기를 바라면서 이 글을 발전시켜 보려고 합니다.

1. 성경과 교회사의 고비마다 항상 생명 운동이 있었습니다.

구약 성경에 선지자들의 메시지는 항상 화석화된 이스라엘 종교가들에게 '들으라', '돌아오라', '찾으라' 하면서 회개를 촉구했습니다. 종교인이 되는 것은 곧 신앙인이 된다는 것이 아니라는 것을 선지자들은 불같이 외치고 있습니다. 결국 선지자들은 냉랭하고 의식적이고 형식적이고 싸늘한 종교에서, 진실로 하나님께 돌아와서 영적으로 회복하고 생명 있는 신앙을 가지라고 외쳤던 것입니다. 말하자면 선지자들의 외침은 '생명 운동'입니다.

신약 성경에도 예수님의 메시지, 세례 요한의 메시지, 바울의 메시지, 베드로의 메시지도 결국은 화석화된 서기관과 바리새인들이 논리와 주장만 있고, 진실로 하나님 앞에 바로 살지 못한 사람들이기에 책망했습니다.

교회사를 살펴보더라도 교회가 세속화되고 신학이 자유화되어 생명을 잃어버렸을 때, 하나님께서는 그때마다 주의 신실한 종들을 일으켜서 역사의 물줄기를 되돌려 놓았습니다. 그 대표적인 사건이 종교 개혁 운동입니다. 종교 개혁 운동은 말씀 회복 운동이자 신앙 운동이고, 은혜 운동이며, 생명 운동이었습니다.

그런데 칼빈과 루터의 차이점이 있다면, 루터는 가슴이 뜨겁고, 영성이 풍부하고 열정이 넘쳤으나, 가슴이 뜨거운 사람의 약점이 논리성과 합리성이 부족하듯 그는 이런 부분이 약했습니다. 그래서 루터는 종교 개혁자였지만, 개혁주의 신학자의 반열에는 서지 못했습니다. 그러나 칼빈은 예리한 지성으로 그 당시 화석화된 가톨릭 신학을 논리적으로 합리적으로 예민하게 비판하면서도 철저히 말씀 중심의 신학 체계와 성경 강해를 통해서 개혁주의 신학을 수립하고, 오늘의 개혁교회의 틀을 놓았습니다.

그는 신학자였지만 위대한 목회자요 강해 설교자였습니다. 뿐만 아니라 그는 교육가이자 주석가였기에 『기독교강요』를 썼습니다. 그리고 칼빈은 성경적 영성의 소유자였습니다. 최근 한국에는 영성에 대한 오해가 많고, 영성에 대한 정의 또한 분명치 않습니다. 감성이 곧 영성은 아닙니다. 그러므로 감성을 영적인 것으로 혼돈하는 것을 경계해야 합니다. 필자 나름대로 영성을 정의한다면 영성이란, '하나님의 말씀과 성령의 사역에 민감하게 반응할 줄 아는 것'입니다. 잘못된 영성 운동은 생명 운동으로 결코 나갈 수가 없습니다. 따라서 칼빈은 신비주의자들의 폐해를 수도 없이 지적했고, 신학자들의 문제가 얼마나 큰가를 여러 곳에서 지적하고 있습니다.

사실 종교 개혁 이후 이 생명의 교리를 지키기 위해서 수십만 명이 순교의 잔을 마시고, 생명을 지불하고, 이 교리와 이 신조를 지켜왔는데, 이제 와서 마치 개혁주의 신학 그 자체가 문제가 있는 듯이 비추어져서는 결코 안 될 것입니다. 오늘처럼 자유주의 신학이 창궐한 때가 없었습니다. 우리는 더욱 확고하게 개혁주의 신학을 붙들고, 신학자들의 부족과 연약과 기도 없었음을 회개하고 하나님께 더 가까이 가는 운동이 있어야 할 것입니다.

2. 아브라함 카이퍼의 칼빈주의 생명 신학 모델

아브라함 카이퍼는 요한 칼빈 이후 300년 만에 나타나서 개혁주의 신학을 부흥시키고, 칼빈의 사상을 복원한 칼빈주의 신학자입니다. 그는 대목회자이자, 대설교가이며, 칼빈주의 신학을 다시 부흥시키고 삶의 전 영역에 하나님의 주권(主權)과 그리스도의 왕권(Pro Rege)을 세우기 위해서 영역 주권(Souvereiniteitvan eigen kring) 사상을 발표하고, 화란 자유 대학교(Vrije Universiteit)를 세워 개혁주의 목회자를 배출하고 칼빈주의적 세계관을 가진 인재를 양성해서 각계각층에서 소명(Roeping)을 가진 학자들과 지도자를 키워냈습니다.

카이퍼 박사는 자유주의 신학자들과 자유주의 신학을 변호하고 엄호하는 국가 교회를 개혁해서 재개혁교회(Gereformeerde Kerk)를 세웠습니다. 뿐만 아니라 카이퍼는 자신이 하원 의원, 상원 의원, 수상의 자리에 올라 삶의 전 영역에 하나님의 영광과 주권을 세우는 일에 일생을 보냈습니다. 또한 그는 일간지 「더 스텐다드」(De Standaard)지와 주간지 「더 헤라우트」(De Heraut)지를 창간해서 50여 년 간 주필로 활동했고, 223권의 크고 작은 책을 써서 교회를 깨우고, 사람들의 잠자는 심령을 깨웠습니다. 그러므로 카이퍼의 개혁 신학은 차디찬 논리가 아니라, 생명이 넘치고 얼마나 역동적이며, 얼마나 적극적인가를 보여주는 롤 모델이라고 할 수 있습니다.

첫째, A. 카이퍼는 당시 화석화되고 이론적인 화란 개혁 신학에 생명과 활력을 불어 넣었습니다.

카이퍼의 비문에는 "말씀의 종, 교회의 개혁자"(Bedienaar des woords, Kerk Reformator)라고 기록되어 있습니다. 카이퍼는 위대한 개혁 신학자이자, 정치가요, 대학의 설립자이고, 불굴의 저널리스트였습니다. 칼빈의 사상을 본 받아 칼빈주의 세계관을 체계적으로 세운 하나님의 위대한 종이었습니다. 무엇보다 그는 목사요, 설교가였기에 화란 개혁교회가 하나님의 말씀 위에 굳게 서기를 바랐습니다. 그러나 당시 화란의 국가 교회는 자유주의 사상을 받아드렸습니다. 그래서 카이퍼는 그의 모든 것을 다 바쳐 자유주의 신학자들과 싸웠고, 하나님의 말씀인 성경의 권위를 수호하기 위해서 한평생 투쟁했습니다. 왜냐하면 당시 국가 교회는 하나님의 말씀에 기초하지 않고, 인본주의 사상에 기초해서 교회의 전승(Tradition)만 귀히 여길 뿐 형식화 의식화되어 있었기 때문입니다.

그래서 카이퍼는 이런 교회를 다시 개혁해서 하나님의 말씀을 따르는 개혁(Reformed according to the Word of God)을 함으로 생명 있는 교회, 생명 있는 신학, 생명 있는 신앙을 역설하며 주님의 교회를 말씀 위에 세웠습니다. 당시 화란 국가 교회는 명백히 개혁교회(Hervormd Kerk)라고 했으나, 신학의 좌경화로 영적인 상태는 죽은 것이나 다름이 없었습니다.

카이퍼가 우트레흐트(Utrecht) 교회에 재임할 때, 설교를 통해서 "내가 원하는 교회는 개혁주의적이며, 민주적이며, 독립적인 것입니다. 특히 교리로 잘 조직되고 공예배가 잘 이루어지고, 교육이 잘 실시되며, 사랑의 목회가 있는 그런 교회입니다"라고 했습니다. 그러면서 그는 성도들이 끊임없이 신앙의 순결을 지키면서 성장해 갈 것을 주문했습니다. 또한 카이퍼는 16세기 종교 개혁자들이 주장한대로 개혁교회는 하나님 앞에서 끊임없이 개혁되어야 한다고 주장했습니다. 그는 칼빈이 그러했던 것처럼 18세기와 19세기의 병든 교회와 신학을 향해서, 성경만이 하나님의 말씀이고, 교회의 진리의 기둥과 터이므로, 화석화되고 말씀에서 한참 멀어진 화란의 신학과 교회를 향해 도전하고 새로운 생명을 불어넣었습니다.

둘째, A. 카이퍼는 신학교 강의와 강단의 설교가 모두 뜨겁고 생명력이 넘치도록 했습니다.

A. 카이퍼는 약관 26세에 목사가 되었습니다. 이때는 명문 라이덴 대학교(Lyden University) 신학부에서 25세 나이에 신학 박사(Dr. Teol)가 된 지 일년 후였습니다. 그는 당대 자유주의 신학의 거두였던 스콜덴(Prof. Dr. J. H. Scholten) 아래서 공부했고, 자유주의 신학의 분위기에 젖어 있었습니다.

그의 부친 카이퍼 목사는 비록 개혁주의 목사였지만, A. 카이퍼는 자유주의 신학을 가진 채 시골 목회지인 베이스트(Beesd) 교회로 부임했습니다. 그런데 카이퍼는 이 교회에서 4년간 목회하는 동안 자유주의자에서 철저한 역사적 개혁주의자 곧 칼빈주의자로 새롭게 태어났습니다.

여기서 그는 전통적으로 칼빈의 신학과 신앙을 지키는 사람들을 만났고, 돌트 신경(Dort Canon)을 철저히 지키는 그 교회 성도들과 접하면서 변하기 시작했습니다. 특히 그 그룹 중에 여성도인 발투스(P. Baltus)의 순교자적 신앙에 크게 감화를 받은 카이퍼는 전과는 다른 생명이 넘치고, 역동적인 개혁주의 목사가 되었습니다. 그는 여기서 신학 박사 학위 소지라는 간판도 주의 십자가와 하나님의 말씀 앞에 내려놓게 됩니다. 그가 일찍이 박사 학위 논문을 쓸 때 칼빈을 연구했지만, 목양의 현장인 베이스트 교회에서 칼빈 이후 300여 년 동안 고이 간직해 내려온 칼빈의 개혁주의 사상을 체험적으로 깨닫고, 신학자로서 밑바닥까지 내려가 삶의 현장을 체험하고 영혼 사랑하는 법을 배웠습니다.

A. 카이퍼의 두 번째 목회지는 우트레흐트(Utrecht) 중앙교회였습니다. 우트레흐트 교회는 당대의 걸출한 정통주의 학자들이 수두룩했는데, 약관 30세가 된 카이퍼가 이 거대한 교회를 담임하게 된 것은 참으로 놀라운 일이 아닐 수 없었습니다. 우트레흐트 교회의 분위기가 부담스럽기도 했지만, 한편으로 카이퍼는 정통주의 신학과 신앙으로 자리 매김하는 기회가 되었습니다. 우트레흐트 교회는 국가 교회이니만큼 거대한 제직회가 있었고, 11명의 부목사와 함께 일했고 지역 교회는 책임 목사가 따로 있었습니다. 카이퍼 목사의 부임 첫 설교는 "하나님께서 사람이 되심, 교회의 생활 원리"(De Menschwording God; Het

Levensbeginsel der kerk)란 제목으로 설교하면서 "우리는 반드시 교회를 개혁하고, 새로운 교회를 세워야 합니다. 그러나 새로운 교회를 세우려면 성령께서 계시하신 교회 건설의 방법을 따라야 합니다. 또 그것은 순수해야 합니다."라고 했습니다.

30대 초반의 카이퍼가 대형 교회를 맡으면서 자유주의 신학과 화석화된 국가 교회를 개혁하기 위한 불같은 그의 메시지는 그를 더 큰 일터로 갈 수밖에 없도록 했습니다. 그의 나이 33세에 화란의 수도 암스텔담, 암스텔담 중에서도 왕궁과 나란히 놓인 중앙교회 목사가 되었습니다. 당시 암스텔담 교회의 교인의 총수는 1만 4천 명이었습니다. 부임 첫날, A. 카이퍼 목사는 에베소서 3:17을 읽고 "뿌리가 박히고 터가 굳어진"이란 제목으로 설교했습니다. 그는 이 설교에서 교회는 비진리에 항거해야 하며, 끊임없이 개혁되어야 할 것을 역설했습니다.

카이퍼의 메시지는 늘 새롭고 역동적이었으며 생명력이 있었습니다. 그의 메시지는 어느 계층에 치우치지 않고, 남녀노소, 빈부의 유무에 관계없이 살아있는 말씀을 힘 있게 증거 했습니다. 카이퍼는 칼빈주의자요 칼빈 연구가로서의 대학자이지만, 그의 메시지는 항상 불꽃을 튀기는 역동적이고 생명력이 넘치는 카리스마가 있었습니다. 그래서 카이퍼의 설교는 항상 은혜가 충만한 영적인 설교였고, 교리적으로 철저히 개혁주의 신학의 기초 위에 서 있었습니다.

A. 카이퍼는 대칼빈주의 신학자였지만, 그의 설교는 성경 본문에 충실한 설교자였습니다. 그의 메시지는 신학적인 강의나 감정적인 훈

계나 충동적인 설교가 아닌 영적으로 균형 잡힌 설교자였습니다. 카이퍼의 설교는 청중들의 지, 정, 의에 호소하는 설교로서, 역동적이고 감동적이고 은혜가 충만했습니다. 그는 현대주의(Modernism) 신학과 논쟁을 벌이거나 강의를 할 때나, 대중들을 위한 설교를 할 때도 항상 생명력이 넘쳤습니다. 일반적으로 신학자들은 논리적으로 합리적으로 생각하기 때문에 차갑다고 생각할지 모르나 카이퍼는 불타는 논리(Logics in Fire)를 갖고 있었습니다. 학문으로서의 신학이 하나님과 관련 없거나, 생명력이 없으면 그것은 학문이 아니라, 차라리 죄악이라고까지 했습니다. 카이퍼의 논지를 인용하면 다음과 같습니다.

"인간의 학문 역시 하나님께로 향하게 하는 것이 기독교 신자의 의무라고 생각한다. 학문의 한 분야 즉 신학이 하나님께 대한 지식을 목적으로 하여 그 역할을 잘 개척해 나갈 뿐 아니라, 모든 분야의 학문이 총체적으로 하나님의 영광을 드러내도록 해야 한다. 학문이 아무리 완전하고 박식하다고 해도, 그것이 하나님을 따로 떼어놓고 그분의 존재에 대해서 의심을 품게 하거나 하나님을 부인하게 된다면, 그것은 더 이상 학문이 아니라 죄악인 것이다. 왜냐하면 인간이 온 마음과 뜻을 다하여 우선 하나님을 사랑해야 하는 큰 계명을 거스렸기 때문이다."

셋째, A. 카이퍼는 칼빈주의 신학을 신학자들의 전유물이 아닌 모든 사람이 공유할 수 있도록 대중화 했습니다.

카이퍼는 개혁주의 신학자였지만 대중 연설가이자 대중 설교자였습니다. 특히 대중을 사로잡는 카리스마가 넘치는 설교자였습니다. 그럼에도 카이퍼는 그의 신학과 칼빈주의적 이상을, 그리고 매일 매주일 쏟아내는 논설과 성경 묵상을 대중들에게 이해할 수 있도록 글을 썼습니다. 몇 가지 논설이 모아져서 소책자가 되고, 소책자가 모여서 두꺼운 책이 되어 나왔습니다. 카이퍼는 대학 시절 신학과 문학을 동시에 공부했을 뿐 아니라, 미학(美學)과 수사학(修辭學)에도 천재적이었습니다. 거기에다 타고난 굵은 바리톤의 음성을 통해 사람들을 감동시키는 웅변술의 대가였습니다.

또한 카이퍼는 독서광에다 문필가였습니다. 그의 학자적 기질은 그의 나이 23세 때 흐로닝겐(Groningen) 대학에서 주최하는 학생 논문 공모전에 폴란드의 종교 개혁자 존 라스코(John á Lasco)를 연구해서 대상인 금상을 수상했습니다. 이는 마치 16세기 요한 칼빈이 23세 때 『세네카의 관용론 주석』을 써서 학계에 인정받은 것과 비교할 수 있을 것입니다. 이 논문을 발전시켜 2년 후에는 "요한 칼빈과 요한 라스코의 교회관에 대한 역사적 신학적 비교 연구"로 신학 박사 학위를 받았습니다. 그 후 카이퍼 박사는 평생 223권의 크고 작은 저서를 남겼고, 학문적이고 깊이 있는 저술은 그의 명저 『신학백과 사전학』(Encyclopaedie der Heilige Godgeleerdheid) 전 Ⅲ권의 방대한 저작이 있습니다.

그 외에도 카이퍼의 대표적 명상록인 『하나님께 가까이』(Nabij God Te Zijn, 1908)를 비롯한 여러 명상록과 성경 연구도 모두 신문에 게재됐던 것을 다시 책으로 만들었습니다. 어떤 이는 카이퍼를 비판하면서 학문적으로 부족하다는 지적도 있으나, 카이퍼의 관심은 개혁주의 신학을 항상 평범한 사람들이 알아들을 수 있고, 이해할 수 있는 글을 통해서 자유주의 신학을 통렬히 비판하고, 개혁주의 성도들을 고무시키고 대중화시켰기 때문에 그렇게 쉽게 단정할 수 없습니다. 카이퍼는 당시에 스콜라주의적인 신학을 대중들이 이해할 수 있는 쉬운 말로 해설하여 그들에게 가까이 가려고 했습니다. 혹자들은 말하기를 카이퍼는 칼빈의 자료를 많이 인용하지 않았다고 평가하는 사람들도 있습니다. 그러나 카이퍼는 많은 양의 칼빈을 인용했지만 그보다는 칼빈의 개혁주의 신학의 결정체인 벨직 신경(Belgic Confession)과 돌트 신경(Dort Canon)과 하이델베르크 교리문답(Heiderberg Catechism)을 더 많이 이용했습니다. 왜냐하면 그것이 훨씬 더 목회자들과 일반 대중들에게 다가갈 수 있었기 때문입니다. De Heraut지에 4년간 연재했던 것을 가지고 『돌트의 소원을 따른 하이델베르크 교리문답 해설』(E. Voto Dordtraceno, Toelichting op den Heiderbergschen Catechismus) 전 4권을 출간했습니다.

카이퍼가 1880년에 화란 자유 대학을 세울 때, '영역 주권 사상'(Souvereigniteit in eigen Kring)을 전했고, 1898년에는 '칼빈주의'(Calvinisme) 등 수많은 연설을 했을 뿐 아니라, 2,000여 개가 넘는 성경 묵상 자료들은 가히 아무도 흉내 낼 수가 없습니다. 대신학자이며 교수요 총장이었으나, 그는 신학을 위한 신학이나 학문을 위한 학문을 하지 않았고, 항상 삶의 현장과 영적 욕구를 충족해 주는 역동적이고 생명이 넘치는 신학자였습니다.

넷째, A. 카이퍼는 개혁주의 신학 이론이 삶의 전 영역에 적용되도록 했습니다.

카이퍼의 사상 가운데 가장 두드러진 것은 이른바 '영역 주권'(Souvereigniteit in eigen Kring)입니다. 사실 하나님의 주권에 대한 논의는 일찍이 칼빈이 언급한 바 있습니다. 그러므로 칼빈과 칼빈주의를 제창한 카이퍼 사이에 어떤 연속성이 있는지를 살펴야 합니다. 칼빈에게 있어서 하나님의 주권은 모든 인간, 모든 만물에 영향을 끼치지 않는 것이 없습니다. 하나님은 모든 피조물에 대해서 주권자이시며 통치자입니다. 하나님은 죄로 말미암아 타락한 인생을 통치하십니다. 또한 하나님은 그의 구속사(救贖史)를 관여하십니다. 하나님이 인간의 삶의 전 영역에 간섭하시고, 통치하시고 주관하신다는 것입니다.

칼빈에게 있어서 하나님의 주권이란, 만물에 대한 하나님의 절대적 지배를 뜻했습니다. 그런데 아브라함 카이퍼는 칼빈이 말한 하나님의 주권에 대한 포괄적인 의미를 더욱 확대하고 구체화 했다고 할 수 있습니다. 특히 아브라함 카이퍼는 1880년 화란 자유 대학교(Vrije Universiteit)를 세울 때, 총장 취임 연설에 '영역 주권 사상'을 선포했습니다. 카이퍼의 연설 가운데 핵심적인 메시지는 다음과 같습니다.

"우리 인간이 살고 있는 이 세상에는 모든 것을 주관하시는 그리스도께서 '내 것이다'라고 주장하실 수 없는 땅은 한 치도 없다."(There is not Our human existence over Which Christ, Who is Sovereign over all, does not cry 'mine')

카이퍼가 주장한 영역 주권 사상을 정리하면 다음과 같습니다. 카이퍼는 하나님을 절대 주권자로 보고, 하나님은 인간이 살고 있는 모든 영역에 주인 되심을 선포했습니다. 결국 영역 주권 사상은 국가, 교회, 정치, 경제, 문화, 예술, 교육, 과학, 학문 등 모든 영역을 예수 그리스도를 머리로 해서만이 존재하고 그에게 소속되어 있다는 것입니다. 그러므로 각 영역은 다른 영역의 권리나 자유를 간섭하거나 침해하지 않고, 자주적으로 존재합니다. 이는 사도 바울이 골 2:10에 말한 대로 "그는 모든 통치자와 권세의 머리"이기 때문입니다. 카이퍼는 주장하기를 절대적 주권자이신 하나님께서 사회 내의 각각의 영역에서 제각기 법을 주었으며, 각각의 영역들은 하나님으로부터 주어져 제각기의 법에 의해서 존속되도록 했다는 것입니다.

혼히 학자들 대부분은 학문은 어디까지나 중립적이라고 말하곤 합니다. 그러나 이에 대해서 카이퍼는 학문에는 중립이 없다고 합니다. 즉 '하나님 중심의 세계관'을 가지고 인생과 세계와 우주와 학문을 보는 것과, 인본주의나 유물주의 세계관을 가지고 학문을 보는 것과는 하늘과 땅 같은 차이가 있다는 것입니다. 그것은 정치, 경제, 사회, 문화, 예술, 교육, 과학, 학문에도 똑같이 적용됩니다. 그 모든 분야에 그리스도 예수께서 왕이 되시고, 주(主)가 되셔야 한다는 것입니다.

아브라함 카이퍼는 신학이 단지 학문으로서의 신학이 아니라, 그것은 구체적인 삶의 영역에 꽃이 피고 열매를 맺으며 삶을 변화시켜야 한다고 주장합니다. 또한 이런 사상이 정치, 사회, 문화, 예술, 교육, 과학, 학문에 핵심적인 사상으로 자리매김해야 한다고 주장합니다.

1880년 10월 20일 화란 자유 대학교 설립 겸 총장 취임 연설에서 불꽃같은 메시지로 청중을 사로잡고, 영역 주권 사상을 다음과 같이 확신하며 선포하였습니다.

"우리는 영역 주권이 우리 대학을 탄생시킨 자극제가 된 것을 보았으며, 우리에게는 영역 주권이 또한 모든 학문을 번성케 할 것이라는 국왕의 약속이기도 하다는 것을 분명히 말씀드린다. 나는 영역 주권 사상을 우리의 신조로, 개혁교회의 신조로 허락받은 일이 남이 있다고 본다… 나는 이 연설에서 그것을 강력히 주장한다. 따라서 나는 성경의 요구와 요한 칼빈(John Calvin)이 보여준 정통을 따라서 나는 하나님의 주권을 내세웠다. 왜냐하면 그것만이 우리를 자극해서 기본적으로 인간의 모든 두려움과, 심지어는 사탄이 주는 모든 두려움까지 극복할 수 있기 때문이다. 만약 어떤 사람이 나에게 정말로 '영역 주권'이라는 개념이 성경적인 핵심인 동시에, 그것이 개혁교회 성도들에게 생활의 중심이냐고 묻는다면, 나는 그에게 제일 먼저 성경의 나타난 신앙의 기본 원리를 생각하라고 할 것이다."

카이퍼 주장의 핵심은 영역 주권 사상은 성경과 칼빈주의 신학의 중심이라는 것입니다. 하나님께서는 만유와 만사의 주인이시며, 예수 그리스도는 우리의 삶의 모든 영역에 왕이시라는 확신이었습니다. 카이퍼에 의하면 신학도 학문이라 생각하고, 중립적으로 그것을 다루어서는 안 된다고 했습니다. 신학은 하나님의 영광과 주권을 위한 신학이어야 생명 있는 신학이 되는 것처럼 다른 학문의 분야에서도 하나님 중심의 원리로 학문을 해야 할 것을 요구했습니다. 그래서 그는 "우리의 교육 분야에서도 우리의 원칙이 지켜지게 해달라고 요청할 수 있는 것은, 오로지 우리가 종교 개혁의 정신 안에 있기 때문이다. 우리는 다른 원리에서 나온 학문과 학문의 중립을 지키겠다고 약속하거나 그런 교리를 지키는 대학과 교회들과는 한 자리에 앉아서도 안 된다."고 힘주어 말했습니다.

카이퍼의 주장은 하나님 중심의 신학과 세계관은 반드시 신학 교육에만 필요한 것이 아니라, 실제로 모든 학문에 적용되어야 할 것을 외치고 이를 위해서 한평생 인본주의 사상과 대결했고, 하나님 중심 사상인 칼빈주의 사상을 구체화 하는데 전 생애를 다 드렸습니다.

오늘의 한국 교회의 신학 교육도 개혁 신학의 중심에 섰던 카이퍼처럼, 단순히 16세기 칼빈의 개혁 신학을 인용하는 정도가 아니라, 보다 구체화 되고 역동적이고 생명력 있는 신학 운동을 해야 되리라고 봅니다.

다섯째, A. 카이퍼처럼 모든 신학자와 목회자는 '성령의 신학자'가 되어야 합니다.

칼빈을 성령의 신학자로 부르듯이, 카이퍼도 역시 성령의 신학자라고 할 수 있습니다. 흔히 카이퍼 연구가들은 카이퍼의 일반은총론과 정치가로서의 카이퍼를 지나치게 강조한 나머지 성령의 신학자로서의 카이퍼를 제대로 다루지 못하고 있습니다. 그런데 아브라함 카이퍼는 칼빈 이후 300년 만에 나타난 위대한 성령의 신학자였습니다. 카이퍼가 쓴 900페이지도 넘는 방대한 『성령의 사역』(Het werk van den Heiligen Geest)은 칼빈이나 오웬의 성령론을 훨씬 뛰어넘는 더 광활하고 대중적으로 쉽게 다가갔습니다. 이 책은 본래 1883년 9월 2일부터 1886년 7월 4일까지 3년 동안 주간지 「De Heraut」에 논설로 연재 되었던 것을 모은 책입니다. 성령론을 기독교 대중 잡지에 게제 한다는 것 자체가 파격적입니다.

그는 신학을 풀어서 대중들에게 이해되고, 감동을 주는 생명의 신학을 만들어 갔습니다. 카이퍼의 성령론이 대중들에게 다가서고 이해되는 말로 쉽게 썼기 때문에 어떤 이들은 카이퍼가 학문성이 부족하다는 평가를 하기도 합니다. 그러나 비. 비. 월필드(B. B Warfield)는 카이퍼의 '성령의 사역'은 "확실히 학문적 정확성을 지녔으며, 다른 어떤 기독교 서적의 학문적 형태를 지닌 것보다 확실히 가치가 있다."고 했습니다.

이 책은 사람들로 하여금 경건한 마음을 갖게 합니다. 더욱이 새롭고 신성한 언어로 기록되어 있기에 성령의 사역에 대한 분명한 지식을 가르쳐 줍니다. 그 뿐만 아니라 이 책은 성령 하나님 안에서 누릴 수 있는 영속적이고 행복한 안정감을 줍니다. 칼빈 이후 300년 만에 나타난 카이퍼는, 성령의 사역은 유기적이고 통일적이고 풍부하고 실제적으로 역사한다는 것을 가르쳐 줍니다.

『성령의 사역』이란 책에서, 우리가 일반적으로 알고 있는 성령의 사역 곧 개인의 영적 감화 정도가 아니라, 성령 하나님은 창조, 구속, 보존, 성화에 이르기까지 실로 광범위한 사역에 역사하신다는 사실을 알려 줍니다. 특히 그는 존 오웬의 저서를 높이 평가하면서, 종교 개혁 시대부터 그때까지 나온 80여 권의 책을 탐독하고 이 책을 집필했습니다. 카이퍼의 책 총론 부분에 언급한 내용을 요약하면 다음과 같습니다. 즉 "우리는 성령의 사역을 하나님의 형상을 따라서 지어진 택한 자들을 새롭게 하는 정도로 이해해서는 안 된다고 했습니다. 성령의 사역은 말씀의 성육신과 메시야 사역까지를 포괄합니다. 따라서 성령의 사역은 하늘과 땅의 모든 만물과 상관되지 않을 수 없습니다." (het werk der Heiligen geenter moet ook reken heel oles hemels en aarde)

1898년 카이퍼가 프린스턴 신학교의 스톤 강좌인 칼빈주의 강연(Lecture on Calvinism)을 할 때 그의 마지막 말은 매우 인상적입니다. 즉 "살아계신 하나님의 성령을 받지 아니하면, 칼빈주의도 무력하다"는 요지의 메시지는 카이퍼가 성령의 사역에 관하여 얼마나 폭넓은 시각을 갖고 있는가를 보여줍니다.

달리 말하면 '개혁주의 신학도 성령께서 함께 하시지 않으면, 그것은 무력한 신학이 될 수밖에 없다'는 뜻입니다. 개혁주의 신학이 생명력 있고, 역동성이 있고 살아 움직이는 신학이 되려면 신학을 가르치는 자가 먼저 성령의 도우심과 인도를 받을 뿐 아니라 신학을 가르치는 자가 성령의 뜨거운 체험을 가져야 함은 두말할 필요가 없습니다. 그런데 성령의 체험적인 은혜는 바로 '하나님의 말씀'과 더불어 역사해야 합니다.

칼빈의 개혁주의 신학의 핵심은, '말씀과 성령'이 더불어 역사한다는 것입니다. 카이퍼도 역시 성령의 사역에서 하나님의 말씀을 표준으로 하였고, 성경의 영감과 완전성, 충족성을 확고히 했습니다. 그는 확신하기를 성경의 저자는 성령이며, 성령의 조명이 아니고서는 성경을 옳게 깨달을 수 없음을 확실히 밝혔습니다. 그래서 카이퍼는 성경과 성령과의 관계에 대해서 언급하면서 성경은 마치 금강석(Diamond)과 같다고 했습니다. 어둠 속에서 금강석은 유리의 한 조각같이 빛이 닿자마자 빛나기 시작하여, 신선한 섬광을 내어 우리로 즐겁게 하듯 성경도 그렇다고 했습니다. 즉 성경은 인간의 심령 속에 역사하는 성령의 도구가 된다는 것입니다.

카이퍼는 "성경은 죽은 문자(Doode letter)나 비영리적이고 기계적 존재가 아니라, 영적 생명(靈的生命)이 있어 생수의 원천이요, 영생의 열린 샘이다"라고 했습니다. 카이퍼가 가장 힘주어 강조한 것은 '성경은 성령의 사역 곧 성령의 영감으로 기록되었다'는 것입니다. 그러므로 '성경 없는 성령의 사역이나, 성령의 사역 없는 말씀 운동'은 모두 옳지 않습니다. 이는 카이퍼의 사상이 칼빈의 사상과 일치하고 있습니다. 혹자는 카이퍼가 칼빈의 작품을 생각보다 많이 인용하지 않았기에 과연 칼빈의 사상을 그대로 전수했는가라고 질문합니다. 하지만 카이퍼 박사의 학위 논문이 "칼빈과 존 라스코의 교회론 비교 연구"였음을 감안하면 카이퍼는 칼빈 신학의 열매요, 결정체인 돌트 신경(Canon of Dordt)과 벨직 신앙고백서(Belgic Confession of Faith)가 그의 신학의 주축임을 확인할 수 있습니다.

특히 카이퍼의 '성령의 사역'에서 '말씀과 성령은 더불어 역사 한다'는 논리는 칼빈과 완전히 일치하고 있습니다. 이에 대한 카이퍼의 입장은 다음과 같습니다.

"성경은 성령님의 주요 예술품이라는 것과 성령께서 성경을 교회에 주셨고, 교회는 성경을 도구로 사용한다. 이제는 성경이 하나님의 모든 섭리를 계시하고 있기 때문에, 그것에 아무것도 추가할 수 없다. 누가 감히 이런 생명의 책을 감하고 보태며, 신적 세계의 사상을 밝힐 수가 있겠는가?"

우리가 지금까지 살핀 대로 개혁주의 신학자로서 카이퍼는 성령의 신학자로서 또는 말씀의 신학자로서 칼빈과 같이 말씀과 성령이 더불어 역사한다는 신학을 확고하게 붙잡았습니다. 그럼에도 카이퍼는 그것이 신학 이론으로만 끝나도록 하지 않았습니다. 그의 설교, 그의 강연, 그의 논문, 그의 에세이, 그의 활동 전반에 걸쳐서 나타나고 있습니다. 그는 대중들에게 쉽게 다가가면서 활화산처럼 뜨거운 가슴으로 삶의 전 영역에 하나님의 영광과 주권이 임하도록 일했습니다. 이런 개혁주의 신학자의 삶의 방식이 오늘 우리 한국 교회 신학계의 새로운 이정표와 롤 모델이 아닐까 생각해 봅니다.

여섯째, 카이퍼는 칼빈주의 신학 이론이 선교와 경건과 뜨거운 기도로 점화되어 칼빈주의 신학의 부흥을 가져오도록 했습니다.

많은 사람들은 생각하기를 개혁주의 신학은 하나님의 주권과 하나님의 움직일 수 없는 섭리만 주장하고, 인간의 책임은 무시하기에 선교와 무관하다고 생각합니다. 그러나 실제로 종교 개혁자 요한 칼빈(John Calvin)은 선교의 프런티어였고, 새로운 선교 패러다임을 만들었습니다. 예를 들면 1559년에 칼빈이 세운 제네바 아카데미(Genava Academy)는 개혁 신학의 센터였지만, 동시에 국제 선교 훈련 센터라 할 수 있습니다. 칼빈은 유럽 각국에서 온 개혁주의 신앙을 가진 청년들을 철저히 훈련시켜 자기 모국으로 보내어 선교하도록 했습니다.

이제 칼빈의 개혁주의 신학의 맥을 이은 아브라함 카이퍼는 선교에 어떤 이론을 세웠는지 살펴보겠습니다.

카이퍼는 그의 명저 『신학백과사전학』(Encyclopaedie van Heilige Godgleerdheid)에서 선교학이라는 말을 푸로스테틱(Prosthetic)이라고 했습니다. 이 말의 뜻은 행 2:41, 5:14, 11:24 등에서 사용된 헬라어 προστίθημι에서 나온 말로서 '점점 많아진다', '증가한다'는 뜻을 가지고 있습니다. 그런데 이 용어는 카이퍼 이후에는 잘 쓰지 않았습니다. 근대 선교 신학의 선구자인 구스타브 바르넥(Gustav Warneck)이 1897년 『복음적 선교학』(Evangelsiche missionslehre)을 출판했는데, 카이퍼는 그보다 3년 전인 1894년에 선교 이론을 세웠으니 카이퍼야 말로 근대 선교의 기초자라고 할 수 있습니다.

카이퍼의 선교적 메시지를 요약하면, 선교 사역은 '하나님의 영광'과 '하나님의 주권적 사역'이라는 것입니다. 구원은 인간의 자력(自力)으로 되어지는 것이 아니라, 하나님의 절대 주권적 역사와 더불어, 하나님의 거저주시는 은혜 때문에 가능하다는 것입니다. 또한 그는 선교 사역을 수행할 권리와 의무는 각 지역 교회에 있다고 보았습니다.

뿐만 아니라 카이퍼는 주장하기를, 선교사로 지원하는 자는 파송하는 교회의 목사 이상으로 철저한 신학 교육과 영적 훈련을 제대로 받아야 한다고 했습니다. 특히 선교사 훈련을 위한 기구를 세우고 언어와 문화 등 실제적 훈련을 해야 한다는 카이퍼의 지론은 1910년 에든버러 국제 선교 대회보다 약 20년이 빠른 선교의 비전이었습니다. 사실 선교를 지향하지 않는 신학은 죽은 신학입니다. 그리고 말씀을 증거 하는 설교를 지향하지 않는 신학은 생명력이 없습니다.

아브라함 카이퍼! 그는 칼빈의 신학을 재건하고, 칼빈주의 사상을 더욱 체계화 하고, 활성화 하고, 대중화 하는 신학자로 살면서도, 개혁주의 신학이 항상 선교 지향적인 생명 있는 신학이 될 것을 요구했습니다.

여기서 한 가지 더 살펴보고자 하는 것은, 개혁주의 신학자로서 카이퍼의 '경건론'입니다. 카이퍼는 경건한 하나님의 사람이었습니다. 그는 실제로 경건의 신학을 제창했습니다. 카이퍼의 경건론은 그의 저서 『하나님의 축복 연습』(Practijk der God Zaligheid)에 잘 나타나 있습니다. 그가 말하는 경건이란, 소극적, 도덕적 삶의 모습이 아니라, 진리를 위한 적극적 투쟁의 걸음이라고 할 수 있습니다. 이 부분에 대해서 그의 저서가 영문판으로 번역될 때는 『경건의 연습』(The Practice of Godliness)이라고 했습니다.

카이퍼의 경건 훈련은 그의 멘토인 칼빈에게서 받은바 영향이 컸습니다. 왜냐하면 카이퍼는 칼빈의 신학을 재해석하고 확대 재생산했기 때문입니다. 실로 칼빈은 경건의 사람이었지만, 칼빈의 신학이 곧 경건의 신학이라고 할 수 있습니다. 1559년 제네바 아카데미(Geneva Academy)를 설립할 때 이 학교가 경건과 학문이 있는 대학이 되게 해 달라고 기도했습니다. 특히 칼빈의 『기독교강요』 1536년 초판본에 이미 이것이 경건의 대전(Pietatis Summa)라고 했습니다. 경건 즉 하나님의 면전(Coram Deo)에서 살지 아니하면 그런 학문은 별로 가치가 없고, 학문이 없는 경건도 문제라고 했습니다.

카이퍼가 말한 경건의 훈련 또는 경건의 의미는 '하나님 앞에서 사는 것'입니다. 이 점에 있어서 카이퍼의 경건의 신학은 칼빈과 다르지 않습니다. 그러나 카이퍼의 경건의 삶이란, 단순히 하나님을 향한 마음의 상태이거나, 내면적 믿음에만 머물지 않습니다. 경건의 여러 덕목들 온유, 인내, 사랑, 용서 등 모두가 훌륭하지만, 그것이 그냥 상대적으로 머물러 있어서는 안 된다는 것입니다. 우리가 사는 세상은 마귀와 일전을 벌리고 있는 전쟁터입니다. 전쟁터에서 이기지 못하면 죽는 것입니다. 생사의 기로에 선 그리스도인은 죄와 세상과 사탄을 이기기 위해서 싸워야 한다고 했습니다. 우리는 연약하지만 하나님의 은혜와 구속을 믿고 성령의 능력과 하나님의 말씀으로 싸워서 승리를 쟁취하는 것이 경건으로 보았습니다. 개혁주의 신학자들의 자기 방어적이고 소심함에서 벗어나서 더욱 적극적으로 하나님의 영광과 진리를 위해 투쟁의 최전방에 서자는 것입니다. 이렇게 할 때 개혁주의 신학은 보다 생명력 있고 역동적인 신학이 될 수 있습니다.

결론과 제안

저는 이 강연에서 개혁 신학(改革神學에 生命 불어넣기-아브라함 카이퍼의 롤 모델을 중심으로)이라는 주제로 살펴보았습니다. 우리는 지금 개혁주의 신학을 가르치던 나라들에서 그 옛날 영화를 잃어가고 있는 것을 생생하게 보고 있고, 서구 신학이 역사적 개혁주의 신학에서 점점 멀어지는 것을 목격하고 있습니다. 온 세상은 거의 에큐메니칼 신학 즉 종교학이 신학을 대신하고 있는 이때에, 한국 교회에서는 개혁주의 신학에 생명 불어넣기를 주제로 삼고 토의하는 그 자체만 해도 희망적이요 축복이라고 생각합니다. 최근 저의 졸저인 『아브라함 카이퍼의 사상과 삶』이 독일어, 불어, 영문으로 번역되어 미국 개혁교회 및 장로교 신학교들의 교과서로 사용되려는 움직임은 한국 교회의 개혁주의 신학과 신앙 운동의 청신호로 보여 집니다. 오늘 강연에서 개혁주의 신학에 생명 불어넣기의 롤 모델로 아브라함 카이퍼를 선택한 이유는 그는 위대한 개혁주의 신학자이면서 영적으로 충만하고 뜨거운 가슴으로 외치면서 교회와 세상의 변화와 개혁을 함께 추진했기 때문입니다. 무엇보다 그는 신학 이론에 머물지 않고 삶의 전 영역에 '하나님의 주권', '그리스도의 왕권'을 세우기 위한 거룩한 투쟁을 했기 때문입니다. 우리가 물려받은 개혁주의 신학의 유산은 박제화 되거나, 화석화 된 것이 아니라, 처음부터 역동적이고 생명이 넘치는 신학이라는 사실을 분명히 알아야 합니다.

문제는 오늘의 신학자들이 그것을 옳게 깨닫고 있느냐 하는 것입니다. 한국에 전달된 개혁주의 신학은 박형룡, 박윤선 박사 등에 비롯되었습니다. 저는 1962년부터 박윤선 박사와 함께 사역하고 그의 주석에 교정을 보며, 그의 일에 4반세기를 보필했습니다. 박윤선 목사는 위대한 주석가였지만, 그의 설교 그의 강의에 생명을 걸었고 모든 이들에게 뜨거운 영감을 주었습니다. 실로 그는 위대한 성경 주석가요, 신학자였지만 기도의 사람이었습니다. 그는 신학자였지만, 설교를 좋아하고 평생토록 기도하기를 쉬지 않았습니다. 개혁주의 신학이 생명을 잃은 것이 아닙니다. 아마 신학자들이 이론 신학만을 전달하는 것에 그치다보니 개혁주의 신학의 본래적 감격과 확신을 잃어버렸을 것입니다. 그러므로 개혁주의 신학에 생명 불어넣기는 실상 우리 모든 한국 교회 신학자들의 과제이자 사명으로 여겨야 할 것입니다. 그 좋은 모델로 위대한 칼빈주의 신학자 카이퍼를 살펴보았습니다. 아무쪼록 여러분들에게 성삼위 하나님의 은혜와 평강, 축복이 함께 하시를 기원합니다. 아멘.